AF399996

Tom Reger

Wandelzeiten

*Geschichte im Vilstal der 1920er Jahre und
wie zwei Gemeinden gemeinsam lieber getrennt bleiben*

Roman

Impressum

© 2024 Thomas Reger

Gestaltung Umschlag: Bodo Gsedl (bodoart.com)

Verlagslabel: Tom Rega Works
ISBN: 978-3-384-12493-7

Quellenangabe verwendeter Bilder:
Adobe Stock, Stockmedien-ID #364256081

Druck und Distribution im Auftrag des Autors:
tredition GmbH, Heinz-Beusen-Stieg 5, 22926 Ahrensburg, Germany

Kurzfassung Wandelzeiten

Zwei oberbayerische Gemeinden, Hubenstein und Moosen, geraten in den Fokus der Bayerischen Staatsregierung. Die beiden ‚Zwerggemeinden' sollen per Regierungsbeschluss zusammengelegt werden. Die Staatskasse ist nach dem 1. Weltkrieg klamm. Die kommunale Selbstverwaltung soll reformiert werden. Dagegen regt sich erbitterter Widerstand, der seit Generationen zerstrittenen Nachbargemeinden. Alte Wunden brechen auf. Argwohn, Misstrauen und handgreifliche Auseinandersetzungen nehmen zu. Plötzlich verschwindet ein Bürger spurlos. War es Mord? Der Flusslauf im Vilstal wird für die nachkriegsgeplagte Bevölkerung zur natürlichen Konfliktlinie. Trotz der Uneinigkeit wird ein Vertreter des Bezirksamts Erding bei einer Versammlung aus Moosen gemeinsam verjagt. Ein Handeln in Eintracht gegen die Obrigkeit bleibt allerdings schwierig. Nur dem Geschick der beiden Bürgermeister ist es zu verdanken, dass ein Gerichtsverfahren gegen die Bayerische Regierung erfolgen kann. Die Bürgermeister der rivalisierenden Gemeinden haben einen Balanceakt zwischen einer feindseligen Gegenwart und einer hoffnungsvollen Zukunft zu meistern. Der hiesige Pfarrer und christliche Hirte sieht mit Sorge auf seine Schäfchen und hat dabei eigene Kriegstraumata zu bewältigen. Der neue junge Schullehrer am Ort ist nicht nur für die Schüler eine Bereicherung. Seine Leidenschaft ist die regionale Geschichte: ein vergangenes mittelalterliches Schloss und ein Abenteuer liebender Ritter animieren sein Interesse. Und die Entdeckung eines Tunnels erweckt die Legende über einen im verborgen gebliebenen unterirdischen Wehrgang von neuem. Jedoch sehen den Lehrer nicht alle ohne Vorbehalt und so sieht er sich mit dem aufkeimenden Nationalsozialismus und Antisemitismus der frühen 1920er Jahre konfrontiert. Es ist eine Zeit des dramatischen Wandels, für mache sogar wie eine politische und gesellschaftliche Abrisskante. Aber die Welt drehte sich weiter!

Stürmische Zeiten des Wandels haben immer sowohl
Gewinner als auch Verlierer hervorgebracht.

Aber es gibt eine Möglichkeit:

Aus der Geschichte lernen
oder wie einst

Winston Churchill
zu
Queen Elizabeth II.
sagte:

*„Je weiter man zurückblicken kann,
desto weiter wird man vorausschauen."*.

Inhalt

VORWORT

Das obere Vilstal ist für mich ein Stück Heimat, mit dem ich seit meiner Kindheit vertraut bin. Der Fluss, die Vils, der dem Tal den Namen gibt, gleitet an dieser Stelle zwischen den sanften Hügeln links und rechts von ihm dahin. In Kindesjahren war die Vils einer meiner bevorzugten Spielorte. Meine Spielkameraden und ich waren auf dem Wasser mit einem selbstgebauten Floß unterwegs oder im Wasser auf der Jagd nach Fischen, die wir meistens nie zu fassen bekamen. Aber auch auf den Anhöhen und in den Wäldern ringsum haben wir uns, die hiesigen Jungs und Mädels, getummelt und Robin Hood samt Pfeil und Bogen wiedererstehen lassen. Oder wir haben Behausungen in die Natur gesetzt, um sich wie Robinson Crusoe zu fühlen.

Man wächst als Kind hinein in die Umgebung und erobert mit jedem Jahr des Älterwerdens das Land um sich herum. Kindergartenkinder werden Schulkameraden, selbige zu Vereinskameraden und später eventuell Nachbarn mit eigenem Häuschen und Familien mit Kindern. Der Alltag ist somit komplett ausgefüllt und man ist froh, wenn in der Familie, am Arbeitsplatz und allgemein um einen herum alles in Ordnung ist. Man ist froh, wenn die Freuden die Sorgen überwiegen. Wer würde dabei schon auf den Gedanken kommen, dass es hier im Vilstal je anders war? Dabei haben erst die Menschen dieses Land urbar und bewohnbar gemacht und in ihrem Sinne so „kultiviert und zivilisiert", wie wir es heute erleben dürfen.

Ich hielt es für selbstverständlich, welches Bild die Natur, die Umgebung und Ortschaften zeichneten. Wenn es vielleicht nicht allen so erging, für war es für mich lange so. Derweil muss dereinst diese Region rund um die Obere Vils ursprünglich und wild gewesen sein, wie es historische Quellen andeuten. Keineswegs war das Land am Fluss so erschlossen und kultiviert wie heute, sondern die Natur selbst war alleinige Gestaltungskraft. *Weitläufiges Sumpfgebiet, das Moos,* wie es heißt, säumte den Fluss und der Mensch hatte wohl einige Mühe, diesem Urboden lebenswerte Bedingungen abzutrotzen. Es muss schwierig gewesen sein, Ansiedlungen und Ortschaften zu gründen, für ausreichend Nahrung und trinkbares Wasser zu sorgen. In den Anfängen war die stärkste Triebfeder für Ortsgründungen der christliche Glaube. Durch Kirchengründungen der Freisinger Bischöfe sollte das Missionsgebiet ausgebaut und gefestigt werden. Dem christlichen Glauben fernstehende Stämme der Bajuwaren hatten sich im 6./7. Jahrhundert in unserer Region angesiedelt. Immerhin durfte Moosen (Vils) im Dezember 2019 auf eine 1250-jährige Geschichte zurückblicken, was per urkundlich nachgewiesener Schenkung aus dem *Jahr 769 durch Herzog Tassilo III.*[1] belegt ist.

Ein zufällig entdecktes Zeitdokument im Gemeindearchiv von Taufkirchen (Vils) gab den Impuls für mein gesteigertes Interesse an der Geschichte links und rechts der Vils. Das *Gerichtsurteil des Bayerischen Verwaltungsgerichtshofes von 1924*[2] zur Zusammenlegung der Gemeinden Hubenstein und Moosen wurde zum Auslöser aller nachfolgenden Recherchen. Ich fand die Vorstellung ungemein spannend, wie die damalige Bevölkerung sowie die verschiedenen Würdenträger wie Bürgermeister, Gemeinderäte usw. mit diesem Schiedsspruch wohl umgegangen waren? Je mehr ich mich diesem Gedanken hingab und weiter nachforschte, umso mehr war ich zudem in den Bann gezogen, in

---

[1] Tassilo III. gehörte dem Geschlecht der Agilolfinger an, die viele Klöster gründeten, auch in Freising.

[2] Gemeindearchiv Taufkirchen (Vils), Zeitdokument als Kopie der Urkunde aus dem StAM

welch bewegten und schwierigen Zeiten zu Beginn des 20. Jahrhunderts diese Veränderung stattgefunden haben musste. Nun gehöre ich einer Generation an, die einen großen Teil der Zeit in genau diesen 1900er Jahren lebte und hoffentlich noch lange in den 2000er Jahren verweilen darf. Aber allein schon die Tatsache, dass meine mir noch zu Lebzeiten liebgewordene Großmutter Klara einen großen Teil ihres Lebens in den wirren Zeiten des 1. Weltkrieges und dann des 2. Weltkrieges zubrachte, zeigte mir, wie nah ich selbst doch dieser Vergangenheit war. Welch unglaublicher Wandel hat sich seither vollzogen? Und welch dramatische Veränderungen es für die Menschen zwischen 1914-1925 gegeben haben musste, wurde mir bewusst, als ich zum wiederholten Male das Foto der Urkunde zur Gemeindezusammenlegung von 1924/25 studiert hatte.

Daraus ist eine Erzählung entstanden, deren Protagonisten frei erfunden sind und deren Charaktere und Handlungen fiktiven Rollen folgen. Beide, Personen und Rollen, sind allerdings in eine Zeit hineingesetzt, deren Ereignisse und Rahmenbedingungen historisch belegt sind. Dieses Spannungsfeld von tatsächlich „Gewesenem" zusammenzubringen mit fiktiven Individuen, deren Handlungsrepertoire und Lebenseinstellungen auf politisch-gesellschaftlichen Bezügen der damaligen Zeit abgestellt sind, erweckte in mir eine brennende Entdeckerleidenschaft.

Im Rückspiegel der Gegenwart mag uns der stete Wandel in der ferneren Vergangenheit, der Geschichte sogar, als ein natürliches Phänomen vorkommen, manchmal evolutionär und kontinuierlich, manchmal dramatisch und spektakulär. So richtig aber kann man sich die Intensität der Veränderung in den 1920er Jahren erst vorstellen, wenn man sich umfänglich und weitgehend damit beschäftigt. Rückblickend erscheint mir bildhaft gesprochen diese Zeit wie ein großes wild gewordenes Meer, auf dem unzählige Boote gegen dramatisch anschwellende Wellenberge und -täler ankämpften. Einige der Segler konnten durch geschickte Manöver und das notwendige Glück Kurs halten. Obwohl der enorme Seegang auf dem Meer der Geschichte alles abverlangte, hielten sie sich auf ihrer geplanten Route des Lebens. Für andere war die raue See der Geschichte allerdings existenzbedrohend. Ihre Boote standen schicksalshaft kurz vor dem Kentern, zumindest ein Segel war zerfetzt oder ein Mast war gebrochen, sodass ihr geplanter Lebensentwurf wie ein nicht mehr manövrierbarer und leckgeschlagener Kahn zu versinken drohte. Und waren sehr viele „Lebensboote" so betroffen, waren die Schicksalsschläge vieler Einzelner zu einem gewaltigen gesellschaftlichen Wandel geworden, zu einem abrupten Umbruch und einer Zeitenwende sogar, die ganze Generationen und Gesellschaftsschichten durcheinander wirbelte.

Die Reform der kommunalen Selbstverwaltung, die letztlich zur Zusammenlegung der Gemeinden Hubenstein und Moosen (Vils) führte, war in ihrer regionalen Bedeutung in eine Zeit des epochalen Umbruches für Deutschland eingebettet. Diese 1920er Jahre hinterließen nachhaltige Folgen bis in unsere Gegenwart hinein. Der 1. Weltkrieg hatte mit bis dahin nie dagewesenen Menschenopfern die ganze Welt erschüttert. Monarchien und Adel haben in vielen Ländern Europas ein jähes Ende gefunden. Die fortschreitende Industrialisierung befeuerte den Kampf der gesellschaftlichen Schichten zwischen einer immer größer werdenden Arbeiterschaft und den sogenannten Kapitalisten. Wissenschaft und Technik gelangen gesellschaftsverändernde Entwicklungen, wie am Automobil, der Elektrizität und dem Radio an wenigen Beispielen abzulesen ist. Und die Wirtschaft erlebte dramatisch die wachsende globale Vernetzung und Abhängigkeit, wie am *„Schwarzen Freitag"*, dem Börsenkrach 1929 sichtbar. Wie würden meine erfundenen Personen der Gemeinden Hubenstein und Moosen (Vils) in dieser Zeit des Wandels, der Umbrüche, Widersprüche und Krisen denken, reden und handeln? Nicht nur, dass die Welt um sie herum aus den Fugen geraten schien, auch die vertraute und bekannte Gemeinschaft in den kleinen Ortschaften auf dem Land war der scheinbaren Willkür der Zeit, dem totalen Wandel ausgesetzt. Welche Gestaltungsmöglichkeiten und Handlungsoptionen hatte der Einzelne, die Gruppe, z. B. als Familie oder die gesamte Gesellschaft?

Überraschenderweise kamen mit den obigen Buchrecherchen weitere interessante Aspekte zum Vorschein. Ein besonderer Reiz war die Ergründung der noch weiter zurückliegenden Vergangenheit zum einstigen Schloss zu Hubenstein. Es gibt nicht viele mir bekannte Quellen zum Schloss, aber die, die ich fand, waren wie ein kleiner Schatz für mich. Eng verbunden mit der Geschichte des Schlosses war die *Familie der Freiherrn von Preysing Hubenstein*[3]. Deren Abkömmlinge hatten sich über Jahrhunderte den bayerischen Herzögen der Wittelsbacher angedient und brachten es dadurch zu ehrenwerten Edelleuten samt Wohlstand und Einfluss. Genaueres ist mir zu *Freiherrn Hans Georg von Preysing Hubenstein*[4] bekannt geworden, dessen eindrucksvolle Gedenktafel über dem Ausgangsportal der Pfarrkirche von Moosen (Vils) zu betrachten ist. Es ist eines der wenigen Relikte, die glücklicherweise aus dieser Zeit mit einem festen Bezug zu einem

---

[3] Bereits im 10. Jahrhundert erwähnt und über verschiedene Linien bis heute bekannt.

[4] Ein Sprössling der Linie um Sigmund v. Preysing Hubenstein, 15./16. Jahrhundert.

Repräsentanten in unsere Gegenwart herüber gerettet worden waren. Seine Geschichte wird beschrieben als die eines in hoher Verantwortung stehenden Ministerials, sprich „Dienstmannes", der damaligen Herrschern diente und als Abenteurer und Pilger die halbe Welt bereist hatte. Auch er lebte am Ende des 16. Jahrhunderts, ebenso wie die Bevölkerung anno 1920, in einer Zeit des steten Umbruchs, der stetigen Herausforderung für sein eigenes und das Leben der Seinen, der eigenen Familie. Angetrieben von Wissenschaft, Bildung, Kunst und Religion war die Epoche, in der Hans Georg gelebt hatte, eine Zeit des permanenten Wandels. Kopernikus beschrieb 1543 erstmals die Sonne als den Mittelpunkt des Universums. Das Bürgertum gewann durch Bildung an Wohlstand und Einfluss entgegen den Vorstellungen des Geburtsadels. Die Wiedergeburt der antiken Philosophen wie Platon, Sokrates oder Aristoteles begründete in der Kunst das Zeitalter der Renaissance mit ihren bekanntesten Persönlichkeiten, nämlich Leonardo Da Vinci und Michelangelo. Das Gedankengut des Humanismus griff um sich und Martin Luther, der Pfarrer aus Wittenberg, veränderte mit seinen 95 Thesen die religiöse Welt der damaligen Gläubigen. Aus der geschichtlichen Ferne betrachtet, denkt man, diese Zeit hatte keine Ruhe, keinen Frieden gesehen. Die Auflehnung und kriegerische Auseinandersetzung mit den Bauern 1525 aufgrund fehlender Freiheits- und Menschenrechte, Religionskriege innerhalb der christlichen Welt und gegen das Osmanische Reich, den Islam, der auf das Abendland übergegriffen hatte, Kriege zwischen den europäischen Herrschaftshäusern von Spanien bis Ungarn, Herzogsfehden an jeder Ecke bei unzähligen Fürstentümern und die Eroberung der neuen Welt bis Amerika sowie die Unterwerfung dortiger Urvölker bezeugen dies. Alle diese Ereignisse geben nur einen ungefähren Zustand der damaligen Epoche wieder.

Wandelzeiten überall, egal in welches Jahrhundert der Vergangenheit man blicken will. Was sagt uns das? Der Wandel scheint ein Naturgesetz zu sein. Aber wovon oder von wem wird er angetrieben? Ich würde vermuten: durch uns selbst. Der Mensch ist dank seines großen Gehirns in der Lage, einen Plan zu entwickeln, umzusetzen und die Konsequenzen seines „Kulturschaffens" zu verstehen. Ob er dabei immer Gutes für sich selbst oder die Allgemeinheit, die Gemeinschaft oder die ganze Schöpfung erfindet, sei dahingestellt. Zu Zeiten von Hans Georg von Preysing Hubenstein herrschte das klare Prinzip der Standeszugehörigkeit vor. Es war per Geburt vorgegeben und wurde sogar von der Kirche als von Gott gegeben verkündet. Der Reihe nach kamen: der Kaiser, der König, dann Adel und freie Bauern - und später freie Bürger - und zuletzt praktisch rechtloses Gesinde. In den jeweiligen Rang ordneten sich der Papst, die Bischöfe und sonstige Geistliche ein. Selbst Martin Luther, als Reformator des christlichen Glaubens bekannt, schrieb über die Freiheit des Christenmenschen sinngemäß, *jedermann soll im irdischen Leben ohne aufzubegehren an seinem Platz in der ständischen Ordnung verharren*[5]. Grundsätzliche Prinzipien zu Ordnung und Recht entdeckt man in der Geschichte überall bis in unsere Gegenwart. Der Mensch strebt wohl nach einer gewissen Wohlgefügtheit im Leben. Allerdings, in der Rückbetrachtung erscheint uns das genaue Gegenteil immer wieder zu begegnen. Dabei strebte der Mensch vermutlich noch nie nach dem Chaos als solchem, der Unordnung als Selbstzweck. In den Jahrhunderten vor uns wuchs jedoch der Wunsch und Drang nach Gleichheit und Gerechtigkeit des Einzelnen immer mehr und damit die Hinwendung zur Veränderung. Und sei es durch Ge-

---

[5] „In Freiheit eines Christenmenschen" will Martin Luther nur auf die geistlichen, nicht aber auf die weltlichen Bereiche bezogen werden.

walt, wie wir an der Französischen Revolution unschwer erkennen können. Gegensätze prallten aufeinander. Auf der einen Seite die Mächtigen, die sich ihrem Verständnis der Ordnung und dem Recht verpflichtet und überdies ihre Privilegien bedroht sahen, und auf der anderen Seite die „Unmächtigen", die sich ihrer Menschen- und Freiheitsrechte beraubt sahen und nach einem humanistischen Weltbild strebten.

Heute kennen wir die Demokratie als eine für uns fast selbstverständlich gewordene Form der Partizipation der Bevölkerung zur Bestimmung, wie und in welcher Art und Weise die Gesellschaft funktionieren soll. Eine Staatsform, die durch eine Gewaltenteilung auf den Säulen der Legislative (Gesetzgebung), Exekutive (ausführende Gewalt) und Judikative (Rechtsprechung) aufbaut. Wenn man den Gedanken des Jahrhunderte währenden Antriebs nach Gleichheit, Gerechtigkeit und gleichzeitig Sinn nach Ordnung und Frieden in die Zukunft weiter spinnt, frage ich mich heute: „Wohin wird uns die Reise des *Gerechtigkeitstriebes* noch führen?". Im Vergleich zu Jahrhunderten vorher ist man geneigt zu sagen, dass die Welt gerechter geworden ist. Für die Menschen der Gegenwart scheint jedoch gefühlt und tatsächlich die Ungleichheit und Ungerechtigkeit nicht zwingend geringer geworden zu sein. Man denke im globalen Kontext an die Rechte von Frauen und Minderheiten oder die Ungleichverteilung von Wohlstand und Armut auf der Welt. 20 % der Weltbevölkerung verbrauchen 80 % der natürlichen Ressourcen, und weiterhin kann der Klimawandel zu einem unerwünschten Verstärker von schon vorhandenen Gerechtigkeitsproblemen führen. Wie werden wir also in Zukunft das gesellschaftliche Zusammenleben gestalten können? Werden wir in unserem Fall der westlichen Kulturen in der Lage sein, die Demokratie weiter zu entwickeln, um für kommende Aufgaben gewappnet zu sein? Werden wir es mit friedlichen Mitteln schaffen oder, wie es mit Blick auf die Vergangenheit immer den Anschein hat, mit gewalttätigen Auseinandersetzungen und Kriegen zu tun haben? Wie werden sich die geopolitischen Blöcke China, Amerika, Russland, Europa und nicht zu vergessen Afrika angesichts der unterschiedlichen gesellschaftspolitischen Systeme zueinander – friedlich oder unfriedlich - verhalten?

Die Bürger von Hubenstein und Moosen (Vils) erlebten zu Beginn des 20. Jahrhunderts eine Zeit dramatischer Veränderungen. Ein als gerecht empfundener heiliger Krieg war verloren gegangen und in zu vielen Häusern zierten Sterbebilder den Platz auf den Küchenfensterbrettern oder es lehnten Gehhilfen für Kriegsversehrte am Bett in der Schlafkammer. Die täglichen Essensrationen waren bescheiden und das Hungergefühl ein steter Begleiter. Es reichte irgendwie nie richtig, aber gegenüber den Städten war es auf dem Land deutlich besser. Im einzigen Kramerladen am Ort gab es dennoch kaum Waren zu kaufen. Die Seife musste man also selbst aus den ausgelösten Knochen der wenigen Schlachttiere kochen. Kohle zum Heizen der öffentlichen Gebäude, z. B. der Schule waren kaum zu bekommen, aber es gab zumindest Holz von großzügigen Bauern. Es herrschte Mangel allerorten und so wäre verständlich gewesen, wenn die allermeisten Menschen in diesen beiden Gemeinden sich mehr um den täglichen Kampf ihrer Existenz kümmerten als sich um die große Politik zu scheren. Indes darf man das gesellschaftspolitische Interesse der Bevölkerung und einiger Funktionsträger nicht komplett unterschätzen. Der Wandel klopfte quasi an jede Türe, denn einerseits waren technischen Entwicklungen, wie die Elektrifizierung des Landes, der Ausbau der Wasserversorgung, die fortschreitende Mobilisierung durch Automobile, Motorrad und Traktoren in der Landwirtschaft sowie dem Beginn des Rundfunkzeitalters auch im Agrarland Bayern kaum aufzuhalten. Andererseits reichten die staatlichen Maßnahmen zum Aufbau einer modernen Verwaltung weg von den monarchie- und militärgeprägten Strukturen bis nach Moosen (Vils) und Hubenstein, indem diese beiden Gemeinden staatlich verordnet 1924/25 vereinigt werden sollten. Im Übrigen wurde Moosen bis ins Jahr 1937 ohne den Zusatz (Vils) geführt, sodass dies auch im weiteren Verlauf der Erzählung so beibehalten wird.

Wandelzeiten für eine verunsicherte und geplagte Bevölkerung. Und selbst die moralisch hochstehende Kirche verlor ihre Unschuld, indem sie zuvor von einem heiligen Krieg gesprochen hatte, der doch so viel Leid und Schuld mit sich brachte. Wie wird es ihnen wohl tatsächlich ergangen sein im Vilstal in den Zeiten des Wandels?

Ein Hinweis: Die mit Fußnoten gekennzeichneten Textstellen beziehen sich auf historische Fakten und Personen. Die historischen Belege wurden größtenteils lediglich inhaltlich wiedergegeben, historische Persönlichkeiten genannt und nur an wenigen Stellen wörtliche Zitate verwendet.

Der Brief aus München
3. Mai 1919

Langsam schlurfte Nepomuk Langkofler, Pfarrer von *Moosen*[6], in seinen Filzpantoffeln über die knarzenden Holzdielen der Küche des Pfarrhauses. Er war auf dem Weg zum Schüsselkorb an der Wand, um sich einen Keramikbecher für eine Tasse heißes Wasser zu holen. Nur er, wenn er sich bewegte, oder die im Küchenherd eingelegten glühend schnalzenden Holzscheite durchbrachen die Stille im Raum. Mit dem linken Oberschenkel lehnte er an der Reling des Herdes und goss sich mit einer Schöpfkelle heißes Wasser in die steingraue Tasse. Er holte seinen Gehstock zu sich, um zurück zum Esstisch zu hinken, wo er sich an seinen angestammten Platz auf ein Kissen setzte. Seine Pfarrersköchin, Therese Angermayr, war nur tageweise bei ihm im Pfarrhaus und kümmerte sich um sein Wohlbefinden. Und so war es lediglich der gekreuzigte Jesus Christus, umrahmt von Palmkätzchen, der aus dem Herrgottswinkel warmherzig, so gut es halt ging als Gekreuzigter, auf ihn hernieder blickte.

Er rückte sich am Platz zurecht und holte aus der Innentasche seiner Joppe einen Brief hervor. München, Mariahilfplatz 13, Pfarrer Zeno Fischbacher stand außen auf dem Briefumschlag. Er wusste natürlich, dass er von seinem Studienkollegen und Freund Zeno war, trotzdem hatte er ihn schon den ganzen Tag mit sich herumgetragen und hielt nun für ein paar Sekunden inne, bevor er bereit war, den Brieföffner anzusetzen. Bei funzlig flackerndem Licht einer Petroleumlampe las er.

---

[6] Gemeindename bis 1937 ohne den Zusatz (Vils)

Mein lieber christlicher Bruder im Glauben,
mein lieber Nepomuk!

Wie soll ich beginnen? Es sind meine verwirrten und
schmerzenden Gedanken, die es mir nicht leicht machen, die
rechten Worte zu finden. Es ist ein heilloses Durcheinander
hier in München und wohl überhaupt im ganzen Land.
Überall in den Straßen trifft man auf herumlungernde
Matrosen, junge Soldaten und Kriegsversehrte. Hungernde
und bettelnde Menschen, ob alt oder jung. Sie sind allerorts
zu sehen. Es wird gehamstert und erschlichen, wo es geht.

Über alledem regiert das politische Chaos dieser Tage. Eine
Revolution löst die andere ab, aber das weißt Du sicherlich
auch aus der Zeitung und den vielen Nachrichten aus der
Stadt. Den vorläufigen Höhepunkt hatten wir von Ende
April bis jetzt zum 1. Mai 1919 erlebt. Marodierende Ein-
heiten der Roten Garden, dem militaristischen Arm der roten Räterepublik, stießen auf die Weißen Garden der
reichsdeutschen Befreiungsarmee des Generals von Owen,
im Gefolge ein Freikorps des Ritters von Epp, einst könig-
lich-bayerischer Kommandeur des Leibregiments[7].

Während draußen Maschinengewehrsalven herüber von der
Lindwurmstraße und der Au ratterten, verharrten der Mesner und ich samt einer Gruppe bis ins Mark verängstigter
Menschen jeden Alters in unser Kirche bei demütigen Gebeten. Als dann plötzlich Rotgardisten das Tor zum Kirchenportal aufrissen, war es mit der friedlichen Andacht und
dem Beten vorbei. Mit gezückten Gewehren und Pistolen
im Anschlag bedrohten sie unsere ehrfürchtige Gemein-

---

[7] Historische Ereignisse, Personen und Akteure rund um den 1. Mai 1919

schaft, diese jungen ehemaligen Soldaten. Nur mit Mühen
konnte ich sie abhalten, schlimmeres Unheil anzurichten,
indem ich mich den Eindringlingen entgegenstellte, um Lei-
besvisitationen und mehr an den Anwesenden zu verhindern. Vehement forderte dieser gewaltbereite Mob die Her-
ausgabe eines flüchtenden Widersachers, den sie
offensichtlich angeschossen hatten und in der Kirche vermuteten. Bei meinem Leben hatte ich geschworen, dass dieser Mann nicht im Raume sei. Nur aufgrund meines forschen Auftretens als ehemaliger Feldpfarrer im Königlich-
Bayerischen Infanterie-Regiment unter Hinweis auf den
kommandierenden Oberst Anton von Langlois[8] und meiner
offenkundigen Kriegsverletzung links am Hals sowie meinem verbrannten linken Ohrstummel konnte ich dem Anführer dieser blutrünstigen Meute Einhalt gebieten. Und in
der Tat, nach dem Abzug der ungebetenen Gesellschaft fanden wir nahe dem Eingang zur Sakristei einen stark blu-
tenden jungen Mann, dem Tode näher als dem Leben.

Lieber Nepomuk, Du merkst, wie sehr mich diese Ereignisse
aufwühlen. Gleichzeitig muss ich Dir leider als Kern und
Ursprung meiner Einlassungen an dich mitteilen, dass unser gemeinsamer Freund und Kollegiat am Freisinger Pries-
terseminar, Ignatz
Gutsmoser, seinen Kriegsverletzungen im Alter von 31 Jahren erlegen ist. Alle drei waren wir in diesen heroischen va-
terlandsgetreuen Krieg gezogen und keiner hatte sich mehr
dem allgemeinen Sog entgegengestellt als Ignatz es als Frie-
densstifter und Versöhner zuvor getan hatte. Er hätte nie,
wie viele andere, sinngemäß gesagt: „Der Kriegsdienst ist
unser heiliges Recht und … ist ein schönes Zeichen für die
gesunde, vaterländisch-männliche Kraft des Geistlichen
Standes, dass er nicht müßig am Markte stehen … will,

---

sondern nach christlichem Grundsatz auch da dienen möchte, wo es den höchsten Einsatz gilt zu geben: im Heere, in der Mitte der Blüte und der Kraft unseres Volkes ... "[9]. Ja, das waren die Worte und die Gesinnung, die uns antrieb und vermeintlich über unseren Gott stellte. Welch eine menschliche Arroganz? Wie blind und taub waren wir für Ignatzens Wort des Friedens und der Versöhnung?

Welche Ironie der göttlichen Fügung, dass Ignatz durch eine vermeintliche Blindgänger-Gasgranate am 21. Oktober 1918 ostwärts von Vouziers auf der Linie Landèves – Chamiot[10] dem Sterben hingegeben ward und der Herr ihn nun am 13. Mai 1919 bei sich aufgenommen hat. Er, der nur Gott und den Menschen dienen wollte und eben nicht dem verblendeten Kriegsgeschrei und Unfrieden anheimfiel. Er, der bis zu den letzten Tagen des Krieges unversehrt geblieben war und doch von uns genommen wurde. Stunden haben wir gemeinsam darüber philosophiert, bis das Kriegsgeschrei lauter und lauter wurde. Es waren wenige, die aus dem „Bismarck'schen Kriegsgebrüll"[11] ausscherten, auch wir beide nicht sonderlich laut, und das friedliche Miteinander aller Menschen predigten. Aber er gehörte zu den Lauten. Und trotzdem ging er ins Feld zu denen, die es besonders hart treffen würde. Er wollte da sein für sie und ist nun gestorben für sie. Was waren wir in Freising für alberne und blödelnde Kerle gewesen und gleichsam tief beseelt von der Kraft Gottes in fester Absicht, den Menschen die Schönheit und Mystik des Glaubens darzubringen? Und jetzt, wo stehen wir Lebenden?

Er hatte recht, zu sagen: ‚Groß fängt der Krieg an, sehr klein wird alles enden'. Oh Nepomuk, wo sind meine Zu-

---

[9] Originalworte höchster Kleriker zur Motivation geistlicher Berufe
[10] Historischer Ort einer Schlacht im 1. Weltkrieg
[11] Historische Begrifflichkeit

versicht und mein Glaube geblieben? Mehr als vier Jahre des
Heldentums. Wir haben die Vielen sterben sehen. Die
Frucht ihres jungen Lebens ward mit ihrem Blute zerron-
nen auf den Äckern und Fluren des grausamen Leidens.
Immer und immer wieder haben wir ihnen die letzte Hoffnung erteilt, ihnen die Augen geschlossen auf dem Weg in
die ewige Gewissheit. Wie konnten wir die innere Stimme
Gottes so katastrophal überhören? Wir hatten geglaubt, berufen zu sein, ein besonderes Gehör für ihn zu haben und
doch ließen wir zu, dass wir dem verbalen Götzenbild des
verletzten menschlichen und nationalen Stolzes erlegen
sind. Es ist eine traurige Zeit und fern von Gewissheit für
die irdische Zukunft. Es scheint, als wäre eine reißende
Flut über uns hereingebrochen und schwemmte uns hinweg.
Dem Ertrinken nahe sind wir hinweg gerissen von einer
Odyssee der irdischen Gewalten und fern von rettenden
Ufern. Mir sei gewiss, dass die einige und heilige Dreifal-
tigkeit alle Kraft braucht, uns alle zu erretten von der großen Sünde, die wir begangen haben.

Lieber Nepomuk, nur Dir will ich meiner Seele Tiefen und
manch düsteren Grund offenbaren und auf dass ich stark im
Glauben und Leben für meine hart getroffene Gemeinde
sein kann. Und gleichermaßen erfüllen mich mit Freude und
Zuversicht deine Gedanken und Worte, wie ich sie zuletzt
in deinem Brief habe lesen dürfen. Lass mich enden mit den
Worten und dem Gebet unseres so sehr geschätzten Paters
Rupert Mayer, dessen Mut und Frömmigkeit in den Tagen
unseres Dienstes für Gott und die Menschen immer ein großes Vorbild sein wird. Er warf seinen schützenden Körper
auf einen verwundeten Kameraden, uneigennützig und im
Bewusstsein seiner eigenen körperlichen Verletzlichkeit.
Sein Gebet erflehe für uns den gleichen Schutz jetzt und für
unser aller Zukunft:

„Herr, wie Du willst, so will ich geh'n, und wie Du willst,
soll mir gescheh'n.
Hilf Deinen Willen nur versteh'n.
Herr, wann Du willst, dann ist es Zeit, und wann Du
willst, bin ich bereit.
Heut und in alle Ewigkeit.
Herr, was Du willst, das nehm' ich hin, und was Du willst,
ist mir Gewinn.
Genug, dass ich Dein Eigen bin.
Herr, weil Du's willst, drum ist es gut, und weil Du's
willst, drum hab' ich Mut.
Mein Herz in Deinen Händen ruht."

Hochachtungsvoll und in verbundener christlicher Bruder-
schaft

Zeno Fischbacher

Nepomuk legte den Brief zur Seite und murmelte einem inneren Antrieb folgend ein *Vater Unser*. Noch das „… denn Dein ist das Reich und die Kraft und die Herrlichkeit in Ewigkeit, Amen" im Munde blickte er hinauf zum Herrgottswinkel, visitierte den gekreuzigten Jesus im Bewusstsein seiner ganzer Leidensgeschichte als Sohn Gottes auf Erden.

Spontan erinnerte er sich an die Predigt am Tag der *Mobilmachung am 1. August 1914*[12]. Tags zuvor war er mit dem Zug von Dorfen nach München zum bischöflichen Ordinariat unterwegs. Der kürzlich durch *Kardinal Franziskus von Bettinger ernannte Feldpropst Michael von Faulhaber soll die Seelsorge der Bayerischen Armee organisieren*[13]. Dem Ernst der Lage Glau-

---

[12] Historisches Ereignis: Zuwiderhandlungen zur Mobilmachung wurden hart bestraft.

[13] Historische Funktionsträger und Persönlichkeiten

ben schenkend, dass unbescholtene Frauen, Männer und Kinder dem Schutze des Kaisers, der Armee und letztlich auch der katholischen Kirche bedürfen, hatte er sich dieser ausgerufenen „heiligen Mission" der Feldseelsorge angeschlossen. Noch in München überreichte ihm der Sekretär des Feldprobstes eine persönliche Depesche seiner Heimatgemeinde, er möge doch eiligst kommen, „weil ein Gottesdienst gewünscht würde". Während der gesamten Rückfahrt schlug eine Frage wie die andauernde Brandung des Meeres gegen seine Gehirnwindungen: „Wie soll das deutsche Volk, meine Gemeinde in den Krieg zieh'n?"

Noch am Abend um 19 Uhr, nach der *offiziellen Verlautbarung des Kaisers zur Mobilmachung*[14], hatten die Glocken zum Gebet geläutet. Die Gemeinde machte auf ihn den Eindruck einer freudig und gleichzeitig neugierig angespannten Gemeinschaft. Sie hatte zwar eine Vorstellung von der Ernsthaftigkeit des Krieges entwickelt, aber dank der vermeintlich vaterländischen Kraft und dem Siegeswillen der unverschuldet in den Krieg hinein gezogenen deutschen Nation würde es bald den erbetenen Frieden geben. Zudem, mit einem ausgeprägten christlichen Pflichtbewusstsein dem Vaterland und vor allem dem Kaiser gegenüber, wäre der gottgewollte Friedenssieg ein Leichtes und die wenigen Opfer wert. Welch andere Worte hätte Pfarrer Nepomuk Langkofler anzubieten gehabt als die, die jeder hören und glauben wollte, auch er?

Und so erinnerte er sich an Passagen aus seiner Predigt, wie: „De schwere, heilige Pflicht ruft uns und dass wir tausende von wackeren Soldat'n für unser'n geliebten König und teure Heimat einsetz'n werd'n auf Blut, Ehre und Leben" oder „Weder des deutsche Volk

---

[14] Kaiser Wilhelm II. gibt um 17 Uhr den Mobilmachungsbefehl.

noch sein hochwohlgeborener Kaiser hab'n dies'n Krieg g'wollt noch verschuld't. Er werd uns von unser'n Gegnern auferlegt. Es is unser heiliges Recht, unser Vaterland und alle Mensch'n darin zu verteidig'n, im Vertrauen auf unsere gerechte Sach und Gottes Gerechtigkeit". Zu guter Letzt applaudierten die sonst so demütig verhaltenen Gläubigen, als er von seiner eigenen Einberufung als Feldgeistlicher berichtete. Alsbald würde er an die Front abberufen. Klatschen und Beinstampfen brandeten hoch und alle erhoben sich von ihren Bänken mit strahlend funkelnden Augen und mit Stolz für ihren Pfarrer Nepomuk Langkofler.

Nepomuk senkte den Kopf in seine Hände, schloss die Augen und seufzte ein „Gegrüßet seist Du Maria voll der Gnade. Der Herr ist mit Dir..." und stoppte, als er bemerkte, dass der Briefumschlag von Zeno Fischbacher unter ihm lag und eine Ecke eines Fotos heraus schaute. Er griff sich das Foto und erblickte das Porträt seines verstorbenen Freundes. Es war sein Sterbebild demzufolge es hieß: „Helden-Andenken an den ehrgeachteten Pfarrer Ignatz Gutsmoser." Viele dieser Sterbebilder hatte er in den letzten Jahren gesehen, die zu den Trauerfeierlichkeiten an die trauernde Gemeinde verteilt wurden, wann immer in schrecklicher Wiederkehr einem lieben, anständigen und fleißigen jungen Mann, Vater, Bruder, Sohn oder Freund die letzte Ehre teilhaft werden sollte. Es war immer der Pfarrer, der, eher selten begleitet durch den Bürgermeister, die schlimme Botschaft überbracht hatte. Die Leute achteten den Priester und Hoffnungsgeber einerseits und andererseits wurde Nepomuk misstrauisch beäugt, welcher Art seine Aufwartung sein würde. Als Überbringer der Hiobsbotschaften wurde er gehasst, glaubte er insgeheim. Historiker, dachte Nepomuk, werden eines Tages Statistiken aufführen, wie viele Tote, Vermisste, Verwundete und Heimatverstorbene dieser unsägliche Krieg gekostet hatte. Die Zahlen würden gewaltig sein und noch immer klopfte der Sensenmann regelmäßig an Türen und holte sich ausgemergelte und erschöpfte Körper und Seelen. Zuletzt den Sailer Michael, der, ähnlich wie nun auch Ignatz Gutsmoser, an den Folgen der durch Senfgas innerlich verätzten Lungenflügel verstorben war. Der späte Aderlass des vor einem halben Jahr beendeten Krieges.

Ein heller Schmerz zuckte durch den kleinen Finger der linken Hand, die Nepomuk reflexartig zu sich herzog. Ein Phantom machte sich bemerkbar, denn er besaß weder den kleinen Finger noch den Ringfinger an dieser Hand. Er hatte sie bei einem Angriff der Franzosen verloren, als der Bataillonsunterstand unter Granatbeschuss lag und eingebrochen war. Mehrere schwere hölzerne Dachbalken waren auf ihn und andere, die sterben mussten, herniedergegangen. Viele Tote in der Heimat hatte er in hölzernen Särgen beerdigt und noch mehr gefallene Soldaten an der Front. Eingekeilt zwischen Brettern und Dreck, von faulem Geruch und Moder umgeben, den Geschmack von gestocktem Blut und rohem Fleisch auf der Zunge, lag er über Stunden da und glaubte nun selbst seine letzte Ruhestätte im Chaos des Krieges gefunden zu haben. Er hatte Glück im Unglück. Der Artillerieangriff hatte sein rechtes Knie zertrümmert, sodass seither ein nahezu steifes Bein und ein schwarzer Gehstock zu seinen dauerhaften Weggefährten gehörten. Seine Verwundungen waren wie eine stete Mahnung an eine von Menschen gemachte Tragödie und die Erinnerung an viele Opfer mit traumatischen Spätfolgen, sichtbar oder unsichtbar. Seine inneren und äußeren Wunden schienen letztlich gut verheilt, doch viele Heimkehrer trugen eine schwere Bürde in sich, die nicht unerkannt blieb für die übrige erwachsene Bevölkerung. Sie waren durch den Krieg andere Menschen geworden, ob nun körperlich invalid oder in der Seele traumatisiert. Und selbst die, die zu Hause geblieben waren, die Mütter, Väter, Schwestern und Brüder hatten sich verändert, da ihnen zu oft ihr Wertvollstes genommen worden war. Fast in jedem Ort und in jedem Weiler gab es menschliche Verluste hinzunehmen.

Nepomuk Langkofler war bei der *Hauptoffensive der britischen Armee am 1. Juli 1916 an der Somme zwischen Serre und Maricourt*[15] schwer verletzt worden und kehrte daraufhin nach einer langen Genesungsphase und vom Dienst entlassen im Herbst 1916 in seine Heimatgemeinde Moosen zurück. Die Gemeinde hatte ihm einen würdigen und freudigen Empfang bereitet, an den er sich gerne erinnerte. Und trotzdem verspürte er damals die scheuen Blicke und reservierte Wehmut der Menschen angesichts seiner offenkundigen Verwundungen. Er konnte und wollte sich nicht verstecken, wie es andere Kriegsgeschädigte durchaus aus falscher Scham oder gebrochenem Stolz taten, indem sie ihre Kammern und Hofstätten nur selten verließen. Er hielt bei Messen, Andachten und sonstigen Feierlichkeiten immer erbötig die linke Hand mit den drei Fingern zum ergebenen Gruße an die Gemeinde gerichtet. Die Leute behaupteten schon, es wäre, wie auf so manch frommem Bild erkennbar, die gebenedeite symbolische Hand Jesus Christi, der die von Nägeln durchbohrte Hand zeigt, aber in seinem Fall die drei Finger die heilige Trinität darstellen würden. Mit der Zeit erschien er ihnen zu einer erhöhten Person geworden zu sein, was eben nicht nur an seinem Pfarrersein liegen konnte. Er wurde ihnen zu einer wandelnden Mahnung und Projektionsfigur ihrer teils selbst erlebten Leiden. Gleichzeitig war er ein aufrecht ste-

---

[15] Historisches Ereignis: ca. 1 Million Soldaten verloren ihr Leben in dieser Schlacht, die mehrere Wochen andauerte.

hender Mensch, der trotz allem Ungemach seiner Umstände so gut wie möglich weiterzumachen versuchte. Die rechte Hand am Stock, schritt er würdevoll daher, bis er gelernt hatte, sich durchaus geschickt und angemessen im Alltag und bei den Kirchendiensten fortzubewegen. Als Nepomuk am 31. August 1914 an die Westfront abberufen worden war, hatte der Altpfarrer Alois Mooslechner mit seinen neunundsiebzig Jahren die Gemeinde so gut als möglich betreut. Der Altgeistliche bot ihm nach seiner Rückkehr vom Felddienst im Herbst 1916 spontan an, weiterhin an seiner Seite zu stehen, vermutlich auch angesichts der Invalidität seines jungen Kollegen. Pfarrer Mooslechner durfte jedoch feststellen, dass sich Nepomuk nur wenig von seiner körperlichen Versehrtheit einschränken ließ. Er nahm natürlich das Angebot des Altpfarrers gerne an, wieso sollte er auch die freundliche Hilfsbereitschaft ausschlagen.

Nepomuk war sofort aktiv geworden und organisierte Hilfen für die Soldaten und die Heimat selbst, wo es nur möglich war. Es war nicht abzusehen, wann der elende Krieg zu Ende sein würde. Der katholische Frauenverein hat für die Soldaten aus der Heimatregion gestrickt und gearbeitet. Essenspakete und Weihnachtspakete waren regelmäßig verschickt worden. Verschiedene Kollekten zur Unterstützung der Familien der Kriegsteilnehmer hatten enorme Höhen erreicht, weil auch die Not der Hinterbliebenen von Kriegsjahr zu Kriegsjahr nicht geringer geworden war. Mieten, Essen und die normalen Dinge des Alltags mussten beispielsweise bezahlt werden. Im Laufe der Zeit allerdings wurden die Einnahmen immer geringer, was in der deutlichen Verteuerung der Lebensmittel seinen Grund hatte und ohnedies viele Alltagsgüter nur noch über Wertmarken zu bekommen waren. Um besser über die Runden zu kommen, waren es vor allem die

Frauen, die mehr denn je in ihren Gärten und auf den Feldern Nahrungsmittel zu erwirtschaften versuchten. Die jungen Männer waren zu großen Teilen an der Front. Trotz aller Mühen war die Anzahl der Essenspakete zurückgegangen, weil unter anderem das sehr wechselhafte Wetter immer wieder die Ernteerträge der hiesigen Bauern schmälerte und Arbeitskräfte fehlten. Dies konnten auch die vermehrt eingesetzten kriegsgefangenen Franzosen nicht wettmachen. Alles zusammen mag es auch dazu geführt haben, dass *die Kindersterblichkeit deutlich anstieg und gleichzeitig die Geburtenrate sank*[16], selbst in der hiesigen Gemeinde auf dem Land, bemerkte Nepomuk. In den Städten war es noch drastischer. Die Stimmung in der Gemeinde wurde durchweg immer trüber. Die Sehnsucht nach Frieden stieg mit jeder Schreckensmeldung, die eine bekannte Familie, einen Freund, einen Schulkameraden oder sonstige Bekannte traf. Die heiligen Messen hatten wieder besonders guten Zulauf bekommen. Es werden wohl Mutlosigkeit und Hoffnungslosigkeit daran schuld gewesen sein, vermutete Nepomuk. Denn je mehr der Krieg der Nation und den Menschen immer heftiger den Stempel aufgedrückt und ins Leben eingegriffen hatte, desto mehr legten die verzweifelten Leute ihr Schicksal wieder in die Hände einer höheren Macht, dem Glauben. Zu Beginn 1914 und noch eine ganze Weile danach war das anders gewesen.

Die technische Neuartigkeit von Filmvorführungen sollte Abwechslung in den provinziellen Alltag einer landwirtschaftlich geprägten Gegend bringen. Josef Millner, der einst in Erding als Aushilfe und Zuarbeiter in einem Fotogeschäft gearbeitet hatte, war Organisator dieser Vorführungen gewesen. Als Gemeinderats-

---

[16] Der Anstieg um 50 % war gravierend. Geburten führten zu einer Verdoppelung der Müttersterblichkeit.

mitglied und ausgesprochener Monarchist aus Hubenstein erachtete er es als seine Pflicht, dem Vaterland
auf diese Weise zu dienen. Die Leute waren begierig
darauf, überhaupt das neue Medium Film kennenzulernen und gefesselt von noch nie gesehenen Bildern, die
neuerdings das Laufen gelernt hatten. So mancher
fand es sogar abstoßend und verstörend, die gezeigten
Grausamkeiten schier lebensecht erleben zu müssen.
Zumeist waren es die nur vereinzelt anwesenden Frau-
en wie die Angermayr Therese, die sich lauthals empörte und den Saal verließ. Aber die jungen Männer
der Jugendvereinigungen und andere, bekannterweise
parteipolitisch engagierte Herren waren bestärkt in
ihrer Euphorie nach Heldentaten und Heldentum.
Schließlich waren ja nur feindliche Soldatenopfer zu
sehen. Allerdings hatte die Kriegspropaganda schnell
gelernt, überwiegend lächelnde und vorwärtsstrebende
Soldaten zu zeigen, deren Bilder die Leichtigkeit von
Räuber- und Gendarmspielen verbreiten sollten. Das
wäre insgesamt unverfänglicher und trotzdem wirksam, bekannten die Macher der Kriegspropaganda.

Nepomuk erwachte aus seiner weitschweifigen Erinnerungswelt und starrte auf den Brief von Zeno
Fischbacher. Natürlich hatte er von den Vorkommnis-
sen in München, wie von seinem Freund erwähnt, gehört und gelesen. Tatsächlich aber war das Pressewe-
sen nahezu zusammengebrochen und lediglich
flugblattartige Aussagen von politischen Bewegungen,
vom *„Münchner Roten Hahn"* der *Kommunistischen
Partei und andere Organe, wie der „Spiegel der
Münchner Räte Republik",* waren einigermaßen verbreitet. Immer wieder wurden sie ergänzt um lose Flugblätter je nach Aktivitäten, derer es in diesen unruhi-
gen Zeiten nicht mangelte. Um den 1. Mai 1919 herum
muss es bürgerkriegsähnliche Zustände in München

und Umland, *vor allem in Dachau*[17] gegeben haben. Der äußerst beunruhigte Moosener Bürgermeister Sepp Netter hatte Nepomuk besucht und ihm aus der in seiner Amtsstube vorliegenden Zeitung einige Tage nach dem 1. Mai vorgelesen. Außerdem hatte er aus berufenem Munde gehört, wie tagelang im Häuserkampf die *Roten* und die *Weißen* sich gegenüber beschossen haben sollen. Darüber hinaus hatte ihm ein Bierfahrer der Taufkirchener Brauerei, der Max Greiter, der in Dachau auf der Seite der *Roten Armee unter der Führung des Schriftstellers und Reserveleutnant Ernst Toller*[18] gegen die Truppen der Freikorps am Gründonnerstag stand, von schweren Kämpfen berichtet. Aber Tage darauf hätten dann in München die Roten durch die *Befreiungsarmee von General Owens letztlich eine Niederlage erleben müssen. Viele seien den Kämpfen zum Opfer gefallen und wiederum, vielleicht noch mehr, wären im Schlachthof gefangengenommen und in Zehner-Gruppen standrechtlich erschossen worden*[19]. Beide, Bürgermeister Sepp Netter und Pfarrer Langkofler, waren sich einig, so gut wie möglich beruhigend auf die verunsicherte Bevölkerung einwirken zu wollen, damit das ganze Chaos nicht doch noch auf ihre Gemeinde übergreifen würde. Wie genau sie es machen würden, wollten sie sich noch überlegen, da sie sich von der dramatischen Ereignissen überrollt sahen.

„Hier sitz i nun...", murmelte Nepomuk in seinen Bart hinein, im Gedanken an die kürzlich erhaltene bischöfliche Depesche an die um München liegenden Pfarreien. Dem Wortlaut nach sollten die Pfarrer ihre „verängstigten Schafe als gute Hirten durch diese un-

---

[17] Tagelange blutige Kämpfe zwischen „Roten" und „Weißen" forderten unzählige Tote.

[18] Historische Figur: Protagonist der Münchener Räterepublik

[19] Historische Ereignisse um die Niederschlagung der Räterepublik in München

ruhigen Zeiten führen". Selbstzweifel kamen in ihm hoch angesichts der überaus schwierigen Lage.

Er sprach zu sich selbst und mit Jesus im Herrgottswinkel, wie er es immer tat, seit er Pfarrer geworden war und als würde er um eine Eingebung bitten: „I hab ja ned einmal während des Kriegs verhindern können, dass im Herbst 1918 zwei der drei Glocken unserer Pfarrkirche von der Heeresleitung beschlagnahmt word'n san. Außer sich war'n de Gemüter der christlichen Gemeinde und von Bitterkeit und Zorn ergriff'n. Sie wurden an zwei Tagen aus'baut, ein paar Pfeiler rund um die Schalllöcher des Glockenturms entfernt und de Glocken zu Boden geworf'n und abtransportiert. Und du weißt", duzte und erklärte er Jesus, als wüsste dieser von nichts, „wia rasch sich Gerüchte und Verdächtigungen in den Reih'n einiger Moosener Bahn brach'n. Eine Hum'stoaner Sippschaft (wie die Einheimischen den Ort Hubenstein und seine Bewohner, die Hubensteiner, nannten) aus dem Nachbarort hätt des durch verleumderische Hinterhältigkeit bewirkt. Natürlich war'n die Anschuldigungen aus der Luft griffen und fußten auf keinerlei tatsächlichen Beleg'n, wia du weißt. Es war'n die üblich'n Animositäten zwisch'n rivalisierenden Nachbargemeinden, die einerseits aufeinander angewies'n war'n und andererseits als Gemeind'n einander um die Gunst der staatlich'n Behörd'n konkurriert'n. Aber i sag dir, und du weißt, was ich meine, mein Ehrwürdigster, bei aller mir selbst auferlegt'n Neutralität und Diplomatie nach außen, insgeheim hab i nach wie vor meine eigenen Verdachtsmomente."

Noch während der Kriegszeit, aber vor dem besagten Herbst 1918, waren ihm anonyme Briefe zugespielt worden, die sich über sein Glockengeläut beklagt hatten, wie wenig vaterländische und soldatische Verbundenheit es mit den Vaterlandsverteidigern gäbe und dass man auch nicht davor zurückschrecken würde, Konsequenzen folgen zu lassen. Eine offene Drohung an ihn, die ihren Grund darin gefunden hatte, dass Nepomuk, anders als andere Gemeinden, von pompöser Beflaggung und minutenlangem Glockengeläut abgesehen hatte, wann immer es scheinbar triumphale Siege mit tausenden Gefangenen und geschlagenen feindlichen Soldaten zu vermelden gegeben hatte. Ebenso wenig war er für einen schulfreien Tag gewesen, den die Kinder letztlich aus Langeweile mit Kriegsspielen verbracht hätten. Seiner Meinung nach sollte die christliche Glaubenslehre für die noch wankelmütigen jungen Christen im Vordergrund stehen. Zu Beginn des Krieges bekreuzigten sich die Leute auf dem Feld, in den Häusern, wohl im ganzen Vilstal und darüber hinaus. Sie hielten für eine Weile inne, wenn sie die Kirchenglocken von wo auch immer her hörten. Aber im Laufe der Zeit waren die Menschen an der Vielzahl der dröhnenden Schreckensnachrichten abgestumpft und nicht mehr das Siegen war ihnen wichtig geworden, sondern der Wunsch nach Frieden. Das bestätigte Nepomuk in seiner Haltung. Seit seiner Zeit als Feldseelsorger stockte Nepomuks Herz bei dem Gedanken an die verheerenden Menschengemetzel solch vermeintlicher Siegesschlachten. Kein Sterben in menschlicher Würde und im Angesicht Gottes auf keiner Seite der Frontlinien. Und als die Siegesmeldungen über die späteren Kriegsjahre spärlich geworden waren, verweilten viele Menschen lieber in den Kirchen, ob bei Messen oder aus freien Stücken in freier Andacht für sich selbst und die Ihrigen.

„War des ned ein Akt der Hinterlist, de Sach mit dene Glock'n? Es war bestimmt der *eine* da, dessen Namen i jetzt in Rücksichtnahme auf dich, mein Erlöser, keinesfalls in den Mund nehma werd", polterte er ungewöhnlich ungehalten Richtung Herrgottswinkel.

Aber eigentlich konnte er nur mutmaßen, wer der Schreiber dieser mehrfachen Drohbotschaften war, hegte dabei jedoch einen ernsthaften Verdacht. Nepomuk glaubte in der Handschrift Josef Millner aus Hubenstein zu erkennen, der als Gemeinderatsmitglied der Gemeinde Hubenstein schon so manches Dokument zu behördlichen und kirchlichen Vorgängen zu signieren hatte. Dieser vermeintlich ehrenwerte Gemeinderat war ein fundamentaler Monarchist und ausgesprochen konservativ denkender Mensch, der gerne öffentlich seine illustre Meinung zum Besten gab. Nur ein Verdacht und eine kalligrafische Analogie zwischen Drohbriefen und Behördendokumenten ergaben noch keinen Beweis. Und bis dato hatte Josef Millner bei seinen populistischen Einlassungen auf öffentlicher Bühne keine weiteren Sympathisanten hinzugewinnen können, die außerdem an ihren Pfarrer herangetreten wären. Innerlich abgekühlt las er im Brief von Zeno Fischbacher in den Gebetszeilen von Pater Rupert Mayer:

„'Deinen Willen...in alle Ewigkeit...Dein Eigen bin...mein Herz in deinen Händen ruht'. Verzeih meine Tollheit, es is über mich komma. Ich bedaure, dir meine Zweifel aufz'last'n, aber für mich als Mensch erscheinen de Zeit'n so überaus erdrückend, dass i an mir selbst zweif'l und mir de Sicht auf deine unbedingte Liebe und Barmherzigkeit und Güte verstellt is. Dabei gehts mir ned um mich selbst, sondern um de Menschen in unserer Gemeinde. Sie sprechen von der Strafe Gottes, dem Gericht Gottes auf Erden und unsere Widersacher hätten Recht behalten und wir wären von Dir abgefallen. Dabei bist du ned der Strafende, der Gerechte mit dem Schwert. Wir müss'n nur deine unvoreingenommene Liebe zu uns allen Mensch'n wieder erkenna woll'n. Morgen feiert der Heilige Johannes Nepomuk, mein Namensgeber, seinen Gedenktag und vielleicht kommt er zur recht'n Zeit, ohne den Tag aus selbstsüchtig'n Gründ'n überhöhen zu woll'n. Aber es werd'n die Schafe ihren irdisch'n Hirt'n sucha und dank deiner werd i de richtige Ansprach find'n, wenn sie hoffentlich zahlreich zur Messe komma."

Bürgermeister Sepp Netter
10. Mai 1919

Schon in jungen Jahren hat sich der Netter Sepp für die Gemeindepolitik interessiert. Das Amt des Bürgermeisters von Moosen hatte Tradition im Hause Netter, denn bereits der Großvater und Vater hatten es innegehabt. Und so bekam er von Kindesbeinen an mit, was am Ort und in der Gemeinde vorging. Praktisch mit der Suppe löffelte er die Geschichten auf, die der Vater am Mittagstisch von sich gegeben hatte. Das Vilstal mit seinen Menschen, Geschöpfen und der Natur lagen dem Gemeindevorsteher am Herzen. Außerdem war er ein angesehener Landwirt, der über die Region hinaus bekannt war. Als solcher war er ein geachtetes Parteimitglied des in ganz Bayern populären Bauernbundes.

In der Zeit, als die jungen Männer und irgendwie eine ganze Nation in den Krieg zog, war er die zentrale Figur der Gemeinde Moosen. Zu unzähligen Vorgängen waren sein Rat und seine Tat gefragt. Es mussten die Anweisungen der Militärbehörden umsetzt werden, die in Umfang und Ausmaß für die Gemeinde an Bedeutung zunahmen. Der Schwerpunkt der Landwirtschaft wurde schrittweise auf die Versorgung des Militärs und der gesamten Kriegswirtschaft ausgerichtet. In Folge dessen wurden Nahrungsmittel per Wertmarken für die Bevölkerung rationiert und die Preise durch den Staat eingefroren. Der Hunger nach industriell gefertigten Kriegsgütern aller Art war unglaublich, sodass Betriebe, Gewerbe und Handwerk vielfach statt zivilen Gütern hauptsächlich kriegsrelevante Produkte erzeugten. Im Wochenmaßstab gab es neue Verordnungen und Anweisungen an die Bürgermeister der Gemeinden, vor allem wenn es um die Rekrutierung weiterer Soldaten ging. Die jahrgangsweise Einberufung der jungen Männer war für den Netter Sepp ein besonders heikles Thema. Gewalt, ja sogar Krieg als Mittel der Wahl, als letztes Argument von Zwistigkeiten zwischen Nationen – aber auch auf einzelne Menschen gemünzt - war ihm ein Gräuel. Als Bub war ihm das schreckliche Siechtum seines Onkels aufgrund einer schweren Verletzung im Deutsch-Französischem Krieg 1870/71 im Gedächtnis geblieben. Umso mehr versuchte er zwischen den Militärbehörden und den Familien zu vermitteln, wenn es um extreme Härtefälle ging, weil Familien bereits erhebliche Blutopfer erbracht hatten. Jedoch, für viele junge Männer war es ein Abenteuer und der Gewinn von Ruhm und Ansehen, in den Krieg zu ziehen. So war Sepps größte Sorge das plötzliche Verschwinden seines ältesten Sohnes Lukas. Niemand wusste, wo er sich aufhalten könnte, als bereits viele Tage der Suche nach ihm vergangen waren. Sepp Netter hatte eine Vermisstenanzeige aufgeben und die hiesige Polizei eingeschaltet. Die Beamten gingen der Sache nach, kamen aber nicht recht vorwärts. Ein Kapitalverbrechen wurde ausgeschlossen. Es gab dafür keinerlei Anhaltspunkte bei einem so beliebten jungen Mann. Eine Spur führte tatsächlich zum Einberufungsamt nach Taufkirchen, wo Lukas vorgesprochen haben soll.

„Jetz im Mai sind es drei Jahre, seit er verschwund'n is", klagte er dem Pfarrer Langkofler, der ihm in den schwierigen Phasen des Erinnerns ein wohlvertrauter Zuhörer geworden war. „Was hat mir der Bua für eine Freud g'macht. Geschichte wollt er studier'n und Deutsch. Tagelang war er – neben der Feldarbeit – unterwegs und hat nach dem sagenumwobenen Geheimgang g'sucht und g'forscht. Direkt vernarrt war er in die alt'n Erzählungen."

„Ja, i weiß, der angebliche Tunnel zwisch'n Hum'stoa und Kalling von anno dazumal", brachte der

Pfarrer Langkofler ein, der die Legende, die fest im Gedächtnis der Bevölkerung verankert war, kannte. Demnach hätten die einstigen Schlossbesitzer von Hubenstein und Moosen zum Zwecke der Sicherheit, der Verteidigung oder bei gebotener Flucht diesen unterirdischen Verbindungsweg angelegt.

„Der Erzählung nach soll er weg'n der Türkenkriege baut word'n sein. Und de Hum'stoaner Freiherrn von Preysing und de Herren von Kalling, de Starringer[20] sollen daran großen Anteil g'habt hab'n", führte Sepp Netter nahezu geistesabwesend aus, um seine tiefe Trauer zu überdecken. Pfarrer Langkofler nickte nur beiläufig, da er diese Phase der Trauerbewältigung kannte. „In de Archive is er damals desweg'n ganga. Hat den Archivar, den alt'n Petzl Ferdinand um Rat g'fragt und war völlig verfang'n in seinem Geheimgang-Spleen. Dann war er plötzlich weg, wie vom Erdboden verschluckt", räusperte sich und erschrak für eine Sekunde über das, was er gerade gesagt hatte.

„I kann mich erinnern", schaltete sich Pfarrer Langkofler ein. „De Leut hab'n de erst'n Tage nach dem Verschwinden gemeint, der Teufel hätt ihn g'holt, weil er denen von Preysing und den Starringern keine Ruhe hätt lass'n", entkam ihm ein Gedanke, den er am liebsten zurückgenommen hätte.

„Des war ein ziemlicher Schmarrn", meinte der Netter Sepp ärgerlich im Unterton. „Und dann gab es auch noch des Gerücht, der Lukas sei in Taufkirchen bei der Musterungsstelle geseh'n word'n. I hab mit einem davon g'redt. Da war'n schon junge Männer, de

---

[20] Quelle: www.wikizero.com. Seit dem Jahr 1010 urkundlich nachweisbares bayerisches Geschlecht mit adeligen, bürgerlichen u. bäuerlichen Namensträgern. In der zweiten Hälfte des 14. Jahrhunderts erwarben die geadelten Starringer von Hofstarring das Schloss Kalling.

unbedingt dabei sein wollt'n, aber ned hab'n dürf'n weg'n dem Alter. Die Polizei hat g'meint, der Lukas war da ned dabei. Aber der Mann hat mir g'sagt, dass manche sogar ihre Geburtsurkunde hätt'n fälsch'n wollen desweg'n und noch schlimmer. Er hätt g'hört, ganz ausgepuffte hätt'n versucht, in die Identität von gefallenen oder vermissten Soldaten zum schliefa. Aber ned in Taufkirchen. Is des ned verrückt?", empörte sich der innerlich aufgebrachte Netter Sepp. Der Geistliche wollte ihm nicht widersprechen, denn solche Fälle, wenn auch nicht viele, soll es gegeben haben.

„Ach, am allerschlimmsten is dieser Traum, denn ich einfach ned loswerd", seufzte der sonst so unerschrocken auftretende Bürgermeister. „Ich seh ihn dalieg'n, den Lukas. So friedlich sieht er aus als würde er schlaf'n. Aber dann, diese dunkelschwarze Erde ringsum ihn. Seine Hautfarbe verblasst und ein bleich gewordenes Gesicht starrt mich an." In seiner eigenen Gedankenwelt gefangen, verschwamm Nepomuk Langkoflers Wahrnehmung für die mit Tränen getränkten Augen ihm gegenüber. Nepomuk sah sich plötzlich zurückversetzt in die Schützengräben der Soldaten, als wäre er mitten drin. Erdiger Geschmack sammelte sich in seinem Mund, als würde es tatsächlich so sein. Wie frisch umgestochener Ackerboden roch es, doch der Geruch war keinesfalls der von gedeihlichem Erdreich, das im Frühjahr als Furchen über die Äcker gezogen wurde. Modriger Geruch stieg gefühlt in seiner Nase empor und eine unsichtbare eigenartige Fäulnisschicht schien seine Lippen zu benetzen. Je wärmer und abwechselnd regenreicher die Tage hintereinander gewesen waren, umso stärker krallte sich diese Atmosphäre der allgemeinen Verpestung in den Todesfurchen an der Front an der eigenen Sinneswahrnehmung fest. Frisches und altes, schwarz gewordenes Blut durchmengte das dunkel gewordene Erdreich und gab es dem Licht der Sonne preis. Die Mutter Erde dampfte hervor, was in den Schlachten zuvor als Tribut des Kampfes an zerfetzten Körperteilen und Blut von ihr aufgesogen wurde. *„Erde zu Erde, Asche zur Asche, Staub zum Staube"* bekam eine absolute und tausendfache Bedeutung im Angesicht des Schlachtens", dachte Nepomuk in seiner Lethargie, unfähig, auf die letzten Worte von Bürgermeister Sepp Netter einzugehen. Langsam und leise sog Pfarrer Langkofler tief Luft ein, um diese unhörbar wieder aus seinem lebendigen Leib zu pressen. Endlich kam er selbst wieder zu innerer Balance.

„Was hab i ned schon alles getan, dass er wieder zurückkommt", sprach sich der Netter Sepp selbst zu. „De Brückenkapelle an der Vils hab i g'stift. Nach Altötting bin i g'wallfahrt und ned nur einmal hab i bei der Schwarzen Madonna knied und bet. Eine Kuh hab i dem Armenhaus g'spend't, vielmehr den Erlös aus dem Verkauf. Nichts hat's bracht", klang es schmerzlich bei dem Netter Sepp an. „Ned einmal zwecks dem Geschichtsstudium hätt i ihm etwas in den Weg g'legt, obwohl er der Erstgeborene is. Dem Quirin, seinem jüngeren Bruder g'fällt die Landwirtschaft und er is g'schickt", versicherte sich der Sepp seiner wohlwollenden Haltung. „Am End würd i mein Leben geb'n, wenn der Lukas morgen daher marschier'n würd."

Pfarrer Nepomuk Langkofler wusste, wie sehr dieser Mann vor ihm an dem vermeintlichen Verlust seines Sohnes litt. Drei lange Jahre war dieser nun verschwunden, aber außer Gott selbst wusste niemand, was er mit ihm vorhabe, meinte der Seelsorger hilfesuchend. Die Trauer des Bürgermeisters fand aufgrund der Hoffnung, sein Sohn könnte eines Tages doch noch durch den Torbogen des landwirtschaftlichen Anwesens marschieren, keinen rechten Abschluss. Der Krieg war

zwar zu Ende, aber es gab immer noch Kriegsgefange-
ne, die den Weg in die Heimat zurückfanden. Jeder
Bericht über einen Rückkehrer schürte die Hoffnung in
Sepp Netter, dass Lukas dem blutrünstigen Kriegsgott
von der Schaufel des Todes gesprungen sein könnte.
Doch wenn er nicht im Krieg war, blieb immer noch der
vermeintliche Stollen zwischen Hubenstein und Kalling
im Hinterkopf, der ihm zum Grabe geworden sein
könnte. Nur es gab keine Gewissheit, weder in die eine
noch in die andere Richtung. Die Möglichkeit der Heilung durch Trauer und Abschied war damit genommen.
Die Ungewissheit legte sich wie eine andauernde Infektion auf die offene Wunde, die sich an ihrem eigenen
Eiter immer wieder selbst entzündete. Es blieb dem
Bürgermeister Sepp Netter nur die vertrauensvolle und
menschliche Wärme und geistige Zuwendung von
Hochwürden Langkofler, die er in seiner Not von Zeit
zu Zeit wie die Erneuerung eines Pflasters in Anspruch
nahm. Zum Schluss ihres Treffens beteten die beiden
ein gemeinsames Vater Unser.

Lehrer Korbinian Rosshaupt
Frühjahr 1917

Korbinian Rosshaupt war ein Lehrer aus Berufung. Sein Vater Gustav Rosshaupt war ein strenger, aber gerechter, wenn auch aus seiner Sicht übertrieben ordnungsliebender Beamter im höheren Beamtendienst des Bayerischen Innenministeriums gewesen. Geprägt hatte ihn jedoch vor allem seine liebenswürdige, tatkräftige und gescheite Mutter Ruth. Sie hatte sich in ihren jungen Jahren in den stattlichen Gustav verliebt und quasi unvermittelt geehelicht, weil sie sich mit ihrem Dickkopf in ihrer jüdischen Familie durchzusetzen wusste, obwohl diese ihr Ehevorhaben für unmöglich durchführbar gehalten hatten. Ruth hätte auch einen Bruch mit der Familie in Kauf genommen. Da Korbinians Mutter allerdings ohne Einwilligung ihrer Eltern zum katholischen Glauben übergetreten war, war formal nichts mehr im Wege gestanden und die Hochzeit der jungen Verliebten konnte durch einen katholischen Pfarrer vollzogen werden. Als dann der kleine und liebenswerte Korbinian geboren war, gab Ruths Familie nach und nach jeglichen Widerstand auf und akzeptierte die eheliche Liaison, die nur fünfzehn Jahre dauerte. Korbinians Mutter starb allzu früh an einem heimtückischen Krebsleiden. Nichtsdestotrotz war der Einfluss seiner Mutter auf Korbinian enorm, denn sie war eine ungewöhnlich agile und kluge Frau gewesen, die unwiderstehlich für die Rechte der Frauen eingetreten war.

Es war eine Zeit gewesen, als Frauen noch kein Wahlrecht besaßen und Beruf und Partner nicht frei wählbar waren. Und es gab einige Frauen, die dies und anderes ändern wollten und dafür einen langen Kampf kämpften. So hatte sich Ruth Ellen Ammann und ihren Mitstreiterinnen angeschlossen. *Ellen Ammann hatte zunächst mit Pater Rupert Mayer 1897 die Münchner katholische Bahnhofsmission samt sonntäglichen Gottesdiensten organisiert und später, 1904, daraus den Münchner Zweig des Katholischen Frauenbundes gegründet*[21]. Sowohl Ellen Ammann als auch *Luise Kiesselbach und andere Frauen, wie die Sozialistin Emilie Maurer, erkannten, dass Mädchenbildung, soziales Engagement und Geselligkeit unter ihresgleichen die prekäre Lage der Frauen in kinderreichen Familien, als ungelernte Kräfte in wohlhabenden Haushalten, Handwerksbetrieben als „Mörtelfrauen" und sonst wo verbessern würden*[22]. Und die Not der Frauen wurde in den Kriegsjahren 1914-1918 umso schlimmer. Korbinian war als kleiner Junge dabei gewesen, als sich die Frauen da und dort trafen, für eine Aktion, eine Demonstration oder ein Flugblatt entwarfen. Er saugte förmlich die Worte, die Gespräche auf und hatte später als Schüler der ersten Klassen alle die Schriften und Veröffentlichungen gelesen, obwohl bei dem kleinen Spross Korbinian die Neugier noch über dem Verständnis für die Inhalte und Zusammenhänge stand. Als Student und Lehrer hatte er umso mehr verstanden und glaubte, seinen Beitrag zur Volksaufklärung leisten zu müssen.

Obschon der ordnungsliebende Vater Gustav und auch die gutsituierte jüdische Familie seiner Mutter Ruth als erfolgreiche Münchener Handelsfamilie nicht mit jeder Art seiner sozialverliebten Gesinnung und Einstellung einverstanden waren, hatten sie Korbinian immer wieder unterstützt. Vor allem nach dem Tod seiner Mutter. Er war zu sehr ein geliebter Teil der beiden Familien in seinen Münchener Jugend- und Studentenjahren gewesen. Als er dann seine erste Lehrerstelle für Geschichts- und Deutschkunde in München-

---

[21] Historische Persönlichkeiten und Ereignisse um die Jahrhundertwende
[22] Historische Persönlichkeiten und Ereignisse um die Jahrhundertwende

Sendling angetreten hatte, war einerseits sein vielfältiges Engagement für die Schüler positiv aufgefallen. Andererseits braute sich eine missgünstige Stimmung im Lehrkörper als auch unter einigen der Oberstufenschüler mit konservativer Gesinnung zusammen. Und hinzu kam etwas, mit dem Korbinian nicht wirklich hatte rechnen können.

Vorauszuschicken ist, dass Korbinian ein sehr geschätzter authentischer Charakter war, den man gerne neben sich hatte. Er war in der Tat eine menschgewordene Melange aus seiner cleveren, lebenslustigen Mutter und einem logisch-rational denkenden Vater. Seine Art der Leichtigkeit, Lebensfreude und Geselligkeit, gepaart mit einem hellwachen Geist und einer seriösen Ernsthaftigkeit, wenn es zu Politik, Gesellschaft oder Geschichte, seinem Lieblingsthema, kam, machten ihn zu einem beliebten und interessanten Kompagnon. Einen besonderen Reiz hatte es, gemeinsam mit seinen studentischen Freunden und Bekannten in die Welt der *Münchner Boheme im Simpl*[23] einzutauchen. Als wäre die von Rauch, Alkohol und menschlichen Ausdünstungen geschwängerte Luft zum Atmen anders als anderswo, zog es ihn immer wieder an, in diese Atmosphäre von ausgelassener, intellektueller Berauschtheit einzutauchen und ein bisschen so zu werden wie sie. Benannt wurde der Tempel der Münchener Intellektuellenelite nach dem Satireblatt Simplicissimus, dessen Schreiberschaft, wie auch andere Kulturschaffende seiner Zeit, zu den Stammgästen zählte. Bedeutende Figuren, wie *beispielsweise Ludwig Thoma, Oskar Maria Graf sowie auch Waldemar Bonsels, der Erschaffer der vermenschlichten Biene Maja und Hedwig Courths-Mahler mit ihrem Bestsellerroman „Der Scheingemahl",*

---

[23] Kulturtempel in München, Türkenstraße. Erlebte verschiedene Blütezeiten als Treff der Münchner Szene.

um nur einige zu nennen, gehörten dazu. Aber auch Größen wie *Thomas Mann, Verfasser des Simplicissimus und Namensgeber, waren vertreten und zudem Weltverbesserer wie Erich Mühsam, Mitstreiter von Kurt Eisner und Ernst Toller*[24]*,* zumeist dem linken politischen Lager zuzurechnen, gaben sich die Klinke in die Hand. Und im diffusen Schein der spärlichen Beleuchtung durften natürlich diverse Figuren der Halbwelt nicht fehlen. Sie wussten die Bedürfnisse und Freuden der unkonventionellen „Freischaffenden Künstler und Anarchisten" zu befriedigen. Es wurde gefeilscht und gehandelt, was das Zeug hielt, und an entsprechenden Rauschmitteln und körperlichen Gelüsten der anderen verbotenen Art gab es keinen Mangel.

Umso überraschender war es für Korbinian gewesen, dort einen Mann anzutreffen, dem er bei bösester Absicht Nichts hätte andichten wollen. Zunächst traute er seinen Augen nicht, aber je mehr er sich seiner genauen Beobachtung versichert hatte, umso mehr glaubte er auch, den Grund für dessen Anwesenheit zu erkennen. Waldemar Vorwerker, Direktor der Lehranstalt, an der er beschäftigt war, war offensichtlich in einem vertraulichen Zwiegespräch mit einem Bekannten vertieft. Selbst im Gespräch mit seinem Freund Johannes Freudlmeier konnte er nicht ablassen, immer wieder über dessen Schulter hinweg die sich abspielende Szene zu verfolgen. Das zwar dem ersten Anschein nach zufällig verlaufende Zusammentreffen am anderen Ende des Lokals erschien ihm kein Zufall zu sein, sondern eine beabsichtigte Begegnung, handelte es sich doch bei dem Gesprächspartner um einen lokalbekannten Amüsierherrn für besondere Dienste. In einem Moment der eigenen Unachtsamkeit hatte der extrem nervös wirkende Waldemar Vorwerker Korbini-

---

[24] Historische Persönlichkeiten rund um die Münchner Räterepublik 1919

an im gutgefüllten Lokal entdeckt. Wie ein beim heimlichen Abschreiben vom Nachbarn ertappter Schüler zuckte er zusammen und verschwand unmittelbar nach seiner Entdeckung.

Korbinian Rosshaupt war aus dem Häuschen. „Weißt du, wen i hier drüb'n g'rad g'sehen hab?"

„Natürlich ned", sagte der Freudlmeier Johannes, der inzwischen Korbinians Schulterblicke und mehrfache Abgewandtheit mitbekommen hatte. „Wer war's denn?"

„I kann es nicht glaub'n, des war mein Studiendirektor Waldemar Vorwerker, unser, ja mein Chef an der Schule. Weißt du, wos des heißt? Der hat sich mit dies'm Amüsiertypen ‚Claudius', so sein Künstlername, unterhalt'n", ätzte Korbinian. „Weißt du, wos des bedeut? Der Vorwerker is wahrscheinlich schwul und hat zuhause eine Frau mit Kindern, Vorzeigefamilie usw.."

„Ja da legst dich nieder. Der müsste doch am besten wiss'n, dass des ned erlaubt is, oder?"

„Jetzt verlässt auch der Kerl des Lokal. Des ist ja äußerst dubios. Der Direktor schwul und zuhause eine bürgerliche Paradefamilie. Des is ja kaum zum glaub'n. Des zieht mir fast de Stiefe aus", wunderte sich Korbinian.

„Des g'hört ja fast zum gut'n Ton der Münchner intellektuellen Hautevolee, oder? Nein ehrlich, i hätt mir diese unfromme und frivole Lebensweise der Städter als Büberl vom Land ned vorstell'n können, wenn i es ned selbst seit geraumer Zeit seh'n würd."

„Jetz übertreibst aber Johannes. Der Simpl is schon ziemlich exotisch und ned jedermanns Lebensweise in der Stadt. Des musst Du schon anerkenna, Johannes!"

„Hast auch wieder Recht. Es gibt auch so normale G'spinnerte, wia du einer bist", und musste dabei lachen. „Aber i bin ganz froh, dass wir uns durch diese schicksalhafte Fügung kenneng'lernt hab'n. I hab dir viel zu verdank'n. Schließlich is heute der Tag, an dem du mich vor zwei Jahr'n blutüberströmt im Englischen Garten entdeckt und dann g'rettet hast. Weißt du des noch?"

„Des kann man nicht vergess'n. Glück hast g'habt, dass i mit dem Fahrrad akkurat dort unterwegs war und de Polizei und de Rettungswache gleich in der Nähe war'n."

„Nur de Gendarmen hab'n immer noch nicht herausg'fund'n, wer des g'wesen war. So ein Gesind'l. Wollten mich erst ausraub'n und als i mich g'wehrt hab, hab'n die Hallunken zug'stocha. Saubande, elendige."

„Hast ein wahnsinniges Glück g'habt, Johannes. Hätt'st dich halt ned wehr'n soll'n. Was sind schon de paar Mark gegen ein Leben?"

„Auf jeden Fall Glück im Unglück, dass du da warst. Des werde i Dir nie vergess'n, Korbinian. Des is wia ein zweiter Geburtstag."

Die Freundschaft zu Johannes Freudlmeier würde für Korbinian Rosshaupt noch eine bedeutende Rolle spielen, da er in den letzten Wochen massiven Anschuldigungen und Vorwürfen in der Lehranstalt ausgesetzt worden war. Außerdem war er von einem Teil der Pennäler Objekt diverser größerer und kleinerer übel gemeinter Attacken geworden, die harmlosesten Beschimpfungen waren Tafelschmierereien, wie „Sozialistenschwein" und „Klassenfeind" gewesen. Dies forderte ihn als Lehrkraft heraus, eine harte, aber trotzdem respektvolle Auseinandersetzung mit der Klasse zu suchen, wodurch ihm die emotionale Spaltung innerhalb der Schülerschaft augenfällig geworden war. Einige der Schüler schätzten den weiten und differenzierten Blickwinkel seiner Lehrinhalte und andere wiederum sahen in ihnen irreführende und wirre Betrachtungsweisen zum vermeintlichen Klassenkampf bis hin zur Diffamierung des geliebten Vaterlandes. Er würde den vaterländischen Verteidigungskrieg nicht mit der notwendigen Euphorie unterstützen. Alle Mühen und Versuche seinerseits hatten nicht gefruchtet, den vor allem anonymen Anfeindungen Einhalt zu gebieten. Es hatte nicht aufgehört und war sogar heftiger geworden, als zerstochene Fahrradreifen und Hundekot auf dem Fahrradsitz hinzukamen.

Seitens des Lehrkörpers baute sich gleichlaufend eine Woge der Antipathie und Aggression auf. Lehrerkollegen hatten ihm vorgeworfen, dass sowohl Lehrmethoden, vor allem aber Lehrinhalte äußerst zweifelhaft wären, ja sogar verleumderische Elemente enthielten, die die Ehre und den Stolz des Vaterlandes und der Wertegemeinschaft verletzen würden. Mehrmals war er mit den Fragen und Themen, die ihnen zugetragen worden seien, genötigt worden, warum er in den Oberstufen die Kolonialisierung Afrikas derart in den Schmutz ziehe oder auch als Schlussfolgerung die Überlegenheit der weißen Rasse über den offensichtlich zurückgebliebenen Naturvölkern anzweifle? Und die Einlassungen zu Frauenrechten im Kontext des christlichen Glaubens und dem moralischen Zustand der Nation wären unverfrorenes, aufrührerisches Gedankengut, meinten einige seiner Kollegen. All dies gipfelte darin, dass er der Lehranstaltsleitung, gleich einem Untersuchungsausschuss, bestehend aus mehreren Lehrkräften und allen voran Waldemar Vorwerker, rapportieren musste. Letzten Endes legte man ihm nach angeblich eingehender und wohlwollender Beratung ans Herz, seinerseits den Lehrauftrag zu kündigen mit dem Hinweis, man würde ihm damit einen Gefallen tun und müsste nicht zum Äußersten, aber legitimen Mittel, greifen. Korbinian hatte verstanden.

Einerseits war es ein Schock für Korbinian Rosshaupt gewesen. Andererseits hatte er im Nachhinein von einem befreundeten und gleichgesinnten Lehrerkollegen erfahren, dass die Lehranstaltsleitung insgeheim von Anbeginn Vorbehalte und Zweifel anführte. Man wäre nach einer Weile bestätigt worden, dass er klassenkämpferisches und revolutionäres Gedankengut verbreiten würde, wie man in den gesellschaftspolitischen Provokationen seiner Mutter zu erkennen glaubte, und somit eine Entlassung zwangsläufig und quasi vorhersehbar gewesen sei. Dieser konzertierten Intrige hatte Korbinian nichts entgegenzusetzen. Überdies, und davon hätte er nie zu seinen Gunsten Gebrauch gemacht, hatte ihm sein inneres Gespür gesagt, dass er Opfer seiner Entdeckung um Waldemar Vorwerker geworden war. Um diesem nicht gefährlich werden zu können, hatte wohl auch Direktor Vorwerker sein baldiges Ausscheiden tatkräftig unterstützt. Waldemar Vorwerker wollte in keinem Fall erpressbar werden oder seine gutbürgerlich konservative Existenz gefährdet sehen. Dass man Korbinian die Möglichkeit der eigenen Kündigung offerierte, sei als wohlwollende Geste der uneigennützigen Anstaltsräson zu verstehen, hatte jedoch möglicherweise eher damit zu tun, dass sein Vater Gustav Rosshaupt als hoher Beamter in Staatsdiensten bekannt und geschätzt war. Ein vermeintlicher Gesichtsverlust für die Familie Rosshaupt hätte eventuell für die Lehranstalt Irritationen im Bayerischen Innenministerium nach sich ziehen können, resümierte Korbinian. Man wollte sich damit nicht ins eigene Fleisch schneiden und Schaden von der Schule abwenden.

Korbinian hatte eine gewisse Zeit gebraucht, das abgekartete Spiel des mächtigen Intrigennetzwerkes zu erkennen und sah, wie die Mühlen einer verfilzten Bürokratie diejenigen auszuspucken bereit war, die nicht in die Norm passten. Alle, die entgegen den genormten Lehrsätzen der staatlichen Eliten andere Blickwinkel und Ansichten zum Zwecke der Aufklärung und eigenen Meinungsbildung anbieten wollten, wurden möglichst im Keim erstickt. Diese Erkenntnisse erlangte er erst, als er nach einem tiefen Sinnesloch an seiner neuen Wirkungsstätte angekommen war und sich wieder so nach und nach zusammengerappelt hatte. Ausgerechnet an einem Ort, der weit östlich der mondänen Stadt im Abseits der ländlichen Provinz lag und sicherlich für einen aufklärerisch veranlagten Menschen kein einfacheres Pflaster als München darstellen würde. Niemals hätte man ihm gegenüber den Ort Moosen als Strafversetzung deklariert, im Gegenteil, unter dem Deckmantel des hoheitlichen Erziehungsauftrages zur ländlichen Entwicklung wurde an seinen Pioniergeist appelliert, den jungen Menschen eine zeitgemäße Bildung mit der Aussicht auf eine bessere Zukunft zu vermitteln. Dass es ausgerechnet Moosen geworden war, war dem tragischen Umstand geschuldet, dass der hiesige Lehrer der oberen Klassen, Vitus Leih, am *2. April 1917 bei der Frühjahrsoffensive der Franzosen und Briten bei Arres*[25] gefallen war. Es muss gewissermaßen und in zweierlei Hinsicht eine Fügung des Schicksals gewesen sein, dass er zum einen spontan verfügbar gewesen war und zum anderen tief in der ländlichen Schul-Diaspora auf seinen wertgeschätz-

---

[25] Historisches Ereignis: Schätzungen nach fielen ca. 200.000 Soldaten auf beiden Seiten.

ten Freund Johannes Freudlmeier aus dem Nachbarort Hubenstein treffen würde. Obwohl er gehörigen Respekt vor dieser Herausforderung in einem katholisch-erzkonservativen und vom Agrarland geprägten Umfeld hatte, war er gereift und hatte seine Lehren aus den letzten schwerwiegenden Erfahrungen gezogen. Er wollte in Zukunft cleverer sein und sich vorwärts gerichtet und unauffällig seiner Lehrertätigkeit widmen und sofern möglich, seinen Zeitvertreib mit Musik und der geliebten Geschichtsforschung verbringen.

Von München aus war Korbinian samt seiner wenigen Habseligkeiten, einem etwas größeren Koffer, mit dem Regionalzug nach Dorfen unterwegs und anschließend in einem Waggon der Dampflock mit Endstation in Velden und Halt in Moosen weitergefahren. Alleine dieser Aspekt hatte Korbinian zuversichtlich gestimmt, da trotz der Abgelegenheit seines zukünftigen Einsatzortes die relativ einfache Möglichkeit bestünde, gelegentliche Reisen nach München durchzuführen. Wenn es notwendig sein würde, könnte er noch weitere Habseligkeiten besorgen und an seinen neuen Wohnort schaffen, von dem er praktisch nichts wusste. Die Fahrt verlief überwiegend problemlos und als der König-Ludwig-bärtige Fahrkartenkontrolleur freundlich gefragt hatte, ob er denn der neue Lehrer sei, der in Moosen erwartet würde, hatte er verstanden, dass ihm die Nachricht über seine Ankunft bereits vorausgeeilt war. Die wenigen Passagiere der 3. Klasse, eine andere gab es nicht, schienen überdies in ihrer zurückgehaltenen Ahnung bestätigt, indem sie Korbinian ein angedeutetes Kopfnicken zukommen ließen, das er sogleich erwidert hatte.

Am Bahnhof in Moosen hatte ihm sein Freund Johannes Freudlmeier einen herzlichen Empfang bereitet. Johannes war im Nachbarort in Hubenstein geboren, aufgewachsen und nach der Münchener Zeit dorthin zurückgekehrt. In München hatte er relativ spät im Alter von einunddreißig Jahren bei seinem Onkel in der Bäckerei mitgeholfen und gleichzeitig den Meisterbrief im Bäckerhandwerk erlangt. Johannes hätte sicherlich gerne länger das moderne Flair und die Unterhaltsamkeit der Großstadt genossen, aber die Pflicht hatte gerufen, als nach bestandener Prüfung urplötzlich sein Vater verstorben war. In die Fußstapfen seines Vaters zu treten, hatte nicht nur bedeutet, die alteingesessene Bäckerei zu übernehmen, sondern auch bei der Bürgermeisterwahl anzutreten, wofür er prompt den Zuspruch der Gemeinde Hubenstein erhalten hatte.

Die Zeiten waren allerdings alles andere als rosig, denn der vaterländische Krieg drückte hier wie anderswo der Bevölkerung, Industrie, Handel und Gewerbe und allen Akteuren seinen Stempel auf. Die Kriegsmaschinerie forderte ihren Tribut an Ressourcen aller Art bis hin zu den Menschen selbst. Von den jungen Gesellen waren Johannes Freudlmeier keine mehr geblieben, da diese an der Front eingesetzt waren und lediglich die Alten und Greise kamen zu späten Ehren, wenn sie, wie der Hofmeister Anton mit einundsiebzig Jahren, in der Backstube aushalfen. So waren zunächst auch einige Schlafkammern bei den Freudlmeiers leer. Wo vorher Bäckergesellen gewohnt hatten, konnte nun auf Einladung von Johannes Freudlmeier Korbinian Rosshaupt fürs Erste unterkommen. Das alte Schulhaus in Moosen, im speziellen die Lehrerwohnung, musste erst hergerichtet werden, nachdem die ansonsten gemächlich dahinfließende Vils bei einem Hochwasser in eins der zwei Zimmer der flussseitig gelegenen Lehrerwohnung eingedrungen war. Der Verzögerung zum Trotz hatte es Korbinian letztlich ganz gut getan, im Familienanschluss zu den Freudlmeiers erste Schritte in einer neuen, ungewohnten Umgebung zu machen.

Mittel- und langfristig wollte er natürlich in die eigenen bescheidenen vier Wände einziehen können.

Pfarrer Nepomuk Langkofler
16. Mai 1919

Pfarrer Langkofler rieb sich das Gesicht, als er an seinem angestammten Platz in der Essecke der Küche bei einem dampfenden Kaffee-Ersatzgetränk aus heißem Wasser samt einem braungefärbten Pulver aus Getreide und Zichorie, saß. Sein priesterliches Morgengebet, das Brevier, hatte er schneller als sonst hinter sich gebracht, weil er von einem Gedanken abgelenkt war. Vermutlich hatte ihn sein nächtlicher Traum auf dessen Fährte gebracht, denn die Bilder der Nacht tauchten immer wieder vor seinem geistigen Auge auf.

Sinnierend saß er da und starrte in die schimmernde Oberfläche des Tasseninhaltes, die durch einen großen Schuss Milch eine goldgelbe Farbe bekommen hatte. Seine Finger hielten sich an dem heißen Gefäß fest und der wärmende Strom reichte bis hinauf zu seiner Erinnerungswelt, in die er sich in den Juni 1917 hineinfallen ließ. Der Tag, an dem er zum ersten Mal auf Korbinian Rosshaupt getroffen war. Nepomuk hatte sie schon von Weitem gehört. Niemand anders hätte sich so getraut, in das Pfarrhaus einzudringen. Therese Angermayr, seine Pfarrersköchin war ganz aufgeregt im Pfarrhaus angekommen, die Haustür flog ins Schloss, die festen Schuhe klackten immer lauter werdend den Flur entlang und das leichte Überwurftuch, das sie zu dieser Jahreszeit immer trug, hatte sie wohl im Gehen Richtung Kleiderhaken geschleudert. Nur noch ein paar Schritte bis zu seiner Pfarrstube, dort, wo er seine Amtsangelegenheiten abwickelte oder Gottesdienste vorbereitete. So auch an diesem Nachmittag. Sie klopfte hastig und stürzte ungefragt, was eigentlich nicht die Regel war, in die Amtsstube, wo er gerade seinen Sekretär umrundet hatte.

Ein wenig außer Atem: „Herr Pfarrer, des müss'ns erna ohern, drent in da Kircha. I sog erna, des geht oam durch und durch", und legte dabei ganz andächtig beide Handflächen auf ihre hochgeschlossene Bluse.

Nepomuk war etwas irritiert angesichts ihrer offensichtlichen Aufregung, aber er kannte ihr Temperament und wusste um ihre plötzliche hellaufleuchtende Gemütsstimmung. „Na, was soll schon sein in der Kirch?", fragte er generös.

„I sog erna, Herr Hochwürd'n, wia der neie Lehra de Orgl spuid, des grenzd an Gottesgnad'n. Mia is ganz warm und koid den Buckl obeglaffa. Des müss'ns erna oschaugn, Herr Pfarra."

„Anhör'n Theres, anhör'n", verbesserte er die außerordentlich aufgeregte Pfarrersköchin. „I wollte ohnehin rüber in die Sakristei, was nachschauen weg'n der Messe heute Abend, dann kann i mir die *Gnade Gottes* mal anhör'n", formulierte er ein wenig spitz im Ton.

Auf dem Weg über den Flur erzählte Therese Angermayr, wie es hergegangen war, indem der Mesner Sepp einen jungen Mann im Schlepptau hatte, als sie gemeinsam die Kirche betreten hatten. Sie selbst hatte auch wegen des abendlichen Gottesdienstes Blumen aufgestellt und dabei hätte sie der Mesner Sepp gefragt, ob der junge Mann, unser neuer Lehrer, namentlich Korbinian Rosshaupt die Orgel ausprobieren dürfte. Sie hatte schon von dem neuen Schullehrer gehört, der am letzten Wochenende mit der Bahn angekommen sei, aber gesehen habe sie ihn noch nicht. Als *geistlicher und lokaler Schulamtsleiter*[26] *hatte* auch Nepomuk

---

[26] Aus historischer Quelle: Bis 1919 war die kath. Kirche für die Schulen samt personeller Ausstattung zuständig.

Langkofler von der Nachbesetzung der Lehrerposition per Brief von der Diözese erfahren, war aber tatsächlich überrascht gewesen, dass es damit so schnell gegangen war, nachdem der Vorgänger Vitus Leih, Träger des Eisernen Kreuzes 1. Klasse, erst vor ein paar Wochen sein Ehrenbegräbnis in der Heimat bekommen hatte. Trotz allem war er neugierig geworden.

Der Pfarrer war sodann angemessenen Schrittes durch den Vorgarten des Pfarrhofes auf dem Weg zur nahegelegenen Pfarrkirche St. Stephanus. Immer, wenn die Orgel wuchtig und vielstimmig gespielt wurde, kam es ihm vor, als wäre das gesamte Kirchenschiff auf mächtigen Klangwogen unterwegs. Satt und virtuos hörte sich das Spiel des Organisten an, der aus der hochromantischen Orgel aus dem Jahre 1895 ein kolossales Klangereignis hervor zauberte. Schon lang nicht mehr hatte das in dieser Art und Weise in dieser Kirche stattgefunden. Nepomuk betrat die Kirche am rückwärtigen Eingang zur Sakristei, durchschritt diese und hielt auf den danebenliegenden Altarraum zu. Dort lauschte er der fantastischen Klangwelt, die der Organist mit Georg Friedrich Händel und dem Halleluja im Messias angeschlagen hatte. Die Pfeifen flöteten ihren für diese Kirche fulminanten orchestralen Klang hinaus und ließen den Geistlichen, angerührt von der Musik, inne halten. Nichts um ihn herum sollte diesem Vergnügen Einhalt gebieten.

Abrupt setzte die Orgel aus, dessen mit Luft angeblasene Pfeifen noch ein paar schräge Töne hinterher hechelten. Der junge Mann hinter der Orgel hatte spontan zu spielen aufgehört, als er bei einem Blick über die Schulter die Anwesenheit des Mannes im Altarraum bemerkt hatte. Pfarrer Langkofler war durch den jähen Klangzusammenbruch in seiner ganzen Hingabe fast erschrocken, brauchte eine Gedankensekunde, als er dann intuitiv zu klatschen begann und ein „Bravo" hinaus posaunte. Der Organist glaubte sogleich, in ihm den Pfarrer zu erkennen, ob der Art, wie er den Raum um den Altar ausfüllte war, als fühlte er sich dort Zuhause.

Das war die erste Begegnung mit Korbinian Rosshaupt gewesen, erinnerte sich Nepomuk nach einem Schluck aus der Kaffeetasse, und es sind seither glücklicherweise noch viele geworden. Für ihn war Korbinian Rosshaupt eine Persönlichkeit auf eine besondere Weise, unaufgeregt und gleichzeitig begeisterungsfähig, gebildet, aber nicht eingebildet und er hatte sehr viel für die Menschen in der Gemeinde übrig. Eigenschaften, die Nepomuk gefielen und, was für ihn noch wichtiger war, er hatte in ihm eine in Freundschaft verbundene Person gefunden, zu der er Vertrauen haben konnte. Es war eine Wohltat, mit ihm auf Augenhöhe und in gegenseitiger Sympathie Gespräche zu führen, ohne dass es sofort die ganze Gemeinde erfahren würde. Denn es konnte schnell einsam werden um einen Pfarrer, an dessen charakterlicher, moralischer und religiöser Solidität die Menschen festhielten. Gerade in diesen Zeiten der um sich greifenden Identitätskrise im ganzen Land, der totalen Unsicherheit hinsichtlich der chaotischen politischen Entwicklungen, einer grassierenden Notlage an Gütern des täglichen Lebens für die Bevölkerung und ganz zu schweigen von den Millionen von zurückflutenden Soldaten der Front, die, anstatt auf die Straßen zu gehen, in Arbeit und Brot gebracht werden mussten, brauchte es einen seelischen Anker. Sein Sinnbildnis über sich selbst war: „Nepomuk als Fels in der Brandung, fern ab von jedwedem Zweifel und jeder Wankelmütigkeit den hoffenden Menschen gegenüber." Er sah sich als hoffnungsspendenden Bezugspunkt der christlichen Nächstenliebe, die sich letztlich auch in ihrer inneren Haltung und ihrem mitmenschlichen Verhalten zeigen sollte. Das war, was die Menschen bedurften. Wer sonst sollte dieser Fels der Zuversicht sein? Doch welch fast übergroße Aufgabe war dies für einen Menschen, der er ja auch nur war? Selbst Jesus Christus hatte Zweifel und Sorge ob seines Schicksals, als er mit seinen Jüngern am Abend vor seiner Festnahme im Garten Gethsemane nächtigte. Und was war Nepomuk im Vergleich zu Jesus, Gottes Sohn? Nepomuk rührte unbewusst in der Tasse herum. Er freute sich schon jetzt auf die Abendmesse, die von Korbinian musikalisch gestaltet wurde.

Den Vormittag über an diesem 16. Mai 1919 hatte er sich nicht viel vorgenommen, denn es kam, wie er es vermutet hatte. Allerlei liebe Menschen kamen vorbei und brachten kleinere oder gar größere Gaben zu Ehren des Heiligen Johannes Nepomuk und gleichzeitig für ihn. Eier, Mehl, Honig, Wurst oder andere Naturalien waren dabei und standen im Flur oder wurden in einer extra dafür vorgesehenen Stube, die normalerweise als Kleiderkammer diente, untergebracht. Es wäre unhöflich und undankbar zugleich gewesen, diese Geschenke im Hinblick auf die teilweise ärmlichen Verhältnisse der Spender abzulehnen. Selbst in der Not teilten die Menschen so gut es ihren Verhältnissen entsprechend ging. Ein klein wenig beruhigte es den Hausherrn des Pfarrhofes, dass seine Köchin Therese nur immer einen kleinen Teil aus den beigebrachten Körben entnahm und der andere größere Teil bei den Leuten verblieb. Seit der Kriegszeit hatte sich das zwischen Pfarrer und Gemeinde so eingebürgert, weil er es so wollte. Und die Leute waren am Ende froh darum und über das gemeinsame Vater Unser und Gegrüßest seist Du Maria zum Segen aller. Auch die Bürgermeister, aus Hubenstein der Freudlmeier Johannes und aus Moosen der Netter Sepp, waren gekommen und hatten ihre kurze Aufwartung gemacht und das sogar gemeinsam. Der Pfarrer war froh darum, dass es diese beiden gestandenen Gemeindevorsteher gab, die zwar ihren jeweiligen Gemeinden vorstanden, aber zu vielen übergreifenden Themen vernünftigerweise immer wieder auf gemeinsame Lösungen kamen. Sofern dies auch kirchliche Anforderungen betreffen konnte, war er froh, dass er die beiden letztlich an seiner Seite wusste, denn es gab immer wieder eine Art unfruchtbare Konkurrenz und Rivalität, insbesondere zwischen der Bevölkerung der Nachbargemeinden. In letzter Zeit hatten die Not und das Leid bisher nicht gekannte Dimensionen angenommen. Und die politischen wie gesellschaftlichen Rahmenbedingungen verbreiteten einen Horror von Revolution und Umsturz. Bewaffnete und schießende linke oder rechte Milizen zogen in den Großstädten regelmäßig und scheinbar willkürlich durch die Straßenzüge der eigenen oder verfeindeten Stadtteile. Die bayerische und deutsche Monarchie war bereits ein halbes Jahr Geschichte. *König Ludwig III. war über Station in Österreich auf sein Gut Savar in Ungarn geflohen und Kaiser Wilhelm II. im Exil in Holland*[27]. Der Geburtsadel war aus seinen angestammten Besitztümern vertrieben und bar jeglicher politischer Macht, *als die Alliierten Mächte die Friedensbedingungen seit Ende der Kampfhandlungen im Oktober 1918 mit vielen schmerzlichen Forderungen diktiert hatten*[28]. Die Verwirrung und Orientierungslosigkeit hatte ihren Höhepunkt erreicht und jeglicher Kompass schien für die Bevölkerung verloren. In dieser unsicheren Gemengelage nahmen auch auf dem Land und in der

---

[27] Historische Begebenheiten: Kaiser Wilhelm II. lebte in Haus Doorn, einem Wasserschloss in der Nähe von Utrecht. Ludwig III. hatte den Übergang zur parlamentarischen Monarchie unterschrieben, aber nur wenige Tage danach wurde die Republik ausgerufen. Niemand konnte für den Schutz der Königsfamilie garantieren.

[28] Historische Begebenheiten: www.bpd.de, 1.Weltkrieg, Das Ende des Kaiserreichs: Militärischer Zusammenbruch und Revolution

Gemeinde die Empfindlichkeiten und Aggressionen zu. Umso mehr war der Seelsorger froh um Johannes Freudlmeier und Sepp Netter, zwei Menschen mit Format, Gewicht und Weitblick, die so manch auftretenden Streit mit Geschick und Tatkraft schlichten konnten. Niemand mehr als Pfarrer Langkofler schien zu verstehen, wie sehr die beiden Gemeinden einander brauchten und brauchen würden, ob es nun um die Versorgung der Bevölkerung gehen würde oder den Erhalt der Kultur- und Agrarlandschaft diesseits und jenseits der Vils. Hinzu kam das aufkommende Thema der neuartigen Energieform der elektrisch geladenen Teilchen, dem sogenannten Strom. Die am Anfang stehende Telegraphie und das Fernsprechwesen setzte sich wie auch das Verkehrswesen samt Bahn und Automobil immer mehr durch, auch im ländlichen Raum. Und welch große Aufgabe stand mit der Bildung der Kinder und Jugendlichen bevor, die für eine zukünftige Berufswelt vorbereitet werden mussten. All dies hatte der Geistliche in den stark industrialisierten Städten und im Zusammenhang mit der logistischen Maschinerie des Kriegsapparates als nicht aufzuhaltende Entwicklungen kennengelernt. Trotzdem erschien es ihm nach Jahren der inneren Auseinandersetzung total absurd, dass diese vermeintlich wohlstandsverbessernden Erfindungen statt *für* die Menschen *gegen* sie in einem totalen Vernichtungskrieg eingesetzt worden waren.

Die Abendmesse mit der Gemeinde für den Heiligen Johannes Nepomuk war ein besonderes Ereignis gewesen. Der Mesner Sepp meinte, dass er, wenn überhaupt, sowas schon länger nicht mehr erlebt hatte. Nicht nur, dass alle Sitzplätze voll waren, auch an Stehplätzen waren derer nicht mehr viele und sogar draußen seien noch einige Gläubige am Hauptportal oder an den Gräbern gestanden und hätten der Messe beigewohnt. Korbinian Rosshaupt hatte, wie mit

Nepomuk besprochen, die „Missa Solemnis" von Ludwig van Beethoven gespielt, eine der wenigen, aber grandiosen Kirchenmusiken des Komponisten. Für danach hatte die Therese Angermayr den Herrn Schullehrer und Organisten ins Pfarrhaus eingeladen, natürlich zu Speis und Trank.

Beide, Korbinian und Nepomuk haben sich die Kartoffelsuppe und die Forelle Blau schmecken lassen, die Therese so köstlich zubereitet hatte. Beides, Kartoffeln und Fisch, hatte sie dank ihrer verschiedenen Kontakte organisieren können. Es war ein Festschmaus, den es in Zeiten des Mangels mit besonderer Ehrfurcht und Würdigung zu verzehren galt. Entsprechend lange ließen sich die beiden Zeit und stimmten zwischendrin immer wieder ein Hoheslied auf die Kochkünste von Therese an. Die fühlte sich derart geschmeichelt, dass sie ihre errötenden Pausbacken und Hitzewallungen ein um das andere Mal kaum verbergen konnte und irgendwie sogar froh war, als sie sich nach Hause zu ihrem Bruder, dem Wirt von Moosen verabschieden konnte. Ungezwungene Plaudereien begleitete das Essen der beiden, bis Nepomuk zum abschließenden Tischgebet anhob. Für Nepomuk war es ein besonderer Tag gewesen, der sich von der besten Seite gezeigt hatte und nun auch noch die Möglichkeit bot, mit seinem Freund Korbinian bei gepflegter Konversation und einem dunklen Bier ein paar gemeinsame Stunden zu verbringen.

„Nepomuk, i muss schon sag'n, deine Predigt heute zur Messe hat bei der anwesend'n Gemeinde einen deutlichen Eindruck hinterlass'n. Vor allem de Parallele zu Ludwig von Beethovens Schwerhörigkeit, zuletzt sogar Taubheit."

„Dann weißt du auch, warum i mir de ‚Missa Solemnis' von ihm so eindringlich g'wünscht hab, obwohl sie dir, wie du g'sagt hast, noch ned so geläufig war und etliche Übungsstunden kostet hat. Aber i kann dir sag'n, es hat sich g'lohnt. Es war atemberaubend", zeigte sich der Zelebrant der Messe beeindruckt.

„Korbinian, wia der geniale Komponist und Musiker nur noch mit seinem inner'n G'hör diese wundervolle Musik hör'n konnt, so müssen wir alle wieder in uns die Stimme Gottes vernehma. Wir sind schwerhörig für *ihn* geword'n. Aber wia Beethoven sollten wir die Hoffnung ned aufgeb'n, *ihn* wieder zu hör'n", er blickte dabei hinauf zum Herrgottswinkel und sagte weiter: „In uns drin, im Herz'n."

„So hab i de Predigt verstand'n, Nepomuk. Aber i fürcht, wir hab'n noch einen langen Weg vor uns, bis alle wieder anfanga, in uns hineinzuhören. Vor etwa vier Jahren hat es mit der Ausrufung des *„Heiligen Krieges*[29]" zur Erlangung eines gottgerechten vaterländischen *„Siegfriedens*[30]" begonnen und mit den verstummenden Kriegsfanfaren vor gut einem halben Jahr ist die Einsicht der eigenen Schuld an dieser Katastrophe noch nicht beendet.

„Dazu versteh'n de Mensch'n ned, warum. Warum hat Gott mit ihnen brocha und hat de Sintflut über sie ausg'schüttet, auf dass es sie alle hinwegspül'n sollt?", antwortete der Geistliche.

„Man kann's den Mensch'n ned verdenk'n. War es ned überhaupt ein Irrglaube, dass es den *gerecht'n* Krieg geben kann?", meinte Korbinian.

---

[29] Historische Begrifflichkeit
[30] Historische Begrifflichkeit

„Du sprichst einen wund'n Punkt an. Krieg als legitime Notwehr."

„Ja genau", ergänzte Korbinian. „Krieg als letztes Mittel zur Wahrung der Rechte des Staates oder, auf die Person herunter'brocha, zur Selbstverteidigung der eigenen Existenz. Aber wer bestimmt, wann der Notfall ein'treten is? Wurde ned der *Deutsche Überfall auf des völkerrechtlich neutrale Belgien im August 1914*[31] mit dem einsetzenden Verteidigungskrieg g'rechtfertigt? Waren wir ned einer propagandistisch'n Erzählung erleg'n, die sogar Gott mit einbezog und missbraucht hat?"

„*Auf dem Koppelschloss meiner Uniform stand ‚Gott mit uns'*[32]. All diese Verwüstungen, Gräuel und des Leid der vielen Mensch'n, Zivilist'n und Soldat'n. Und alles im Namen Gottes", erinnerte sich Nepomuk beschämt und entsetzt gleichzeitig.

„Der Krieg hat nur eine ungeheure Not, Elend und unzählige Holzkreuze daher'bracht. Und nun im Jahr 1919 de schmerzhaft'n Nachweh'n. Eine G'sellschaft im Umbruch und die Politik im Chaos und alles auf dem ohnehin gekrümmt'n Rück'n der Mensch'n", resümierte Korbinian mit zittriger Stimme. Beide starrten, sichtlich berührt, gefühlt eine kleine Ewigkeit vor sich auf den Küchentisch, ohne ein Wort zu sagen. Nepomuk fuhr den Lebensringen der Maserung des Holztisches entlang, als würde er einer unsichtbaren Spur folgen.

„Nur Gott kann uns in dene beschwerlich'n Tag den rechten Weg zeig'n, Amen", wiederholte Nepomuk

---

[31] Der „Schlieffen-Plan" enthielt den Angriff auf Belgien, um die französische Ostverteidigung zu umgehen.

[32] „Gott mit uns" war der Wahlspruch des preußischen Königshauses, damit auch der Deutschen Kaiser (seit 1871).

formelhaft seine letzten Worte zur Predigt der Abendmesse.

Für seine gläubige Gemeinde mag dieser Satz Hoffnung verbreitet haben. Aber in der Tat, für den Geistlichen gab es Tage des Zweifels. Wie Regenwolken ließ er schlechte Gedanken regnen, die seinen einst so tiefen Glauben förmlich hinweg wuschen. Er haderte seit seiner Rückkehr als kriegsversehrter Feldseelsorger und Veteran im Herbst 1916 mit dem wohlgeglaubten Willen Gottes, der für ihn die Hölle auf Erden hat aufreißen lassen. Einstige Klassenkämpfer der sich innenpolitisch bekämpfenden Parteien sahen sich vereint im *„Burgfrieden*[33]*"*. So wie nahezu das ganze Volk, so war auch Nepomuk Langkofler des festen Glaubens von der Ehrhaftigkeit und Gerechtigkeit eines Verteidigungskrieges gegen die Feinde des Deutschen Vaterlandes. Von den Kanzeln seiner christlichen Brüder schallte es:

„Deutsche Freiheit, deutscher Gott, deutscher Glaube ohne Spott, deutsches Herz und deutscher Stahl sind vier Helden allzumal. Diese stehen wie Felsenburg, diese fechten alles durch, diese halten tapfer aus in Gefahr und Todesbraus[34]. Und selbst der Kaiser sah Gott als *„Alliierten im Himmel"*. Doch als Nepomuk im Felde Teil dieser brutalen und menschenverachtenden Kriegsmaschinerie wurde, verflüchtigte sich nach und nach der undurchdringliche Nebelschleier des vaterländischen Nationalismus im Lichte des Grauens. Endlos hatten sich seine tröstenden Worte, die Gebete und Totenbettbeichten der Gefallenen, Verwundeten und dem Tode geweihten Männer aneinander gereiht,

---

[33] Bei nur zwei Enthaltungen stimmten alle Parteien für Kredite zur Finanzierung des Krieges, auch sog. Vaterlandslose.

[34] Herbst 1914: Bände zu Predigten kirchlicher Prominenz, hg. vom Hofprediger Bruno Doehring

wohl mit der Gewissheit, dass ein Feldseelsorger jenseits ihrer eigenen Frontlinie das gleiche „Vater Unser" sprechen würde. „Wia konnte Gott all de Grausamkeiten an abertausend'n jungen Männern in der Blüte ihres Lebens zulass'n?"

Verwundet am Körper, kam er im Herbst 1916 in die Heimat zurück, doch die größte Wunde hatte seine Seele erlitten, die angesichts ihrer schmerzlichen Erfahrungen ihren Glauben verloren hatte. Orientierungslosigkeit, Ohnmacht und Hoffnungslosigkeit mischten sich mit aufopfernder Emsigkeit für seine Gemeinde. Sein Seelenzustand glich einem immerwährenden Gefühlspendel. Einerseits packte eine instinktive Kraft an, die Gemeinde für die moralische Unterstützung der Frontsoldaten zu gewinnen. Er wusste, wie wichtig Botschaften aus der Heimat für die noch immer kämpfenden Frontsoldaten waren. Von Strickarbeiten des Frauenbundes für Winterhandschuhe oder Socken über Weihnachtspakete als auch Sammlungen für die Hinterbliebenen war alles dabei. Andererseits, fern eines erlernten Aktivismus, forderte seine wunde Seele reinigende Tränen der Buße und die schmerzhafte Auseinandersetzung mit sich selbst und seiner gespaltenen Beziehung zu Gott.

Bei einer sich sehr selten bietenden Gelegenheit konnte er sich in einem persönlichen Gespräch an seinen Bischof wenden. Er suchte das ehrliche Gespräch über seine verwirrenden Gedanken zur Sinnhaftigkeit eines menschenverzehrenden Kriegs aus der Sicht des christlichen Glaubens. Mit der Entgegnung: „Wie kann man denn so eine Frage stellen?", wurde er rüde abgekanzelt und auf seine unbedingte Rückendeckung für eine gottgerecht kämpfende Truppe, für die leidende Bevölkerung und zum Wohle des Vaterlandes hingewiesen. Nepomuk musste erkennen, dass er auf der

Suche nach Antworten im weiten Rund der katholischen Kirche und der Glaubensbrüder ziemlich alleine dastand. Er flüchtete sich mehr und mehr in die verschiedenen Bücher der Heiligen Schrift, der Bibel, um Antworten zu bekommen. Und sensibilisiert durch einen realen Krieg suchte er bewusst nach Stellen der gottgewollten Gewaltaufforderung als auch nach den Stellen der Friedenssehnsucht, die in ihm immer stärker wurde. Und Nepomuk fand dazu zuhauf Texthinweise. Vor allem das Matthäus Evangelium 5-7 im Neuen Testament verkündete die Lehren Jesus zu den Themen der Vergeltung, die wie eine Gedankenblase über Nepomuks Haupt schwebten. Er rezitierte im Gedanken die Stellen in der Bergpredigt nach Matthäus 5-7.

„Ihr habt gehört, dass gesagt ist: ‚Auge um Auge, Zahn um Zahn[35]‘. Ich aber sage euch, dass ihr nicht widerstreben sollt dem Bösen, sondern: Wenn dich jemand auf deine rechte Backe schlägt, dem biete die andere auch dar[36]. ‚Du sollst deinen Nächsten lieben und deinen Feind hassen. Ich aber sage euch: Liebt eure Feinde und bittet für die, die euch verfolgen[37]. Du sollst nicht töten; wer aber tötet, der soll des Gerichts schuldig sein[38]‘."

Stille war in ihr Beisammensein eingekehrt, was Nepomuk und Korbinian gut miteinander aushalten konnten, ohne jegliches Unwohlsein zu empfinden. Nur die Pendeluhr an der Wand tickte ihre Sekundenmusik in den Raum hinein, als beide ihren Gedanken nachhingen.

---

[35] Aus der Bibel: 2. Mose 21,24

[36] Aus der Bibel: MT 5-7, 39

[37] Aus der Bibel: 2. Mose 19,18

[38] Aus der Bibel: 2. Mose 20,13; 21,12

„Korbinian, de Gespräche mit dir all die Jahre über
bis heut hab'n mir immer sehr g'holf'n, persönlich und
für uns Gläubige, de wahr'n Botschaft'n der Bibel wieder zu entdecken."

„Nepomuk, auch i schätze unsere Gespräche sehr
und den gegenseitig'n Austausch, um am End Gutes zu
bewirk'n. Aber schau, des mag deine Predigt'n wunderbar mach'n, mit wunderbaren hoffnungsspendenden
Botschaft'n für uns alle. Aber betracht doch des irdische Leben. Chaos überall. Unsere Welt scheint aus
den Fug'n g'raten zum sein. In München herrschten
kürzlich noch in dene Tag kriegsähnliche Zuständ, indem de Weißen Garden die Roten Garden im Häuserkampf niederg'ringt hab'n und es viele Tote und Ver-
letzte geb'n hat."

„I hab davon g'hört", sagte Nepomuk nur kurz dazwischen, der die Schilderung aus dem Brief von seinem Freund Zeno Fischbacher erfahren hatte, aber
auch von Bürgermeister Sepp Netter zu der Geschichte
aus Dachau gehört hatte, die wiederum ein Bierfahrer
namens Josef Greiter von dort mitgebracht hatte.

„Und lass uns überleg'n, wos vorher noch alles
passiert is: Im Oktober 1918 hab'n de Waffenstillstandsverhandlungen zwischen den Kriegsparteien
ang'fangt. Kurze Zeit darauf am 8. November is der
Freistaat Bayern ausg'ruf'n word'n, de Monarchie
g'stürzt und sowohl der Kaiser als auch unser Ludwig
III. hab'n flieh'n müss'n", formulierte Korbinian ganz
geschichtsbewusst.

*„Und nach de Wahl'n vom Januar 1919 is der Eis-
ner Kurt, der Vorsitzende von der USPD und der Revolutionsregierung am 21. Februar erschoss'n word'n.
Und ned nur des, im Landtag hab's am selben Tag mit*

Maschinengewehren g'schoss'n, hab i g'les'n[39]", ergänzte Nepomuk.

*„Daraufhin hat der g'wählte Ministerpräsident, der
Johannes Hofmann von der SPD, zusammen mit der
Regierung nach Bamberg flieh'n müss'n[40].* Im April hab
i dann mit meinem Vater Gustav über die Fernsprech-
anlag beim Bürgermeister g'red't und der hat g'meint,
dass jetzt *de links-radikal'n eine Räterepublik[41]* ausru-
fen werd'n", sprach Korbinian mit erhobener Stimme.

„Des wär eine Katastrophe g'word'n, wenn de von
Russland aus g'steuert'n Bolschewik'n und gottlosen
Mensch'n de Oberhand b'halten hätt'n", entrüstete sich
Nepomuk, der sich selbst zu hören schien und seine
innere Zerrissenheit von Krieg und Frieden erkannte.

„Außerdem hab i mir auch ned vorstell'n können
mit meinem Vater der gleichen Meinung zum sein, dass
nämlich endlich de regierend'n, konservativ'n Kräfte
aufwach'n und Münch'n befrei'n müss'n. Dem war dann
auch so, weil *mit Freikorps und samt Weißen Garden
im Schlepptau hat man de Revoluzzer niederschlag'n
können[42]"*, stellte Korbinian nüchtern fest, der, obwohl
selbst mütterlicherseits durch eine soziale Erziehung
und Haltung geprägt, keinerlei Verständnis für eine
gewaltsame Revolution hatte. „Es hat g'heißen, es wären über zweitausend Tote zu beklag'n und viele wär'n
standrechtlich erschoss'n word'n."

---

[39] Auf dem Weg zum Landtag wurde Kurt Eisner von Anton Graf Arco
erschossen.

[40] Johannes Hoffmann rief Reichswehr und Freikorps zu Hilfe, um
die „rote Gefahr" in München zu bannen.

[41] Am 7. April 1919 riefen Spartakisten und Kommunisten in München
die Räterepublik aus.

[42] Ab dem 28. April 1919 eroberten die „weißen" Truppen München
zurück.

„Bürgerkrieg zwischen uns Brüdern und Schwestern, kann man sich des vorstell'n? Is des alles ned ein ewiges Durcheinander, Korbinian? Wo end't des noch?"

Ratlos und jeglicher Hoffnung auf ein schnelles Ende der chaotischen Zustände beraubt, starrten die beiden vor sich auf den Tisch. Korbinian quetschte, auf der Suche nach Erklärungen, als erster seine vor Verwirrtheit tanzenden Gedanken heraus.

„Wer san mir eigentlich? Wer werd'n mir einmal sei? Es sind Zeit'n, wo kein Stein auf dem anderen mehr ruht, Nepomuk."

„Es braucht wieder eine ordnende Hand, de de eigentlich'n Probleme ....", da fiel ihm Korbinian plötzlich ins Wort. „Aber bitte ned zurück zu den Anfängen allen Übels. De Monarchie hat uns genau dahin'bracht, wo wir jetz steh'n, an den Abgrund. Hat ned die Monarchie die ganz Welt zu unseren Feinden g'macht, indem ein Kaiser samt seiner hörigen Entourage ein wirtschaftlich prosperierendes Deutsches Reich im *„persönlichem Regiment"* machtpolitisch zur *„Weltgeltung[43]"* führ'n wollt? De von Waff'n starrende Nation mit einem völlig überhöht'n sittlich'n Überlegenheitsgefühl war einfach zu entfach'n, notfalls sich selbst in einem Feuersturm hinwegzufegen, zu opfern. Niemand konnt sich diesem Sog entzieh'n."

„Korbinian", meldete sich Nepomuk zu Wort. „In der Tat l'ebn wir in einer schon länger andauernd'n Zeitenwende, die nun leider in einem irrsinnigen Krieg ihren traurigen Höhepunkt des Schreckens erreicht hat. Und jetz geht's g'fühlt im Chaos weiter. Von ferner Zukunft aus werd'n einmal Geschichtsschreiber auf uns schau'n und beurteil'n, ob wir den Mensch'n in unse-

---

[43] Historische Begriffe

rem Land wieder Zuversicht und Wohlstand zurück'bringa hab'n können. Und einen Frieden mit allen Völkern."

„Da magst du Recht hab'n. Nur funktioniert des unter den alt'n Vorzeich'n von konstitutioneller Monarchie, Ausbeutung der arbeitenden Bevölkerung, Zerstörung unser Lebensbedingung'n durch verschmutzte Gewässer aus den Fabrik'n und vergiftete Luft aus Schlot'n der Industrie, Unterdrückung von Minderheit'n, Religionsgruppierungen und Andersdenkender nimmermehr", zählte Korbinian all seine Kritikpunkte auf, die er schon vor dem Krieg hätte aufzählen können. „Soll ein Staat, welcher Couleur auch immer, ned für sein Volk da sein und nicht umg'kehrt, ein Volk für wenige Eliten der politisch'n, militärisch'n, großbürgerlich'n und adelig'n Klasse schuft'n und buckeln müss'n? I denk, wir können des Rad nimmermehr zurückdreh'n. Nur wohin wir es dreh'n werd'n, kann heut keiner sag'n."

Als der lange Abend zu Ende ging, hatten die beiden aus ihren ernsten gesellschaftspolitischen Gedanken zurückgefunden zu erfreulicheren, weil lustigen Geschichten aus ihrer jugendlichen Vergangenheit. Vielleicht mag es auch an dem süffigen Messwein gelegen haben, den Nepomuk zu guter Letzt kredenzt hatte ohne den Hauch eines schlechten Gewissens, denn andernfalls wären die offenen Flaschen Wein über kurz oder lang sauer geworden. Insgeheim aber war beiden klar, dass die Zeit noch einige Herausforderungen für sie bereithalten würde, denn Unsicherheiten und Umwälzungen bestimmten die allgemeine Lage der Menschen.

Korbinian Rosshaupt in Moosen
Mai 1919

So gerne Korbinian bei seinem Freund Johannes Freudlmeier und seiner Familie wohnhaft war, so gerne war
er nach mehreren Wochen in die Lehrerunterkunft nach
Moosen umgezogen. Die ganze Familie Freudlmeier
hatte geholfen, den Umzug zu unterstützen, wobei ehrlicherweise gesagt werden muss, dass es nicht allzu
viel umzuziehen gab. Was Korbinian am Leib zu tragen
pflegte, passte nach wie vor in einen Koffer. Und ein
Bettgestell, ein Kleiderschrank und ein Schreibtisch
waren in der neuen Unterkunft vorhanden. Eine ge-
brauchte Matratze samt Bettzeug des früher wohnhaf-
ten Kaplans und einen Küchenschrank bekam er von
Hochwürden Langkofler aus dem Fundus des Pfarrer-
stadels geschenkt. Letzteren funktionierte er für die
wenigen Bücher, die er mitgebracht hatte und die er
noch besorgen wollte, zu einem Bücherschrank um.
Ebenso sollten darin die zahlreichen Musiknotenblätter
ihren Platz finden. Einen einzelnen Stuhl nahm er von
Johannes Freudlmeier dankend an. Dem alten Hocker
im Lehrerhaus fehlte das vordere linke Stuhlbein und
er war somit unbrauchbar. Die weißgekalkte Farbe an
der Wand, die Bürgermeister Sepp Netter organisiert
hatte, war überdies ganz frisch gewesen, als er einzog.
Nach dem Umzug hatte Korbinian nur noch wenige
Schritte zu Schule und Kirche, brauchte also dafür
nicht einmal seinen Drahtesel, den er für sich über Johannes Freudlmeier und dessen Nachbarn hatte ergat-
tern können und der seither gute Dienste geleistet hatte.

Mittlerweile waren mehr als zwei Jahre vergangen
und gelegentlich hängte er das Erinnerungsfoto vom
ersten Schultag im Sommer 1917 ab und ließ beim
ruhigen Betrachten seinen Gedanken freien Lauf.

Gleich am Morgen des 2. Juli 1917 war er damals von Pfarrer Nepomuk Langkofler sowie Vertretern der beiden Gemeinden Moosen, dem Netter Sepp und dessen Kollegen aus Hubenstein, dem Freudlmeier Johannes, begrüßt worden. Die Mädchen und Knaben der jeweiligen Jahrgangsstufen hatten sich wie Orgelpfeifen aufgereiht und daneben stand Fräulein Amalie, Frau Lehrer, wie sie genannt wurde. Eigentlich war Fräulein Amalie keine ausgebildete Lehrerin, aber als der Krieg begann, Pfarrer und Lehrkräfte an die Front gingen, hatte sich der Alt- und Pensionspfarrer Alois Mooslechner gewünscht, dass der Bürgermeister von Moosen diese gebildete, musik- und klavierbegabte, ledig gebliebene Lehrerstocher engagierte. Die Kinder mochten und akzeptierten sie und seither war das so geblieben. Daran wollte auch Korbinian nicht rütteln. Korbinian war von dem warmherzigen Empfang sichtlich angetan gewesen. Diese Art der Aufwartung hatte er nicht erwartet, insbesondere durch Pfarrer Langkofler, der ihn schon tags zuvor bei seinem Orgelspiel in der Pfarrkirche kennengelernt und willkommen geheißen hatte. Josef Millner aus Hubenstein, der die Lichtbildkunst beherrschte, hatte ein Schwarzweißfoto gemacht, welches er später als Geschenk mit Rahmen überreicht bekommen hatte und das nun neben dem Bücherbord hing.

Er ging nochmals die einzelnen Personen der Reihe nach durch und hielt bei Nepomuk Langkofler inne. Ja, man konnte es so sagen , es hatte sich zwischen diesen beiden Persönlichkeiten eine Art Verbundenheit entwickelt, die durch eine wertschätzende, freundschaftliche und respektvolle Umgangsweise sichtbar wurde und auch dem Umfeld der beiden nicht verborgen geblieben war. Nur einige Monate später nach der Entwicklung der Fotografie wäre Pfarrer Langkofler wahrscheinlich nicht mehr in der Funktion als geistliche

Schulaufsicht durch die Kirche auf dem Bild gewesen, denn im *Winter 1918/19 hatte die Revolutionsregierung um Kurt Eisner von der USPD genau diese abgeschafft*[44] und in die Hände der Staatsgewalt übergeben. Von da an regelte der Staat die Besetzung von Lehrerstellen und Lehrinhalten und somit hätten wohl Bürgermeister Sepp Netter und sein Kollege Johannes Freudlmeier die Einführung als Lehrer der gemeindeübergreifenden Schule übernommen. Wie auch immer die Geschichte verlaufen war, Nepomuk Langkofler hätte es so und so nicht versäumt, Korbinian sobald als möglich als Organisten und Chorleiter für die örtliche Pfarrkirche zu engagieren. Es war eine Erleichterung für Xaver Baumbusch, den hiesigen Chorleiter gewesen, der aus Altersgründen und allen voran wegen seiner immer schlimmer werdenden Gicht die Orgel schlichtweg nicht mehr spielen konnte. Xaver fiel letztlich ein Stein vom Herzen. Er konnte seine eigenen, an sich selbst gestellten Erwartungen nicht mehr erfüllen und musste zuletzt notgedrungen so lange als nur möglich weitermachen, egal was seine Finger taten. Er sah es als göttliche Fügung, dass es einen würdigen Nachfolger gab trotz der damals schwierigen Kriegszeiten. Im Laufe der Zeit waren sie einander durch die Musik ans Herz gewachsen. Für Korbinian war das Amt als Organist und Chorleiter zudem ein, wenn auch bescheidenes Zusatzeinkommen, das sein kleines Lehrergehalt ein wenig aufbessern half.

Jede Mark mehr war herzlich willkommen, denn er brannte für eine optimale Bildung, die oftmals einher ging mit selbst gekauftem Lehr- und Unterrichtsmaterial. Korbinian, wie auch die ganze Gemeinde, wusste um die Gunst, die ihnen widerfahren war, denn vielfach

---

[44] Die vielkritisierte Bildungsrolle der Kirche wurde durch die neue Regierung aufgehoben.

waren die Lehrerstellen während der Kriegsjahre nicht besetzt, da die jungen Männer anstatt als Lehrer als Soldaten ihre vaterländischen Pflichten erfüllten. Die Kinderzeit der Schüler fand im Brennglas des Krieges statt, dem alles unterworfen war und neben vielem anderem Bildung und Erziehung keinen wahren Wert darstellten. Ihre männlichen Vorbilder fanden sich zwangsläufig nicht im zivilen Leben, sondern in den allseits bewunderten Soldaten, den Helden ihrer Zeit. Für Mädchen waren es die Hospitalschwestern, welche die opferwilligen Soldaten medizinisch versorgten und pflegten. Dies machte die Arbeit als Lehrer für Korbinian zunächst nicht einfach, da Schüler und Erwachsene ob seiner nicht vollzogenen soldatischen Pflicht einen offenen Verrat am Vaterland und Kaiser unterstellten. Die Gemüter beruhigten sich allerdings schnell, denn jeder konnte sehen, dass sein linkes Auge ungewöhnlich auffällig und unkontrolliert blinzelte. Was Korbinian seit seiner Kindheit einschränkte, half ihm nun, Vorbehalte und Ablehnung zu entkräften und gereichte sogar zum Vorteil, als plausible Erklärung akzeptiert zu werden. Seit Geburt an hatte er eine deutliche Trübung der Hornhaut des linken Auges, die auch für andere beim genauen Hinschauen erkennbar war. Daraus resultierte eine verminderte Durchsichtigkeit und letztlich eine Sehminderung um 80 % gegenüber normalsichtigen Menschen, was ihn aus Sicht des Militärs kriegsuntauglich gemacht hatte.

Für die, die Korbinian zum ersten Mal begegneten, konnte dieses Zwinkern durchaus auch missverstanden werden. Insbesondere mit jungen, eingebildeten Mädchen oder im Herzen jung gebliebener Frauen hatte es bereits ungewollte Missverständnisse gegeben vor allem, weil Korbinian sehr redselig und charmant sein konnte, was sein gutes Aussehen noch attraktiver machte. In diesen Fällen sorgte er für sofortige Aufklärung, dass das Zwinkern nicht dem Gegenüber gegolten habe, sondern einen körperlichen Hintergrund hatte. Seine Einschränkung hinderte ihn nicht, schon als Kind Unmengen an Büchern und Geschichten zu verschlingen, die ihn formten und ihm eine breite Allgemeinbildung verliehen hatten. Die Neugier der Kinder und Jugend wollte er als Lehrer nutzen, ihnen etwas an die Hand zu geben, das ihnen niemand mehr würde wegnehmen können: Wissen und Bildung. Etwas, das sich aus dem Blickwinkel eines geschichtsvernarrten Lehrers als immer wichtiger darstellte, denn die Welt war einem steten Wandel unterzogen, der durch die Wissenschaft und Forschung seit langem seinen Vortrieb erhalten hatte. Von Dampfmaschinen, von Eisenbahnen, von elektrischem Strom zur Beleuchtung und für elektrische Antriebe, von Fernmelde-Apparaten, die an der Wand hingen und von einem Ort der Welt zu einem anderen Stimmen und Worte übertragen konnten. Das alles, in wenigen Jahrzehnten und innerhalb eines Menschenlebens entstanden, veränderte nicht nur die gegenwärtige Gesellschaft, sondern sogar Kriege würden in Zukunft anders, noch brutaler und zerstörerischer, weil noch totbringender, geführt werden. Überdies war er der Meinung, dass die Fehler vergangener Generationen in der Gegenwart und Zukunft nicht wiederholt werden sollten. Dies zu vermitteln, war eine hehre, wenn auch herausfordernde Aufgabe.

Schnell hatten sich die Kinder der vierten, fünften und sechsten Klasse an Korbinian gewöhnt. Seine begeisternde Unterrichtsgestaltung, sein Sinn für Humor, aber auch seine besonnene Strenge, eine Seite an ihm, die er erfreulicherweise von seinem Vater mitbekommen hatte, all dies kam bei seinen Schülern sehr gut an. Gleichsam schnell waren die ersten Wochen des Unterrichts im Juli 1917 vergangen, denn sodann standen bereits die ersten Sommerferien an. Das gab Korbinian die Gelegenheit, die nahegelegene Umgebung, Ortschaften und kleine Sehenswürdigkeiten zu erkunden. Von Anfang an mochte er die sanfte Hügellandschaft links und rechts der Vils, die sich gemächlich im Tal dahinschlängelte. Felder, Wiesen und Äcker säumten sich entlang des Flüsschens, und sattgrüne Farbtupfer an Hecken, Baumgruppen und Waldungen schafften grüne und bunte Oasen für allerlei Vögel und sonstiges Getier. Von der Anhöhe in Hubenstein aus, wo er zunächst bei den Freudlmeiers wohnhaft gewesen war, grüßte ihn der hoch aufragende, ins Tal hineingesetzte Zwiebelturm der Pfarrkirche in Moosen. Um diesen scharten sich die Gebäude der idyllischen Dorfgemeinschaft, durchwachsen von Streuobstgärten und losen Baumgruppen. Unweigerlich schweifte der Blick weiter, wo auf einer Erhebung die Filial- und Marienkirche von Maiselsberg thronte. Von einem inneren Forscherdrang ergriffen, schwang er sich immer wieder auf sein Fahrrad, besuchte die Orte seiner Neugierde, zeichnete Kopien und Skizzen von Gemälden, Altären und notierte sich die Inschriften und Namen der zahlreichen Epitaphien, Wappen und Wandgrabmäler für weitere Recherchen. Seine Leidenschaft war entbrannt, und das Stöbern und Forschen in alten Archiven und Dokumenten befeuerte die Flamme seines Antriebs mehr und mehr. Bald reichte es nicht mehr aus, die örtlichen Quellen vor allem in den Gemeinden und Pfarreien einzusehen. Es zog ihn selbst bis nach München in das erzbischöfliche Archiv des Bistums und der staatlichen Stellen.

Korbinian hatte einige Zeit gebraucht, bis er die Fülle an historischen Einzelinformationen und überlieferten Ereignissen miteinander verknüpfen konnte. Aus einem Puzzlestück wurde nach und nach ein Mosaik der lokalen Geschichte, was ihm im Ergebnis unheimlich viel Freude bereitete. Man würde es diesem liebreizenden und beschaulichen Vilstal rund um Moosen heute nicht ansehen, dass seit vielen Jahrhunderten die Menschen hier Fuß gefasst hatten, teilweise weit vor heute größeren oder bekannteren Orten. Was aus heutiger Sicht mit Hilfe des technischen Fortschritts und dem Wissen der Menschheit als einfach durchführbar erschien, muss damals im 8. Jahrhundert zur ersten Besiedlung ein unfassbares Ringen mit der noch ungebändigten Schöpfung gewesen sein, dachte Korbinian. Dort, wo die Natur am leichtesten bereit war, mit den Menschen lebensnotwendige Güter zu teilen, ließen sie sich zu kleinen Ansiedlungen nieder. Für Moosen sprachen vermutlich die Lage an einem Fluss, Frischwasserquellen in einem ausgedehnten Sumpf- und Moosgebiet, die Vorkommen an Torf im Moos als auch die nahegelegenen Wälder zur Beschaffung von Brennstoffen, Baumaterialien und Essbaren. *Die Kirchengründung in Moosen ging auf eine Schenkung des Bayernherzogs Tassilo III. im Jahr 769 zurück. Der Beschenkte war ein Priester („presbiter") namens Urso („Bär")*[45]. Die Völkerwanderung lag noch nicht so lange zurück und so war Tassilo III. sehr an einer Urbarmachung des wilden Landes und an kirchlichen Strukturen, sprich der Christianisierung der siedelnden Bevölkerung (den „Bajuwariens") in seinem Herrschaftsgebiet gelegen. Die Menschen unter den Einfluss des Glaubens gebracht, würden weniger Krieger als Diener der Kirche sein. Dieser erste Priester, so vermutete Korbinian, hatte nicht ohne Grund den Namen „Bär" getragen, denn, sicherlich unterstützt durch seinen *Bischof Arbeo mit Bischofssitz in Freising*[46], brauchte es viel Kraft, Ausdauer und Gottvertrauen, sich gegen alle

---

[45] Vermutlich wurde Grund und Boden geschenkt, um die kirchliche Organisation voranzutreiben.

[46] Bischof Arbeo verfasste eine Biografie zum Leben und Wirken des Hl. Korbinian, erster Bischof v. Freising. Darin enthalten sind wertvolle Hinweise zur frühen Geschichte in Bayern.

Widrigkeiten so durchzusetzen, dass eine fortdauernde Ansiedlung möglich war.

Gegenüber dem frühen Mittelalter und den folgenden Jahrhunderten verdichtete sich die Anzahl der Quellenhinweise und Informationen insbesondere ab der beginnenden nächsten Epoche, der Renaissance. Für Korbinian war dies keine Überraschung, denn mit der Rückbesinnung auf die Gedankenwelt der großen griechischen Philosophen wie Aristoteles, Plato und Sokrates veränderte sich die damalige Welt nachhaltig. Unter anderem hielten eine breitere Bildung und der Buchdruck Einzug. Beispielgebend waren für Korbinian die Geschichten *zweier aufstrebender, regionaler Adelsfamilien, die der „Fraunberger" und der „Preysinger", im 15./16. Jahrhundert*[47] und die Auswirkungen auf ihr unmittelbares Leben über mehrere Generationen hinweg. Insbesondere faszinierten Korbinian die Geschichten der Einheimischen vom Geheim- und Wehrgang von Hubenstein, von den Preysingern nach Kalling zu den Starringern. Ob wahr oder über Generationen als unterhaltsame Legende erhalten, oftmals sind sie der Beginn historischer Nachforschungen, die nicht nur einmal historische Evidenzen hervorbrachten. „Wieso also soll's den unterirdisch'n Gang zum Schutz des eigenen Lebens ned geb'n hab'n", dachte er mit einem unverstellten Blick auf die grundsätzliche Möglichkeit. Denn wie die gesamte Bevölkerung wurden diese adligen Familien hineingeboren in eine Zeit, die geprägt war von einem ständigen Überlebenskampf, nicht nur gegen die Widrigkeiten der Natur. Von überall her war das eigene Leben bedroht. Banden terrorisierten die einfachen Menschen, die Zuflucht bei ihren Dienstherren suchten. Aber auch vor Edelleuten mach-

---

[47] Diese beiden Familien hinterließen historische Fußabdrücke in der gesamten Region rund ums Vilstal.

ten marodierende Gauner und Diebesgesindel nicht halt, da einträgliche Geld- und Schmuckschätze lockten. Zudem standen sich immer wieder Fürstentümer und Königreiche feindlich gegenüber. So auch während der Epoche der beginnenden und tatsächlichen Spaltung der christlichen Religion („Reformation", „Gegenreformation"), die zum 30-jährigen Krieg führte. Die breitere Bildung des Bürgertums und die Entwicklung eines neuen humanistischen Weltbildes führten überdies zu sozialen Bestrebungen für mehr Freiheits- und Menschenrechte und mündeten in die sogenannten *„Bauernkriege"[48]*. Und selbst die stete Verbreitung von neuen lediglich wissenschaftlichen Erkenntnissen *(„Buchdruck")*[49] und die ausgedehnten Erkundungen Amerikas durch die „Nachfolger" von Christoph Kolumbus sowie die ständige Bedrohung des Abendlandes durch das Osmanische Reich im Osten sind Ereignisse, die keinesfalls absolut friedlich verliefen. Vorteilhaft hatte es sich für die vorgenannten Adelsfamilien ausgewirkt, dass die Herrschaft eines Fürsten im 16. Jahrhundert viele neue Funktionen und Ämter hervorbrachte, wodurch die Durchlässigkeit der ursprünglich mittelalterlichen Ständeordnung (König, Adel, Bauern und später Bürger) zunahm. *Neben bekannten späteren Adelshäusern wie den „Tattenbachs" oder „Törrings" war es auch den Fraunbergern und Preysingern gelungen, über Ministerialen, also Dienstmann-Funktionen, zu Wohlstand und Titeln zu gelangen. So stiegen die Preysinger über den Amtsadel zu Freiherren auf, wohingegen ihre Untertanen, die freien Bauern (Grundbesitzer) am wenigsten, aber vor allem Zins-*

---

[48] 1525/26: 80 % der Bevölkerung sind Bauern, die sich gegen den Adel auflehnen. Schätzungsweise streben 75.000 Menschen während der Aufstände, die für mehr Gerechtigkeit und wegen weniger „Knechtschaft" geführt werden.

[49] Erfinder Johannes Gutenberg sorgte letztlich für ca. 100.000 nachweisbare Buchtitel im 16. Jahrhundert.

bauern (Pachtpflichten), hörige Bauern (Grundherrn-abhängige Frondienste) und Leibeigene (Eigentum des Grundherrn) als breite Masse und sogenannter „Nähr-stand" nach wie vor die hauptsächlichen Lasten des erweiterten Ständegebildes auf ihren Schultern zu tragen hatten.

Zu Beginn des Jahres 1918 hatte Korbinian begonnen, zuerst in der Schule und später auch bei Veranstaltungen für die Gemeinden Hubenstein und Moosen, Vorträge zur lokalen Geschichte zu halten. Aufgrund der Tristesse an der Heimatfront waren seine Angebote mal mehr, mal weniger gut besucht und nicht jedes Thema, das Korbinian vorgetragen hatte, blieb ohne Widerspruch aus dem Publikum. Die bürgerliche Folklore und Wunschgedanken zeichneten oft ein anderes Bild, als es die historische Aufarbeitung durch die Wissenschaft zuließ. Aber das war für ihn in Ordnung, obwohl er den Verdacht hegte, man könne ihm seine Darlegungen als zu vaterlands- und monarchiekritisch auslegen. Er musste also immer sehr behutsam argumentieren, ohne die Zuhörer komplett vor den Kopf zu stoßen. So referierte er über die mit Interesse verfolgte Geschichte der Wittelsbacher bis zu ihrem geliebten *König Ludwig III., dem leutseligen „Millibauern"[50]*, der ansich lieber mit seinem Auto durchs Land fuhr, als sich den vielen Problemen der Zeit zu stellen. Letzteres durfte er natürlich nicht zu offensiv vortragen. Von noch größerem Interesse war allerdings der Vortrag zur Adelsfamilie der Preysinger, die einst unter anderem im Schloss Hubenstein lebten. Es existierte zwar nicht mehr, aber dessen Grundmauern würden noch heute in Teilen in einem Hubensteiner Anwesen vermutet. Einem Einstigen (neben mehreren) Zögling ihrer

---

[50] Der König hatte Landwirtschaft studiert und wollte in Starnberg lieber
Bauer sein als König. Am 8. Nov. 1913 leistete er den Königseid
und übernahm die Königswürde von Cousin Otto I., der krank war

Familie, nämlich *Hans Georg Preysing Hubenstein, ist eine prächtige Epitaph aus dem 16. Jahrhundert über dem südlichen Eingangsportal der Moosener Pfarrkirche gewidmet*[51]. Niemand hatte zuvor diese, mit rotem Ziermarmor umrahmten Solnhofer Relieftafeln zur Erinnerung gebracht, wirklich eingehend besehen und zu verstehen versucht. An den vielen Fragen der Schüler und Jugendlichen während mancher Unterrichtsstunde erkannte er, wie sehr sie die Geschichten zu den Denkmälern, Gedenktafeln und Statuen in ihrem Umfeld interessierten. Ein Funkeln in den Augen ging jedoch mit der scheinbar immerwährenden Frage einher, wo der Geheimgang zwischen Hubenstein und Kalling verlaufen könnte und wo sein Anfang und Ende wären? In Kalling würde er in einem Kellergewölbe hinter einer Steintafel vermutet, aber in Hubenstein, wo es kein Schloss mehr gab, lag der Verdacht nahe, der Eingang könnte verschüttet oder zumindest hinter einer der Mauern der Bäckerei Freudlmeier verborgen sein. Und auch hier begegnete Korbinian Rosshaupt der Behauptung, der Netter Lukas sei dem Geheimnis zu nahe gekommen. Er sei seither verschwunden, verschluckt von einem ins Ungewisse führenden finsteren Höhlenschacht.

---

[51] Das Epitaph beschreibt die Taufszene von Jesus Christus
zusammen mit Hans Georg v. Preysing Hubenstein am Jordan.

Bei Freudlmeiers in Hubenstein
Anfang Juli 1919

Korbinian Rosshaupt und Johannes Freudlmeier waren nach der Sonntagskirche in Moosen am Friedhof zusammengetroffen. Freudig begrüßten sie einander ob der seltenen Zusammenkunft der beiden, da jeder eisern in seine täglichen Arbeiten eingebunden war. Überschäumend vor Freude lud ihn Johannes spontan zum Mittagessen zu sich und seiner Familie ein, die sich stets freute, wenn er als Gast mit ihnen das Mahl teilte.

„Meinst schon, dass de Elisabeth des mag, so unvorbereit?", fragte der Rosshaupt Korbinian ein wenig überrumpelt nach.

„Geh, du weißt doch, wia sehr sie deine G'selligkeit und seltenen Besuche schätzt. Und de Kinder sowieso. Außerdem gibt's ausnahmsweise einen Schweinsbrat'n. Dem Grundner Schorsch is eine Sau krepiert. Des kannst du dir doch ned entgeh'n lass'n, Korbe?" Korbinian mochte den Kosenamen keineswegs, ging aber nicht näher darauf ein, um sich keinen weiteren Frotzeleien auszusetzen.

„Also, überred't, aber i muss nochmals schnell heim und wos hol'n. Du kannst schon vorgeh'n, i komme mit dem Radl nach, verstehst?"

„Ausg'macht".

Korbinian beeilte sich ob seiner Erledigung und radelte so schnell es ging nach Hubenstein. Wie immer begrüßten ihn die Familienmitglieder herzlich. Einer nach dem anderen, zuerst die drei Buben, Peter, Jakob und Balthasar, und dann die Gretl, die jüngste der Viererbande, strahlten ihn mit leuchtenden Augen an. Die

Kleine war zwar erst zwei Jahre alt, aber mischte schon ziemlich mit, wenn der Korbinian wieder einmal im Garten der Familie ausgelassen Blinde Kuh oder Schwarzer Mann spielte. Zur Freude der Kinder gab sich Korbinian völlig unerwachsen, tollte im Gras umher, feixte und kreischte wie ein großer Kindskopf, der sich durch die ausgiebigen Lachtiraden der ganzen Sippschaft zu noch mehr Tollheiten antreiben ließ. Johannes schüttelte oft den Kopf über diesen unkonventionellen Lehrer und selbst dem schon etwas älteren Balthasar war mancher Spaß ein wenig befremdlich und kindlich. An diesem Sonntag jedoch kam Korbinian nicht zum Spielen, was ihn für die Freudlmeiers nicht weniger willkommen sein ließ. Natürlich war Elisabeth über ihren Mann Johannes ein wenig verärgert, weil er zur Überraschung aller ohne Ankündigung einen Gast eingeladen hatte, aber letztlich überwog die Freude und so konnte Elisabeth nach zurecht gerichteten Haaren und einer neuen Schürze ihr erstes Unwohlsein überwinden.

„Und schaut's einmal, wos i euch mit'bracht hab?" Korbinian holte aus seiner Ledertasche, die er an einem langen Ledergurt quer über die Schulter getragen hatte, etwas hervor. Umringt von den neugierigen Kindern ob der Mitbringsel, zog er für Elisabeth ein zwar schon in die Monate gekommenes Modeblatt heraus. Aber in den Tagen des Mangels und Entbehrungen war selbst eine fast zwei Jahre alte Zeitschrift aus München eine Rarität. Elisabeth errötete fast vor Scham und demütiger Sittsamkeit, so etwas aus den Händen eines Fremden anstatt des eigenen Mannes anzunehmen, aber Johannes erteilte ihr mit einem Kopfnicken die sofortige Absolution, sodass sie gerührt die etwas vergriffenen, gebundenen Blätter an sich nahm.

„Wos bringst du mir denn da ins Haus? Dass du mir ned gleich den Damenschneider mitbringst?", frotzelte Johannes hinter einem Lächeln. Der Rosshaupt Korbinian seinerseits fühlte sich nicht gemüßigt, darauf zu reagieren und das Ganze größer werden zu lassen, als es war.

„Lieber Johannes, und für dich hab i auch etwas mit'bracht." Johannes stutzte und auch seine Kinder bekamen lange Hälse. Aus seiner Ledertasche, die er inzwischen auf dem Sofa in der Essküche abgestellt hatte, zog Korbinian zwei mit Zeitungspapier umwickelte *Flaschen Münchner Kindl Bier*[52] hervor. „Schau, extra für uns beide, Johannes. Auf unser beider Freundschaft, eure Gastfreundschaft und das i heute bei euch zum Essen sein darf."

„Und kalt san de Flasch'n auch noch", tönte Johannes hervor, als er eine davon in den Händen drehte. Korbinian hatte sie an einem Steg an der Vils kühl gehalten, bis er dann endlich die Gelegenheit finden konnte, sein Präsent zu überreichen. „Des war eine Wahnsinnszeit in München", erinnerte sich Johannes ein wenig wehmütig und mit belegter Stimme.

Über das ganze Mahl hinweg wollten die Kinder immer wieder die schon oft erzählten Geschichten ihrer beider Zeit in München hören, die lustigen und die weniger lustigen, insbesondere über die Rettungstat von Korbinian, als ihr Vater überfallen und blutüberströmt verletzt liegen geblieben war und Korbinian gerade so sein Leben hatte retten können. Nach dem festlichen Schmaus und der freudigen Stimmung zogen sich die beiden in die Wohnstube zurück und ließen gemeinsam ihren Gedanken freien Lauf.

---

[52] Die Brauerei wurde 1859 am Fuße des Rosenheimer Berges samt Kellerräumen erbaut.

„Schau Korbinian, jetzt hab'n wir so herzlich g'lacht und eigentlich is mir so überhaupt ned danach zumute. Hast du des in der Zeitung vom 2. Juli 1919 g'lesen, wos die Siegermächte von uns woll'n? Alles wollen sie uns nehma. *Eisenbahn-Lokomotiven samt Waggon, Kohle aus dem Ruhrgebiet, die Deutsche Handelsflotte und dann die immens'n Reparationszahlungen in dreistelliger Milliardenhöhe*[53]. Wer soll denn des bezahl'n?", erregte sich Johannes schwer und wild gestikulierend.

„Ja, i hab's g'lesen. I denk an *alle die Mensch'n, de in ihren linksrheinischen Gebieten plötzlich nicht mehr Deutsche sein soll'n. Um de Reduzierung der Armee auf nur noch 100.000 Mann is mir ned bang, du kennst ja meine Einstellung zum Krieg, aber de alleinige Schuldzuschreibung für den Krieg is eine ziemliche Bürde*", erläuterte Korbinian betroffen.

„Es hat doch g'heiß'n, der *Präsident Wilson von Amerika hätt einen Plan g'habt für einen echt'n Frieden*[54], aber nein, die anderen setzen uns ein Ultimatum. Wenn wir ned spuren, überrollen sie de nimmer mehr vorhandenen Verteidigungslinien, droh'n sie und hau'n alles kurz und klein", führte Johannes an, der sich zur Beruhigung einen arg mitgenommenen Rest an Zigarillostumpen anzündete und paffte.

„Johannes, i versteh den Reichskanzler Scheidemann schon, dass er zurück'treten is, aber wos soll man denn mach'n, als alles akzeptier'n, wenn uns des

---

[53] Am 28. Juni 1919 wurde in Schloss Versailles ein harter Friedens vertrag diktiert. Für Historiker die Quelle später wiederkehrender Konflikte bis hin zum 2. Weltkrieg.

[54] Präsident Wilsons Plan umfasste 14 Punkte. Das Selbstbestimmungsrecht von Völkern nahm einen wichtigen Teil ein, was im Versailler Vertrag verworfen wurde. Deutschland musste deshalb viele Gebiete abtreten.

Messer an den Hals gehalt'n werd? Am Ende haben uns der Kaiser und die Militärs in des Schlamassel hineingeritt'n und jetz will keiner mehr etwas davon wiss'n, allen voran de Hindenburgs und Ludendorffs", war Korbinian ungehalten direkt.

„I muss schon sag'n, Korbinian, i versteh die Leut. Dass der Unmut groß is und sogar massive Proteste aufg'fahren werd'n. De Mensch'n hab'n während der Kriegszeit auf so vieles verzicht'n müss'n und jetz scheint alles z'sammen zu brech'n. Von welchem Geld soll die Bevölkerung des Nötigste zum Leben kauf'n, wenn's überhaupt etwas zum Kauf'n gibt. Bei uns am Land geht's ja noch und selbst da hungern manche elendiglich, aber in der Stadt, in München, da kämpf'n de Leut ums Überleb'n."

„Wem sagst du des. I war wieder einmal in der Stadt und es war furchtbar. I mag gar ned daran denk'n, wia fragil des Leben dort is, als sei es keinen Pfifferling mehr wert. Es werd g'raubt, plündert und erschoss'n. Und der Staat, de Regierung, schaut schlecht aus dabei, weil er sich gegen seine Gegner und die Kriminellen ned wirklich durchsetzen kann."

„Korbinian, i kenn deine Meinung und i bin ja ein sozial denkender konservativer Christ statt ein Monarchist, aber man möcht fast glaub'n, es bräuchte wieder einen starken Mann, der für Ordnung sorgt und den Alliierten ausred't, dass die Hypothek, de sie uns auferleg'n, unerfüllbar is. Des werd'n noch unsere Kinder ausbad'n müss'n, so lange werd der wirtschaftliche und gesellschaftliche Nachhall sein", grämte sich Johannes in Rauchwolken gehüllt.

„Bloß keinen starken Mann. Solche Anführer reichen mir. De Macht der Regierung muss durch die breite Volksmasse bestimmt und getrag'n sein. Nur der

Wille des Volkes kann zu einem gerecht'n Wohlstand für alle, eben auch für Arbeiter, Handwerker, Bauern und Bürger führ'n. Die Zeit der Monarchie, der adeligen Eliten und des industriellen Großkapitalismus muss vorbei sein. Und rechte Nationalisten mit ihren Freikorps und Schlägertrupps tret'n de Rechte der Mensch'n mit Füßen. Nein, de Mensch'n hab'n genug von dem Bekriegen zu ihren Lasten und wollen Freiheit und Gerechtigkeit für alle."

„Aber den Kommunismus wia in Russland können wir auch ned brauch'n. Wir werd'n seh'n, wia es weiter geht, aber lass uns von etwas ander'm red'n", warf Johannes verdrossen ein.

„Wos macht dein Ansinn'n mit dem historisch'n Verein?", wechselte Johannes das Thema in eine ganz andere Richtung.

„Genau darüber wollt i mit dir bereits red'n, weil mir deine Meinung dazu wichtig is."

Seit Korbinian durch seine Recherchen immer mehr historische Bezüge zu seiner neuen Heimat herstellen konnte, trieb ihn die Frage um, was er daraus machen könnte? Er selbst konnte sich an dieser detektivischen Arbeit und seinen gewonnenen Erkenntnissen begeistern, jedoch wollte er diese Leidenschaft mit anderen Menschen teilen. Die positiven Erfahrungen mit den wenigen, aber insgesamt gut besuchten Veranstaltungen zu den Wittelsbachern, aber noch viel mehr zu der alten Adelsfamilie der Preysinger, die einst u. a. in Hubenstein ansässig war, bestärkten ihn in seinen Überlegungen und seinem Tatendrang. Der Erste, mit dem er über die Gründung eines historischen Vereins gesprochen hatte, war sein Freund Johannes Freudlmeier. Der zeigte allerdings keinerlei Leidenschaft für diese Idee. Er vermittelte ihm sogar eher den Eindruck, es

sei ein Hirngespinst und im Gegenteil, er äußerte seine
Bedenken zu diesem und jenem und ob so etwas wirklich in diese fordernde und verrückte Zeit passen würde, wie er es nannte.

„Und gerad weil sie verrückt is, unberechenbar und
unsicher, wär es ein Gewinn, den Mensch'n in der Gemeinde wieder ein Gemeinschaftserlebnis und, darin
enthalt'n, eine Orientierung zu geb'n", meinte Korbinian. Aus seiner Sicht war Geschichte im Rückspiegel der
Gegenwart betrachtet Ausdruck des Lebens selbst. All
die erworbene Lebenserfahrung der Generationen, die
Erkenntnis zu Ursache- und Wirkungszusammenhän-
gen in der Entwicklung von Gesellschaften und Nationen sei ein Schatz. Und gerade für eine junge Generation, groß geworden im Krieg und ohne echte zivile
Vorbilder, diene die geschichtliche Aufarbeitung als
eine Reflexionsebene für sich selbst. Und damit wäre
auch die Hoffnung auf eine bald wiedererstarkende
Zivilgesellschaft verbunden, die seinem Wunsch nach
fern wäre von jeglicher monarchisch-militaristisch ge-
prägter Autoritätsstruktur. Korbinian hat es in den
leuchtenden Augen der Jungen und Mädchen gesehen,
als sie die Geschichten zu den Grabsteintafeln, Famili-
enwappen und prächtigen Epitaphen der Moosener
Pfarrkirche gehört hatten. Sie waren diejenigen, die
etwas aus der regionalen Geschichte lernen konnten
und auch wollten.

Es war nicht leicht gewesen, Johannes zum Mitmachen zu bewegen, aber am Ende überwog neben der
verhaltenen Neugierde vor allem der Eifer des vier-
zehnjährigen Balthasars, Johannes ältestem Sohn, der
den entscheidenden Ausschlag gab. Der Junge brannte
lichterloh für die Idee des historischen Vereins. „Schau
Vater, wir Freudlmeiers sitzen vielleicht sogar auf den
ehemalig'n Grundmauern vom einstig'n Schloss

Hum'stoa, meint der Herr Lehrer Korbinian. Is des ned famos?", schäumte der ansonsten zurückhaltende Junge vor Begeisterung.

„Und wia hast du dir des nun vorgestellt mit dem historisch'n Verein, Korbinian? Wos soll denn der Verein eigentlich bewirk'n und mach'n?", griff Johannes den Gesprächsfaden auf.

„Mei, da fällt mir so einiges ein, Johannes. Beispielsweise kennt meines Wissens nach niemand bis auf ein paar wenige Münchner Staatsdiener in den Staatsarchiven den *Kupferstich von Michael Wening, der von seinem Kurfürsten Max Emanuel den Auftrag bekommen hat, neben Burgen, Städten und Hofmarken auch Schloss Hubenstein als Ansicht festzuhalt'n*[55]. Wir könnten eine Ansichtstafel aufstellen und die Hintergründe erklär'n. Wir könnt'n jedes Jahr eine Maiandacht an der Nepomuk Kapelle hier in Hubenstein abhalt'n. Des tät wohl auch Pfarrer Langkofler unterstütz'n und wir könnten zwei Flieg'n mit einer Klappe schlag'n: Erinnerung und Gebet. De Leute könnt'n stolz sein auf die Altvorder'n, de großen Einfluss auf die Entwicklung und das Ausseh'n in ihrer Region genommen haben."

„Von dem Schloss steht ja, wia du weißt, nix mehr. Was soll da stolz mach'n?"

„Auch des g'hört zur Geschichte. Nix is für die Ewigkeit, aber trotzdem wurde einst etwas Großes g'schaff'n, wia auch von späteren Generationen Spuren sichtbar sein werd'n. Selbst wir werd'n Spuren hinterlass'n, fragt sich nur welche?", versuchte Korbinian zu

---

[55] 1696 erhielt der Kupferstecher den Auftrag, alle Edelsitze in den vier Rentämtern München, Burghausen, Landshut und Straubing festzuhalten. 846 Ansichten sind bekannt.

überzeugen und dachte dabei insgeheim an die gegenwärtig katastrophalen gesamtdeutschen Zustände. „Lass uns halt einmal rausgeh'n und schau'n, wo wir so eine Tafel aufstell'n könnt'n, Johannes."

„Ja, komm Vater, lass uns schau'n", stürmten die restlichen Kinder durch die Tür der Wohnstube zu ihrem älteren Bruder herein. Offensichtlich hatten sie hinter der Tür gelauscht und konnten nun ihre Aufregung nicht mehr zurückhalten. Johannes wirkte erstaunt über die Courage der Kindermeute, blieb aber für den Moment stumm, als er dann doch ansetzte:

„Im Gottes Namen, dann schau'n wir halt mal, aber des heißt noch gar nichts, gell!", wollte er sich seiner Möglichkeit, dem ganzen Ansinnen noch einen Riegel vorschieben zu können, versichert wissen.

Gemeinsam stiefelten sie los und folgten dem Hausherrn, der über die Abkürzung durch den Flur rüber durch die Backstube der Bäckerei zum hinteren Teil des Gebäudes gelangen wollte. Die Bewegung tat Johannes offensichtlich gut, denn seine Worte sprudelten gerade so heraus, als er sich an seine Kinderzeit erinnerte. Damals beeindruckten ihn bereits die dicken Mauern der Backstube, die einen großen Teil des Hauptgebäudes ausmachten. Nirgends, in keinem Haus, in dem er jemals gewesen war, konnte er sich solcher Mauern erinnern, weder im Pfarrhof noch andernorts auf Höfen gutbetuchter, alteingesessener Bauern gab es das in dieser Art. Zwei halbstarke Jungs konnten locker und bequem nebeneinander auf dem Fensterbrett der Backstube Platz nehmen. Überhaupt hatte der ganze Gebäudekomplex Ausmaße, die Korbinian von großen Prachtbauten in München her kannte. Was auch immer diese mächtigen Mauern schon früher getragen haben, sie würden es keinem Betrachter freiwillig erzählen. Aber je mehr sie sich im Gebäude bewegten, umso mehr erschien es ihm logisch, dass dereinst diese mächtigen Mauern die adeligen Hausherren samt Dienerschaft und Gesinde beschützt haben könnten. Genaueres zum Hergang der weiteren Geschichte des Schlosses blieb allerdings im Verborgenen. So, wie es vor etwa zwei Jahrhunderten von Michael Wening auf einem Kupferstich gehalten wurde, existierte es zum heutigen Tage auf jeden Fall nicht mehr. Jetzt nutzten die Freudlmeiers die Gebäude in der Hauptsache für den Bäckereibetrieb, den einst der Großvater von Johannes begonnen hatte. Eine kleine Landwirtschaft zur Eigenversorgung gehörte ortsüblich dazu. Im Wesentlichen handelte es sich dabei um eine Streuobstwiese, einige Hühner und ein paar Schweine, mal abgesehen von dem Kaltblut, das regelmäßig zu Transportzwecken vor das Fuhrwerk gespannt wurde.

Die weiteren Stallungen wurden anderen Nutzungen zugeführt. So hatten einige Gütler und Häuslleut den großen Kornspeicher für billiges Geld gepachtet, damit sie den geernteten Weizen und Roggen trocknen und lagern konnten. Selbst hatten sie zumeist zu wenig geeignete Gebäude dafür. Johannes hatte ebenso eigene Vorräte an Korn gelagert und sobald er wieder Mehl zum Backen benötigte, fuhr er mit einigen Doppelzentnern auf dem Fuhrwerk nach Siebmühle, um dort Mehl, Schrot und Kleie mahlen zu lassen. Kaum waren sie durch die letzte Türe ins Freie gelangt, begrüßte sie der Holz Andreas, der an der Beplankung des Pferdestalls stand und sich dem Ferdl, dem Kaltblut der Freudlmeiers, widmete. Der Andreas, genannt Anderl, gehörte seit seiner Ausbildung zum Bäckergesellen praktisch zur Familie und weil er mit einer Kriegsverletzung zurückgekehrt war, bewohnte er wieder seine Kammer im Erdgeschoss, was ihm aufgrund seiner Holzprothese unterhalb des linken Knies sehr entgegenkam.

„Grüß Gott, Meister Hannes. Servus Balthasar und meine Hochachtung, Herr Rosshaupt", grüßte Anderl von Weitem, was von allen herzlich entgegengenommen wurde.

„Der Anderl kümmert sich regelmäßig um die Rösser, Korbinian. Des hat er schon immer g'macht und Glück habe'n wir und de auch, denn keiner versteht die ‚Häuter' so wia der Anderl", lobte Johannes seinen altgedienten Gesellen, der ein warmes Lächeln um die Lippen aufscheinen ließ.

„Weißt, Korbinian, der Schmied von nebenan, der stellt auch seine Ross im Pferdestall unter, wenn er welche zum Hufeb'schlag'n hat oder schon b'schlag'n san, solang, bis de Besitzer ihre Pferde wieder abhol'n. Des is für jed'n ein G'winn, er hat zu wenig Platz, des nervt die Vierbeiner und so hat jeder etwas davon. I hab ein wenig Pachtzins und er und seine Kundschaft gutwillige Ross, de sich gut führ'n lass'n."

„Wenn man sich vorstellt, wia es damals wohl g'wesen sein muss, als des Schloss noch gestand'n hat und de Hofmark im Besitz der Preysinger war? Der Schmied war ja ganz wichtig, weil der aus Eisen allerlei an Gebrauchsgegenständ'n g'macht hat bis hin zu den Waffen der damalig'n kriegerisch'n Zeit, den Schwertern, Armbrüsten, Pfeilspitzen und Lanzen. Aus einer Urkunde aus dem Jahr 1597 is bekannt, dass *,Huebmstain, ein Hofmarch denen von Preising zugehörig. Dabei ein Schloss, ein Tafern, ein Schmidt, zu Geislbach ein Schmidt, zu Polling ein Schmidt*[56] gleich mehrere Schmieden g'habt hat", begeisterte sich Kor-

---

[56] Gemeindearchiv Taufkirchen (Vils)

binian an dem wortwörtlich genommen Brückenschlag in die Vergangenheit.

Balthasar drängte sich so gut es ging ganz nah an Korbinian heran, um ja alles zu hören. Seine Ohren schienen rotgefärbt und die Augen begannen zu leuchten. „Und wia is des mit der Tafern g'meint, Herr Lehrer? Is des sowas wia ein Wirt?", fragte Balthasar neugierig nach.

„Ja, des is auch etwas sehr Interessantes. Denn die ‚Tafern[57]' war zu damaliger Zeit nicht nur ein quasi Wirtshaus, wia wir des heutzutage kenna, sondern es war sowohl ein Platz der Geselligkeit als auch der Gerichtsbarkeit. An einem Tag war vielleicht eine Tauffeier, eine Hochzeit oder dergleich'n und am nächsten Tag eine Gerichtsverhandlung über einen Diebstahl, Betrug oder im schlimmsten Fall die Feststellung eines Mordes mit sofortigem Verweis der Malefizperson, wie es damals hieß, an eine höhere Gerichtsbarkeit", erläuterte Korbinian die Nutzung der Räumlichkeiten einer Taferne.

„Herr Lehrer Rosshaupt, meinst du, dass dort auch Hexen verurteilt und verbrannt word'n sind?", wagte Balthasar kaum auszusprechen, der kürzlich heimlich ein Buch über die Praktiken der Inquisition im Mittelalter in die Hände bekommen hatte.

„Geh, Balthasar, wia kommst denn da drauf?", rügte der Vater. „Sei bloß still. Deine Geschwister fürcht'n sich doch sofort. De scheu'n sich sonst in der Nacht. Hast g'hört, Balthasar", und reckte dabei den rechten Zeigefinger als mahnenden Ausdruck seiner Ernsthaftigkeit in die Höhe.

---

[57] Lateinisch: taberna (Hütte, Laden, Schaubude, Gasthaus)

Korbinian wollte ebenso nicht zur weiteren Aufregung beitragen und meinte: „Davon hab ich nix g'lesen. Des kann ich mir fast ned vorstell'n." Und kaum hatte er den Satz beendet, meldete sich plötzlich der sonst so bescheidene Anderl.

„Aber entschuldigt, wenn i des jetzt aufbring, aber de Geschicht von dem Wehrgang von Hubenstein nach Kalling, de wissts ihr schon, meine Herr'n?" In den Worten lag weder Mahnung noch Vorwurf oder ein sonstiges Aufbegehren, aber Gewicht. Der Anderl war ähnlich aufgeregt wie der junge Balthasar und musste seinen Gedanken freien Lauf lassen.

„Geh, Anderl, des is die alte Sage von einem Tunnel, der angeblich unter der Erde verlauf'n soll. Niemand weiß was, aber immer wieder kommt der Schmarrn auf, weil es de Leute irgendwie gruselt und dann auch wieder unterhält", wiegelte Johannes ab.

„Aber Chef, so abwegig muss des gar ned sein. Vorstell'n kann man sich des ja, weil damals war's fast wia heut. Es is furchtbar g'wesen. Immer wieder Krieg weg'n der Religionen, dem Luther und den Katholischen, und dann auch noch de Muselmanen, de, weißt schon, de mit dene krumma Schwerter, de waren doch vor Wien g'stand'n", offerierte der Bäckergeselle Anderl seine geschichtlichen Kenntnisse.

Erstaunt über die durchaus nicht unbedingt von der Hand zuweisenden historischen Ereignisse, die Anderl vorgetragen hatte, musste Korbinian nachfragen. „Hat man denn irgendetwas g'funden oder gar den Tunnel selbst, Anderl?"

„Des ned, aber es heißt...", der Anderl stockte und blickte sich nervös um, als würde sie jemand belauschen wollen. „...es werd erzählt, dass der Netter Lukas, der Sohn vom Bürgermeister in Moosen, den Gang g'funden hat. Und seither is er verschwund'n, verstehst?", flackerte es verschwörerisch in den Augen von Anderl, der nun innerlich ziemlich aufgewühlt erschien. „Und was is auch sag'n muss, und wos de Leut auch meinen und ich auch, dass der Lukas seitdem ein friedlos wandelnder Wiedergänger is."

„Geh Anderl, jetzt her auf. Des is doch ein kompletter Unfug", funkte nun sein Chef dazwischen. Aber der Anderl ließ sich nicht abbringen.

„Doch, selbst im Haus, in derer Backstub'n passieren verrückte Sach'n. Des kann nur ein Geist sein", widersprach er mit gestikulierenden Händen, um seine mythenhaften Vorstellungen zu untermauern.

„Hör auf Anderl. Keiner weiß, was mit dem Lukas g'scheh'n is. Auch die Geschichten, dass er als ‚falscher' Einrücker in den Krieg zog'n is, sind nur Gerüchte. De Polizei hat nix dergleichen rausg'funden, weder des eine noch des andere, Anderl. Her auf mit dem Zeug. De Kinder g'laub'n den Schmarrn auch noch", wurde der Bürgermeister aus Hubenstein sauer. „Schlimm g'nug, dass so ein junger Mann einfach verschwind't, mir nix, dir nix." Genervt von seinem Gesellen wandte sich Johannes von der Gruppe ab und trieb alle an: „Los, kommt's mit. Jetzt hör'n mir auf und schau'n uns nach dem Platz um für so ein Schild, Korbinian. Desweg'n sind wir überhaupt raus'gangen. Kommt, geh'n wir weiter", zeigte er sich etwas unwirsch angesichts der seiner Meinung nach albernen und uralten Kamellen.

Korbinian hatte einen erfreulichen Tag erlebt. Mit der Einladung durch Johannes für ein sonntägliches Mittagessen bei den Freudlmeiers war er ein ganzes Stück hinsichtlich seiner Idee zur Gründung eines historischen Vereins weitergekommen. Es blieb natürlich nicht aus, weiter zu überlegen, wie die Verwirklichung seiner Absicht – gerade in diesen schwierigen Zeiten - umzusetzen sei. Von dem Grundgedanken eines historischen Vereins sollte ja nicht nur er ergriffen sein, sondern ein Verein lebt von begeisterten und eifrigen Mitgliedern einerseits und andererseits von einer Vereinsführung, die den Gemeinsinn und die Ideale des Vereins vorlebt. Er wusste, er hätte hier noch Einiges an Überzeugungsarbeit innerhalb der Einheimischen zu leisten, aber mit Johannes hatte er zumindest einen halbwegs überzeugten und anerkannten Befürworter gefunden, in dessen Gefolge auch andere mitziehen würden. Ein Geistesblitz versetzte ihn direkt hinein in die Äußerungen von Andreas Holz, dem Anderl, und zwar zu dem Geheimgang von Hubenstein nach Kalling. Bei seinen historischen Recherchen fand er auch Hinweise zum *Schloss Kalling und den einstigen Besitzern, der Familie der Starringer (oder auch Staringer geschrieben) aus Hofstarring und deren Übernahme im 14. Jahrhundert. Außerdem gab es Bezüge nach Moosen und der dortigen Filialkirche in Maiselsberg. Sowohl Erasmus (†1389) als auch Jörg (†1495) fanden durch zwei Epitaphien gewürdigt, ihre letzte Ruhestätte in der Mutter Maria gewidmeten Wallfahrtskirche. Und weitere Persönlichkeiten der Starringer waren, wie auch die Preysinger zu Hubenstein, im Dienste der Wittelsbacher Herzöge gestanden*[58]. Die Wittelsbacher Herzöge waren die dominierenden Autoritäten im damaligen Bayern. Beide Familien, sowohl die Starringer als auch die von Preysing Hubenstein, lebten also in nahezu unmittelbarer Nachbarschaft zueinander und dies während der Epoche des 15./16. Jahrhunderts. Nun, das mag noch nichts bedeuten,

---

[58] Ab 1130 als Ministeriale, Ritter und Nobilis im Dienste der Wittelsbacher erwähnt.

wusste Korbinian sich selbst in seiner ausschweifenden Fantasie zu zügeln. Allerdings wäre es in diesen stürmischen und kriegerischen Zeiten nicht verwunderlich gewesen, wenn sich Nachbarn zu Allianzen zusammengeschlossen hätten, um gemeinsam dem Unbill der Zeit entgegentreten zu können. Auf jeden Fall hatte der Anderl mit seiner Geschichte die Neugierde in Korbinian nach den Hintergründen zum Geheimgang geweckt. Die Geistererzählung um den Netter Lukas empfand der schon als sehr absonderlich und das Verschwinden über eine so lange Zeit ließ ein schlimmes Schicksal erahnen. Aber die Geschichte, die sich die Bevölkerung mit allerlei Drumherum lebhaft vorstellte, stand vielleicht ersatzweise für eine reale Begebenheit, die noch niemand hatte ergründen können.

Allenthalben war es ein erfolgreicher und schöner Tag gewesen, dachte er, als er die Kerze in seiner Schlafkammer ausblies.

Der Hirte seiner Schafe
Frühjahr 1920

Als guter Hirte seiner Schafe suchte Nepomuk auch außerhalb der Kirchenmauern den Kontakt zu etwaig verlustig gegangenen oder in Not geratenen Mitgliedern der christlichen Herdengemeinschaft. Um dies überhaupt und in erträglicher Weise tun zu können, hatte er das Fahrrad von Altpfarrer Mooslechner als Geschenk gerne angenommen. Der traute dem alten „Drahtesel" noch mehr zu als altersbedingt sich selbst, sodass er das Radfahren schon lange eingestellt hatte. Aber was sollte ein Fußlahmer mit einem Fahrrad, staunte Nepomuk über seine eigene Naivität, als er die edle Spende, sehr zur Freude des Altpfarrers, so überaus freudig angenommen hatte. Mit einer Idee im Kopf, hinkte er eines Tages samt Rad den Hügel nach Hubenstein hinauf zum örtlichen Hufschmied, der ihn mit großen Augen und offenstehendem Mund begrüßt hatte. Dass der Herr Hochwürden Pfarrer höchstpersönlich seine Aufwartung an einem höchst unschicklichen, weil verdreckten, von Rauch geschwängerten, stinkenden, schwarzen, wie dem Eingang zur Hölle gleichenden Ort machen würde, war bisher jenseits der Vorstellungskraft des Schmieds gewesen. Nepomuk half ihm, sich aus seiner vermeintlichen Schockstarre zu lösen, als er seine Vorstellung zum Umbau des Hirtenrades unterbreitete. Der Schmied Julius Metz war eine kurzgewachsene, aber bullige Person mit kohleverschmierten Händen, so groß, wie sie Nepomuk bei einer so kurzgeratenen Person noch nie gesehen hatte. Dieser packte das Rad, stutzte im ersten Augenblick, drehte und betrachtete es dann mehrmals aus anderen Blickwinkeln und schien der Idee von Pfarrer Langkofler immer mehr abgewinnen zu können. Am Schluss erfreute sich der Pfarrer sogar an dem ehrfürchtigen

Lächeln des Eisenhandwerkers, als sie sich verabschiedeten und zu einem Termin zur Abholung des Umbaus übereingekommen waren. Nach einer Woche emsiger Arbeit und grundlegender Umbauten war der Geistliche würdiger Besitzer eines individuell auf ihn zugeschnittenen Rades geworden. Rechts hatte der Schmied einen festverschweißten Fußraster angebracht, ideal, um sein nahezu steifes Bein abzustellen, und links war ein aus solidem Blech gestalteter Pedalschuh montiert. Er schlüpfte mit seinem eigenen linken Schuh hinein und konnte damit, solide fixiert, den Pedalschuh nach unten treten und nach oben ziehen. Trotz des lediglich linksseitigen Antriebs kam Nepomuk im Flachen und bei leichten Steigungen gut voran. Bergab war es ohnedies kein Problem, und steilere Anhöhen schafften er und sein Rad halbwegs gut zu Fuß.

So hatte die Gemeinde ihren ehrwürdigen Hirten noch nie gesehen. Hoch zu Rad mit linksseitigem Kettenantrieb und rechtsseitig ein fixierter Fußraster. Aber sie gewöhnten sich schnell an den Anblick und sahen letztlich die Vorteile für sich, wenn der Pfarrer in angemessener Zeit zu einem seiner Schäfchen eilen konnte. Und so war es auch an diesem sonnigen Tag im Frühjahr, als Therese Angermayr von der Familie Ziereis wusste, dass der Großvater im Sterben liegen würde. Sie war zufällig auf halbem Wege mit Hermann Ziereis, dem Familienoberhaupt, zusammengetroffen, der dem Pfarrer nun über die Therese ausrichten ließ, dass er zur letzten Ölung gebeten werde. Eilig packte Nepomuk Langkofler alle Utensilien, die er zur Krankensalbung brauchte, in seiner schwarzen Ledertasche zusammen und gurtete sie auf dem Gepäckträger seines Rades fest. Als er den Kiesweg über die Vilsbrücke in Richtung Hubenstein fuhr, drängten sich Erinnerungen in sein Gedächtnis, die allerdings dem Michel Ziereis galten, dem Sohn von Hermann Ziereis. Er war ein junger Frontsoldat, der 1918 während des Krieges zu Tode kam.

Es hatte für Nepomuk immer einer besonderen Kraft bedurft, wenn er die Familien junger Soldaten besuchte. Das hatte seinen Grund, insbesondere, wenn es Familien wie die Ziereis betraf, die es schon mehrfach unglaublich hart getroffen hatte. Kreszenz Ziereis hatte bereits zwei ihrer drei Söhne für Vaterland und Kaiser hingeben müssen und der Dritte, der Michel Ziereis, war offiziellen Angaben nach wegen Dissidententum und als Deserteur verurteilt und standrechtlich hingerichtet worden. Die Mutter ward schier zerbrochen an dem Leid, und der stolze Vater Hermann erschien erst zutiefst deprimiert, wandelte sich aber allmählich zu einem unberechenbaren Hitzkopf sondergleichen, je mehr seine Familie verleumdet und beschimpft worden war. Von den vielen Gefallenen, den Vermissten und im Feindesland gefangenen Soldaten der Heimat war der Michel Ziereis der einzige, der als Deserteur durch ein Militär- und Standgericht zu Tode kam.

Einer wie Nepomuk Langkofler konnte erahnen, in welcher Gemütslage der Michel gewesen sein musste, um sich den Befehlen seiner Offiziere zu verweigern. Er kannte als Frontseelsorger sowohl die Todesangst der Soldaten im Schützengraben als auch die plötzliche Todessehnsucht der ausgemergelten Frontkämpfer. Wenn es denn beim nächsten Frontalangriff sein sollte, dann hoffentlich fern von seelischem Schmerz und körperlicher Qual. Je schneller desto besser. Der einstige Soldatenseelsorger kannte diese Stimmung, diesen Blick jener Soldaten in ihrer Hoffnungslosigkeit, dem teuflischen Treiben ein Ende bereiten zu wollen. Sie stürzten sich aus den Schützengräben hinein in ein dröhnend tödliches Trommelfeuer, um ihre Leiden auszulöschen. Und viele ereilte genau dieses und die vom Schicksal Verschonten, die in ihre Reihen zurückkehrten, wurden angesichts ihres Mutes mit Eisernen Kreuzen behängt, derweilen es eine Auszeichnung der puren Verzweiflung war. Und kamen die Fronten nach einer Schlacht zur Ruhe – eine trügerischer Ruhe, denn Scharfschützen lagen immer auf der Lauer – stellten sich die ein oder anderen Soldaten grundlegende Fragen: „Wozu? Für wen? Was ist der Sinn dieses fortwährenden Menschengemetzels?". In weniger als zwei Wochen waren die Front-Kompanien komplett durch neue, frische Menschenopfer ersetzt worden und die Toten oder deren Überreste so gut als möglich beiseite geschafft. Nepomuk selbst hatte erlebt, wie gestandene Männer daran zerbrachen. Unfähig zu jeglicher Tat, absent jeglicher Reaktion und Vernunft oder „verrückt" geworden, wurden sie schleunigst separiert und quasi standrechtlich exekutiert. Was immer Michel widerfahren war, ob empfundene Sinnabwesenheit für seine Aufgabe als Soldat oder die schiere Angst vor dem Ende, im Ergebnis stand eine unwiderrufliche und in den Augen vieler unrühmliche Todesanzeige.

Sepp Netter, der die Mitteilung durch die bayerische Armeeführung als erster erhielt, verständigte sofort den ehemaligen Feldseelsorger und beide waren in diesem Moment überfragt und geschockt gleichzeitig. Beide waren ratlos, was zu tun sei, denn bisher war ihnen in der Gemeinde so ein Fall noch nie untergekommen. Beide liebäugelten damit, die Sache unter Verschluss zu halten und bloß nicht an die große Glocke zu hängen. Lediglich die Todesmeldung wäre zu verlautbaren gewesen, aber richtig sicher waren sie sich am Ende trotzdem nicht. Sie ahnten bereits im Vorfeld, was es für die Familie Ziereis bedeuten würde, käme die Wahrheit ungeschminkt an die Öffentlichkeit. Sie wollten Zeit schinden, um eine möglichst eingängige und für alle tragbare Lösung zu finden. Doch die Realität holte sie dramatisch ein. Der Sepp Netter war zwar ein redlicher, besonnener und anständiger Bürgermeister, aber leider ohne wirkliche Ordnung in seinem Büro und den zahllos herumliegenden Unterlagen. Und so kam es, wie es kommen musste. Durch die Unzulänglichkeiten im Büro des Moosener Bürgermeisters und die scharfen und neugierigen Augen von Bürgern drang diese heikle Information innerhalb kürzester Zeit nach außen. Sodann war es unausweichlich gewesen, dass der geschmähte Michel Ziereis samt seinen Hinterbliebenen zur Zielscheibe verbitterter, schuldzuweisender Seelen geworden war. Bösartige Gerüchte machten die Runde, der Michel hätte neben seiner Fahnenflucht zudem einige seiner Kameraden mit in den Tod gerissen. Nicht ein Wort, das die Gerüchteküche hervorbrachte, stimmte und doch, der freien Dichtung waren Flügel gewachsen und kannte keine Grenzen. Die Luft brannte, sobald es auf dieses heikle Thema kam.

Und so war es in der Folge sogar zu einer Schlägerei im Wirtshaus von Moosen gekommen, als zwei Heißsporne aufeinander losgingen. Hermann Ziereis hatte versucht, die Ehre seiner Familie und seines Sohnes Michel zu verteidigen, indem er auf den provokant und verleumderisch auftretenden Zenker Paul, seines Zeichens Ökonomierat, Landwirt und Mitglied des Bauernbundes Moosen, eingedroschen und diesem dabei mehrere Platzwunden zugefügt hatte. Noch bevor die Auseinandersetzung das ganze Wirtshaus und alle Gäste erfassen konnte, war die Angermayr Therese, Schwester des Wirts, zu ihrem Pfarrer ins Pfarrhaus gelaufen, um ihn von dem gewalttätigen Konflikt und den zu allem bereiten Kontrahenten zu berichten. Beide eilten in Windeseile hinüber zum Wirt, und Nepomuk, keiner körperlichen Auseinandersetzung verlegen, versuchte Kraft seiner natürlichen Autorität und Körperstatur die ineinander verkeilten Parteien zu trennen. Die Streithähne und Unterstützer konnten glücklicherweise schnell getrennt und festgehalten werden und waren von dem jeweiligen Gefolge an Aufpassern nach Hause gebracht worden. Sogleich ließ der geistliche Würdenträger die beiden Bürgermeister aus Moosen und Hubenstein, den Netter Sepp und den Freudlmeier Johannes, zu sich holen, um weiteres Unheil zwischen den vermeintlich rivalisierenden Gruppen abzuwenden. Für den Moment war es damals im Sommer 1918 zur Befriedung der Gemüter gekommen, aber der Krieg hatte schon damals in unerbittlicher Art und Weise an den Nerven der Bevölkerung gezerrt.

Nun lag der Großvater von Michel, namentlich Alois Ziereis und Vater von Hermann Ziereis, im Sterbebett. Der Alois war als Söldner mit Hurra in den 1870/71-Krieg gegen die Franzosen gegangen und als Pazifist zurückgekehrt, woraus er auch nie einen Hehl gemacht hatte. Obwohl als Triumph gefeiert und als Ereignis der Schaffung des Deutschen Reiches zelebriert, hatte dieser 1870er Krieg Michels Großvater verändert. Noch vor 1914 hatte der damals noch rüstige, gestandene Mann nach der Messe oder beim Frühschoppen gegen die allgemeine Kriegshetze gewettert. Der Michel hatte seinen Großvater über alles geliebt, wie Nepomuk von Kreszenz Ziereis bei einem seiner Besuche erfahren hatte. Vielleicht war ein Funke seines Friedensverlangens auf den Michel übergesprungen? Mit der Zeit hatten sich die Wogen der Entrüstung und Schmähungen gegenüber den Ziereisens gelegt. Und seit der Krieg verloren war, schienen die Leute die Sache irgendwie aus einem anderen Blickwinkel zu betrachten, wenngleich sich niemand für die zugefügten Kränkungen entschuldigte oder gar von einer Wiedergutmachung sprechen wollte.

Fast ein Jahr war es nun schon her, dass die Ziereis den Georg, einen jungen Mann, adoptiert hatten. Der Junge war Kreszenz Neffe, praktisch Sohn ihrer älteren Schwester Roswitha, der gerne in den Ferien und wannimmer es möglich war, auf dem Anwesen der Ziereis mitgeholfen hatte. Georg war ein gerngesehener Bursche, denn er hatte gute Manieren, war fleißig und von schneller Auffassungsgabe, was immer er auch tat. Seine Mutter Roswitha lebte in äußerst prekären Verhältnissen, denn ihr Mann war unerwartet früh verstorben und aufgrund einer Vielzahl von Kindern war ihre Familie in arger Not. Georg hatte nichts dagegen, dass seine Mutter mit seiner Tante Kreszenz und ihrem Mann Hermann abgemachte hatte, dass er von den beiden als Adoptivsohn angenommen werden würde. Beide Seiten waren sich über den Nutzen bewusst, und eine Rücksichtnahme auf sentimentale Gefühle hätte keineswegs den ständigen Hunger gestillt. Für Hermann und Kreszenz war es ein Segen gewesen, da ihnen der Krieg alle ihre Söhne genommen hatte. Hermann war trotz allem Ärger als Brunnenbauer und Installateur ein nachgefragter Handwerker und der einzige in seinem Fach weit und breit. Er konnte jede Hilfe gebrauchen, denn einige seiner Gesellen waren, wie viele andere, im Krieg geblieben. Mit Georg war auch die Hoffnung verbunden, dass das Geschäft einmal weitergeführt würde, obwohl er noch sehr jung war. Die Bürger der Gemeinde brauchten einander und so wurden auch Hermann und Georg immer wieder gebraucht. Auch hier überwog nach einiger Zeit der Pragmatismus die Schmähungen, denn Mensch und Tier waren auf gutes Trinkwasser aus funktionierenden Brunnen angewiesen. Die Vergangenheit wurde eben ausgeblendet und so tat man sich gegenseitig nicht weh, sondern verlegte sich auf die Notwendigkeiten der Gegenwart. Der Georg tat dem Betrieb von Hermann Ziereis gut, denn er war ein aufgeweckter, freundlicher und sympathischer Mann, und wo immer er mit Hermann hinkam, gerne gesehen, auch dank seines handwerklichen Geschicks. Außerdem konnte er für Michel nichts, sagten die Leute.

Als der Geistliche die Familie Ziereis nach etwa zwei Stunden wieder verlassen hatte, war Alois Ziereis tatsächlich nach der letzten Ölung verstorben. Im Beisein seiner Familie konnte er von seinem ausgeprägten Willen zum Leben loslassen und seiner geplagten Seele den so geliebten Frieden schenken. Es war sein sehnlichster Wunsch gewesen, das heilige Öl, den Segen Christi zu bekommen und die Beichte abgelegt zu haben, um unbelastet ins Jenseits einziehen zu können.

Fröhliche Klänge in schweren Zeiten
Weihnachtszeit 1920

Das Jahr 1920 war ein insgesamt schwieriges Jahr für die Menschen in Deutschland. In Berlin hatten militante Freikorps rund um ihren Anführer, den rechtsradikalen Wolfgang Knapp, im März 1920 kurzzeitig gewaltsam die Regierungsmacht an sich gerissen. Die gewählte Regierung musste zuerst nach Dresden und dann nach Stuttgart fliehen. Doch die Putschisten blieben nach wenigen Tagen erfolglos, als weder von Seiten der Bevölkerung noch von der Reichswehr und schon gar nicht von den Arbeiter- und Gewerkschaftsbünden Unterstützung für die Revolte kam. Der Aufstand brach in sich zusammen, doch die Sehnsucht der Bevölkerung in Bayern nach Ruhe und Ordnung rief bei den Landtagswahlen im Mai 1920 Kräfte auf den Plan, die eben genau dafür sorgen sollten. In Bayern übernahm Ministerpräsident Gustav von Kahr die Amtsgeschäfte und wollte für den „rechten" Weg sorgen und als Beispiel für das ganze Reich dienen[59].

Die größte Sorge für den Netter Sepp, dem Bürgermeister von Moosen blieb jedoch die Versorgung der Bevölkerung mit Grundnahrungsmitteln und der damit einhergehenden Armut bestimmter Bevölkerungsteile. Die Armenversorgung in der Gemeinde Moosen war an ihre Kapazitätsgrenze angelangt und das Armenhaus mehr als überfüllt, in erster Linie mit Alten. Die allermeisten alten Menschen im Umkreis wurden von und in ihren eigenen Familien versorgt, aber es gab doch einige Greise, die alles verloren hatten samt ihrer pflegenden Kinder. Die Gründe waren

---

[59] Die Unruhen in Berlin bewirkten einen Rechtsruck in Bayern. Von da an herrschten völkisch-nationalistische Republikfeinde, die rechte Wehrverbände und geheime Organisationen deckten.

vielerlei bis hin zur „Spanischen Grippe", die eine tödliche Schneise durch die Reihen der Alten zog und selbst viele jungen Menschen getroffen hatte. Der Bürgermeister kannte die familiären Verhältnisse in seiner Gemeinde sehr gut und wusste ob der Plackerei und Not mancherorts in einzelnen Häusern. Die Gemeinde hatte bisher aus ihrem Gemeindebudget und einzelnen Spenden den Betrieb des Armenhauses finanziert und ehrenamtliche Helfer hatten unterstützt, wo es ging. Jedoch wurden die verfügbaren Mittel einerseits knapper und andererseits stiegen die Kosten für grundlegende Anschaffungen des täglichen Lebens. Von Amts Wegen führte ihn manche Angelegenheit ins Pfarrhaus und bei nächster Gelegenheit wollte er sich mit Pfarrer Nepomuk Langkofler beraten und nach Auswegen aus der Misere suchen.

„Herr Hochwürd'n, i wollt noch zu einem ander'n Punkt komm'n. Sie wiss'n um de Situation in unserer Gemeinde. De Großwetterlage der Politik lässt weiterhin nix Gutes erahnen und wirkt sich keinesfalls positiv auf de schon vorhandenen Probleme der armen Bevölkerung aus. De Gemeinde leidet unter akutem Geldmangel und de wenigen Geldgeschenke einzelner großherziger Spender werd'n auch immer weniger. Wir wiss'n bald nimmer mehr, wia wir de jetzige Lage überhaupt aufrechterhalt'n können, von Verbesserung'n möcht i gar ned red'n."

„I weiß, Herr Bürgermeister, i bin mir der Situation schon bewusst, aber wia kann ich helf'n?" Eine Sekunde der Stille drängte sich bedrückend laut zwischen die beiden. Nepomuk Langkofler seufzte sich über die beschwerliche Situation hinweg und fühlte sich zu einer Äußerung aufgefordert: „Meine Brüder in Münch'n bericht'n mir, dass der bitterlich ernste Zustand in der Stadt dramatische Züge annimmt und de ganze Bevölkerung befall'n hätt. Jeder kämpft nur noch für sich und um seine eigene Existenz und es gäb viele Verlierer", formulierte der Geistliche seine Gedanken vor dem Hintergrund, dass man vermutlich von nirgendwo her Hilfe erwarten könne.

„Es is wirklich ein Drama. De Leut versuch'ns erst gar ned, sich an de Regeln der staatlichen Rationierung und Preisfestlegung zu halt'n, brechen's wo es nur geht und g'mopste oder g'fälschte Lebensmittelmarken machen mehr und mehr de Runde[60]. Neulich erst ham's einen Kerl aus Taufkirchen erwischt, hat mir mein Amtskollege von dort erzählt, als er mit verbotener Schlachtware in Richtung München unterwegs gewes'n is. Der wär dann gleich weiter zum *Wuchergericht*[61] nach Erding verbracht word'n, wo der Schieber verurteilt word'n is, hätt man erzählt", meinte der Netter Sepp.

„Die ausufernde Kriminalität is des eine. Die Not bringt eben die Schwäch'n der Mensch'n hervor. Aber wollt'n de allermeisten nach den Geboten der Nächstenliebe handeln, können sie es ned im erforderlich'n Maße. Sie hab'n ja meist selbst z'wenig, um etwas abzugeb'n", meinte der Langkofler Nepomuk, der aufgrund der regelmäßigen Hausbesuche und seinem wachen Blick auf seine Schäfchen um deren misslichen Lagen wusste.

„Die Bauern ringsum hab'n so wenig wia schon lange nimmer mehr auf ihr'n Feldern steh'n g'habt. Man muss weit geh, bis man ein paar kräftige junge Knecht auf einem Hof find't, de all de landwirtschaftli-

---

[60] Der grundlegende Mangel förderte die Hamsterei, den Schleichhandel und den Tausch von Wertgegenständen zu Lebensmitteln.

[61] In Bayern werden Wucherverordnungen samt Straftatbeständen eingeführt, um dem Unwesen Einhalt zu gebieten.

che Arbeit erledig'n soll'n. Entweder hat sie der Krieg verschlung'n oder sie geh'n weg in die Stadt, in de groß'n Betriebe. Und des wenige, des die Bauern g'erntet oder g'schlacht hab'n, is unglaublich teuer g'word'n. De Preise san teilweise ein Wucher."

Kaum hatte der Netter Sepp ausgesprochen, unterbrach der dumpfe Ton des Türklopfers ihr Gespräch. Die mächtige Eichenholztüre des Pfarrhauses trug ein altehrwürdiges „Tok, tok" durch alle Räume, als würden Reisende um Einlass in eine mittelalterliche Schlossanlage bitten. Der hämmernde Türklopfer sprach für sich selbst. Ein bedeutungsleerer Blick und ein Nicken von Sepp Netter begleitete Nepomuk Langkofler zum Flur hinaus, der dort seinen lieben Bekannten Korbinian Rosshaupt mit einer üblichen Begrüßungsformel herein bat.

„Meine Haushälterin, die Angermayr Therese is ned da", entschuldigte sich Nepomuk für die Aktion bei dem Netter Sepp, selbst an die Haustüre gegangen zu sein, als er mit Korbinian Rosshaupt zurück in die Stube kam. Der Bürgermeister und Korbinian begrüßten sich herzlich, wenngleich Korbinian unmissverständlich kundgab, dass er die Unterredung der beiden nicht hatte stören wollen. Es war durchaus nicht ungewöhnlich, dass sich die drei, der Bürgermeister, der Pfarrer und der Schullehrer regelmäßig besprachen, denn in ihren Funktionen innerhalb der Gemeinde waren immer wieder Entscheidungen für die dörfliche Gemeinschaft zu fällen. So weihten die beiden Korbinian in den Inhalt ihres Gesprächs ein, der ihre Gedanken und Meinungen sogleich aufgriff und für sich auslegte.

Das funzlige Licht flackerte in den Gesichtern der Männer, deren Atem unentwegt ein paar Kerzenflammen auf dem Tisch züngeln ließen. Auch im Herrgottswinkel, wo Jesus Christus an seinem Holzkreuz prangte, kam das zuckende Flackern der Kerzen an, als würde er als Vierter mit Augen und Ohren dabei sein wollen. Nach einem reichlichen Hin und Her an Gedanken, Meinungen und Argumenten fand Korbinians Vorhaben beim Pfarrer und dem Bürgermeister Gefallen. Zur Weihnachtszeit sollte ein Hirtenspiel mit Maria und Josef als Hauptakteure aufgeführt werden. Die Idee dazu hatten ihm die Kinder von dem Freudlmeier Johannes geliefert, die sich bei einem Besuch mit alten Kleidern vom Speicher verkleidet und einen Heidenspaß dabei hatten.

„Eine derartige Aufführung mit Kindern hat es seit Menschen Gedenk'n noch nie gegeb'n und keinesfalls in der Kirch selbst und im Altarraum", hatte der Leiter der Pfarrei zu bedenken gegeben.

„Aber genau des is es ja. De Weihnachtsgeschichte unter dem beschützenden Firmament der heiligen Altarkuppel. Maria und Josef als ärmliche Wesen auf der Suche nach Unterkunft und Geborgenheit. De Kirchgänger als Beobachter der Tragik in dieser Geschichte und gleichzeitig die Hoffnung für uns Mensch'n durch die Geburt eines Kindes, Jesus Christus,", begeisterte sich der Rosshaupt Korbinian an seinen Ausschmückungen.

„Und de Botschaft der Weihnacht werd den Kirchgängern eine kleine Spende wert sein, de jeder nach seinem Ermess'n und Gewiss'n bereit is zu geb'n. Es weiß auch jeder, dass es den hiesigen Leut zukommen werd, also den Armen in unserem gemeindlich'n Armenhaus", resümierte Sepp Netter deutlich hoffnungsvoller als noch zu Beginn.

Korbinian Rooshaupt hatte recht klare Vorstellungen, wie er dieses Stück aufziehen würde, wen er dazu bräuchte und wann sie mit den Proben beginnen würden. Seiner Bitte, natürlich die Eltern der Darsteller, allen voran von Maria und Josef, einzubinden, wollte Sepp Netter nachkommen, sowie das Vorhaben mit seinem Amtskollegen Johannes Freudlmeier aus Hubenstein besprechen. Ein entsprechender Teil der Spendeneinnahmen würde auch den dortigen Bedürftigen zukommen. Nepomuk Langkofler sollte zusammen mit Korbinian die christliche Weihnachtsgeschichte zu einem Spiel an der Krippe ausgestalten.

Im Zeitstrom der Geschichte
Winter/Frühjahr 1921

Die Weihnachtsaufführung war ein voller Erfolg gewesen. Im Vorfeld des eigentlichen Ereignisses wurde getuschelt und getratscht, was denn der Pfarrer Langkofler zusammen mit seinem „Busenfreund", Korbinian Rosshaupt, vorhabe. Umso mehr waren alle neugierig, die sonderliche weihnachtliche Andacht, so wie sie angekündigt war, zu besuchen. Das konnte in diesem Fall nur gut sein und am Ende gab es eine beachtliche Summe an „Milde-Gaben-Geldern" zu vermelden. Eingebettet in eine feierliche Messe bewunderten die Besucher die Geschichte der in Not geratenen Heiligen Familie, insbesondere Klara Zenker als Maria und Quirin Netter, Sohn von Sepp Netter, als Josef. Angemessene und der christlichen Liturgie entsprechende Worte von ihrem Pfarrer überzeugten in würdevoller Art und Weise selbst die konservativen Gläubigen, die zwischenzeitlich eine gewisse Skepsis befallen hatte. Die Leute begannen zu applaudieren, zaghaft zunächst ob der Unschicklichkeit und Unangemessenheit im ehrwürdigen Kirchenschiff. Doch, wenn ihr geistlicher Glaubensanführer klatschte, durften auch sie ihre Begeisterung ohne gotteslästerliche Absichten bekunden.

Gut gelaunt, voller Stolz und spendierfreudig zeigte sich der Paul Zenker, Großbauer und Ökonomierat anschließend beim Wirt in Moosen. Er war voll des Lobes für seine Klara, die eine Maria abgegeben habe, wie sie eigentlich nur das Original hätte besser darstellen können. Er ließ alle hochleben, den Pfarrer, den Organisten und seine Klara und prostete den Freibiertrinkern zu, als hätte er selbst etwas vergleichbar Großes geschaffen oder bei der einstigen Königlich-Preußisch-Süddeutschen Klassenlotterie gewonnen. Dass es unglaubliche Mühen gekostet hatte, den bockbeinigen Paul Zenker zu überzeugen, dass seine Klara die Maria spielen sollte, wussten nur wenige Eingeweihte, wie der Netter Sepp. Umso mehr genoss der Sepp den tiefen Schluck aus dem frischen Freibierkrug und freute sich über seine eigene Hartnäckigkeit. „Bringt's mir bloß keinen Häuslbuam als Josef für meine grad g'firmte Klara daher, wenn überhaupt einer des Zeug dazu hat. Des is doch alles eine Schnapsidee", hatte er erst geschimpft. Mit Engelszungen und nur, weil der Netter Sepp ein Freund und selbst angesehener Bauer gleichen Standes war, konnte er den allseits beachteten und überregional bekannten Ökonomierat überreden. Nur der gefirmte Quirin, Bruder des vermissten Lukas' und der zweitälteste Sohn von Sepp Netter, durfte am Ende den Josef spielen, war Zenkers Bedingung gewesen. Aber anders wäre es eh nicht vorgesehen gewesen. Das musste der egozentrische Großbauer ja nicht wissen.

Erneut hatten die beiden, Sepp Netter und Korbinian Rosshaupt, miteinander zu tun, als es galt, die Kohlelieferung vom Moosener Bahnhof unter anderem in die Schule zu verfrachten. Die Lieferung hätte schon im Spätherbst des letzten Jahres 1920 kommen sollen, war aber nicht eingetroffen. Zwischenzeitlich musste sich Korbinian behelfen, indem er unter anderem Sepp Netter bat, mit den älteren Klassenstufen im Wald Feuerholz und Brennmaterial sammeln zu dürfen. Einige Bauern folgten dem Beispiel, aber die heruntergefallenen Äste und der dürre Wied waren ein schwacher Brennstoff allenthalben und zudem waren die Wälder bereits ziemlich leergefegt. Das Schulhaus war nur mäßig temperiert und die Kinder behielten am besten ihre Winterkleidung an. Hin und wieder stiegen weiße Wölkchen im Klassenzimmer wie Rauchzeichen auf, wenn die Schüler unregelmäßig ein- und ausatmeten.

Eisblumen zierten gelegentlich die Fensterscheiben. Obwohl es schon Ende Februar geworden war, war die Ladung Kohle herzlich willkommen. Wer wusste schon, wann es wieder dieses lange ersehnte Brennmaterial geben würde, und so packten die aufgebotenen Jungs kräftig mit an.

Der Netter Quirin war einer der fleißigsten Helfer, die Korbinian aufzubieten hatte, als es darum ging, die Kohlensäcke Richtung Schulhaus zu verfrachten. Sicherlich kam ihm seine fast schon mannhafte Statur bei der körperlich anstrengenden Arbeit entgegen, aber das musste Korbinian anerkennend feststellen: arbeiten und zupacken lernte man im Hause Netter. Die meisten der fleißigen, jungen Helfer hatten sich noch mit abschreckend kaltem Vilswasser unter gespieltem Gejaule vom gröbsten Kohlenstaub an den Händen und im Gesicht befreit, waren aber danach gleich nach Hause verschwunden. Nur Quirin nahm das von Korbinian angebotene Glas Wasser an und verwickelte Korbinian in ein Gespräch.

„Herr Lehrer Rosshaupt, der Balthasar hat mir erzählt, sie san einmal bei Freudlmeiers g'wesen und hätt'n Sach'n über des Schloss und de Preysinger erzählt. Wia war denn des mit den Preysingern in Hubenstein?"

„Ja, des stimmt. Interessiert dich des?"

„Auf jed'n Fall", antwortete Quirin. „Es gibt doch des Epitaph über dem Eingangsportal zur Kirch, de rote, marmorg'fasste Gedenkplatt'n von einem Preysinger von Hum'stoa, oder?"

„Ja, des stimmt. I hätt g'rad Zeit, dann könnte i dir einige meiner Nachforschung'n zu den Freiherrn von Preysing zu Hubenstein zeig'n. Bist du interessiert?"

„Ja, schon", sagte Quirin freundlich wissbegierig.

„Dann komm mit, im Schulhaus muss i eh noch den Kohlenkeller zusperr'n und dann geh'n wir in des Klassenzimmer", meinte Korbinian, der den Schlüsselbund vom Schulhaus aus der Jackentasche kramte und zusammen mit Quirin dem Eingang zustrebte.

„Schau Quirin, hier hab i eine Aufstellung g'macht, de ein bisserl de Geschicht von den Preysing zu Hum'stoa erklärt. Ein *gewisser Sigmund von Preysing hat 1514 die Hofmark Hubenstein von Warmund Fraunberger übernommen*[62], d.h. er hat des damalige Schloss gekauft."

„Wia hat sich der des leisten kenna?"

„Interessante Frage. De Preysinger war'n damals schon eine reiche Familie mit *Hofmarken da und dort, beispielsweise in Heidenkam, Kapfing, Kopfsburg, Kronwinkel und Pastetten*[63]. Aber verdient hab'n sie ihr Geld als Ministerialen am bayerischen Herzogshaus der Wittelsbacher."

„Wos macht so ein Ministerial oder wia sich des nennt?", fragte Quirin nach und setzte hinterher: „Kann man da soviel Geld verdiena, dass man sich ein ganzes Schloss leisten kann?"

„Naja, wia soll i sag'n, man muss noch weiter in de Vergangenheit zurück, um des zum versteh. Könige wia Herzöge hab'n für ihre aufwendiger werdende Staatsführung Personal braucht. In Friedenszeit'n musste des Land samt ihrer Besitzung'n, in denen ihre Leibeig'nen, Adelig'n uns sonstige leben, verwaltet

---

[62] Erste Erwähnung des Geschlechtes der Preysinger um 1100
(Gerunch de Prisingan) und 1120/40 im Raum Erding u. Landshut.
[63] Gemeindearchiv Taufkirchen (Vils), Abteilung Hubenstein

werd'n. Im Kriegsfall hat des Land verteidigt werd'n müss'n. Also braucht man auch Krieger und Ritter. Verwalter und Kämpfer kosteten ziemlich viel Geld."

„Hab'n de auch immer Krieg g'führt? Wia bei uns vor gar ned langer Zeit."

„So is es, Quirin. De Mensch'n hab'n immer einen Grund g'fund'n, sei es beispielsweise, weil de adelige Schicht gegen die Freiheits- und Menschenrechte der Bauern militärisch los'zogn is, so 1525/26 bei den Bauernkriegen oder die Religionskriege aufgrund der Spaltung der Kirche in katholische und lutherische Bekenntnis- und Machtgebiete. Für Verdienste im Krieg hab'n de sogenannten Dienstmänner oder Ministerialen Geld und Wohnsitze auf den Burgen ihres Dienstherrn, dem Herzog bekommen. Mit der Zeit san de Ministerialen gebildet word'n, hab'n Lesen, Schreiben, Rechnen und Sprachen g'lernt. Und besondere Dienste belohnte der Herzog dann auch mit Landgeschenk'n zur frei'n, eig'nen Bewirtschaftung samt Untertanen und dem Bau von eig'nen Schlossanlagen."

„Und so hat Sigmund von Preysing des Schloss Hum'stoa zam'kauft", stellte Quirin für sich fest.

„I bin mir gar ned sicher, ob er des selbst g'kauft hat, denn als er *1514 das Schloss übernommen hat, war er gerade mal so alt wie Du, vierzehn Jahre[64]*. Vielleicht hat es sein Vater erstanden? Nix desto trotz hab'n de Preysinger immer schau'n müss'n, dass sie Oberwasser behalt'n hab'n."

„Wos heißt denn des?"

---

[64] www.geni.com / Vater: Thomas von Preysing, Herr von Kopfsberg und Kronwinkl; Mutter: Brigitta Schmeichen von Wolkenstein

„Quirin, die damaligen Zeiten waren hart, und adelig zu sein, hat sie keineswegs vor dem wirtschaftlichen und sozialen Abstieg bewahrt. Krieg, Hungersnot, Krankheit und zudem Intrigen, Machtkämpfe mit konkurrierenden Adelsfamilien bis hin zu Mordkomplotten und letztlich fehlende Nachkommen konnten bedeuten, dass der alte Adel ausstarb und an dessen Stelle neuer Adel aufstieg. Wos ich damit sag‘n möcht, Sigmund von Preysing-Hubenstein musste sich um eine hoffentlich fruchtbare Frau zumindest gleichen Ranges schau‘n und viele Nachkommen zeugen.“

„Des is heute auch noch so, bei denen, de wos hab‘n“, meinte Quirin etwas spitzbübisch im Ton.

„So hat der Sigmund mit seiner Frau *Anna Paumgartner zum Frauenstein dreizehn Kinder*[65] g‘habt. De musst‘n, sofern sie die Kinderjahre überlebt hab‘n, versorgt sein und je mehr man an Besitztümern g‘habt hat, umso mehr hat man zu eigenen Lebzeiten weitergeb‘n und über de Generationen weitervererben kenna. Schau, wos um *1576 ein gewisser Wolf von Preysing Güter*[66], also landwirtschaftliche Anwesen zur Versorgung der eigenen Bedürfnisse hatte.“ Korbinian las laut vor und Quirin schaute mit: *„Weipertsdorf, Moosen, Vieth, Zeilern, Baustarring, Birka, Forach, Wimpasing, Brandhub, Laushub, Hochöd, Numberg, Klein- und Großstockach, Harting und Baumberg*[67].“

„Da san ja ein paar von meine Freund daheim. De wissen wahrscheinlich überhaupt ned, wia alt ihre Hofstell‘n san“, platze es aus Quirin heraus, der sich bei der Aufzählung kaum zurückhalten konnte.

---

[65] www.geni.com

[66] Gemeindearchiv Taufkirchen (Vils), Abteilung Hubenstein

[67] Gemeindearchiv Taufkirchen (Vils), Abteilung Hubenstein

„Und Quirin, schau her", Korbinian deutete auf einen skizzierten Stammbaum. „Da is einer der Kinder vom Sigmund. Der Hans Sigmund von Preysing hat sogar des Land verlass‘n müss‘n, weil er ansonsten vermutlich eing‘sperrt und zu einem sehr harten Strafmaß verurteilt word‘n wäre. Von dem wissen wir also tatsächlich genau, dass de religiösen Konflikte seiner Zeit für jedermann, ob adelig oder ned, ein tragisches Ende hab‘n hat kenna. Er liebäugelte nämlich mit den Lutheranern."

„Mit den Protestanten woll‘n wir ja heute noch nix z‘tun hab‘n", quittierte Quirin die Feststellung von Korbinian.

Korbinian überging die Äußerung des jungen Quirin und schob stattdessen nach: „Der Hans Sigmund ist wegen seinem evangelischen Glauben 1570 über den Umweg nach Österreich in die Oberpfalz geflohen, wo er als Pfleger zu Uttendorf und Holnstein im Dienste des Herzog von Sulzbach stand."

„Und der Herzog war wahrscheinlich auch ein Evangelischer, oder?"

„Des war ja damals des Schwierige, dass es trotz des Religionsfriedens von Augsburg im Jahr 1555 keine wirkliche Ruhe geb‘n hat. Der Bayerische Herzog Albrecht V. war zwar zuerst relativ tolerant gegenüber den beiden Religionen und sogar um Ausgleich bedacht, aber diese Laienkelch-Geschichte hat ihn verhärtet und zu einem absoluten katholischen Glaubenskämpfer gemacht."

„Wos für ein Ding, Laienkelch ham‘s g‘sagt?", fragte Quirin nach.

„Ach so. Gut, ein Laienkelch ist folgendes: die Protestanten teilen bei der Eucharistiefeier das gesegnete Blut Christi, den geweihten Wein, mit den Gläubigen. Es trinkt ein jeder aus dem Kelch, wenn er wollte. Das war zu viel für Herzog Albrecht V. und unter dessen Druck hat vermutlich auch der Hans Sigmund Ausreiß nehmen müssen. *Der Besitz Hubenstein war laut den Quellen dann auch um 1587 im Eigentum von Hans Thomas von Preysing, seinem Bruder*[68]."

„Mein Bruder, der Lukas hat sich sehr für de Edlen von Preysing zu Hum'stoa interessiert. Er wollt unbedingt herausfind'n, ob und wos es mit dem Geheimgang nach Kalling auf sich hat", flickte der Netter Quirin ein.

„Du kennst de G'schicht auch von dem unterirdisch'n Weg von Hum'stoa nach Kalling", reagierte Korbinian wenig überrascht. Schließlich war die Erzählung in aller Munde und Lukas der ältere Bruder von Quirin.

„Der Lukas, wollt mir nie viel davon erzähl'n, weil i damals noch zu klein g'wesen bin. Des is zu g'fährlich und gruselig für dich, meinte er. Desweg'n wollt er mich nie dabei hab'n bei seiner abenteuerlichen Suche", gab sich Quirin enttäuscht. „Aber einmal hat er etwas versehentlich rausg'lassen: Er hätt da etwas entdeckt. I hab ihn so bedrängt mit allem Möglichen und dann hat er meiner Nörgelei nachg'eben. Dafür musst i bei unserer Vater Seele schwören, niemand etwas zum sag'n."

„Ja und dann?", wollte der Rosshaupt Korbinian weiter wissen, weil er neugierig geworden ist.

---

[68] Gemeindearchiv Taufkirchen (Vils), Abteilung Hubenstein

„Jetzt wo er schon so lang weg is und vielleicht ....“, Quirin wollte und konnte den Satz nicht weiter sprechen, „da darf i des doch ihnen anvertrauen, Herr Lehrer Rosshaupt?“, stellte Quirin die Frage in der Hoffnung auf Erlösung von seiner alleinigen und quälenden Kenntnis.

„Es is praktisch deine Pflicht, Quirin. Dein Wissen kann bedeuten, dass wir ihn vielleicht auffind‘n, auch wenn des heißt,...“, auch Korbinian wollte nicht aussprechen, welch schreckliches Bild in ihren beiden Gehirnen herumspuckte. „So würde sich de ewige Wund‘n wenigstens schließen lass‘n. Denk an deinen Vater und deine Mutter. Es wäre endlich ein Abschied möglich“, appellierte der Lehrer an den hin und her gerissenen Quirin.

„Der Lukas hat ned g‘sagt, wo des sein soll. Aber vielleicht werd er bald reich sein“, funkelten Quirins Augen als hätte er es doch herausgefunden.

„Erzähl weiter Quirin. Was weißt du noch?“, wollte Korbinian gespannt wissen.

„Der Lukas hat g‘meint, es könnt da so ein altes Dokument vom Herzog von Bayern geb‘n. Demnach soll‘n de Preysinger Herren einen Goldschatz für den edlen Fürsten behüten, weil doch de Türken so bedrohlich nah san und auch de Protestanten den Krieg ins Land trag‘n würd‘n“, erläuterte Quirin mit fester Stimme.

„Einen Goldschatz von den Wittelsbacher Herzögen?“, wiederholte der geschichtsbeflissene Korbinian ungläubig.

„Ja, genau. Und zwar wäre der Schatzbewahrer, der Preysinger Edelmann, der auf der Gedenktafel in

Moosen über dem Eingangsportal hängt", verblüffte Quirin seinen Lehrer, der für einen Moment seinen Mund offen stehen ließ. Nach einer Schrecksekunde sprach er aus dem in seinem Gedächtnis verankerten Wissen.

„Des is der Hans Georg von Preysing Hubenstein[69], einer der Söhne von Sigmund von Preysing Hubenstein, dem ersten Besitzer von Schloss Hubenstein. Quirin, ich bin ziemlich überrascht, wos du mir hier offenbarst", erwiderte Korbinian Rosshaupt noch immer völlig erstaunt.

„Des hab ich auch so noch nie jemandem erzählt. Ehrlich, wer hätt mir des auch glaub'n woll'n? Sie wiss'n etwas über de Preysinger und darum war i so neugierig auf de Edelleut", entschuldigte sich der Netter Quirin, beschämt ob der erstaunlichen Überraschung, die er seinem Lehrer bereitete.

„Quirin, du sagst weiterhin niemand etwas davon, hast du verstand'n. I muss jetzt leider zur Chorprob in de Kirch. I muss mich beeil'n. I bin schon fast zu spät, aber wir müss'n nochmals miteinander d'rüber red'n. Versprich mir des, Quirin. Abg'macht!", wollte der Rosshaupt Korbinian bestätigt haben, um seinen Schüler mit gutem Gewissen nach Hause schicken zu können.

„Abg'macht Herr Lehrer", gab Quirin zurück und nickte demütig mit dem Kopf.

Der Chorregent Rosshaupt huschte zur Tür hinaus und konnte trotzdem nicht von den letzten Minuten lassen. „Konnte es wirklich sein, was Quirin geschildert

---

[69] Die Inschrift auf dem Epitaph benennt den Verstorbenen Hans Georg von Preysing, der in Messina auf Sizilien in den Diensten des Königs von Spanien gegen die Türken zog und zu Tode kam.

hatte?", überlegte er und presste sich die Mappe mit den Notenblättern krampfhaft unter die Achsel. Die Preysinger Edlen waren über Jahrhunderte im Dienste der Fürsten von Bayern gestanden. Und im Speziellen war Hans Georg von Preysing Hubenstein tatsächlich im direkten Wirkkreis des Hofes von Albrecht V. aktiv gewesen.

Zu mehr reichte seine Analyse nicht, da er gerade die Kirche betrat, nur noch einen gedankenverlorenen Blick gen Epitaph von Hans Georg von Preysing Hubenstein übrig hatte und dann auf der Empore vor der Orgel die Chormitglieder begrüßen konnte.

Brunnenbauer Hermann Ziereis
Juni 1921

Es war schwer für Hermann Ziereis, einen Tag seiner kostbaren Zeit ungenutzt verstreichen zu lassen. Weniger wegen ihm, sondern wegen seiner Kundschaft. Er war ein begehrter Handwerker und alles, was mit dem Brunnenbau inklusive der Wasserver- und Entsorgung zu tun hatte, schien förmlich zu explodieren. Aber für einen Tag in Erding wollte er für sich unbedingt den nötigen Freiraum schaffen. Eine Erholungsfahrt würde es ohnehin nicht werden. Die Dinge, die er vorhatte, lagen ihm schon einige Zeit am Herzen.

Seit Monaten war er mit den Behörden im schriftlichen Austausch, um mehr über die Bewandtnis und den Hergang der standrechtlichen Erschießung seines Sohnes Michel zu erfahren. Wie ein Stein lag ihm die Sache im Magen, die er nie wirklich wahrhaben wollte. Per Anwalt konnte er erwirken, dass er Akteneinsicht bekommen konnte. Er glaubte nicht an die Version, der Michel wäre unerlaubt von der Truppe ferngeblieben und deswegen erschossen worden. Seiner Ansicht nach gab es zahlreiche Widersprüche in den Informationen, die sein Anwalt und er bisher gesammelten hatten. Enttäuscht vom Besuch des Archives, verließ er gegen Mittag das Gebäude des Bezirksamtes. Die versprochenen Akten aus München waren nicht eingetroffen und die angestrebte Reputation seines Sohnes, der in Moosen als „Feigling" vor dem Feind bezeichnet wurde, musste leider noch weiter aufgeschoben werden. Angesäuert von dieser behördlichen Schlamperei machte er sich auf den Weg zur Familienbrauerei Stadlmeier samt Wirtshaus. Dort wollte er einen Handwerkskollegen treffen, um über ihre Handwerksbranche zu fachsimpeln. Er kannte den Hubert Wanger aus seiner

Lehrzeit in Traunstein. Beide waren sich sehr verbunden. Der Hubert hatte in einen Betrieb in Erding eingeheiratet und der Hermann war zurück nach Hause gegangen, wo er später den Betrieb vom Vater übernommen hatte. Seine Stimmung hat sich in der Gesellschaft von Hubert Wanger deutlich aufgehellt, als sie beide den Stadlmeier Wirt verließen und sich versprachen, sobald als möglich wieder zusammentreffen zu wollen.

Eine trotzige Wolke am ansonsten weißblauen Himmel versperrte gerade eben der freundlichen Sommersonne den Weg und kündigte einen Wetterumschwung an. Ähnlich ging es seiner Gemütslage, als er auf der staubigen Straße seinen Weg erneut zum Bezirksamt antrat. An der obersten Treppenstufe zum Flur angelangt, begegnete ihm zufällig der Hufnagel Ludwig, stellvertretender Vorsitzender des Bauernbundes aus Moosen.

„Ach schau, der Hermann. Wos machst denn du da?", fragte ihn dieser mit scheinheilig freundlichem Unterton.

„Des geht dich überhaupt nix an. Selbiges könnt ich auch frag'n", gab der Ziereis Hermann kauzig zurück.

„Bist vielleicht weg'n dem Grundstück hinter deinem Hof da?", ließ der Hubensteiner die Kauzigkeit Hermanns an sich abperlen. „Der Zenker Paul hat mir schon g'sagt, dass ihr euch weg'n dem Grund von ihm hack'lts. Möch'st ihm vielleicht den Grund streitig mach'n?", brachte der Hufnagel Ludwig es provokant auf den Punkt.

„Wos geht's dich an?", gab der Ziereis Hermann gereizt zurück, schwang seinen hölzernen Spazierstock nach oben, ging weiter und ließ diesen ungebetenen Zufall Ludwig Hufnagel einfach im Flur stehen. Wie nicht anders von dem Zenker Paul zu erwarten, hatte er die Seinigen groß und breit eingeweiht und allerlei Stimmungsmache betrieben. Insgeheim ärgerte er sich über sich selbst, dass er beim letzten Zusammentreffen komplett auf die Provokationen seines Widersachers Paul Zenker eingestiegen war und gedroht hatte, in die Archive des Bezirksamtes zu gehen. Dieser Fundus beherbergte die Dokumente, die in letzter Konsequenz den amtswürdigen Vorgang von 1891[70] beschrieben. Die Gemeinde Hubenstein hatte damals eine Zusammenlegung mit der Nachbargemeinde Moosen in ernsthafte Erwägung gezogen. Die Gemeindevertretung und die Bevölkerung glaubten viele Vorteile für sich und Moosen auszumachen. Frohen Mutes und in Abstimmung mit der Gemeinde Moosen hatte der damalige Bürgermeister Berger einen entsprechend formulierten Antrag an das Bezirksamt in Erding geschrieben. Der Bezirksamtmann Bachmeier griff diesen seriösen und mit stichhaltigen Argumenten versehenen Antrag auf. Unter Vorladung der wahlberechtigten Bevölkerung beider Gemeinden wurde beim Wirt in Moosen eine Beschlussversammlung abgehalten, deren Zweck es war, die formale Vereinigung herbeizuführen. Das eigentlich gemeinsam formulierte Ziel wurde jedoch bei Weitem verfehlt. Im Gegenteil: die allermeisten Moosener Bürger haben ihren Teil des Antrages urplötzlich zurückgezogen. Alle ursprünglich vorgebrachten Vorteile der Vereinigung zählten nicht mehr für die Moosener Bürgerschaft. Daraufhin zogen die allermeisten Hubensteiner Bürger völlig verärgert ihrerseits geleistete Anträge zur Vereinigung im Beisein

---

[70] Staatsarchiv München: Nr. 1772, Vorgang zur beantragten Gemeindevereinigung von anno 1891 ; Gemeindebeschluss zum Antrag, Ladungsnachweis zur Versammlung und Protokoll vom 08. Mai 1891.

des Bezirksvertreters Bachmeier zurück. Niemand hatte mit dieser Wendung gerechnet. Bürgermeister Berger, die Gemeinderäte und die Einwohner von Hubenstein waren in ihrer Ehre zutiefst verletzt. Eine hitzige Debatte entbrannte im Saal des Wirtshauses. Arme Leute haben sie sich heißen lassen müssen, die Hubensteiner. Wenige seien sie, die etwas zum Steueraufkommen beitragen könnten und würden der Gemeinde Moosen nur schaden. Kein Geld wäre in der Gemeindekasse, obwohl das nicht stimmte. Der Frust und die erlittene Demütigung entluden sich noch im Wirtshaus in Moosen. Zur vollen Entfaltung kam der Unmut aber erst nach der Abreise des ebenso verwunderten Bezirksamtmannes Bachmeier. Vergeltung und Rachegefühle lagen in der Luft. Drohungen wurden beiderseits ausgesprochen und einige davon wohl auch eingelöst. Benno Ziereis, Vater von Hermann Ziereis, hatte in einer heftigen Auseinandersetzung den Zenker Peter, Vater von Ökonomierat Paul Zenker, so verletzt, dass dieser in ein Krankenhaus eingeliefert werden musste. Die Folge war ein Gerichtsverfahren, bei dem festgehalten wurde, dass der Geschädigte mehrere Rippenbrüche, Prellungen und einen bleibenden Schaden am linken Auge erlitten hatte. Benno Ziereis wurde damals 1891 ein heimtückisches Verhalten angelastet, allerdings sicherlich unter anderem provoziert durch ebenso schikanöse, aber gewaltfreie Einlassungen seitens Zenker Peter, dem Senior. Da der Schädiger Benno Ziereis ein unbescholtener Bürger gewesen war, blieb ihm eine Gefängnisstrafe erspart. Dafür und aus Geldmangel hatte er zur Wiedergutmachung des Schadens an den Zenker Peter ein Grundstück hinter dem Anwesen der Ziereis abtreten müssen. Dieses Ereignis von 1891 samt seinen Folgen war seither die Grundlage aller Streitigkeiten zwischen den jetzigen Eigentümern, dem Ökonomierat Zenker Paul und dem Brunnenbauer Ziereis Hermann. Mit einer gewissen Regelmäßigkeit kam es immer wieder zu deftigen verbalen Attacken zwischen den beiden Kontrahenten. Für Hermann Ziereis war es klar: Paul Zenker sah es als sein Privileg, ihn und seine Familie unentwegt zu piesacken. Nebenbei hätte er seinen Spaß dabei. Verschiedene Anschuldigungen wechselten sich im Laufe der Zeit ab. Einmal wäre er unerlaubterweise mit einem Fuhrwerk über Paul Zenkers Wiese gefahren und hätte die hochstehende Blühwiese zerstört. Ein andermal sei der naheliegende Bach schuld, dass das Saatgut auf Paul Zenkers Acker fortgeschwemmt worden wäre, da der Ziereis Hermann es versäumt hätte, den Bach zu reinigen.

Für Hermann Ziereis war das berühmte Fass längst zum Überlaufen gekommen. Nur bis dahin hatte er keine Handhabe gefunden, aktiv gegen den Widersacher Zenker vorzugehen. Doch erst kürzlich hatte sich der Hufnagel Ludwig im Suff verplappert, wodurch der Ziereis Hermann hellhörig geworden war. Ziereis' Vater Benno hatte nicht viel über die damaligen Ereignisse von 1891 gesprochen. Vermutlich litt er selbst unter den Konsequenzen am meisten. Vor lauter Schmach und Scham wollte er nie drüber reden. Nur einmal erwähnte er, dass am Ende der Hufnagel Fridolin, Vater von Ludwig Hufnagel, schuld gewesen sein soll. Mittlerweile hatte der Ziereis Hermann herausgefunden, dass der Hufnagel Fridolin den Ausschlag vor Gericht gegeben hatte. Der wäre den Erzählungen nach fast verkracht, hätte ihn nicht der Vater von dem Zenker Paul finanziell aus der Patsche geholfen. Hermann Ziereis glaubte fest an eine Falschaussage vor Gericht durch den Hufnagel-Vater. So konnte der Hufnagel Fridolin die Geldschulden beim Zenker Paul Senior ausgleichen. „Die beiden Familien haben früher schon krumme Geschäfte gemacht und heute ihre Nachkommen noch mehr", beklagte sich Hermann Ziereis innerlich. „Wen hab'n de beiden ned schon alles einen Grund und Boden abgeluchst, ganz zu schweig'n von den Bazi-Geschäften als Viehhandler und Heiratsschmuser." Hermann wollte zumindest der seiner Meinung nach widerfahrenen Ungerechtigkeit ein baldiges Ende bereiten und dafür würde er so Einiges einsetzen. Am liebsten wäre ihm, der Fall würde komplett neu aufgerollt und das Urteil von 1891 rückgängig gemacht, aber dafür war es wohl zu lange her. Trotzdem wollte er die Wahrheit herausbekommen und seine Möglichkeiten ausloten. Dass der Ökonomierat Paul Zenker von den Aktivitäten Hermann Ziereis' wusste, lag auf der Hand. Seine Kontakte zur Politik und Behörden reichten bis weit über den Bezirk Erding hinaus. „Und nun hatte er auch noch den Hufnagel Ludwig als gefälligen Zuträger", ärgerte sich der Ziereis Hermann. Natürlich schmeckte dem Zenker Paul nicht, dass er als sein Widersacher derartiges ungeliebtes Engagement am Bezirksamt zeigte. Umso mehr mutmaßte der Ziereis Hermann: „Würde sich der Zenker Paul und seine Familie durch mich im Ansehen und Prestige verunglimpft fühlen, wäre er zu allem bereit."

Ein erschütternder Vorfall
September 1921

Beim Wirt in Moosen war es nach der Sonntagsmesse zum Frühschoppen wieder heiß hergegangen. Es war an sich nichts Ungewöhnliches, dass am Stammtisch durchaus heftig diskutiert wurde, aber dieses Mal lagen die Nerven blank. Therese Angermayr hatte ihrem Pfarrer erzählt, ihr Bruder, der Wirt, hätte gerade noch verhindern können, dass zwei Lager an Hitzköpfen aufeinander losgingen und gewaltsam seine Einrichtung „zerdepperten". Was die Kontrahenten dann wohl außerhalb im Freien vollzogen hatten, war ihm gelinde gesagt egal, aber seine Wirtschaft hatte er, Gott sei es gedankt, retten können.

Allen voran war erneut Hermann Ziereis beteiligt, der im Ökonomierat Paul Zenker einen Art Lieblingsgegner gefunden hatte, meinte Therese Angermayr kühl und knapp. Hinter beiden scharten sich ernsthafte Anhänger, aber auch willfährige Mitläufer, die sich gerne durch Provokationen der jeweils anderen Seite auszeichneten. Entsprechende Rachegelüste folgten, die zumeist mit Fäusten ausgetragen wurden. Zwei Lager standen sich immer häufiger unverhohlen aggressiv gegenüber, was die beiden moderaten Bürgermeister Sepp Netter und Johannes Freudlmeier zwar nicht guthießen, aber nicht immer unterbinden konnten. Nepomuk Langkofler, war über die Entwicklung in den sich kritisch gegenüberstehenden Gemeinden, die zu seiner Pfarrei gehörten, sehr besorgt. An gelegentliche harmlose Raufereien war man irgendwie gewöhnt. Jetzt häuften sich die gewaltsamen Vorfälle jedoch und an schlimmere, wirklich organisierte Auseinandersetzungen wie in den Städten wollte der Pfarrer erst gar nicht denken. Dort war immer wieder von Mord und

Totschlag die Rede gewesen. Und wie ein Damoklesschwert hingen die schwierigen Zeiten der Unsicherheit und der Not über allem und vertieften den Riss quer durch die Bevölkerung, eben auch zwischen den Gemeinden.

Hermann Ziereis hatte sich der Erzählung nach dermaßen aufgeregt, dass er hochrot angelaufen und mordsmäßig laut geworden sei und gegen die rechtsradikalen Nationalisten oder Monarchisten, die die Nation terrorisieren würden, „abgewettert" hatte. Nepomuk Langkofler konnte sich den Rest lebhaft vorstellen und auch die Gründe seines maßlosen Zorns. Die Zeitungen hatten es berichtet. Zum einen wurde der *USPD Landtagsabgeordnete Karl Gareis am 9. Juni 1921 durch einen Mordanschlag getötet*[71]. Er hatte zu den Einwohnerwehren, Sammelbecken rechtsgerichteter Nationalisten, recherchiert und ihre Abschaffung vorangetrieben. Und zum anderen hatte die gleiche Terrororganisation, *die „Organisation Consul", am 26. August 1921 den ehemaligen Reichsfinanzminister und Unterzeichner des Waffenstillstands, Matthias Erzberger in Bad Griesbach beim Spazierengehen erschossen*[72]. Wie in den Städten vollzogen sich auch auf dem Land der Klassenkampf und die ideologische Auseinandersetzung, zwar im kleineren Maßstab und sicherlich *noch* weniger gewaltsam, aber die Zeichen gab es auch dort. Hermann Ziereis war ein Kind der Arbeiterklasse, obwohl er sich als lokaler Brunnenbauer ein kleines Gewerbe aufgebaut hatte. Seine Lebenserfahrung und seine politische Haltung verband er mit Ausbeutung durch eine herrschende Schicht aus überholten Monarchien und Imperien. Standesbewusste Adelseliten und

---

[71] Der Fraktionsvorsitzende wurde Opfer eines politischen Mordes einer rechten Gruppierung.

[72] Diese sogenannten Fememorde waren ein Mittel zur Bekämpfung anderer politischer Überzeugungen.

die sprunghaft wachsende Anzahl an Kapitalisten, die dank der stark um sich greifenden Industrialisierung der Wirtschaft unglaubliches Vermögen angehäuft und großen politischen Einfluss erlangt hatten, waren für ihn die „Übelmacher" der Zeit. Alles auf Kosten einer ausgebeuteten, nämlich mehr als hart arbeitenden Gesellschaft, die eben davon nichts hatte außer Hunger und Krankheit, so die Meinung von Hermann Ziereis. Er hingegen war für die Herrschaft des Volkes, für Gerechtigkeit, für Teilhabe aller am Wohlstand und worin der Einzelne, von der *„Wiege bis zur Bahre"*[73] durch die Partei, den Staat und die Gesellschaft begleitet werden.

Pfarrer Nepomuk Langkofler wusste genau, dass diese politische Einstellung ein rotes Tuch für Paul Zenker war, der seinetwegen nicht zwingend Kaiser und König zurück haben wollte, aber doch eine starke, führende Hand, die für Recht und Ordnung und damit für Ruhe sorgen würde. Zudem wären viele derer, die jammern und pöbeln, selbst schuld an ihrer Situation. „Vom Nichtstun werd man ned satt", war so einer seiner Sprüche und einen „Haufen an Kindern produzierens auch noch, die sie dann ned ernähr'n kenna", war seine Meinung. Außerdem waren ihm all diese Politiker zuwider, die es bei den Verhandlungen um einen Friedensvertrag zugelassen hatten, *„einen ‚Schandvertrag'* *zu unterzeichnen, der die Nation in den Ruine treibe* *und alles, obwohl der General Ludendorff schon 1918* *gesagt hatte, dass die Armee im ‚Felde ungeschlagen'* *geblieben war*[74]*"*, soll er im Wirtshaus Herman Ziereis

---

[73] Die sozialdemokratische Solidargemeinschaft versuchte die Lücken im sozialen Netz abzufangen, indem unzählige Vereine, Genossenschaften, Bünde etc. gegründet wurden. Letztlich sollte jedoch der Staat mehr tun.

[74] Beginn der Dolchstoßlegende, wonach der Politik untergeschoben wurde, an der Niederlage im 1. Weltkrieg schuld zu sein.

entgegen geschrien haben, *„diese ‚Erfüllungspolitiker*[75]‘ *in deiner Sozialisten- und Kommunistenregierung"*.

In Hermann Ziereis aus Hubenstein und Paul Zenker aus Moosen fanden sich tatsächlich die extremen Pole der verschiedenen Ideologien wieder, deren Bruchlinie sich quer durch die Gemeinden zog. Hinzu kam ihre fast schon in die Wiege gelegte Feindschaft, die bis ins Jahr 1891 zurückging. Eine Wunde, die nie verheilen konnte, weil es auch keiner der beiden wollte. Es war kein leichtes Unterfangen für die beiden Bürgermeister, Johannes Freudlmeier und Sepp Netter, die Wogen zwischen den beiden Gruppierungen und letztlich Gemeinden immer wieder zu glätten und am Ende notwendige, gemeinsame Projekte voranzubringen. Denn es würden große Herausforderungen auf sie zukommen, die unter anderem der stetige technische Fortschritt mit sich brachte und dringend der Kooperation aller bedurften, so die Meinung der beiden.

Mehrere Tage nach dem Wirtshausstreit erreichte den Pfarrhof eine schreckliche Nachricht. Bürgermeister Sepp Netter überbrachte die schockierende Botschaft, dass der Ziereis Hermann spurlos verschwunden sei. Der Freudlmeier Johannes habe ihn aufgesucht und erklärt, dass der Brunnenbauer seit Tagen nicht nach Hause gekommen sei, was so ganz und gar nicht zu seinen Gepflogenheiten gehörte. Sepp Netter hatte dem Pfarrer Langkofler mitgeteilt, dass sie beide die Polizei in Taufkirchen hatten einschalten müssen. Die Familie hatte bereits mehrere Tage vergebens im verwandtschaftlichen Umfeld, bei Freunden und Bekannten nach ihm gesucht. Er war nicht aufzufinden. Pfarrer Nepomuk Langkofler hatte nach ein paar weiteren Tagen der Ungewissheit beschlossen, der Familie Ziereis

---

[75] Zielte auf die Vertragserfüllung ab hinsichtlich der Annahme des Londoner Ultimatums 1921 bis zur Ruhrbesetzung 1923

einen Besuch abzustatten. Überraschenderweise kam
ihm der Adoptivsohn der Ziereis', Georg Ziereis zuvor,
der ihn „untertänigst um eine Audienz bitten wolle", als
er unerwartet vor der Tür zum Pfarrhaus stand. Pfarrer
Langkofler leitete den jungen Mann, der sich offensichtlich für diesen Besuch herausgeputzt hatte, in sein
Arbeitszimmer. Der Pfarrer versuchte für den einge-
schüchterten Besucher eine halbwegs entspannte Atmosphäre zu schaffen.

Nach einer kurzen Eingewöhnung, begann Georg
zu erzählen. „Wissens, Herr Pfarrer, de Mutter, de
Kreszenz muss unheimlich viel leid'n. Es is so schwer
für sie und i weiß mir auch keinen Rat mehr." Georg
musste schlucken und kämpfte selbst mit seinen Gefühlen. Sein geduldiger Zuhörer ließ ihm die Zeit, sich
wieder zu fangen.

„Sie is erst schon ganz deppert g'wesen, als der
Vater, der Hermann, übernacht ned heim'kommen is.
Dann is es am nächsten Tag Abend g'word'n und er
war immer noch ned da. Unbedingt hab i zum Freudlmeier Johannes, dem Bürgermeister, geh'n müss'n.
Aber natürlich hab i nix ausricht'n können. I bin dann
zu ihr zurück und hab ihr erklärt, dass der Freudlmeier
Johannes gleich in der Früh vorbeikommt. Und sollte er
in der Nacht heimkommen, wäre es ja gut, ansonsten
würd'n wir gleich am Morgen mit dem Freudlmeier
Johannes zusammen de Polizei aufsuch'n."

„Und, wos is dann passiert?", fragte der Pfarrer gespannt dazwischen.

„Sie is mir schier z'sammen'brochen. Den Doktor
hab i hol'n müss'n und seither is sie fast nur noch im
Bett. Und wenn's aufsteht, fantasiert's von bösen Geis-
tern und vom Teufel, der den Hermann g'holt hab'n

soll. Des is fast nimmer mehr zum Aushalt'n, Herr Pfarrer."

„Georg, i werd gleich Morg'n bei Euch vorbei kommen und schau'n, wos i tun kann, soviel sei g'wiss. Aber erzähl, wos sagt denn de Polizei oder überhaupt, wia is es denn eigentlich her'gang'n?"

„De Polizei hat sich auf de Sock'n g'macht, nachdem i ihnen erzählt hab, wos i g'wusst hab."

„Und, ham de Polizisten schon wos herausg'fund'n?"

„Kein bisserl, de wiss'n auch noch ned mehr."

„Dann erzähl, wos du ihnen g'sagt hast, Georg." Und Georg wiederholte seine Erinnerungen, so gut er es sinngemäß wiedergeben konnte.

„Der Hermann wollte nochmals am Nachmittag ausrück'n und einen möglicherweise sanierungsbedürftig'n Brunnen beim Oberloher Vinzenz, Bauer in Moosen, begutachten. Unser neuer Handlanger und i sollt'n daheim für de nächste Baustelle Vorbereitung'n mach'n. Später wollte er mit uns nochmals alles anschau'n und aufs Fuhrwerk lad'n, sollten wir noch ned fertig sein, bis er z'rück is. Der Oberloher Bauer hätte der Polizei g'sagt, dass er zwar den Brunnen ang'schaut hat, aber dann schnell wieder weg g'wesen sei. Bei uns hier ist er aber ned an'kommen."

Die beiden gingen auseinander und vor allem Pfarrer Langkofler wurde danach bewusst, dass mit jedem weiteren Tag ohne Nachricht vom Verschwundenen die Gerüchte ins Kraut schießen würden. Obwohl niemand etwas Genaues wusste, überschlugen sich die Spekulationen. Viele wollen etwas gesehen haben, oder gewisse Vorfälle der Vergangenheit würden nur diesen einen

Schluss zulassen, nämlich, dass es so kommen musste. Jeder in den beiden Gemeinden Hubenstein und
Moosen wusste von den permanenten Wut- und Hassti-
raden zwischen dem Zenker Paul und dem Ziereis
Hermann. Keiner konnte den anderen nur im Entfern-
testen riechen. Die brodelnde Gerüchteküche stellte
sich die Frage: „Ob es nicht doch ein Racheakt mit To-
desfolge war?" Das trieb natürlich dem Zenker Paul die
Zornesröte ins Gesicht und eben deswegen, weil er so
jähzornig sein konnte, traute man ihm Einiges aus einer Affekthandlung heraus zu, auch die Polizei. Seine
Proteste gegenüber den Polizisten beim Verhör müssen
bis weit hinaus übers Land hörbar gewesen sein, so
zwitscherten es die Spatzen vom Dach. Und auch in
seinem bekannten Umfeld wurden Untersuchungen
angestellt, da es sich bei diesem rechtsgelagerten Mili-
eu weder um Waisenknaben noch um Gutbürger handelte. Ein andermal munkelten die wohlbekannten
Klatschbürger von unterirdischen, jenseitigen Kräften,
die im Spiele seien. Es sei kein Wunder, denn diese
würden sich solch verbohrter Hitzköpfe, wie der Hermann Ziereis einer sei, zur rechten Zeit annehmen.
Und nun sei es eben soweit gewesen, und es liege ja
nicht so weit entfernt von dem, was seine Frau, die
Ziereis Kreszenz, als Wahnvorstellungen verbreitete.
Hat sie vielleicht doch rechtbehalten, dass ihn der Teufel in den Tiefen eines Brunnens überwältigen konnte?

Pfarrer Zeno Fischbacher
November 1921

Mein lieber Bruder im Glauben,
lieber Zeno Fischbacher!

Ich stehe in Deiner Schuld, da ich schon lange nichts mehr von mir hab hören lassen. Die Zeit steht nie still und so ziehen die Tage, Wochen und Monate dahin, erfüllt von allem, was das Leben an Gutem und Schlechtem zu bieten hat. Mittlerweile ist die Verwirrtheit der Städte in Teilen auch auf dem Land verbreitet. Nicht, dass wir die politischen Revolten und Attentate auf Leib und Leben hier in aller Härte erleben, aber trotzdem spaltet diese überall verbreitete Infektion der Unsicherheit die Menschen in ideologische Lager. Jeder deutet auf den anderen und sucht in ihm den Schuldigen, ohne einander noch zuzuhören. Und diejenigen, die aus lauter Not und Verzweiflung am lautesten schreien dürften, verstummen oder flüchten in die Tiefen ihres Aberglaubens, dieses und jenes wären vom Teufel ins Werk gesetzt.

Wie können wir die große Sehnsucht der Menschen nach Ruhe, Frieden und einem halbwegs auskömmlichen Leben befriedigen? Denn nur so verstehe ich ihren inneren und äußeren Zorn und die Flucht in den Dämonenwahn. Was bleibt, ist die christliche Hoffnungsbotschaft, die uns begleitet in den Worten Jesajas (45,8): „Taut ihr Himmel, von oben, ihr Wolken, lasst Gerechtigkeit regnen! Die Erde tue sich auf und bringe das Heil hervor, sie lasse Gerechtigkeit sprießen. Ich, der HERR, erschaffe es." Die Frohe Botschaft beginnt mit Weihnachten und der Hoffnung auf Frieden für die Menschen. Die baldige Ankunft Jesu Chris-

ti als Gottes Sohn auf Erden lässt uns erahnen, dass es doch noch etwas Größeres gibt als uns selbst.

Meine Freude und Hoffnung gilt unserem Schullehrer und Organisten, Korbinian Rosshaupt. Zur Heiligen Nacht leuchtet der inneren Not ein Licht und man möchte meinen, es ist die heilende Begegnung mit unserem Herrn, wenn er der Gemeinde sein wunderbares musikalisches Geschenk bereitet. Für mich ist er, ich möchte sagen, zu einem Freund geworden. Es ist die Herzenswärme, die aus ihm spricht. Ein Quell von Menschlichkeit und Demut vor dem anderen Menschen, der in jedem etwas Besonderes sieht, unwichtig, wer und was er ist. Für ihn ist der Mensch nicht nur ein weiteres Exemplar der Menschheit, sondern ein völlig anderer, dem er mit Zuwendung und Wohlwollen begegnet. Ich schätze ihn sehr und die Gespräche mit ihm sind eine Wonne der geistigen Betrachtung. Ich hätte nicht gedacht, dass meine Wenigkeit als Pfarrer jemals das christliche Gespräch mit einem Laien so schätzen würde.

Lieber Zeno, ich werde nun schließen. Ich bin mit Dir im Geiste verbunden und unserem lieben Freund und Bruder im Glauben, Ignatz Gutsmoser. Er war ein Freund des Friedens und bleibt mir ein ewiger Mahner in seiner Haltung. Inständig bitte ich Dich, in meinem Namen Blumen an seine Grabstätte bringen zu lassen. Beim nächsten Besuch im nächsten Jahr im bischöflichen Ordinariat lass ich Dir zuvor eine Nachricht zukommen.

Hochachtungsvoll und in verbundener christlicher Bruderschaft

Nepomuk Langkofler

Hoffnungsvolles Talent
Juli 1922

Seit gefühlt ewigen Zeiten waren die Bauern vom Zenker Hof angesehene und einflussreiche Persönlichkeiten der hiesigen Gemeinde gewesen. Wie der Vater, so der Sohn könnte man es beschreiben, kommt man zu Paul Zenker. Bereits der Vater Peter Zenker hatte den Ehrentitel eines Königlich Bayerischen Ökonomierates inne und als wäre der Titel vererbbar, hielt auch der Sohn Paul Zenker den Titel, wenngleich durch die Revolutionsregierung um Kurt Eisner im November 1918 die einst durch König Ludwig III. verliehenen, königlichen Titulaturen verschwanden[76]. Die Menschen um ihn herum nannten ihn respekthalber trotzdem Ökonomierat. Wer hätte anderes gewagt, als in Gewohnheit des Traditionellen mit dieser Anrede zu brechen? In Anerkennung seiner Arbeit und Verdienste für den Bauernbund, die in ihm einen starken regionalen Vorsitzenden hatten, der die Bauern im oberen Vilstal und darüber hinaus hinter sich vereinte, war das nur recht und billig, wie die allermeisten seiner Gefolgsleute meinten. Ein Ansinnen auf einen Sitz im Landtag hatte er aufgrund seiner Popularität wunderlicherweise weder durchscheinen lassen noch je angestrebt, obwohl er alle Chancen gehabt hätte. Kritische Zungen behaupteten eher, er bevorzuge als Abgeordneten-Macher im Hintergrund zu agieren und so seine zu Dank verpflichteten Marionetten nach Belieben steuern zu können.

Daneben fühlte er sich als aktiver Herrschaftsbauer, der regelmäßig seine Gründe mit Pferd und Sulky

---

[76] Diese Regelungen fanden im Zuge der ersten Verfassungsentstehung statt, die mit der Revolution, d.h. dem Sturz des Königs Ludwig III. und der Monarchie begann.

umrundete und dabei die Knechtschaft antrieb, sau-
wohl. Und sich wiederholende, mehrtägige Reisen nach
München und andernorts waren ihm als Viehhandler
und nebenbei als Heiratsschmuser garantiert. Niemand
hätte es gewagt, ihm gegenüber derart Böswilliges
anzusprechen, aber was die geflüsterten Gerüchte über
ihn sagten, „dass er nämlich kein Kostverächter sei,
wenn ihm ein Weiberrock zu nahe käme", wurde hinter
vorgehaltener Hand von einem zum andern getragen.
Und ohnedies mit aufgezwirbeltem Schnauzbart, breit-
krempigem Hut und in eine rote Weste gekleidet, zwei-
reihig mit silbernen Knöpfen bestickt, einem schwarzen
langen Überwurfmantel und hochpolierten Lederstiefeln
machte er durchaus eine stattliche Figur, die insbesondere für die liberale Frauenwelt ihren Reiz hatte. Außerdem konnte er bei seinen Besuchen in München
seine zahlreichen Kontakte pflegen und seinem Duz-
freund, *Johannes Wutzlhofer, Bayerischer Staatssekre-
tär für Landwirtschaft*[77], die Sicht der praktizierenden
Bauern im Umland von München beibringen. Zudem
bereitete es ihm ein höllisches Vergnügen, gegenüber
geplanten Vorhaben einen Schritt voraus zu sein und
somit die Fäden an seinen Marionettenabgeordneten in
die richtige, seine Position zu bringen.

Korbinian Rosshaupt hatte gerade angemessenen
Schrittes den Friedhof der Moosener Pfarrkirche durch-
quert und seine höfliche Aufwartung per Handgruß an
die hinausströmende Kirchengemeinde angedeutet, als
sich ihm Paul Zenker in den Weg stellte.

„So, sie woll'n also meiner Tochter, der Klara, total
den Kopf verdreh'n?", plusterte sich der Zenker Paul
vor ihm auf.

---

[77] Historische Persönlichkeit (1919-1924): Abgeordneter,
Lebensmitteldirektor und Landwirtschaftsminister

Als hätte ihn ein Blitz aus heiterem Himmel getroffen, stand Korbinian wie angewurzelt da und hatte den Mund sprachlos offen stehen.

„Sie woll'n doch, dass das Mädl im Kirchenchor singt und sogar noch Klavier lernt, oder? Solche Flaus'n gibt's bei mir ned", schimpfte der angesäuerte Vater. Aus den Augenwinkeln erkannte Korbinian, wie sich die ratschenden Kirchenleute dem Schauspiel annäherten und sich die Klara an die Seite ihrer Mutter gedrängt hatte.

Korbinian hatte eines von seinem Vater, dem Staatsbeamten, gelernt, dass man bloß den Titel eines Würdenträgers nicht vergessen darf, wenn man sich geziemt, ihn anzusprechen. Wenngleich er ebenso signalisierte, als Respektsperson seinem Gegenüber in die Augen zu blicken, eben auf Augenhöhe.

„Herr Ökonomierat Zenker, es obliegt natürlich ihrer väterlich'n Entscheidung, wos de Klara angeht. Und in der Tat, es hätt der richtig'n Form gebührt, mit ihnen im persönlich'n Gespräch zu verbleib'n, aber i kann ihnen sag'n, ihre Tochter, de Klara, hat eine ausgesproch'n große Begabung für Musik, deren Förderung ein Geschenk des Himmels wäre."

„Papperlapapp, welch blödes G'red. De Klara is ein junges Mädl. I weiß, wos sie kann und wozu sie gut is im Haushalt und ums Haus. Des mit der Musik hat keine Zukunft, verstand'n?"

Korbinian wollte nicht einfach die Bühne räumen, zu der ihre Auseinandersetzung geworden war. In den Publikumsreihen um die beiden Protagonisten herum war es leise geworden und aus den Augen der Klara kullerten stille Tränen gerade so hervor und über ihre roten Wangen.

„Seh'n Sie, Herr Ökonomierat. De Klara, sie trifft de Töne präzise und ihr Taktg'fühl is unglaublich. Auch ihr Gedächtnis für de Not'n und de Griffe am Klavier samt ihrer Fingerfertigkeit san ungewöhnlich. Wenn sie zuhause am Hof singt, müssen sie des doch hör'n", insistierte Korbinian.

„Wos ich hör und seh, Herr Organist, müss'ns schon mir überlass'n. Und außerdem, in die Hände eines Sozis und Kommunisten werd i meine Tochter ned geb'n. Langt schon, dass sie unsere Kinder in der Schule unterricht'n. Des werd bald ein End hab'n", drohte er.

„Aber Herr Zenker...", wollte Korbinian die Schnaufpause von Paul Zenker zu einem Einwurf nutzen.

„Für Sie Ökonomierat", ging der Zenker Paul dazwischen. „Sagn's doch den Leut ringsum, wos für eine ihre Mutter war. I hab Beziehung'n nach München. I weiß alles über sie, wer san denn de Ellen Ammann, de Luise Kiesselbach und freilich de Sozialistin, Emilie Maurer? Lauter Sozialisten-Weiber! Da hilft ihnen ihr werter Vater, ein Staatsbeamter, auch nichts, verstehn's. Mit solche Leut wollen wir nix z'tun hab'n."

„I bitte Sie, wos hat denn meine Mutter mit der Gabe ihrer Tochter z'tun und noch dazu mit mir? I bin ein eigenständiger Mensch und mir geht es ausschließlich um de musische Bildung von Klara."

„*Bildung*, wenn ich des schon hör. De Frauen g'hör'n in den Stall, in de Küche und an de Seite von einem anständigen Mann. Und sag'ns nimmer mehr Klara zu ihr. Sie is von nun an Fräulein Klara für sie, verstand'n!"

Überrascht von dem Menschenauflauf am Vorplatz der Kirche, staunten Sepp Netter und Nepomuk Langkofler nicht schlecht. Sie waren gemeinsam aus der Sakristei gekommen und hielten auf ein Rund aus Menschen zu, in deren Mitte zwei Männer scharf miteinander debattierten. Nach einer Schrecksekunde erkannten sie den Ernst der Lage, und vor allem Sepp Netter lenkte mit erhobenem Tonfall die Aufmerksamkeit von Paul Zenker auf sich, um jegliche weitere Eskalation zu vermeiden. Nur wenige durften sich das erlauben, aber der Netter Sepp gehörte dazu und so gelang es ihm, dass sich Paul Zenker von Korbinian mit dem Kommentar abwendete: „I hab dem Bürschchen eh alles g'sagt", und deutete dabei mit einer Handbewegung an, dass die Seinigen, also seine Frau, Tochter Klara und ihre kleineren Geschwister, sich hinter ihm einzureihen hatten.

„Kommt Leut, seids so gut und geht's heim. Es is alles vorbei", forderte Sepp Netter in Bürgermeistermanier die Kirchengemeinde, die nun ihre Stimmenvielfalt wiedererlangt hatte, auf, nach Hause zu gehen.

Korbinian Rosshaupt war die Anspannung und Aufregung ins Gesicht geschrieben, stellte Pfarrer Langkofler fest, der wissen wollte, was denn passiert sei. Der an der Schule tätige Pfarrer Langkofler kannte die Schilderung über Klara Zenkers Talent aus Erzählungen von Korbinian und selbst wusste er aus dem Religionsunterricht, wo Klara gerne und manchmal auch alleine passende Kirchenlieder im Unterricht wunderschön vorgetragen hatte. Dass Klara es liebte, mit Fräulein Lehrerin Amalie nach der Schule, wenn es auch nur eine halbe Stunde war, am Klavier zu üben, war ihm bekannt. Um zu Hause nicht angesprochen zu werden, war die Klara oft nach Hause gelaufen, so schnell sie nur konnte, um ihre trödelnden Klassenkameraden möglichst einzuholen. Sie wollte nicht zu häufig durch regelmäßige Verspätungen bei Mutter und Vater auffallen. Amalie und Korbinian hatten beide so geschwärmt, dass Klara dabei ein unheimliches Geschick bewies, als hätte sie ein fotografisches Gedächtnis in den Fingern.

Bei einem späteren Treffen zwischen Korbinian Rosshaupt und Nepomuk Langkofler, konnte der Pfarrer von Sepp Netters Erzählungen berichten, dass es nämlich noch ein Nachspiel zu der Auseinandersetzung am Kirchenvorplatz gegeben habe. Zufällig habe Sepp Netter bei einem Besuch unter Landwirten mitbekommen, dass die Klara wie aufgelöst Rotz und Wasser geheult hatte, weil der Vater ihr verboten hatte, in diesem Jahr die Maria zu sein. Nur mit großer Mühe konnte er den Zenker Paul überreden, dass die Klara wieder die Heilige Maria zum Weihnachtsspiel aufführen dürfe, aber auch nur, weil der Netter Sepp sich persönlich für den Schullehrer verwendet habe, der weder als Sozialist auffällig geworden war noch die Schulkinder in irgendeiner Weise mit politisch abwegigem Gedankengut infiltriert habe. Obwohl der Zenker Paul bei der letzten Weihnachtsaufführung so stolz auf die Klara gewesen war, habe er rot gesehen, berichtete Nepomuk Langkofler. Aber bis Weihnachten war es noch weit. Es konnte also noch viel passieren.

Korbinian sah sich erinnert an seine Lehrerzeit in München im Frühjahr 1917, als Namen wie „Sozialistenschwein" und „Klassenfeind" die Unterrichtstafel in seinem Klassenzimmer geschmückt hatten. Diesmal reichte aus, dass ein Teil seiner Familie, seine Mutter Ruth Rosshaupt, für anderes stand, als erzkonservative und fortschrittsfeindliche Kräfte es für gut heißen wollten. Für den Zenker Paul war er als Sohn einer Frauenrechtlerin ebenso ein Sozi, wenn nicht sogar ein Kommunist oder Rotgardist, der die „heile Welt" auf den

Kopf stellen wolle. Aber die Geschichte lehrte Korbinian Rosshaupt, dass politischer, gesellschaftlicher und vor allem technischer Fortschritt nicht aufzuhalten waren, ob mit oder ohne seine Mithilfe. Die Erfindung und Verbreitung der Dampfmaschine hat eine neue Gesellschaftsschicht der Industriearbeiter entstehen lassen, die für sich selbst eintraten und ihre Freiheits- und Menschenrechte einforderten. Der Fortschritt durch Automobile, elektrischen Strom und vieles mehr veränderte die Lebensweise der Menschen. Und was die Menschheit noch in der Lage sein sollte zu erforschen und zu erfinden, würde die Welt weiterhin verwandeln. Seiner Anschauung nach würden die positiven Kräfte überwiegen und die Gesellschaft weiterhin zum Wohle von immer mehr Menschen voranbringen. Konnte der Aufstand der Bauern 1526/27 nach heutigen Maßstäben gemessen wenig bewirken, so hatten sich unter Bismarck einige Arbeiter- und Bürgerrechte etabliert. Eine erste Gesundheitsvorsorge hielt Einzug, der Krankheitsschutz und die allgemeinen Lebensbedingungen für ausreichend Nahrungsmittel und Komfort konnten verbessert werden. Aber die Geschichte zeigt im Rückblick, dass das Gute immer wieder Rückwärtsschleifen ausgesetzt war. Er musste sich als Kind des begonnenen 20. Jahrhunderts eingestehen, mit einem im Ausmaß nie gekannten zerstörerischen Weltkrieg, wie sehr der Mensch auch selbst in der Lage war, diese positiven Kräfte zu gefährden. *Erst am 22. Juni 1922 war Reichsaußenminister Walther Rathenau von republikfeindlichen Anhängern ermordet worden, die alle Bemühungen zur Stabilisierung der Wirtschaft und Integration aller gesellschaftlichen Gruppierungen praktisch hinweg terrorisieren wollten*[78]. Und auch Korbini-

---

[78] Obwohl Walther Rathenau national dachte, wurde er von den Rechten als Erfüllungsgehilfe der Siegermächte gesehen, an die er Deutschland als Außenminister ausgeliefert hätte.

an Rosshaupt war voller Sorgen ob der gegenwärtigen Situation, die einem reißenden Fluss gleichkam und niemand tatsächlich ergründen konnte, wo man am Ende angeschwemmt werden würde. Wovon er allerdings bei nüchterner Betrachtung aus der Vogelperspektive des Historikers überzeugt war, dass von jeher die reaktionären, rückwärtsgewandten und destruktiven Kräfte nur sehr wenig zur Entwicklung eines gemeinsamen Gesellschaftssystems beigetragen hatten. So gerne es Paul Zenker verhindern wollte, er würde sich dem Wandel nicht entziehen können. Diese Erkenntnis befriedete Korbinians ohnehin ausgeglichene Grundstimmung und daher ließ er für eine Weile sein Ansinnen, Klaras Werdegang nachhaltig beeinflussen und fördern zu wollen, ruhen.

Plötzlich verschwunden
September 1922

Ein Ruck durchfuhr Pfarrer Langkoflers Körper. Wieder einmal war er im Beichtstuhl eingenickt und musste sich etwas zurechtrücken. Er bemerkte, dass seine rechte Hand eingeschlafen war, die er nun rieb und schüttelte, damit sie wieder zu gebrauchen war. Abgesehen davon, dass er durch ein paar kleinere Umbauten mit seinem steifen Bein hier bequem sitzen konnte, war es kein rechter Platz, ein Nickerchen abzuhalten. Was er aber immer tat, dass er nach den zahlreichen kleineren und größeren Verfehlungen seiner beichtenden Gemeinde einen Rosenkranz betete. Manchmal übermannte ihn dabei der Rhythmus des Gebetes, die Routine der Worte und leitete ihn in Sphären der stillen und meditativen Ruhe. Es kam für ihn einer inneren Reinigung gleich und gleichzeitig hinterließen die vermeintlichen Sünder viele, teils amüsante, aber auch verstörende Eindrücke und Einblicke in ihr Seelenheil. Er kannte seine Schäfchen, die einen mehr, die anderen weniger, aber gut genug, um ihre Lage richtig einzuschätzen.

Und er glaubte zu wissen, wer zu ihm zum Beichten kam und warum. Es waren hauptsächlich die jüngeren Menschen, vor allem aber Frauen ganz allgemein und viele ehemalige Soldaten. Männer mittleren Alters und älter bevorzugten, sofern überhaupt, die Beichte bei Alois Mooslechner abzulegen. Er verkörperte für sie die Art und den Stil, wie Kirche sein soll. Männer wie Paul Zenker, dachte Nepomuk, kommen in die Kirche mit einer Haltung und Gesinnung, die sie möglichst, belegt durch das Evangelium und bestätigt durch des Pfarrers Predigtauslegung, hören wollen. Bloß keine Kritik üben und Selbstzweifel am eigenen Denken und

Handeln schüren. Und die Gewissensfrage wird hinweggefegt von den Leitsätzen über Pflicht und Ordnung. Nepomuk bemerkte seine aufkeimende Bitterkeit und versuchte, sie zu kontrollieren. Klara Zenker war in seinen Beichtstuhl gekommen und hatte ihr Leid über ihren Vater Paul geklagt, der sie so sehr geschimpft hatte. Schluchzend und schnäuzend war sie ihm gegenüber gesessen und erleichterte ihr schlechtes Gewissen, dem Vater, den sie nach wie vor innig liebte, nicht von Anbeginn um Erlaubnis gebeten zu haben. Vielleicht hätte er sich zunächst verweigert, aber mit gutem Zureden hätte er vielleicht am Ende eingewilligt? So hintergangen konnte er ja nur „narrisch" werden. Aber am meisten hatte sie belastet, dass der Vater der Mutter lauthals Schläge angedroht habe, wenn sie das „Mädl", gemeint sei sie gewesen, nicht im Griff habe oder vielleicht gar mit ihr unter einer Decke stecken würde. Die Klara hätte sich vor Schreck an ihren Vater herangeschmissen, ihn um den Bauch mit ihren Armen festgehalten, geweint und geschrien: „Vater, nein, des darfst du ned mach'n", bis er sie dann abgewimmelt habe und wortlos gegangen sei. Dass das gut möglich war, wusste Nepomuk nur zu gut, wenn mancher Frau beim Kirchgang eine versteinerte Demut ins Gesicht geschrieben stand, sofern ein tief in die Stirn gezogenes Kopftuch überhaupt den Blick auf ihr an sich sehenswertes Antlitz zugelassen hätte. Von blauen Flecken, verborgen hinter hochgeschlossenen Blusen, wusste Nepomuk zumeist von Dr. Altmann, der ihn gelegentlich in besonderen Fällen ins Vertrauen zog, um Schlimmerem vorzubeugen.

Nepomuk wollte auf andere Gedanken kommen und sprach ein gemurmeltes *Vater Unser*. Bei „.. denn Dein ist das Reich und die Kraft...", erinnerte er sich an das Gespräch mit dem Polizeihauptwachtmeister Eder in Taufkirchen. Ein Jahr war es her, dass Hermann Ziereis wie vom Erdboden verschluckt war. Er wollte aus erster Hand erfahren, wie der Stand der Ermittlung war. Nach wie vor gäbe es keine Spur, hatte der Polizist erklärt. Sie hätten jeden Stein umgedreht, soll heißen, Ortschaften abgesucht, wo er hätte sein können oder Zeugen berichtet hätten, dass er zum Schluss gesehen worden wäre. Es wurden Flugblätter verteilt, die Leute sollten ihre im Freien befindlichen Brunnenanlagen prüfen und Meldung machen. Selbst seien sie auch herumgefahren und hätten geschaut. Ein Liste von Leuten, um nicht zu sagen potentielle Verdächtige, wären verhört und ihr Alibi überprüft worden. Der Polizist wollte diesen Punkt nicht weiter ausführen. Beiden, dem Ermittler und Pfarrer Langkofler war klar, welch großen Zirkus es um dem Zenker Paul gegeben hatte, als er verhört worden war. Rund um und im Haus der Ziereis' in der Gemeinde Hubenstein waren sie gewesen und hätten nichts gefunden. Auch andere Dienststellen in Dorfen, Erding und Velden seien informiert worden, hätten aber weder positive noch negative Nachrichten zu vermelden.

Nepomuk hatte sich schon so etwas gedacht, denn übermorgen, am Sonntag, würde er wieder an den Verschwundenen erinnern und um das Gebet der Kirchengemeinde bitten. Seit dem Verschwinden hatte es eine Achterbahnfahrt der Gefühle unter den Mitmenschen gegeben. Es war ein Auf und Ab von Trauer und Misstrauen. Die Bevölkerung war verständlicherweise verunsichert und verängstigt, ob hier nicht ein umtriebiger Mörder nochmals ein Opfer heimsuchen könnte. Die Menschen vermieden nach der Dämmerung unterwegs zu sein und einzeln schon gar nicht. Aber andererseits fehlte eine schlüssige Herleitung eines Motivs, eines verständlichen Grunds für einen Serienmord. Ein idealer Nährboden für die Machenschaften von Kartenlesern, Pendlern und anderen Scharlatanen. Von meh-

reren Seiten war Pfarrer Langkofler zugetragen worden, dass im Hause Ziereis dubiose Sitzungen stattfan-
den, um durch übersinnliche Kräfte, einem Medium,
Kontakt mit dem verschwundenen Hermann Ziereis
aufnehmen zu können. Er konnte sich das sehr gut
vorstellen, weil er bei seinen regelmäßigen Besuchen
von der Ziereis Kreszenz selbige als eine sehr verwirrte
Frau erlebt hatte. Sie sprach von übernatürlichen Ein-
gaben, hatte plötzlich diffuse, nicht nachvollziehbare
Erscheinungen im Raum und dergleichen. Sie wurde
zwar ruhiger, wann immer sie ein Gebet miteinander
gesprochen hatten, aber allem anderen war im Moment
mit den Mitteln eines Pfarrers kaum beizukommen.

Hans Georg von Preysing Hubenstein
Advent 1922

Die Moosener Pfarrkirche St. Stephanus funkelte im schönsten Kerzenschein. Therese Angermayr hatte ein Händchen für feierliche Dekorationen, obwohl die Möglichkeiten aufgrund des allseitigen Mangels eher bescheiden waren. Aber zusammen mit dem Mesner Sepp haben sie es geschafft, aus wenig mehr zu machen. Zur feierlichen Stimmung im Kirchenschiff passte, dass der Kirchenchor trotz der frühen Morgenstunde gegen sechs Uhr schon unheimlich gut aufgelegt war und reichlich Energie und Harmonie versprühte. Hinterdrein frohlockten die Orgelpfeifen wohlige Klänge von J.B. Bachs Ave Maria Präludium C-Dur, ganz neu durch Korbinian Rosshaupt arrangiert und der lieben Maria Mutter Gottes gewidmet. Ergriffen von der festlichen Stimmung entließ der Zelebrant der heiligen Messe die christliche Gemeinde mit den Worten: „Die feierliche Hochstimmung bei Kerzenschein und Barockmusik berührt unsere Herzen. Unser Leben ist für einige Augenblicke heller; nehmt dieses Licht mit und beginnt einen neuen guten Tag."

Der Chorregent Rosshaupt packte seine Noten zusammen, stieg beschwingt die Empore hinab und reflexartig wanderte sein Blick hinauf zum Epitaph des Freiherrn Hans Georg von Preysing Hubenstein. Er überlegte kurz, ob einst die Preysinger Familienmitglieder auch einem derart feierlichen Engelamt, dem sogenannten „Rorate" beigewohnt haben könnten. Zu ihrer Zeit im 15. Jahrhundert hatte es im katholischen Bayern Einzug gehalten. Kaum den Gedanken zu Ende gesponnen, hatte ihn hinter dem Kirchenportal der Netter Sepp, Bürgermeister und Chormitglied, abgefangen.

„Du Korbinian, mir is zu Ohr'n kommen, dass du den Gemeinderät'n von Hum'stoa deine Idee zur Gründung eines historisch'n Vereins unterbreitet hast."

„Ja Sepp, des stimmt. Mein Eindruck war, dass de Herr'n Räte grundsätzlich so einen Verein unterstütz'n, aber natürlich müsst's erst einmal zur Gründung eines selbigen kommen. De meisten der Herrn würd'n dann auf jeden Fall Mitglieder werd'n woll'n", sagte Korbinian offen.

„Aha so... und soll des dann speziell für Hum'stoa sei, weg'n dem Schloss, des zwar schon lange nimmer mehr gibt, aber halt zur Erinnerung?", wollte Sepp wissen.

„Nein, eigentlich wäre mein Gedanke schon g'wes'n, dass man den Verein weiter fasst. Schließlich gibt's einige historische Verbindung'n und Herleitung'n, de Moosen und Hum'stoa betreff'n. Des hab i den Herr'n Räten auch g'sagt", erläuterte Korbinian.

Sepp Netter nahm es nickend zur Kenntnis und blickte erwartungsvoll auf Korbinian Rosshaupt für weitere Erklärungen.

„Schau Sepp, de Moos'ner Pfarrkirche is alleine schon so geschichtsträchtig bis weit zurück in die Zeit der Christianisierung der Urbevölkerung durch de erst'n bischöflich'n Missionare in der Region. Und ein anderes Beispiel, des Epitaph von Hans Georg von Preysing Hubenstein hängt in der Moos'ner Pfarrkirche als Verbindung zwischen Moosen und Hum'stoa."

Bei dem Stichwort Preysing wurde Sepp Netter hellhörig. „Ja, i weiß schon, de Preysinger. Damit hast du mein Buam, den Quirin ganz narrisch g'macht. Der liegt mir andauernd mit den Adelig'n von anno dazumal in de Ohr'n", gab Sepp in gespielt frotzelnder Art zurück.

„Aber schau, Sepp, des is doch wunderbar. Und de Erzählung'n über den Geheimgang hab's ihm besonders angetan", woraufhin der Netter Sepp deutlich ernster wurde. Er hielt von diesen, seiner Meinung nach unsinnigen Gerüchten reichlich wenig. „Der Geheimgang", gab er sich grüblerisch und sagte dann nüchtern weiter „an den glaub i ned". Vermutlich war es eine Art Abwehrhaltung, da diese Geschichte auch mit dem Verschwinden seines Sohnes Lukas in Verbindung gebracht wurde, dachte Korbinian etwas unwohl, da er das Thema aufgebracht hatte. Keiner der beiden war gewillt, näher in das fühlbar schwierige Thema einzusteigen. Davon abgesehen schlugen zwei Herzen in Sepp Netters Brust. Zum einen wusste er um den Wert der Geselligkeit und dem Gemeinsinn in Vereinen. Zum anderen sollte ein historischer Verein konkrete historische Fakten in Erinnerung behalten. Die Gerüchte um den Geheimgang gehörten für ihn nicht dazu. Aber im Gespräch mit Korbinian war ihm tatsächlich bewusst geworden, wie wenig er selbst als Einwohner über die eigene etwas weiter zurückliegende Kultur- und Heimatgeschichte wusste. Jahrein, jahraus lebte man in einer Kulturlandschaft, die einst von den Vorfahren urbar gemacht wurde und die noch heute von jedermann harte Arbeit abverlangte. Daneben standen Denkmäler, die Kirchen und Kapellen ringsum als Ankerpunkte der Menschen im Strom des Lebens, als Zeichen der Verbundenheit von Gott mit den Menschen auf Erden. Und selbst ein nicht mehr vorhandenes Schloss in Hubenstein steht für eine Zeit, *als einerseits eine bedeutungsvolle Fernstraße von Oberföhrung nach Passau über die Burg Hub und die spätere Hofmark Hubenstein ihren Einfluss auf die Region geltend machte und andererseits, als die Hofmark Hubenstein als*

Patrimonialgericht im Landkreis für Recht und Ordnung in der Bevölkerung sorgte[79].

Je mehr sich der Rosshaupt Korbinian selbst mit der Idee des historischen Vereins auseinandersetzte, umso mehr war er davon überzeugt, dass die Entdeckung der Vergangenheit auch etwas mit den Menschen in Moosen und Hubenstein machen würde. Wenn man weiß, eingebettet in den Kontext der hiesigen Geschichte, von wo man kommt, kann man eher bestimmen, wo man für sich und die seinen hin will. Korbinian war froh, dass sich Sepp Netter offen gezeigt hatte, die Überlegungen zum historischen Verein weiterzutragen und eventuell sogar zu unterstützen.

Eine weitere Erkenntnis für Korbinian Rosshaupt war, wie er seiner Idee noch mehr Raum und Interesse verschaffen könne. Er hatte verstanden, dass Quirin, einer wandelnden Litfaßsäule gleich, seinen Vater für das Thema hat interessieren können. Das heißt, die Jugend zu gewinnen, kann bedeuten, wahrscheinlich auch die Erwachsenen zu gewinnen. Zumindest würde das Thema bekannter werden, denn überzeugen müsse er vor allem die voreingenommene, reifere Generation. Die Jugend war Neuem gegenüber weit offener und begeisterungsfähiger als die Erwachsenen es grundsätzlich waren. So organisierte er im neuen Jahr und bei nächster Gelegenheit in Abstimmung mit Nepomuk Langkofler erneut eine Führung durch die Kirche in Moosen, die für sein Publikum noch attraktiver sein sollte. Insbesondere wollte er den interessierten Kindern und Jugendlichen vom abenteuerlichen Leben des Freiherrn Hans Georg von Preysing Hubenstein erzählen. Nepomuk Langkofler wusste von Korbinians historischen Nachforschungen und hatte selbst in den Archi-

---

[79] Gemeindearchiv Taufkirchen (Vils), Abteilung Hubenstein

ven der Pfarrei nach alten Aufschreibungen in den Pfarrbüchern aus der damaligen Zeit gesucht. Tatsächlich war er auf Seiten gestoßen, die Hinweise zu Hans Georg von Preysing Hubenstein gaben. Über mehrere Tage hinweg durfte sich Korbinian in den hintersten Ecken des Speichers durch die verstaubten und teils vergilbten Register und Dokumente arbeiten. Wie war er doch dankbar gewesen, dass der Pfarrer von damals, Hochwürden Mathias von Lohmühl, für die Nachwelt etwas übrig hatte und viele Eintragungen und selbst eigenständig erstellte Unterlagen aufbewahrt hatte. *Mit außerordentlichem Vergnügen las Korbinian in den Tagebüchern von Hans Georg von Preysing Hubenstein von seiner Jugendzeit bis hin zu seinen Abenteuern in fernen Ländern[80]*. Pfarrer von Lohmühl hatte auf einer Seite zu dem Preysinger vermerkt, dass dieser in seinem letzten Willen erklärt habe, dass seine Gedenktafel in der Moosener Pfarrkirche St. Stephanus angebracht werden solle, um als ewiges Zeichen für seine Verbundenheit mit der Heimat, den Menschen und seinem christlichen Glauben zu dienen.

Es war ein Leichtes gewesen, die junge Generation für die Lebensgeschichte und Abenteuer dieses Preysinger Abkömmlings zu begeistern. Die beiden Freunde Quirin Netter und Balthasar Freudlmeier hatten ihresgleichen animiert und so hatten sich um die dreißig Kinder und Jugendliche in der Pfarrkirche Moosen versammelt. Nachdem alle im Eingangsbereich unter dem Epitaph einen Platz vereinnahmt hatten, wurde es langsam ruhiger. Das junge Publikum war gewöhnt, die

---

[80] Quelle: Erdinger Anzeiger, 11./12.August 1984, Autor: Hans Kratzer über den Recken Hans Georg von Preysing Hubenstein; hierin Hinweise auf die handschriftlichen Tagebücher der Bay. Staatsbibliothek; hier in literarischer Freiheit im Moosener Pfarrhaus verortet und in einem erfundenen Handlungsstrang entlang der tatsächlichen Tagebuchbeschreibungen eingebunden.

heilige Würde der Kirche zu respektieren und so ließ Korbinian die einkehrende Ruhe zur Konzentration auf die Abbildung über ihnen wirken. Man hätte, übertrieben gesagt, das Flackern einer Christbaumkerze hören können, als sie ihre Hälse nach dem Epitaph streckten und in Stille verharrten. Der Netter Quirin wagte es als erster, die kurze Phase der Konzentration zu durchbrechen.

„Herr Lehrer Rosshaupt, wer is denn nun der Hans Georg Preysing, von dem sie uns erzähl'n woll'n?"

„Quirin, des is eine sehr gute Frage und genau weg'n ihm, dem Hans Georg san wir unter ander'm da", antwortete Korbinian, der den Hintergedanken bei Quirin zu erkennen glaubte.

„Also, der Hans Georg is der Mann, der hier unten seitlich auf einem Block kniet", und deutete mit seinem Finger darauf. „Bevor wir näher zu ihm kommen, erst die Frage: Wos stellt des Bild dar? Wos zeigt's uns? ", wollte Korbinian wissen, der seine Frage eher rhetorisch verstanden hatte. Er führte daher nahezu ungebremst weiter aus.

„Es is de Taufe Jesus Christi am heiligen Fluss Jordan. Johannes der Täufer gießt Wasser über sein Haupt. Jesus sah in diesem Moment den Geist wia eine Taube auf sich herabkommen, der Himmel ward g'öffnet und eine Stimme sprach: *,Das ist mein geliebter Sohn, an dem ich Gefallen gefunden habe[81]*'."

„Wos hat denn des mit dem Hans Georg zu tun?", fragte Balthasar Freudlmeier, Sohn vom Bürgermeister aus Hubenstein, hinterher.

---

[81] Die Taufe Jesu: Mt 3,13-17

„Wieso de Familie de Taufe Christi als Motiv für sein Grabdenkmal ausg'wählt hat, kann ich nur vermuten, aber es gibt Hinweise", sagte Korbinian. Dazu muss ich ein bisserl aushol'n. Seit der Taufe tritt Jesus öffentlich für den Glauben an Gott Vater ein und gleichzeitig fordert Jesus die Menschen auf, all ihre Sünd'n abzuwasch'n und sich so für die Auferstehung vorzubereiten. Aber wos is nun mit Hans Georg? *Wia man siehgt, trägt er eine Rüstung und sein Page, links von ihm im Bild, hält seinen Helm. Mit betenden Händen werden er und der Page Zeuge der Taufe Jesus und bekräftigen somit auch seinen Bund mit Gott. Als wär es seine eigene Taufe am Jordan, de er dort, wo Jesus vor Johannes ins Wasser gestieg'n war, neu bezeugte*[82]. Hans Georg war ja tatsächlich im gelobten Land am Jordan g'wesen und hat sich sicherlich ein zweites Mal taufen lass'n. Und so gestärkt, konnte er sich als Hauptmann und Ritter mehr denn je für den wahr'n Glaub'n einsetzen und, wia man les'n kann, gegen de ungläubig'n Türken verteidig'n. De hab'n damals nämlich immer wieder des westliche Abendland bedroht. *Am 28. September 1571 ist er im Kampf gefallen und in Messina in Sizilien, in Italien, beigesetzt worden*[83], wie hier steht. Er war Teilnehmer an der blutigen Seeschlacht von Lepanto."

Der Einstieg war Korbinian gelungen. Die versammelte Schar hörte ihm aufmerksam zu und stellte auch immer wieder Fragen, als er seine Geschichte zu Hans Georg von Preysing Hubenstein weiterspann. Hans Georg muss ein ganz aufgewecktes Kind gewesen sein.

---

[82] Freie handlungsbezogene Auslegung in Anlehnung an den Artikel von Hans Kratzer, siehe Fußnote 80

[83] Todesjahr laut Inschrift. Messina verweist auf den Sammlungsort, von dem aus die Flotte der Heiligen Liga zur Seeschlacht von Lepanto im Okt. 1571 startete.

Kein Wunder, es brauchte gewisse körperliche Voraussetzungen, aber auch Mut und Schlauheit, sich als Mittlerer gegenüber den Älteren als auch Jüngeren seiner Geschwister durchzusetzen. Das alles brachte Hans Georg mit und sein Vater, Sigmund, erfreute sich sehr an dem Jungen. Der Vater wusste, was die Familie von Preysing zu Hubenstein über die Generationen hinweg zu dem machte, was sie geworden waren: Freiherrn. Und so war er erpicht darauf, dass Hans Georg wie auch seine Geschwister in dieser Tradition erzogen wurden. Einem Adeligen würdig, ausgestattet mit körperlicher Kraft und geistiger Klugheit, der in der Welt seinen gerechten Platz finden sollte. Und für Hans Georg war dies nicht Hubenstein, denn ein Vorrecht auf eine direkte Erbnachfolge innerhalb der Familie war ihm aufgrund der späten Geburt verwehrt geblieben. Egal an welchem Ort, eines Edelmannes würdig war ein Leben im frommen Dienst an Gott und den Menschen. Sigmund war wohl wichtig gewesen, dass Hans Georg ritterliche Werte anerzogen wurden und hoffentlich eines Tages, mittels einer geschickt eingefädelten Hochzeit mit einer mindestens standesgerechten Braut Wohlstand und Gottgefallen finden würde.

Korbinian Rosshaupt war ein wunderbarer Erzähler. Lebendig und mitreißend intonierte er seine Worte zu einer Melodie, die wie Musik klang. Seine Körpersprache schwang dabei ein in den Rhythmus seiner Formulierungen. Die Worte und der Mensch Korbinian wurden eins, als wäre er Dirigent einer Geschichte vor einem gespannt lauschenden Publikum. Seine Worte öffneten für die Zuhörer den Vorhang zu einer imaginären Theaterbühne, die eine wundersame Welt mit exotischen Kulissen und abenteuerlichen Szenen darzubieten hatte. Seine bildhafte Beschreibung der Abenteuer, die Hans Georg von Preysing Hubenstein zu bestehen hatte, ließ sie vor dem geistigen Auge der Kinder lebendig werden. Ergriffen von den eigenen, farbenfrohen Beschreibungen der abenteuerlichen Begebenheiten von Hans Georg, wurde Korbinian gefühlt zu ihm selbst. Wie ein Pantomime mit Sprache und Ausdruck schlüpfte er förmlich in die Person des Hans Georg von Preysing Hubenstein hinein und ließ ihn vor den Augen und Ohren der Kinder im Geiste erstehen. Und er forderte die Kinder sogar auf: „Hört mir zu und stellt euch diesen edlen Ritter Hans Georg von Preysing Hubenstein vor." Wer anderes als Kinder mit ihrem unverstellten Blick auf die Welt, kann es besser, die Geschichte, die Korbinian erzählte, in der eigenen Vorstellungskraft lebendig werden zu lassen.

So wechselte er in die Ich-Form, als wäre er tatsächlich Hans Georg von Preysing Hubenstein. Denke ich zurück an meine Kindheit: Wie liebte ich die Spiele mit meinen Geschwistern, Basen und Vettern egal ob Fang- und Ringelspiele oder Tanz- und Versteckspiele. So manches Mal musste ich vor meinen älteren Brüdern und Schwestern Reißaus nehmen, wenn ich es übertrieben hatte. Lauthals schimpfte Bruder Peter: „Dich wenn ich erwische, na warte, ich steck dich ins Sauerkrautfass", als er vom Holzpferd fiel, weil ich ein Bein angesägt hatte. Oder meine Schwester Hildegard klagte: „Ich bin von der Schaukel gefallen, weil Hans Georg den Ast angesägt hat." Ich musste dann immer nur lauthals lachen, aber meinte es nie böse mit ihnen und dass sie sich wehtun, war auch nicht meine Absicht. Im Gegenteil, ich liebte meine Geschwister und was sich liebt, das neckt sich. So heißt es seit ewigen Zeiten im Volksmund. Da blieb es natürlich nicht aus, dass auch ich so manches Mal zum Ziel ihrer Spielchen wurde. Einmal sollte ich noch Tage die Folgen eines Geschwisterstreiches verspüren. Es war Waschtag und ein schöner Sommertag dazu. Und wie gewöhnlich an heißen Tagen war für uns Kinder Wasser in einem Holzfass mit Überlauf vorbereitet. Ich wollte wie immer der erste sein. Das Fass baumelte an einem Seil befestigt und wartete darauf, von mir an einer Schnur gezogen über Kopf und Körper entleert zu werden. In freudiger Erwartung des kühlen Nass' zog ich an der Kordel zur Kippvorrichtung. Spontan stockte mir der Atem. Statt dem kühlen Nass ergoss sich ein Schwall aus Wasser und Jauche über Haupt und Gliedmaßen. Nach dem ersten Atemzug war gewiss, dass dieser unverwechselbare Geruch der gelbbraunen Soße für lange Zeit an mir kleben würde. Er setzte sich nicht nur ekelhaft lange in den Haaren fest, sondern vor allem in der Nase. Und für einige Zeit musste ich fern der anderen meine Mahlzeiten einnehmen, denn niemand wollte mir zu nahe kommen.

Schnell erkannte mein Vater Sigmund meine innere Triebfeder, mich mit anderen messen zu wollen. Mit fortschreitendem Jungenalter und körperlicher Reife wuchs die Lust in mir, den Wettbewerben mit meinesgleichen zu suchen. In regelmäßigen Kampfes- und Leibesübungen konnte ich mein körperliches Geschick und meine Freude am Gespür für den eigenen Körper und Geist aufscheinen lassen. Und nicht ohne Grund war es wichtig, denn in diesen Tagen lauerten von überall her Gefahren und Bedrohungen für Leib und Seele, für Hab und Gut, für sich selbst oder die Untergebenen. Kriminelle Subjekte und bandenähnliche Gruppierungen lebten im Verborgenen oder in den Wäldern ringsum.

„Darauf müssen wir immer vorbereitet sein", sagte der strenge Vater nicht nur einmal. Und davon abgesehen: „Wir Preysinger haben unserem bayerischen Herzog Albrecht V. die Gefolgschaft zugesichert, ob in Friedenszeiten, ob in Kriegszeiten. Wenn wir zu den Waffen greifen müssen, dann zum Wohle des Herzogs und unserer Familie. Hans Georg, du bist mit vierzehn Jahren in einem Alter, dich auf deine zukünftigen Aufgaben vorzubereiten." Ich nickte meinem Vater zu, da mir klar war, wie viel Wert er auf die Vermittlung von verantwortungsbewusstem Denken und Handeln innerhalb der Familien- und Adelsgemeinschaft legte. Vater Sigmund sprach, sodass es alle an der Mittagstafel hören konnten: „Wie den Generationen vor uns ist dir auferlegt, Hans Georg. Der Adelsstand kennt nicht nur Rechte, sondern auch Pflichten. Ein guter Herr streitet zum Schutz des Glaubens und der Gerechtigkeit, er hilft den Schwachen und Unterdrückten, beschützt sein Land und die darauf lebenden Menschen. Er ist ein Vorbild an Tugend, Zucht und Treue und leistet einen Eid auf die Reinheit in seinem Leben, das er dem gekreuzigten Jesus Christus widmet."

Seither war ich bei regelmäßigen Ausritten im Geleit meines Vater Sigmund und meiner älteren Brüder dabei. Wir suchten vor allem Gütler und Bauern in unserem Herrschaftsbezirk auf. So lernte ich den Umgang mit den Untertanen kennen und wie die Rechtsprechung durch das hiesige Patrimonialgericht der Hofmark in Hubenstein funktionierte. Etwas Besonderes waren die Ausritte zu den Edlen von Kalling, den Starringern, die wie wir seit Alters her im Dienst der Wittelsbacher Herzöge standen. Hieronymus Starringer, rechtmäßiger Ritter von Kalling, und Sigmund von Preysing, mein Vater, waren Seelenverwandte vor dem Herrn. So war der Grund gelegt, dass ihre als auch unsere Abkömmlinge Freundschaften und gemeinsame Interessen entwickelten. Spezielle Freude bereiteten uns die Turniere und das Kräftemessen unter uns jungen Freiherrn, die mal in Hubenstein, mal in Kalling ausgetragen wurden.

Adalbert Starringer war mir an Altersjahren gleich und wurde mir ein echter jugendlicher Freund und Kamerad. Unser gegenseitiger Respekt und Achtung steigerte sich mit jedem Kampf, den wir ausfochten. Mit zunehmendem Alter und Turnierroutine entwickelten sich zwischen uns harte, aber fair geführte Wettkämpfe, die mal zu Gunsten des einen und beim nächsten Mal für den anderen entschieden wurden. Adalbert war ein ausgezeichneter Reiter und fast unschlagbar beim Ringestechen. Hingegen lag meine Stärke im Schwertkampf und Bogenschießen. Von den Turnieren noch nicht genug abgekämpft, streiften wir oft tagelang durch die nahegelegenen Wälder. „Lass uns mal wieder zum Jagen und Fischen in die Wälder und an die Flüsse ziehen", animierte entweder der eine oder der andere, wenn die Zeit für Abenteuer reif erschien. Bei einem unserer Streifzüge entdeckten wir Waldarbeiter. An sich nicht ungewöhnlich für die Jahreszeit, im Wald Holz zu schlagen und so war unser Interesse fürs Fallenstellen größer, als ihre Tätigkeit aufs Genaueste zu verfolgen. Nichtsdestotrotz fiel mir auf, dass sie lediglich Balken und Bretter in ein Loch steckten als Bäume zu fällen. Nun war ich doch irritiert, und wir gaben uns als Söhne der edlen Herrschaft zu erkennen. Bereitwillig erzählte der Vorarbeiter mit wenigen Worten ausgeschmückt, dass sie einen Brunnen bauen würden, der die Wasserversorgung des nahegelegenen Dorfes sichern sollte. Erst später realisierte ich, worum es tatsächlich gegangen war und warum mein Vater Sigmund die Grabungen in Abstimmung mit den Starringern veranlasst hatte.

Georg Starringer[84], der ältere Bruder von Adalbert, hielt es mehr mit den Büchern und es war fast vorgegeben, dass er die Laufbahn seines Vaters, Hieronymus, einschlagen würde, der Hofkastner in Landshut war. Und selbst, wann immer unsere Väter, Hieronymus und Sigmund, über Politik und die Gefahren der Gegenwart sprachen, wie den drohenden Glaubensfehden und möglichen Kriegsbedrohungen durch die Muselmanen, schien Georg Starringer vertieft in seine Bücher, wohingegen Adalbert und ich unsere Ohren spitzten.

---

[84] Georg war Hofkastner und Rat der Stadt Landshut von 1531 bis 1565

Mein Vater Sigmund erkannte mein wachsendes Interesse an den Themen und Zusammenhängen, die die Welt der Erwachsenen umtrieb. „Hans Georg, mein Sohn", sagte er mit ernster Miene. „Du bist jetzt fünfzehn Jahre alt und es ist an der Zeit, deine geistige und verstandesmäßige Ausbildung voranzutreiben. Daher habe ich beschlossen, dass wir einen anerkannten Gelehrten an unseren Hof nach Hubenstein holen werden."

Ich nickte nicht nur, da ich wusste, dass jeglicher Widerstand zwecklos gewesen wäre, sondern auch, weil ich tatsächlich voller Erwartung war und mehr über die Welt und wie sie funktioniert, erfahren wollte. Es dauerte trotzdem noch fast ein Jahr, bis der renommierte Lehrer Emeran von Bilgott eintraf und ganze vier Jahre blieb. Wissbegierig und ausdauernd sog ich die Lehrsätze der Rechtspflege auf, befasste mich mit den griechischen Philosophen und darüber hinaus mit den Glaubenssätzen der Bibel in verschiedenen Sprachen. Am allermeisten allerdings faszinierte mich eine Karte der Welt, die Emeran von Bilgott mit zig Geschichten und Erzählungen auszuschmücken wusste, als sei er an diesen fernen Ort selbst gewesen. Die Welt der Griechen, der Römer, der Juden und Christen, wie auch der Osmanen entstieg für mich dem Kartenpergament zu schier greifbaren Bildern und Geschichten. Emeran von Bilgott hatte in mir den Nerv des Entdeckers und Abenteurers getroffen, mir aber gleichzeitig eingebläut, dass das Tor zur Welt am weitesten offen stünde, wenn ich zunächst dem Willen des Vaters entspräche. So vorbereitet und ausgebildet erreichte mein Vater, dass ich die *Universität in Ingolstadt bei Simon Thaddäus Eck, Doktor der Rechtslehre (und späterem Regierungskanzler von Herzog Albrecht V. zu Landshut und Herzogtum Bayern)*[85], besuchen konnte.

---

[85] Siehe: www.deutsche-biographie.de

Von da an war ich nur noch selten in meinem geliebten Hubenstein. Und dennoch war ich aus der Ferne voll inniger Zuneigung für die Meinigen, was ich in meinen Briefen an sie immer wieder zum Ausdruck brachte. Gleichzeitig war es der Beginn, dem Ruf der Abenteuerlust und der ungebremsten Neugier, die Welt zu entdecken, nachzufolgen. Nach dem Studium verdingte ich mich für einige Zeit bei kirchlichen Behörden in Passau, folgte jedoch bald darauf Simon Eck nach München nach, der mich als Studiosus und während seiner Zeit als Ordinarius der Rechtslehre in Ingolstadt kennen und schätzen gelernt hatte. Dieser war zwischenzeitlich von Herzog Albrecht V. als Regierungskanzler nach Landshut und für das Herzogtum Bayern berufen worden. *Anno 1560 wurde ich zum Fürstlichen Rat am Hofe von Herzog Albrecht V.*[86] gekürt. Schnell erkannte ich, welch enormen Einfluss die hohe Politik und der ewig währende Religionsstreit auf die Machtverhältnisse in Stadt und Land und auf das Leben jedes Einzelnen hatte. Von Vater Sigmund vorbereitet, verinnerlichte ich bereits in jungen Jahren die unterschiedlichen Positionen in Fragen der Religionsauffassung und welche Adelsfamilien vermeintlich mit den „Lutherischen" oder den „Katholischen" sympathisieren. Gleichzeitig kannte ich von Kindesbeinen an die meisten meines Adelsstandes im Herrschaftsgebiet Albrechts V., Herzog der Bayern. Mein Vater war über die Jahre kaum einem Turnier oder einer anderen Festlichkeit ferngeblieben, so auch ich. Dank meiner Abstammung, meiner Ausbildung, meinem intellektuellen Vermögen und meinem menschlichen Geschick war ich auf die Aufgabe des Fürstlichen Beraters am Hofe von Albrecht V. gut vorbereitet. Und genau deswegen musste ich erkennen, unter welch ausgesprochen großer Zerreißprobe nicht nur Herzog Albrechts Regentschaft stand, sondern gefühlt die ganze Welt.

---

[86] In Anlehnung an den Artikel von Hans Kratzer; siehe Fußnote 80; das Jahr 1560 ist passend zur freien Handlung gewählt.

Spätestens 1563 zum Landtag in Ingolstadt spitzte sich die Situation um die Gleichstellung der Religionen („Gleichstellung des Abendmahle") im Herrschaftsgebiet erheblich zu. Durch Regierungskanzler Simon von Eck hat Hans Georg von einer Depesche an Herzog Albrecht V. erfahren, die den Bericht zu einem Geheimauftrag zu den sogenannten „Konfessionisten" zum Inhalt hatte. Im Ergebnis war der Herzog sehr besorgt, denn es wurde der Verdacht geäußert, dass bestimmte „Kräfte den gewaltsamen Umsturz der politischen und kirchlichen Ordnung in Bayern" anstreben würden. Der Herzog hatte die Zeichen der Zeit erkannt, dass nämlich der katholische Glaube reformbedürftig sei, aber im Herzen seines Landes, nämlich in der angesehenen Grafschaft Ortenburg, eine Verschwörung zuzulassen, lag weit entfernt von seiner Toleranzgrenze. Er konnte dies nicht zulassen[87].

Herzog Albrecht V. wusste, dass er sich auf einen Preysinger wie mich verlassen konnte. Über Generationen hinweg waren wir als treue Wegbegleiter und Waffenbrüder für das Haus Wittelsbach eingetreten. Mehr denn je brauchte er vertrauenswürdige Mitstreiter und Untergebene wie uns, die im schlimmsten Fall der realen feindlichen Bedrohung für seinen Schutz und den Erhalt der Herzogskrone einstehen würden. Vorsorgliche Maßnahmen zur Evakuierung der herzoglichen Familie und des Hofstaates samt seiner wichtigsten Funktionsträgern wurden zumindest angedacht. Und auch die Sicherung der Staatskasse in Form von beweglichen Schätzen und Geldmitteln war einbezogen in diese Überlegungen. Ausgesuchte adelige Edelleute und Vertraute sollten an einem unscheinbaren Ort ihrer Wahl Teile des Staatsschatzes aufbewahren, um möglichst einen Gesamtverlust zu vermeiden. Ich wusste von meinem

---

[87] Siehe Ortenburger Adelsverschwörung oder
Bayerische Adelsverschwörung: www.wikipedia.org

Vater, wo er ein Versteck einrichten würde, nachdem ich dahintergekommen war, wozu die Arbeiter im Wald beschäftigt worden waren.

Angesichts der drohenden Gefahr eines Putschversuches wurde ich allen voran beauftragt, die herzoglichen Sanktionen gegen den *Graf Joachim von Ortenburg und seine Mitstreiter, die für Ortenburg die Reformation ausgerufen hatten*[88], einzuleiten, zu organisieren und durchzuführen. Ich nutzte meine sehr guten Verbindungen unter anderem nach Landshut, wo nun auch Georg Starringer, Nachfolger seines Vaters Hieronymus und Freund und ehemaliger Nachbar aus Kalling, als Hofkastner und Rat der Stadt Landshut tätig war. Es war das Mindeste, was ich tun konnte, nämlich für die kommende Aktion gut vorbereitet zu sein. Niemand konnte genau sagen, wie weit die Widersacher des Herzogs bereits ihre Kräfte gebündelt hatten und inwiefern ein Aufstand kurz bevorstand. Georg Starringer kannte den Grafen von Ortenburg und die Stadt Ortenburg aufgrund vieler Besuche und wusste einige wertvolle Details zur Wehrhaftigkeit der Stadt an mich weiterzugeben. Zufrieden mit dem Gespräch und frei von den üblichen Formalitäten und Floskeln konnten wir uns sodann über familiäre Themen unterhalten. Denn auch er war selten Zuhause in Kalling, dem Ort seiner Kindheit.

„Wia gehts deinem jünger'n Bruder Adalbert", wollte ich von Georg wissen, denn unsere Wege hatten sich seit der Jugend und den Tagen in Kalling und Hubenstein nicht mehr gekreuzt.

„Mein werter Bruder Adalbert", setzte Georg, im Geiste bei seinem Bruder, an und meinte weiter, „er war zuletzt im Dienst der spanischen Krone König Philipps II., der in Andalusien de Mauren bekriegt", antwortete

---

[88] In Anlehnung an Fußnote 80

Georg. „Er war immer schon eine Kämpfernatur, wia du weißt, Hans Georg."

„Fürwahr. Des is er", antwortete ich bewundernd und ließ meinen Erinnerungen an unsere heftigen, aber letztlich kultivierten Wettbewerbe freien Lauf. Im realen Krieg jedoch, Mann gegen Mann, würde es keine Regeln geben, aber eine gute Schule für Kämpfer waren unsere Auseinandersetzungen allenthalben. Georg Starringer hingegen war lieber bei seinen Büchern und Akten geblieben.

Mit den Informationen von Georg Starringer und den Erkenntnissen weiterer Kundschafter war es am Ende gelungen, *die Stadt Ortenburg mit mir anbefohlenen Soldaten über Monate abzuriegeln. Die Aktion war offensichtlich gerade noch rechtzeitig vor dem Erstarken der Abtrünnigen erfolgt. Alle Lehen wurden eingezogen und ließen somit den Geldfluss für die aufrührerischen Grafen versiegen. Die Besitztümer der Herren wurden geöffnet und die Post konfisziert. Im Juni 1564 begann der Prozess gegen die Verschwörer, unter anderem gegen Wolf Dietrich von Maxlrain, Pankraz von Freyberg, die Herren von Laiming, Pelkofer, Fröschl und die Patrizierfamilie Paumgartner[89]*. Letztere gehörten dem Seitenast im Stammbaum meiner Mutter an, Anna von Paumgartner, was zu Diskussionen im eigenen Haus geführt hatte. Aber an der Gefolgschaft der Preysinger für unseren Landesherren Herzog Albrecht V. sollte das nichts ändern. Mein Vater Sigmund hatte ein unmissverständliches Machtwort gesprochen.

Trotz der Niederschlagung eines vermeintlich geplanten Aufruhrs, gab es für Herzog Albrecht V. keinen eindeutigen Triumph. Er war einem Wutausbruch nahe gewesen, als er vom juristischen Freispruch der Ver-

---

[89] Siehe Fußnote 80

schwörung mangels grundlegender Beweise gehört hatte. Nichtsdestotrotz hatte er einen Teilerfolg erreicht, indem sich kein bayerischer Adeliger mehr getraute, öffentlich den Protestantismus zu fordern.

Die Jahre als Fürstlicher Rat kannten für mich nur wenige Phasen der Ruhe, denn Eintracht und Frieden gab es selten im Bayernland. Entsprechend schnell zogen sie dahin. *Kaiser Maximilian II., Herr des Heiligen Römischen Reiches Deutscher Nation und Erzherzog von Österreich, war ein mächtiger Verbündeter meines Herzogs Albrecht V.. Die Vermählung mit der Schwester des Kaisers, Anna, Erzherzogin von Österreich, hatte den Weg dafür bereitet*[90].Demnach konnte er seinem Kaiser und Schwager den Wunsch nicht ausschlagen, in seinen Reihen nach einem fähigen Mann Ausschau zu halten, der in der Lage war, die Position eines *kaiserlichen Hofquartiermeisters* einzunehmen. Dass die Wahl auf mich fiel, zeuge von meinen Fähigkeiten und meinem Ehrgeiz, so wurde mir gesagt. Obwohl sicherlich noch eine Menge an politischem Kalkül den Ausschlag gegeben hatte, war mir nach den Jahren in Landshut und München der Wechsel nicht sonderlich schwer gefallen. Wien hatte im *Winter 1564*[91], als ich dort ankam, den Charme einer unheimlich reizvollen Stadt, die Geschäftsleute, Diplomaten und Gelehrte aus dem ganzen Kaiserreich und aller Herren Ländern anlockte und beheimatete. In meiner neuen Funktion bekam ich Zutritt zu Kreisen und Menschen, die meinen Blick auf die Welt nachhaltig verändern würden. So war ich schon im Vorfeld unheimlich interessiert an den botanischen Samm-

---

[90] Bis zur Regentschaft von Albrecht als Herzog lebten Anna und Albrecht zunächst auf der Burg Trausnitz in Landshut.

[91] Vermutlich fiel die Ankunft in Wien in die Herrschaft von Ferdinand I., Vater von Maximilian II., wird aber vom Autor aufgrund der freien Handlungsabfolge zeitlich ein paar Jahre später als im Artikel von H. Kratzer, siehe Fußnote 80, verortet.

lungen des *Gelehrten Carolus Clusius*[92]. Über die Maßen war ich von einem mächtigen Elefanten begeistert, den Kaiser Maximilian II. aus Spanien über Antwerpen nach Wien hatte bringen lassen. Carolus und ich bestaunten gemeinsam die mächtige Statur des grauen Riesen, seine dolchartigen Stoßzähne und einen Rüssel, der eine überlange, flexible Nase sein soll, aber noch mehr konnte als nur ein- und ausatmen. Noch nie zuvor hatte ich vor einem exotischen Tier dieser Art gestanden, den fremdartigen Geruch wahrgenommen und in die faustgroßen Augen geblickt. Alles, was ich bisher von ihnen wusste, waren die Beschreibungen in den Büchern zu Alexander dem Großen oder Hannibal, dem karthagischen Heerführer.

Besonders inspirierte mich die Bekanntschaft mit dem *Diplomaten Angerius Ghislain de Busbecq, der im Jahr 1552 in den diplomatischen Dienst der Habsburger Monarchie eingetreten war*[93]. Seine Schilderung zu den Waffenstillstandsverhandlungen mit Süleyman I. faszinierten mich insbesondere, denn er, immerhin der Diplomat des Kaisers, musste dem Sultan über Konstantinopel nach Kleinasien in Amasya nahe Ankara nachreisen, bevor er empfangen wurde. Er berichtete von vielen Jahren als Botschafter in Konstantinopel und hatte so die Gelegenheit, das Osmanische Reich aus erster Hand kennenzulernen. Nach einiger Zeit genoss er das Vertrauen des Sultans und konnte seine erworbenen Einsichten zu den innenpolitischen Problemen des Osmanischen Reiches immer wieder bei Waffenstillstandsverhandlungen einsetzen. Dieser ehrenhafte und weltgewandte Herr war mir ein Vorbild. Seine Gelehrtheit und Weisheit auch in religiösen Fragen, im speziellen zur Beziehung zwischen Gott und Mensch, eröffneten für

---

[92] Historische Persönlichkeit in Wien

[93] Ghislain de Busbecq: Diplomatensohn und selbst Humanist, Botaniker und Diplomat

mich ganz neue Horizonte. Angerius Ghislain war unter dem *Einfluss von Erasmus von Rotterdam*[94] gestanden, der in seinen Schriften unter anderem die These aufstellte, dass Gott dem Menschen einen freien Willen gegeben hat, um zwischen dem Guten und dem Bösen zu unterscheiden, der freilich aber nur mit Gottes Gnade wirksam werden könne. Schon mein Vater, Sigmund von Preysing Hubenstein und Lehrer Emeran Bilgott hatten mich in die Lehren von Erasmus eingeführt. So wusste ich, dass er nicht mit grimmiger Kritik an bigotten Christen, heuchlerischen Mönchen, korrupten Päpsten, katholischen Riten und dem Sündenablass per Handel gespart hatte. Aber trotz allem verteidigte er den Papst und das Papsttum und verurteilte grundsätzlich jegliche Veränderung durch Gewalt. Mit dieser Linie stand er konträr zu *Luthers Ansichten zur Wandlung des Papstwesens*[95], der keinen erfolgversprechenden Weg in einer gemäßigten Auseinandersetzung mit der katholischen Kircheninstitution sah. Wie liebte ich die Diskussionen und den Austausch mit Angerius Ghislain.

In Ansätzen war mir die Aufgabe des Hofquartiermeisters am kaiserlichen Hof von Maximilian II. durchaus von der Münchner Hofhaltung her bekannt. Und natürlich war mir dadurch eine privilegierte Stelle im unmittelbaren Umfeld des Kaisers sicher. Die Türen zu allen gesellschaftlichen Hierarchieebenen, zu Vertretern der Diplomatie, des Adels, der Armee und vielen anderen Edelleuten standen offen. Die Dichte der hochgestellten Persönlichkeiten war nirgends so hoch wie in Wien und genauso verhielt es sich mit den ständigen Intrigen und Machtspielen am und um den Hof. Jeder suchte nach seinem Vorteil im Wettbewerb um die Gunst und Gnade des Kaisers und seiner nächsten Staatsdiener und Wür-

---

[94] Erasmus v. Rotterdam: Niederländischer Universalgelehrter und Wegbereiter der europäischen Aufklärung

[95] Luther: Alleine durch die Gnade Gottes, durch den Glauben und die Schrift erlangt der Mensch sein Seelenheil.

denträger. Wo immer der Hofstaat des Kaisers Maximilian II. in den Erblanden der Habsburger Dynastie weilte,
waren die Untertanen verpflichtet, dem Hofmitgliedern
Quartiere bereit zu stellen, sofern keine eigenbewirt-
schafteten, kaiserlichen Besitztümer in den jeweiligen
Landen zur Verfügung standen. Letzteres war kaum der
Fall, denn nur in Wien gab es eigene Gebäude, die die
Mitglieder des Hofstaates besaßen und trotzdem waren
sie für die komplette Entourage nicht annähernd ausreichend. Streit, Neid und Missgunst, ob als offen oder ver-
deckt verstandene Befindlichkeiten ausgetragen, gehörten nahezu selbstverständlich zu den Elementen
höfischer Rituale. Außerdem zeigten sich die Quartiergeber ihrer Natur nach nie alleine nur mit dem vom Hofquartiermeister, also von meiner Wenigkeit, erstatteten
Quartierzins zufrieden. Von der an sich festgeschriebe-
nen Quartierpflicht ohne Entgeltleistungen durch den
Hof konnte nur der Kaiser selbst entbinden, worum sich
die Quartiergeber in Anbetracht ihrer Unzufriedenheit
laufend bemühten. In zunehmendem Maße wurde ich
dieser entarteten Vetternwirtschaft überdrüssig. Wie es
der Zufall wollte, begegnete ich eines Tages einem alten
Freund aus den Tagen am Hof des Bayerischen Herzogs
Albrecht V.. Angerius Ghislain hatte zum abendlichen
Souper geladen.

„Markus Fugger, du seist mir gegrüßt“, entgegnete
ich dessen herzliche Begrüßung und fand mich, wie in
alten Tagen, von seinen Armen umschlungen.

„Wie lange ist es her, dass wir uns nicht mehr gesehen haben?“. Ich brauchte auf die Frage nicht näher
eingehen, denn beide erinnerten wir uns insgeheim an
die Zeit, als der *junge Fugger einst Pfleger in Landshut*

und kurbayerischer Rat[96] gewesen war. Beide waren wir damals im Dienste Albrecht V..

„Darf ich dir vorstellen, *Emanuel Örtl*[97], ein treuer Freund und gleichzeitig Handelsvertreter des Hauses Fugger." Ein kleiner, aber bulliger Mann mit Vollbart und einem runden freundlichen Gesicht machte seine Aufwartung, die ich in galanter Art erwiderte. „Emanuel Örtl war Mitglied der Gesandtschaft um Angerius Ghislain und Handelsvertreter des Hauses Fugger gewesen, die seiner Zeit mit Süleyman I. im Namen Ferdinand I., Vater unseres Kaisers Maximilian II., einen neuen Waffenstillstand auszuhandeln hatten", erklärte Markus Fugger zur Vorstellung seines Freundes.

„Wir haben es also unserem gemeinsamen Freund, Angerius Ghislain, zu verdanken, dass uns das Schicksal zusammengeführt hat", brachte ich meinen Respekt und meine Freude zum Ausdruck. Ich genoss den Abend mit Markus Fugger sehr. Wir schwelgten in den gemeinsamen Erlebnissen der *bayerischen Zeit*, wie wir sie nannten. Wir hatten beide eine uneingeschränkte Leidenschaft für Pferde und Waffenkunst. Markus war wahrscheinlich der noch größere Pferdenarr und betrieb eine angesehene eigene Zucht. Doch ohne mich loben zu wollen, konnte mir so schnell keiner, selbst Markus nicht, auf dem Pferd etwas vormachen.

„Markus, hinter deiner Fassade des höfisch-feinen Edelmanns hätte ich zu Beginn nie eine solche Kämpfernatur vermutet", frotzelte ich in unseren Erinnerungen schwelgend.

---

[96] Später führte Markus Fugger über 30 Jahre die Firma Fugger und Gebrüder.

[97] Laut H. Kratzer stammte E. Örtl aus Augsburg und hat sich u.a. mit H. Georg auf ferne Reisen begeben.

„Du musst zugeben, dass ich dir bei aller ritterlichen Manier mit Schwert und Lanz sehr wohl Parole bieten konnte. Und dabei hatte ich zunächst großen Respekt vor dir: *Hochgewachsenen, dickes, struppiges Haar, schneidig und verwegen*[98]. Die Statur einer wahren Kämpfernatur", konterte Markus, was zu großem Gelächter führte, weil wir wussten, welche Freude wir an den früheren gelegentlichen Wettbewerben hatten. Die andere Begeisterung, die wir teilten, galt der Waffenkunst, die für uns der Ausdruck des technischen Fortschrittes in vielerlei Hinsicht war. Das gemeinsame Gespräch führte uns bis zurück in meine Kinder- und Jugendzeit in Hubenstein. In der hofeigenen Schmiede verbrachte ich, zum Unbill meines Vaters, viele Tage, um alles über die Herstellung von Eisen und dessen Verwendung für Waffen zu lernen. Durch die Einführung stehender Söldnerheere, die zunehmende Verbreitung von Handfeuerwaffen und Kanonen der Infanterie hatte sich die Kriegstaktik und -führung grundlegend verändert. Zusammen erörterten wir die Wichtigkeit von beidem, gut ausgebildeter Söldnerheere und geschickten taktischen Manövern in der Schlacht, um die Vorteile der neuen Waffenentwicklungen richtig einsetzen zu können. Für die kriegführenden Parteien bedeutete es, dass immer mehr finanzielle Mittel benötigt wurden, um diese Kriege überhaupt finanzierbar zu machen. Und da kam *Markus Fugger ins Spiel, dessen Handelshaus, das er gemeinschaftlichen mit seinen Brüdern Hans und Jakob führte*[99], nicht nur über die notwendigen Handelsbeziehungen für kriegsnotwendige Rohstoffe verfügte, sondern auch über die nötigen Geldmittel, die Fürsten und Monarchen mit Krediten für ihre Kriegskassen auszustat-

---

[98] H. Kratzer: das Bild von H. Georg laut einer Beschreibung, siehe Fußnote 80

[99] Nach dem Tod des Vaters 1560 führten die Brüder Fugger den Herrschaftsbesitz zunächst gemeinsam.

ten. Dafür war politischer Einfluss und Reichtum für das Haus Fugger garantiert.

Die köstlichen Speisen hatten keine Wünsche offen gelassen und der kräftige rote Wein verzückte die Gaumen und die Stimmung der Gäste um Angerius Ghislain. Aus der Laune der Hochstimmung geboren, tippte mich unvermittelt Markus Fugger mit seinem ausgestreckten Zeigerfinger an: „Was würdest du sagen, mein Lieber, wenn du für das Haus Fugger arbeiten würdest?".

„Das meinst du nicht ernst, lieber Markus. Du weißt, ich stehe im Dienste des Kaisers", antwortete ich mit ungläubigen Kopfschütteln ob dieser Frage.

„Doch im Ernst. Emanuel Örtl...", den er mit einem Blick mit in die Unterhaltung einbezog, „...würde dir alles zu Bergbau und Erzhandel beibringen und was sonst noch zu einem eigenständigen Handelsvertreter dazugehört". Hatte er zu tief in den Weinbecher geblickt, war mein erster Gedanken, aber nachdem er eilig Angerius Ghislain de Busbecq herbeirufen ließ, wurde mir klar, er scherzte nicht. Angerius Ghislain zeigte sich begeistert von der Idee, äußerte aber zunächst Bedenken. Es wäre heikel, wie man Kaiser Maximilian II. dazu bringen könne, dass er der Demission seines Hofquartiermeisters aus dem kaiserlichen Amt zustimmen würde. Geschäftiges Hin und Her an Argumenten und Meinungen wurden mal von dem einen, mal von dem anderen vorgetragen. Ich selbst lauschte mehr als ich selbst zum Besten gab. Es war ja nicht meine Idee, aber je mehr sich mein Blitzgewitter der Gedanken verflüchtigte, umso mehr musste ich mir eingestehen, dass mir der Gedanke gefiel. Den finalen Ansatz hatte Angerius Ghislain entwickelt, ein genialer Kopf, und der letztlich dem Kaiser offeriert, tatsächlich Anklang fand. Angerius Ghislain de Busbecqs grundlegender Gedanke war, eine Person an entscheidender Stelle direkt in der Republik Venezia zu installieren. Auch Markus Fugger konnte dieser Überlegung etwas abgewinnen, da er so seinen vorhandenen Einfluss auf die venezianischen Handelspartner und Wettbewerber weiter ausbauen konnte. Und Angerius Ghislain de Busbecq sah darin einen geschickten, strategischen Schachzug, in mir einen der Kaiserkrone wohlgesonnenen und zu Dank verpflichten Repräsentanten in Venedig zu etablieren. Eine Stärkung der Allianz mit dem mächtigen Dogen der Republik Venezia konnte für den Kaiser von erheblichem Vorteil sein. Die Beherrschung des Mittelmeerraumes ging Hand in Hand mit der erfolgreichen Nutzung ihrer weithin ausgedehnten Handelsrouten.

Als ich *im Frühsommer 1566*[100] aufbrach, wusste ich noch nicht, dass mein Freund Markus Fugger nicht am vereinbarten Treffpunkt in Bozen erscheinen würde. Wegen einer ernsthaften Krankheit konnte er die anstrengende Reise nach Venedig nicht antreten. Nichtsdestotrotz hatte Emanuel Örtl, der ohnedies zur Reisegruppe gehörte, ein Empfehlungsschreiben des Fuggers in seiner Jackentasche stecken, welches uns letztlich die Türen zum Dogenpalast öffnen würde. Wochen vor unserer Ankunft hatte Markus Fugger in einer Kurzdepesche an *Alvesi Moncenigo, Abkömmling einer der angesehensten Patrizier- und Handelsfamilien in Venedig sowie Diplomat am Hofe des Dogen*[101], die Anempfehlung meiner Person als Mitarbeiter im Rang eines Handelsbeauftragten übermitteln lassen. Erwartungsvoll und überaus herzlich wurden wir Gesandten aus dem Hause Fugger und ich als einstiger Hofquartiermeister des Kaisers bei unserer Ankunft begrüßt. Ich war auf Anhieb von der Persönlichkeit Alvesi Moncenigos beeindruckt, der nur knapp bei der letzten Dogenwahl seinem Kontrahenten

---

[100] Laut H. Kratzer ist aus den Tagebüchern das Jahr 1561 zu entnehmen. Vom Autor auf 1566 datiert, um die beschriebenen Stationen des Abenteurers Hans Georg von Preysing Hubenstein mit historischen Ereignissen zu verquicken.

[101] Historische Persönlichkeit

unterlegen war. Während der gemeinsamen Anreise nach Venedig war für mich reichlich Zeit gewesen, den ausgiebigen Erzählungen von Emanuel Örtl zu lauschen und so die wichtigsten Zusammenhänge über die familiären Hintergründe der Moncenigos und den wirtschaftlichen Interessen der Venezianer im Allgemeinen zu erfahren. Zudem konnte ich währenddessen mein beinahe in Vergessenheit geratenes Italienisch etwas auf Vordermann bringen, was bei den Patriziern gut ankam.

Alvesi Moncenigo überraschte uns mit seinen fast abgeschlossenen Reisevorbereitungen in das ferne Konstantinopel. Es blieben uns nur wenige Tage der Vorbereitung in Venedig. Ziel der Reise war, aufkeimende Konflikte zu Getreidelieferungen und deren Behinderung durch türkische Seestreitkräfte auszuräumen. Die teils stürmische Überfahrt mit einer Hand voll schnellen Galeeren war mir nicht gut bekommen. Der Seekrankheit zum Trotz versuchte ich jedoch während der wochenlangen Reise, Türkisch zu lernen und sowohl geistig als auch physisch Oberwasser zu behalten, was mir zudem Alvesis Anerkennung und Sympathie einbrachte. Der Empfang am Hofe des Sultans war nüchtern, aber für Fremde, wie man mir sagte, angemessen. Vor noch wenigen Jahren wären wir eher als Gefangene anstatt als diplomatische Gesandte anderer Nationen behandelt worden. Neuerdings hatte das Osmanische Reich jedoch ein moderneres Verständnis dafür entwickelt, dass trotz immerwährender Auseinandersetzungen, selbst kriegerischer Natur, das diplomatische Gespräch auf Augenhöhe förderlich war, um aus einem ehemaligen Feind einen Verbündeten gegen andernorts vorhandene Widersacher werden zu lassen. Früher wäre dies für mich ein Widerspruch gewesen, aber ich hatte schnell gelernt, dass Diplomatie und Krieg grundsätzlich „Brüder" des politischen Streites unter den Mächtigen waren.

Entgegen meinen ursprünglichen Plänen kehrte ich nicht nach vielen Monaten mit der erfolgreichen Delegation nach Venedig zurück, sondern blieb mit Einwilligung von Alvesi Moncenigo in der Funktion als lokales Bindeglied im Rang eines Handelsbevollmächtigten in Konstantinopel. Während meines Aufenthalts studierte ich die geografischen Gegebenheiten, die Örtlichkeiten, die Art zu bauen, die Sitten und Gebräuche der Einwohner, einschließlich der Ess- und Trinkgewohnheiten, die Kleidung, die religiösen Gebräuche, das Verhältnis von Männern und Frauen und ähnliches. Als gelernter Verwalter notierte ich Preise von Nahrungsmitteln und Gütern sowie Arbeitsweisen in der Landwirtschaft und im Handwerk. So sehr mich interessierte, wie und wo die Menschen lebten, so sehr beschäftigten mich auch übergeordnete Fragestellungen, die das zivile, politische und institutionelle Zusammenleben und die Organisation der muslimisch geprägten Gesellschaft betrafen.

Als Rechtsgelehrter tauchte ich ein in die Prinzipien der Rechts- und Wirtschaftsauffassung des Osmanischen Reiches, wodurch ich zum Schluss kam, dass das Osmanische Reich keinen Bürgerstand und keine städtische Verwaltung kannte. Dies schränkte eine gewisse freie Entfaltung von Handwerk und Ständen deutlich ein. Lediglich die Befehlsgewalt des Sultans und seiner Kadis, den islamischen Richtern, hielten alle Macht in der Hand und verteidigten sie mit drakonischen Strafen. Als katholischer Christ trieb mich die Frage um, wie der Islam das Verhältnis zu den anderen Religionen, dem Judentum und dem Christentum sah. Unter den Muslimen selbst schien man sich einig, was Allah und Mohamed anging, was man vom Christentum nicht behaupten konnte, welches in sich zerstritten war bis hin zu Mord und Totschlag. Bei den einfachen Menschen und Mitmenschen muslimischen Glaubens, die ich im Laufe der Zeit als Bekannte und Freunde kennengelernt hatte, begann ich zu zweifeln ob meines christlichen Weltbildes. Gott war immer groß, aber war er noch größer? War er auch Allah? Und dieser noch größere Gott und der Glaube an ihn stellte jeden in seinen Dienst zum Wohle aller Menschen und Mitmenschen. Das konnte ich sehen und spüren. Ich genoss die Gastfreundschaft meiner neuen Freunde, die Hilfsbereitschaft einem Fremden gegenüber, dem man mit Respekt und Würde begegnete und von dem man Selbiges erhoffte und erbat.

Hätte ich die Schwächen des Osmanischen Reiches anprangern wollen, so hätte ich gleichzeitig meine Liebe und Zuneigung zu diesem Land und seinen Leuten ausdrücken müssen. Ich liebte es, in das quirlige Leben der Suks einzutauchen und mich den Düften und Gerüchen des Orients hinzugeben. Noch nie zuvor hatte ich derart viele Gewürze in allen nur erdenklichen Farben gesehen wie hier. Ich erfreute mich an den Tandlern in den zahlreichen Bazaren von Konstantinopel, die überaus freundlich und zuvorkommend ihre Waren feilboten und immer zum Feilschen aufgelegt waren. Größten Respekt hatte ich jedenfalls vom Wissen und Können der hiesigen Mediziner, deren Hilfe ich selbst einmal in Anspruch nehmen durfte, als ich von Fieber, Schüttelfrost und Gliederschmerzen über Tage hinweg geplagt war. Trotz der Vorzüge in einer Stadt wie Konstantinopel zog es mich weiter, im riesigen Reich der Osmanen nach weiteren Abenteuern Ausschau zu halten. Und vor allem die heiligen Stätten der Christenheit in Palästina, Syrien und Ägypten wollte ich unbedingt aufsuchen.

Mit einem Passierschein des Sultans im Gepäck, machte ich mich zu den Stätten meiner Sehnsucht auf. Nie hätte ich mir als Junge vorstellen können, mit eigenen Augen die Wirkungsstätten Jesu Christi sehen zu dürfen. Ich zog los, als hätte es mir Gott selbst gesagt und wie einst von Abraham aufgetragen: *„Zieh weg aus deinem Land, von deiner Verwandtschaft und aus deinem Vaterhaus in das Land, das ich dir zeigen werde.*

Ich werde dich zu einem großen Volk machen, dich segnen und deinen Namen groß machen. Ein Segen sollst du sein[102]." All die Erlebnisse und Erfahrungen der letzten Monate und Jahre hatten mir die Schöpfung Gottes in einer Weise dargeboten, sodass ich ob der Vielfalt, Buntheit und der Verschiedenheit der Weltanschauungen und Geisteshaltungen große Demut verspürte. Ich zitierte Sokrates, den großen Philosophen der Antike, und stellte ein für mich entscheidendes Wort davor: „Herr, ich weiß, dass ich nichts weiß[103]". Ich spürte, diese Pilgerreise zum Quell meines Glaubens würde in mir eine Gotteserfahrung wahr werden lassen, die ich so noch nie erfahren hatte. Dort, wo Abraham, der Urvater der drei Religionen, des Judentums, des Islams und des Christentums, lebte und dort, wo Jesus Christus, der Sohn Gottes, wirkte, würde ich zu einer erstarkten, neuen Seelenkraft finden.

Meine erste Station in Galiläa war Kafarnaum, die Heimat von Jesus, ein Fischerdorf am Nordufer des fischreichen Sees Genezareth. Dort vollbrachte Jesus Wunder und wirkte in den hiesigen Synagogen. Von ganz Palästina war Galiläa die fruchtbarste Gegend. Die Früchte der üppigen Dattel-, Feigen- und Olivenbäume nährten ihn auf dem hügeligen Weg nach Nazareth, der Stadt, in der Jesus von seinem Vater das Zimmererhandwerk erlernt hatte. Immer in Begleitung von Trägern und Berittenen auf Kamelen, ging es für mich zurück zum Fluss Jordan. Dieser entsprang in den Bergen, floss durch den See Genezareth und danach durch schroffe Felsen und tiefe Gräben durch ganz Palästina. An der Stelle, an der Johannes der Täufer Jesus im Fluss getauft hatte, ließ ich mich für einige Tage nieder in tiefer Ehrfurcht und gläubiger Meditation, um mich anschließend durch einen Mönch aus der nahegelegenen

---

[102] Bibelstelle: Genesis 12, 1

[103] Sokrates: „Ich weiß, dass ich nichts weiß"

Abtei erneut taufen zu lassen. So von meinen Sünden gereinigt, machte sich der Tross, dem ich mich angeschlossen hatte, auf den Weg nach Jerusalem, einer Stadt, die einem übergroßen Vogelparadies gleich kam. Von überall her strömten die Menschen aus allen Himmelsrichtungen heran und „zwitscherten" in ihren Sprachen. Alle Rassen, alle Religionen der Welt waren in den Straßen, Gassen und Marktplätzen anzutreffen und huldigten ihrem jeweiligen Gott vor oder in den unzähligen Tempeln, Kirchen, Moscheen und Synagogen. Es waren Pilger, Handelsreisende, Kaufleute, Soldaten und alles nur erdenkliche Volk dabei, die in einem Wirrwarr der fremdartigen Stimmen an den Orten ihrer Glaubenssehnsucht anlanden wollten. Nirgends auf der Welt kamen sich die drei Religionen so nahe, wie an diesem Ort, war ich mir sicher. Ich besuchte den Tempel Salomons, seit der Eroberung durch König David ein Heiligtum der Juden. Ich stand nahe am Felsendom, der die Muslime in Jerusalem einte. Und ich folgte den Spuren Jesu Christi dorthin, wo ihm der Jubel der Massen am Palmsonntag begegnet war, bis zum Leidensweg hinauf nach Golgatha zur Stätte seiner Kreuzigung und seiner Grabstätte. Die Botschaften Jesu waren in den Augen der Römer und der jüdischen Gelehrten und Hohen Priester zu radikal gewesen, als dass sie ihn hätten unbehelligt lassen können. Worte des Friedens und der Nächstenliebe wurden zu politischem Aufruhr und Hochverrat verdreht und doch war dieses notwendig gewesen, damit seine Bestimmung zur Errettung des Menschen durch die Auferstehung vom Tode wahr werden konnte. Gott gab dem Sterben einen Sinn, indem er den Sieg des ewigen Lebens über den Tod verhieß. In nie gekannter Weise wurde mir dieses am leeren Grab Jesu offenbar.

Im Folgenden zog ich durch die Spuren der alttestamentlichen Geschichte der Religionen. Am Berg Sinai traf ich auf Gottes Bund mit dem Volk Israel, der durch Moses und die zehn Gebote besiegelt worden war. Die

Wüsten des Sinai und die Weiten der Arabischen Halbinsel wurden mir zu Orten der Erinnerung an die Zeit, als die Menschen und Jesus Gott nahe gekommen waren. Die Stille und Nähe zu mir selbst ließen viel Raum und Zeit, in mich hinein zu hören, wie es Jesus in der Wüste getan und den Versuchungen des Teufels widersagt hatte. Und die karge und ursprüngliche Schroffheit der Natur ließ das Gebot der Nächstenliebe unmittelbar werden. Alleine und auf sich gestellt, käme es dem sicheren Verderben gleich, würde man nicht aufeinander Acht geben und einander immer wieder die Hand reichen. So erfuhr ich es am eigenen Leib, als unsere kleine Karawane durch die menschenfeindliche Wüste zog. Niemand hätte alleine die Wüste überleben können. In Medina bewunderte ich das Grab von Mohammed, dem Religionsstifter und Propheten des Islam, der als Empfänger des Korans, der Offenbarung Gottes im Islam, verehrt wurde. Sultan Süleyman I. widmete ihm eine prachtvolle Moschee mit einer stählernen Kuppel. Viele Eindrücke und Erlebnisse füllten die Seiten meiner Tagebücher, als ich in Ägypten in der Stadt Alexandria angekommen war. Dort endete meine Pilgerreise und von dort aus gelangte ich zurück über das Mittelmeer nach Italien, wo ich neben meiner persönlichen Bereicherung auch auf viele neue Handelskontakte für die Republik Venezia verweisen konnte.

Ich wandelte schon in jungen Jahren auf den Spuren zwischen Orient und Okzident. In bayerischen Landen großgeworden, einem Fürsten und Kaiser zu Diensten, kannte ich alle Eigentümlichkeiten meiner Heimatregionen. Mein Blick über die gewohnten Grenzen hinaus in den weiten Nahen Osten, dorthin, wo meiner früheren Erziehung und alten Wahrnehmung nach die Feinde der Christenheit lebten, ließ in mir völlig neue Erkenntnisse reifen. Immer wieder forderten die Sultane die Herrschaft der westlichen Fürsten heraus. Scharmützel und Kriege da und dort und doch hatte ich liebenswerte und herzliche Menschen in einem wunderbaren riesigen Reich kennengelernt, die ihre Sorgen, Nöte und Freuden des täglichen Lebens hatten wie die Menschen im Westen auch. Selbst dem osmanischen Staatswesen zollte ich meinen Respekt. Anerkennend musste ich feststellen, welch großes Maß an Autonomie den christlichen und jüdischen Gemeinden im Osmanischen Reich mit islamischer Rechtsauffassung zugebilligt wurde. Dementsprechend wurde Juden und Christen weithin ein geschützter Minderheitenstatus zuerkannt, und die gesamte Bevölkerung hatte jederzeit Zugang zu Beschwerdegerichten, bei denen sie Klagen vorbringen konnte. Die Menschen in den Zentren des Osmanischen Reiches betrieben Handwerk, Landwirtschaft und Fischerei. Textil- und Agrarprodukte wurden von den großen Handelszentren wie Konstantinopel, aber auch in Palästina mit Gaza, Jaffa, Akko, Jerusalem, Nablus und Beersheba nach Europa und Asien transportiert. Schulen, Krankenhäuser und karitative Einrichtungen wurden durch religiöse Stiftungen aller Religionszugehörigkeiten finanziert.

Natürlich war mir klar, dass man mit den Türken immer wieder in militärische Konflikte verwickelt werden würde, aber nicht mehr als die christliche Welt und ihre Fürsten, Könige und Bischöfe selbst immer wieder übereinander herfielen. Das Abendland selbst hätte Heilung gebraucht, die die regionalen Machthaber, die Kontrahenten der Glaubensauslegung und Nutznießer von Konflikten jeglicher Art nicht zustande brachten.

Zurück in der Lagunenstadt Venedig, nahmen die Realitäten keinerlei Rücksicht auf meinen differenzierten Blick auf das Osmanische Reich. Alvesi Moncenigo, einst erster Handelsbevollmächtigter Venedigs und mein venezianischer Freund, nannte sich nun Alvesi der Erste und war *im Jahre 1570 zum Dogen von Venedig gewor-*

den[104]. Wie alle Dogen vorher, war er an einem wirtschaftsförderlichen Umgang mit den Handelspartnern aus fernen Landen und aus allen Himmelsrichtungen interessiert. Nicht ohne Grund waren die Venezianer lange Zeit gegen eine offensive Konfrontation mit dem Sultan von Konstantinopel eingetreten. Der Sultan wie die Republik Venedig hatten bisher von den regen Handelsbeziehungen zwischen Europa und Asien profitiert und auch die griechisch-ägäischen Kolonien waren halbwegs von den Osmanen unbehelligt geblieben. Venedig glaubte, es könnte anders verfahren als die Habsburger Monarchen, die im östlichen, ungarischen Grenzland immer wieder in kriegerische Handlungen mit den Muslimen verstrickt waren. Aber mit der Besetzung und der Schlacht um Zypern um 1570/71 war der Geduldsfaden des Venezianischen Herrscherhauses und der reichen Patrizierfamilien gerissen. Das Fass war mit dem Fall der zyprisch-venezianischen Insel übergelaufen. *Für Papst Pius V. war dieses Zerwürfnis zwischen Venedig und Konstantinopel ein Geschenk gewesen. Der Hilferuf der Venezianer zur „Türkenabwehr" kam ihm gerade recht*[105]. Über Jahre hinweg war es ihm nicht gelungen, einen einheitlichen Mächtebund gegen die stetige unchristliche Bedrohung aus dem Osten zu schmieden. Nach wie vor verweigerte sich *König Heinrich III. von Frankreich, das einerseits durch andauernde kriegerische Auseinandersetzungen zwischen den französischen Protestanten, den Hugenotten, geschwächt war und andererseits, umgeben und eingekesselt zwischen den Habsburgern in Spanien (König Philipp II.) und dem Heiligen Römischen Reich im Osten (Maximilian II., auch Habsburger), um seine Weltmachtstellung*

---

[104] Alvesi hatte gute Beziehungen zum Hof von Maximilian II.. Seine Dogenzeit war von der Auseinandersetzung mit dem Osmanischen Reich dominiert. www.wikipedia.org/alvesi/1570

[105] Winfried Baumgart: Lepanto 1571. Zum 400. Jahrestag der großen Seeschlacht. www.thz-historia.de

bangte[106]. Dass veranlasste Heinrich III. sogar, mit den Osmanen zu paktieren. Der Habsburger Kaiser Maximilian II. allerdings konnte nicht ohne die mehrheitlich protestantischen Fürsten in seinem Land handeln und war froh um den kürzlich geschlossenen Waffenstillstand mit dem Sultan an den östlichen Grenzen seines Reiches. *Trotz alledem konnte Pius V. allen voran den spanischen König Philipp II. gewinnen, der der ständigen Geisel von osmanischen Pirateneinfällen überdrüssig war und die unmittelbare Gefahr für das spanische Festland, aber auch für seine Herrschaftsgebiete in Mailand, Neapel und Sizilien sah. Mit der Republik Genua, den Johannitern auf Malta, den Herzogtümern Savoyen und Toskana fanden sich weitere Mitstreiter unter einer gemeinsamen Flagge vereint*[107]. Sie wollten sich einem bisher auf dem Meer ungeschlagenen Gegner, dessen Machthunger ungebremst schien, entgegenstellen. Innerhalb nur weniger Jahrzehnte hatten die Sultane ihren Machteinfluss auch auf Kosten eines im selbstzerstörerischen Glaubenskampf befindlichen Abendlandes verachtfacht. Für Papst Pius V. durfte nie eintreten, was der Sultan prahlerisch hinaus posaunte: „Er werde sein Zelt auf dem Platz von St. Peter in Rom aufschlagen." Diese Allianz war zutiefst von dem Gefühl durchdrungen, dass es einer gewaltigen Machtanstrengung und einem Wendepunkt im Kampf gegen die Ungläubigen bedurfte. Alle waren sich einig, dass die Kontrolle im Zentrum des Mittelmeeres die Vorherrschaft erbringen würde und der Fall der strategisch wichtigen Insel Malta, die von den Osmanen belagert wurde, einem offenen Scheunentor in Richtung westliches Europa gleichen würde.

Nach monatelangen und mühsamen Verhandlungen hatten alle Parteien ihre Siegel und Signaturen

---

[106] Dito

[107] Dito

unter den Vertrag zur „Heiligen Liga" gesetzt. Man schrieb den 20. Mai 1571[108]. Damit war mir klar, der ich praktisch gerade erst von seiner Pilgerreise zurückgekehrt war, dass ich unter der Flagge der „Heiligen Liga" für den Dogen und die Republik Venezia in den Krieg ziehen würde. Seit Monaten hatten sich die Venezianer auf diesen unausweichlichen Feldzug vorbereitet, ihr Söldnerheer aufgestockt und ihre mächtige Flotte kriegstauglich gemacht. Dank enormer Finanzmittel und der größten mir bekannten Schiffswerft gigantischen Ausmaßes, dem sogenannten „Arsenal", waren die Venezianer im Besitz von ungefähr hundert Schiffen. Davon waren sechs sogenannte Galeassen, schwimmende Festungen im Vergleich zu den viel kleineren Galeeren, die mit zahlreichen Ruderern bestückt, schnell und wendig waren. Die Galeassen dagegen protzten mit einer unheimlichen Feuerkraft, die durch vierundvierzig Kanonen zustande kam. Bei meinen Besuchen im Hafen bestaunte ich die schiere Größe mit unvergleichlichen fünfzig Metern Länge und unglaublich hohen Bordwänden, die mir durch feindliche Enterungen, dem überwiegenden Prinzip des damaligen Seekrieges, unüberwindbar erschienen.

Ich empfand es als meine heilige Pflicht, meine Heimat und die Christenheit vor den gefürchteten Eindringlingen zu verteidigen. Dank meiner Suche nach Reinheit und Wahrheit, glaubte ich zu erahnen, welche Untaten im Namen des rechten Glaubens überall und auch im Namen meiner Religion verübt wurden. Aber es war mir trotzdem eine Ehrensache, wie ich zu sagen pflegte „meinen mit der Muttermilch aufgesogenen Glauben mit allem was ich habe, zu verteidigen." Alvesi Moncenigo I., der Doge, wusste um meine Qualitäten als Anführer und Kämpfer mit Schwert und Bogen. Aber auch mit modernen Feuerwaffen, den Arkebusen mit Kolben und Lun-

---

[108] Historisches Ereignis: www.wikipedia.org/Heilige Liga 1571

tenschloss, hatte ich reichliche Erfahrungen gemacht, die ich jetzt als frisch ernannter Hauptmann in den Dienst der Ausbildung der Fußtruppen und der Gefechtsbereitschaft stellte.

Die Zeit drängte, denn osmanische Seestreitkräfte kleinerer Stärke terrorisierten bereits die Küsten in Griechenland, Italien und im Norden Afrikas. Ein erstes Kontingent der venezianischen Streitkräfte war bereits Anfang August 1571 von Venedig aus in Richtung Sizilien aufgebrochen. Langsam stieg die Anspannung bei jedem Einzelnen, so auch bei mir. Zwei Abende lang besuchte ich die Abtei Santa Maria und suchte nach Stille und Gebet. Am Vorabend war ich bei einem Abendessen zu Gast bei meinem lieben Freund Markus Fugger, der nicht ohne Grund in Venedig weilte. Mit nicht unerheblichen Mitteln unterstützten die Fugger - zwar im Hintergrund - die „Heilige Liga". Alte Geschichten begleiteten unseren Abend, aber auch die bevorstehenden Tage der gewaltsamen Auseinandersetzung. Und in Anbetracht, dass in diesem Heiligen Krieg der Wille Gottes Opfer einforderte, überreichte ich einen versiegelten Brief an meinen Freund Markus Fugger mit den Worten: „Bitten wir den Herrn, dass es nicht notwendig sei, aber sollte es meine christliche Pflicht erfordern, leite diesen Brief im Fall meines Todes an meine Familie weiter."

Die hundertsechs Galeeren, sechs Galeassen und achttausend Mann Fußtruppen umfassende venezianische Streitmacht unter Sebastiano Veniero war mit Eintreffen des letzten Truppenkontingents in Messina, Sizilien, am 1. September 1571 komplett. Es war der vereinbarte Treffpunkt der verbündeten Flotten, die zusammen eine ungefähre Streitmacht von siebzigtausend Mann auf zweihundertsechs Schiffen aufboten. Noch nie hatte ich eine derartige Streitmacht gesehen, die in ihrer Mächtigkeit den ultimativen Willen zum Sieg der westlichen Allianz zum Ausdruck brachte. Noch am gleichen

Tag wurden die verschiedenen Kommandeure auf das *Flaggschiff des Oberkommandierenden, Juan de Austria, der „Real"[109], beordert.*

Sebastiano Veniero sagte zu mir: „Als einer meiner Stellvertreter bist du dabei auf der Real, Hans Georg", was ich als unumstößlichen Befehl verstand und per militärischen Gruß quittierte. „Mal sehen, wer dieser junge Mann ist, dessen Ruf ihm als Sieger zahlreicher Schlachten vorauseilt", sinnierte der Befehlshaber der Venezianischen Streitmacht vor sich hin. Zweifel und Argwohn waren bei den teilweise um Jahrzehnte älteren Anführern der entsandten Streitkräfte aufgekommen ob der erst vierundzwanzig Jahre des kommandierenden Generals Juan de Austria. Doch nicht nur ich, sondern auch die anwesenden Befehlshabenden der Teilstreitkräfte erkannten die ausgesprochene Persönlichkeit und das Charisma dieses bereits legendenumwobenen und befehlshabenden Kriegers. Mit fester Stimme und dem Auftreten eines Königs gleich, war er sogleich der unangefochtene Heerführer der „Heiligen Allianz". Der ihm vorauseilende Ruf als gewiefter militärischer Anführer, Stratege und Sieger über zahlreiche Schlachtfelder bekam ein wahrliches Gesicht und alle Besorgnisse der Verbündeten wichen der Zuversicht und dem Vertrauen auf seine Fähigkeiten. Und wie eine imaginäre Wolke himmlischen Wirkens schwebten unsichtbar die Worte des Papstes Pius V. im Raum, der in Rom bei einer feierlichen Messe dreimal den Apostel Johannes 1, 6 zitiert hatte: *„Es trat ein Mensch auf, der von Gott gesandt war;* sein Name war Johannes[110]." Es war für mich ein erhabenes, spirituelles Erlebnis, dem Erlöser von der „Osmanischen Plage" zu begegnen.

---

[109] Winfried Baumgart: Lepanto 1571. Zum 400. Jahrestag der großen Seeschlacht. www.thz-historia.de

[110] Neben dem Führer Juan de Austria vertraute der Papst auf die Gebete zur Mutter Gottes, aus denen die Rosenkranzverehrung entstanden ist.

Juan de Austria ließ keinen Zweifel aufkommen, dass er gewillt war, alles erdenklich Mögliche zu tun, um die bevorstehende Schlacht für die heilige Allianz zu gewinnen. Schnell erkannte er Schwächen einzelner Schiffe, deren Mannschaftsstärke er für zu gering hielt. So wurden unsere venezianischen Galeeren, deren Besetzung in aller Regel, im Gegensatz zu den strafgefangenen Ruderern und Söldnermannschaften, aus Freiwilligen und Bürgern der Republik bestanden, mit spanischen Infanteriegruppen ergänzt. Gleichzeitig durchmischte er die zur Einheit verpflichteten Nationalitäten, die sich ursprünglich als nicht vertrauenswürdig betrachteten. Mit der Zeit auf See wurden unsere venezianischen und die neuen Mannschaften eine Einheit. Juan de Austria war auch bewusst, dass der Schlüssel zum Erfolg in einer von allen getragenen Strategie lag, die dann auch eisern durchzuhalten war, wollten wir als eine schlagkräftige Seestreitmacht gegen die bisher unbezwingbare Seemacht des Osmanischen Reiches bestehen können. Am Ende der Vorbereitungen hatte man sich darauf geeinigt, die osmanische Flotte aufzustöbern und sie zur Schlacht zu zwingen. Die Entscheidung stellte ein großes Wagnis dar. Wir hatte weder genaue Kenntnis vom Standort des unerschrockenen Gegners noch von seiner Stärke, wenngleich entsandte Spähschiffe immer wieder deren Spähpatrouillen entdeckten. Damit war aber noch lange nicht erwiesen, wo sich die Hauptseestreitkräfte tatsächlich aufhielten. *Am 16. September stieß die Ligaflotte endlich in See und passierte am 16. September den Stiefelabsatz von Apulien, von wo aus wir ins Ionische Meer in Richtung Korfu ruderten und segelten*[111]. Über Tage kreuzten unsere Schiffe der Liga die zerklüftete und von Inseln begleitete Ostküste Griechenlands hinunter. Bei der kleinen Insel Oxia am Eingang zum Golf von Patras glaubten wir kleine, wendige Galee-

---

[111] Winfried Baumgart: Lepanto 1571. Zum 400. Jahrestag d. großen Seeschlacht. www.thz-historia.de

ren der Osmanen gesehen zu haben, waren aber zu deren Verfolgung nicht bereit. Aufgrund der rauen See und der schlechten Sichtbedingungen ankerte die Liga-Armada in Sami auf der Insel Kefalonia. Zum Schutz der Flotte patrouillierten mehrere Schiffe vor der Einfahrt in den Naturhafen. Ich war mit an Bord gegangen und schirmte mit zwei venezianischen Galeeren das nordöstliche Gebiet der Insel Oxia ab, um den Ankerplatz der Heiligen Flotte nicht zur tödlichen Falle werden zu lassen. Die Wetterbedingungen hatten sich gebessert, der Wind war mild und weniger stürmisch, nur dicker Nebel hing wie weiße Schleier vom Himmel. Ich hielt die ganze Mannschaft an, wachsam zu sein, um nicht auf Grund zu laufen oder in einen Hinterhalt zu geraten. Mit einem langen Tau waren unsere beiden Galeeren miteinander verbunden, um sich nicht im Nebel zu verlieren. Die ganze Nacht hindurch hatten wir mit unseren Galeeren auf der Lauer gelegen, um im Fall des Falles die Hauptflotte rechtzeitig warnen zu können. Mir war bewusst, die nun dreiwöchige Erkundungsfahrt und auch die lange Nacht hatten an den Kräften der Männer gezerrt. Wir sehnten erwartungsvoll den aufziehenden Morgen herbei, um zur Armada zurückkehren zu können.

Trotz meiner Müdigkeit, stieg in mir eine ungewohnte Unruhe auf. Etwas, dass ich nur kannte, wenn eine drohenden Gefahr meine inneren Instinkte weckte. Nervös streifte ich von einem Ende zum anderen des Schiffes und hielt Ausschau. Die aufsteigende Sonne ließ den weißen Nebel noch weißer erscheinen und verursachte vereinzelte Nebellücken, durch die ich hindurchsehen konnte. Mehr und mehr wurden es einzelne Nebelfetzen und plötzlich lag dort eine Galeere, die wie von Geisterhand dort hingesetzt erschien. Schon rief der Ausguck laut und schellte die Alarmglocke, was nur bedeuten konnte, dass der Feind alarmierend nah sein würde. Alle schreckten hoch. Kommandos flogen durch die Luft, die Ruderer begannen eifrig, das Schiff schneller voran zu bringen und ich ordnete an, die Arkebusen feuerbereit zu machen. Da zischten schon erste Pfeile durch die Luft, die einer nach dem anderen im Wasser landeten oder an den Planken der Galeere einschlugen. Hals über Kopf rissen die bedrohten Infanteristen Schilder empor, um sich zu schützen. Der Kapitän des Schiffes vollzog eine Wende, die das Schiff unglücklicherweise noch näher an den überraschenden Kontakt heranbringen würde. Das zweite Schiff hinter unserer Galeere konnte im Rücken außer Reichweite abdrehen, nachdem das Tau durch ihre Besatzung gekappt worden war. Endlich waren neun der zwölf Arkebusiere feuerbereit. Ich gab den Befehl zum Feuern. Einige schattenhafte Gestalten auf dem feindlichen Schiff klappten in sich zusammen, gleichzeitig aber blicken meine Arkebusen-Schützen in die Mündungsfeuer des Gegners, auf dessen Seite die Funken aufblitzten. Rauchiger Qualm stieg auf. Im Augenwinkel nahm ich wahr, wie neben mir ein Soldat zusammensackte, dann ein zweiter und plötzlich verspürte auch ich ein beißendes Brennen an Hals und Nacken, als hätte der Schmied zu Hubenstein sein Brandeisen anstatt auf die Flanke eines Gauls auf meinen Hals gesetzt. Instinktiv griff ich nach der schmerzenden Stelle, taumelte und stürzte rücklings zu Boden. Ein Quell an Wärme erfüllte meine Hand, die ich erschrocken betrachtete. Blut tropfte herab. Ringsum dröhnte Geschrei und Chaos an meine Ohren, bis ich nur noch das panische Lippengeschrei eines Infanteristen erahnen konnte, als mir dieser auf die Beine helfen wollte. Reflexartig klammerte ich mich an ihn, wollte mich an ihm emporziehen, aber meine Kräfte versagten, als Dunkelheit mein Bewusstsein umschloss. *Man schrieb den 28. September 1571[112].*

---

[112] Das Epitaph in der Pfarrkirche Moosen/Vils zeigt das Todesjahr 1571. Die Tafel-Inschrift „Messina" zeigt auf den Sammlungsort. Von dort startete die Flotte der Heiligen Liga zur Seeschlacht von Lepanto im Okt. 1571.

Es war ganz still geworden in der Kirche. Man hätte sprichwörtlich einen Floh husten hören. „Wos is denn mit dem Hans Georg?", fragte Quirin aufgeregt nach, der die Spannung der knisternden Ruhe nicht mehr aushalten konnte. „Is er jetz tot?", fragte ein anderes Kind aus der Mitte der Gruppe nach. Korbinian, wie alle Zuhörer ergriffen von der Situation um den wackeren Ritter Hans Georg, musste sich zunächst selbst wiederfinden. Mit einem lauten „Hm"-Seufzer schälte er sich aus dem imaginären Gewand des Akteurs, der auf der Geschichtsbühne voll in seiner Rolle aufgegangen war. Die vielen leuchtenden Augenpaare waren nur auf ihn gerichtet, der nun wieder ganz und gar Korbinian war. Geduldig, aber gespannt warteten sie auf eine Antwort. „Ihr habt's recht. Hans Georg von Preysing Hubenstein war an diesem Tag verschied'n, wia's auch auf der Gedenktafel steht", bestätigte Korbinian den Verdacht der Kinder, indem er erneut auf die Jahreszahlen deutete.

„Aber da hat's doch noch eine Schlacht geb'n, wia sie eingangs erklärt ham, Herr Lehrer", schallte es von einem Jungen aus der hinteren Reihe. Er schnippte dabei mit seinen Fingern mit ausgestrecktem Arm, als wäre er in der Schule, um seinem Beitrag Nachdruck zu verleihen.

„Des stimmt, denn erst Tage danach kam es zum eigentlich'n Aufeinandertreffen der feindlich'n Flott'n und letztlich der Abwehr der Osmanen."

„Dann woll'n wir des auch noch hören", klang es unisono aus den Mündern der jungen Zuhörer, die spontan enttäuscht erschienen ob des frühen Todes ihres Helden, Hans Georg von Preysing Hubenstein.

„Schon recht, des erklärt auch noch mehr zur Geschichte um Hans Georg, den tapfer'n Streiter für des Christentum. Und außerdem setzte de Seeschlacht von

Lepanto einen Markstein in der Geschichte zwisch'n dem Islam und dem Christentum", erklärte Korbinian, der die erste Enttäuschung in erneute Aufmerksamkeit unter seinen Zuhörern verwandeln konnte. Sogleich setzte er mit seiner Geschichtserzählung fort.

Die Galeeren kehrten eiligst zurück zur Hauptstreitmacht in den Hafen von Oxia, die vom Gefechtsdonner und dank der stark verbesserten Sicht bereits vorgewarnt war. Sofort wurden alle Kräfte in höchsten Alarm versetzt und weitere Schiffe in Gang gesetzt, um notfalls einem überraschenden Überfall entgegenwirken zu können. Andere bargen die Verletzten und Toten von den teils stark ramponierten Galeeren mit Feindkontakt. Juan de Austria und seine Kommandeure ließen sich sofort berichten, was geschehen war. Die Spähschiffe des Sultans waren indes verschwunden, praktisch wie von der See verschluckt. Vermutlich ähnlich erschrocken von der urplötzlichen Begegnung, kehrten sie zurück zu ihren Befehlshabern, um Meldung zu machen. Nun aber war man sich gewiss, dass der *Oberbefehlshaber, Ali Pasa und sein fähiger Seemann, der gefürchtete Korsarenführer von Algier, Uluch Ali*[113], unweit ihres Ankerplatzes auf der Lauer liegen würden. Es konnte keine Ewigkeit mehr dauern, bis es zur Seeschlacht kommen würde, doch noch immer war nicht bekannt, wie stark der Gegner sein würde. Einen kleinen Vorgeschmack allerdings hatten die einfachen Soldaten bekommen, was es bedeuten würde, in Nahkampf und Entermanier dem unerbittlichen Feind Auge in Auge gegenüber zu stehen.

Als die Liga-Flotte am 7. Oktober[114], nach weiteren Tagen des Aufeinanderlauerns, im Golf von Lepanto

---

[113] Winfried Baumgart: Lepanto 1571. Zum 400. Jahrestag der großen Seeschlacht. www.thz-historia.de

[114] Dito

der im Halbmond aufgereihten Seestreitmacht von Ali Pasa gegenüber lag, gehörte Hans Georg zu den ersten Opfern einer aufziehenden großen Schlacht. Frontal hielten die Schiffe aufeinander zu. Die vorgelagerten Galeassen belegten die ersten Schiffsreihen des Gegners mit ihrer ungeheuren Feuerkraft der Kanonen und rissen erste Lücken in ihre Reihen. Von hinten peitschten mit schnellen Ruderbewegungen beiderseits die Galeeren heran und verkeilten sich mal einzeln, mal als Gruppe ineinander. Mit allem, was zur Bewaffnung gehörte, gingen die Bordmannschaften aufeinander los. Buggeschütze sowie Infanteristen mit ihren Arkebusen feuerten auf des Gegners Truppen, Bogenschützen attackierten sich bereits von Weitem, und Mann gegen Mann beharkten sich die Widersacher mit Schwertern und Dolchen in einem blutigen Kampf über Stunden hinweg. Den jeweiligen Oberbefehlshabern entglitt bei der Unzahl an Einzelscharmützeln die Führung der Schlacht und dennoch bewährte sich die starke Reserve, die Juan de Austria im Hintergrund hielt und damit vermeintliche Durchbrüche vermeiden konnte. Ein zweiter Geniestreich war eine bewegliche Flanke unter der Führung des Genuesen Gian Andrea Doria[115], der die Umklammerungsbemühungen seines direkten Kontrahenten, Uluch Ali, geschickt abwehren konnte. Mit dem Hissen der weithin sichtbaren Liga-Flagge auf dem Hauptmast des Flaggschiffes von Ali Pasa, hatte die stundenwährende, blutige Seeschlacht ihren Höhepunkt erreicht und läutete von da an einen verzweifelten Rückzugskampf einer demoralisierten Osmanen-Armee zur See ein. Über hundert Schiffe gingen verloren. Tausende Männer haben an diesem Tag ihre Leben lassen müssen. Das Meer, so hieß es später, war rot

---

[115] Winfried Baumgart: Lepanto 1571. Zum 400. Jahrestag der großen Seeschlacht. www.thz-historia.de

gefärbt, und wiederum Tausende nahmen ihre Verletzungen mit nach Hause.

Als die Schlacht geschlagen war, kehrten die Kommandeure mit Siegesgut beladenen Galeeren zunächst zurück in den schützenden Hafen von Kefalonia. Botenschiffe wurden entsandt, um die frohe Kunde vom Sieg so schnell als möglich in die Länder der Heiligen Allianz zu tragen. Von der Ferne hatten Papst Pius V. und unzählige gläubige Brüder und Schwestern mit täglichen Rosenkranzgebeten die christlichen Streiter unterstützt. Zutiefst empfundener Dankbarkeit und Ehrerbietung ergriff Papst Pius V., den eine innige spirituelle Beziehung mit der Gottesmutter verband. Von da an sollte der Triumph der Heiligen Liga im Monat Oktober der *himmlischen Mutter geweiht sein*[116].

Hans Georg hatte für sich entschieden, sollte der Vater im Himmel seinen höchsten Tribut zum Wohle und zum Sieg der Heiligen Allianz einfordern, würde er gerne mit Juan de Austria nach Messina auf Sizilien zurückkehren und dort bestattet werden. Als Juan de Austria mit den seetauglichen Schiffen den Rückweg nach Messina antrat, schlossen sich auch alle Begleitschiffe an, die im Schutz der Insel Kefalonia geankert hatten und unter anderem bei den Toten der ersten Feindberührung vor Oxia verblieben waren. Wie ein Lauffeuer hatten sich damals die Namen der ersten Opfer durch Feindeshand herumgesprochen. Freiherr Adalbert Starringer war unter den Ersten gewesen, der vom schmerzlichen Verlust seines Freundes aus früheren Jugendtagen in Kalling und Hubenstein erfahren mussten. Adalbert hätte sich gewünscht, Hans Georg in Messina unter den Abertausenden Kämpfern anzutreffen, aber das Schicksal hatte es ihnen damals ver-

---

[116] Seit der Schlacht von Lepanto 1571 wird der Rosenkranz gebetet.

wehrt. Stattdessen musste er seinen Freund aus der Heimat als eines der ersten Opfer in Leichentüchern beklagen. Wie etwa fünftausend andere deutsche Söldner, verdingte sich Adalbert Starringer als Söldner-Hauptmann für Juan de Austria. Schon vorher hatte er als Hauptmann mit über dreihundert gut ausgebildeten Infanteristen den spanischen König Philipp II. gedient und hatte an der Seite dessen Oberbefehlshabers, Juan de Austria, die blutigen Aufstände der Mauren in Andalusien niedergeschlagen. Im Beisein tausender Seeleute aus aller Herren Ländern wurden die vielen Opfer der Seeschlacht von Lepanto auf sizilianischem Boden feierlich beigesetzt und auch derer gedacht, für die das Meer schon während der Schlacht zum Grabe geworden war. Adalbert Starringer hatte sich der Trauergemeinde um den venezianischen Kommandanten Sebastiano Veniero angeschlossen, die ihrer venezianischen Helden gedachte und dem er sich als naher Familienfreund und Landsmann vorgestellt hatte. Der Anführer der siegreichen venezianischen Seestreitkräfte ermöglichte ihm so denn den Kontakt zu Markus Fugger in Venedig, an den ein Brief von Hans Georg adressiert war. Ehrfürchtig berührt nahm Adalbert das Schwert Hans Georgs entgegen, das er einst zum Abschied für seine Dienste für das bayerische Herrscherhaus aus den Händen Herzog Albrechts V. bekommen hatte, sowie den Siegelring der Familie Preysing Hubenstein und ein letztes Schreiben an die Familie. Außerdem überreichte der Kommandierende eine kleine, feingearbeitete Holztruhe persischen Ursprungs. Sie war unverschlossen und enthielt die *Tagebücher Hans Georgs*[117], die er bei seinen Abenteuerreisen verfasst hatte. „Die wenigen Habseligkeiten eines Abenteurers,

---

[117] Hans Kratzer bediente sich 8 Tagebücher, als er 1984 den Artikel zu Hans Georg v. Preysing Hubenstein verfasste. Staatsarchiv München

aber ein Schatz für die Familie und die Nachwelt", dachte Adelbert.

Der große Sieg war natürlich den Helden von Lepanto Tage vorausgeeilt und trotzdem traf Adalbert Starringer auf einen sichtlich betroffenen Markus Fugger, der bereits vom Tod seines Freundes Hans Georg gehörte hatte. Adalbert übergab den Brief an den Adressaten, der ihn aufmerksam und ob der traurigen Nachricht immer wieder mit brechender Stimme laut vorlas:

Mein ehrwürdiger Freund Markus Fugger

Es ist der Tag vor dem Auslaufen der Flotte der Heiligen Liga. Ein historisches Datum, der 16. September 1571.

Messina ist der Ort, von wo aus, so Gott will, begonnen ward, im Triumph über die unlauteren und ungläubigen Eindringlinge, im Siege ein denkwürdiges Zeichen für unsere Welt zu setzen. Es ist der Ort, von wo beginnen soll, die Unbesiegbarkeit des Osmanischen Reiches zu widerlegen. Und es ist der Ort, da der feste Wille und wahre Glaube der christlichen Welt über denen obsiegt, die die Worte unseres gemeinsamen Urvaters Abraham und den Propheten des Alten Testamentes unehrlich und heimtückisch verwenden. Es sind die Worte Mohammeds, die in die Irre führen, wenn er sagt: „Ihr seid die Söhne Abrahams, und Gott will durch euch sein Versprechen, das er Abraham und seiner Nachwelt gegeben hatte, verwirklichen. Liebe den Gott Abrahams, gehe hinaus und nimm das Land in Besitz, das Gott deinem Vater Abraham gegeben hatte, denn niemand wird imstande sein, dir im Kampf zu widerstehen, denn Gott ist mit dir[118]". Gott liegt weder etwas an Land noch an irdischen Reichtümern in dieser Welt. Denn Gott hat seinen Sohn geschickt, der über Gottes Reich sagt: ,Mein Reich ist nicht von dieser Welt[119]'. Seine Herrschaft ist die Herrschaft des Heiligen Geistes, der über uns wacht und acht gibt, die Gebote, die Moses aus Gottes Hand erhalten hat, einzuhalten.

Der Heilige Geist gibt uns unser Bewusstsein für ein frommes und friedvolles Leben. Selig jene, die sich danach richten. Mein ehrwürdigster Freund, dafür wurde ich getauft und so lege ich mein „Sein" in seine Hände und hoffe auf die Erlösung von meinen Sünden und die Auferstehung, wie von Jesus Christus, Gottes Sohn mit seinem Blutzoll für uns bezeugt.

Gott zum Gruße, Dir zum Segen und in tiefer Demut

Hans Georg Freiherr von Preysing Hubenstein

Im Gegenzug erhielt Adalbert Starringer das Schreiben Hans Georgs, das er vor der Entsendung der venezianischen Flotte an Markus Fugger ausgehändigt hatte. Hans Georg hatte wohl bestimmt, dass der einzige Schatz, den er zu Lebzeiten angehäuft hat, seine Abenteuergeschichten wären, die in seinen Tagebüchern für die Generationen nach ihm überdauern sollten. Für Hans Georg schloss sich der irdische Kreislauf

---

[118] Syrische Chronik von Thomas dem Presbyter, um 640 n.Chr.
[119] Bibel: Johannes 18, 36

von Leben und Tod und eröffnete im Zyklus seiner Tauferneuerung am Jordan die Erwartung auf seine Auferstehung im Zeichen Christi.

Korbinians Schilderungen glichen einem geschichtlichen Roman mit allerlei Ausschmückungen zu den realen Begebenheiten, zu den Menschen um Hans Georg herum und der Welt, in der er eben im 16. Jahrhundert lebte. Es war eine gedankliche Reise in die Vergangenheit und mit Leben erfüllt. Mit Spannung hielten die Kinder und Jugendlichen an seinen Lippen fest und folgten interessiert seiner Erzählung. Umso mehr brach es danach aus Einzelnen heraus.

„Herr Lehrer Rosshaupt. Is de Gedenktafel von dem Hans Georg des einzige, wos von ihm an Hinterlassenschaft da is", fragte einer.

„So wia es ausschaut, ja. Leider gibt's von ihm nur de Tagebücher, keine Gemälde oder Portraits oder dergleich'n. Und wenn du vielleicht an des Schwert dacht hast, dass der Adalbert Starringer mit zurück'bracht hat. Des is auch ned g'funden word'n", musste der Lehrer Rosshaupt Korbinian seine Zuhörer enttäuschen.

„Aber es gibt doch de Geschicht vom Geheimgang von Hubenstein nach Kalling", brachte der Netter Quirin nun ein, weil er sich nicht mehr zurückhalten konnte.

„De Erzählung gibts schon ziemlich lang, wia du weißt Quirin. Und auch einiges mehr drum herum an reger Fantasie, auch des wissts ihr." Er wollte damit vor allem Quirin ansprechen, der ihm versprochen hatte, keine weiteren Mutmaßungen über die von Bruder Lukas geäußerten Vermutungen und Andeutungen zu verbreiten. „Es is schon so viel g'sucht worden und nix is bisher zum Vorschein komma. Man glaubt gern daran, aber man weiß davon nix, Kinder", führte der Lehrer Korbinian in seiner Rolle als Wissensvermittler aus. „Trotzdem weiß man sehr viel über de damalige Zeit, als der Edle von Hum'stoa, der Hans Georg hier großg'word'n is und in de weite Welt auszog'n is. Und des Andenk'n daran könnte man wieder aufleb'n lass'n. Des Epitaph is da, des Schloss war einst da, de Kirchen san da. Wir alle san in der Lage, de Geschichte um des Schloss Hubenstein wieder aufleb'n z'lass'n, wenngleich es keine Artefakte gibt", Korbinian korrigierte sich schnell, „also Gegenstände aus dieser Zeit rund um des Schloss gibt."

„Wie soll des geh'n?", meinte Quirin Netter überrascht.

„Ja mei. Vielleicht habt's ihr schon einmal etwas von der Landshuter Hochzeit von 1475 g'hört. Die Landshuter führen schon seit 1903 einen Umzug inmitten der Stadt samt historischem Fest durch und erinnern damit an ein bedeutsames, historisches Ereignis für de Stadt."

„Des stimmt", meinte Balthasar Freudlmeier, „i war da schon mal mit meim Vater, erzählte er stolz.

„Wir brauch'n also ned wirklich Bilder oder Erbstücke der Preysinger, sondern einfach nur eine Geschichte, de wir real werd'n lass'n können, indem wir ein historisches Fest und Spiel auf de Beine stell'n würd'n", meinte Korbinian, der sich sehr über seinen plötzlichen Einfall freute.

Balthasar, Quirin und andere erinnerten an das Hirten- und Weihnachtsspiel und wie begeistert die Zuschauer gewesen seien. Alle sprachen plötzlich durcheinander und überschlugen sich mit gegenseitigen

Ideen. Korbinian beließ es dabei, denn er wollte einerseits die Euphorie der Kinder und Jugendlichen nicht schmälern, andererseits wusste er, dass es für so ein Vorhaben noch Einiges mehr brauchte als die Begeisterung der Jugend. „Es sind noch ziemlich dicke Bretter zu bohren", war sein nächster Gedanke, aber es müsste doch auch Erwachsene geben, die mit Freude und Leidenschaft so eine Idee aufgreifen würden. Vielleicht im Rahmen eines historischen Vereins?

Land unter in Moosen
Frühjahr 1923

Sepp Netter und Johannes Freudlmeier hatten vereinbart, dass sie sich auf der Grantinger Höhe treffen würden, um den Baufortschritt der Kapazitätserweiterung zur elektrischen Überlandleitung zu begutachten. 1919 war das „Weiße Licht" nach Taufkirchen gekommen und eine geraume Zeit danach nach Moosen und Hubenstein. Jahre später sollte nun die Erweiterung der Kapazitäten erfolgen, um Strom für eine breitere Bevölkerungsschicht verfügbar zu machen. Das elektrische Licht war immer noch Luxus für die meisten Leute, aber es hatte doch erhebliche Vorteile gegenüber den üblichen Petroleumlampen, die sehr viel Gestank verbreiteten. Der Docht musste immer nachjustiert, der Kolben geputzt und der Tank nachgefüllt werden. Trotzdem gab es zwischen den beiden Gemeinden Moosen und Hubenstein keine sofortige Einigung ob der gemeinsam zu tragenden Ausbaukosten, an denen sich die Gemeinden durch die Überlandwerke zu einem kleinen, aber für zwei kleine Gemeinden durchaus maßgeblichen Teil, zu beteiligen hätten. So waren die Hubensteiner überwiegend der Meinung, das „Elektrische" sei nur etwas für Wohlhabende und würde die Kluft zwischen den Armen und Reichen noch weiter auseinander treiben. Immerhin kostete die Kilowattstunde etwa so viel, wie der Stundenverdienst eines Tagelöhners und eine Glühlampe fast einen ganzen Monatslohn[120]. Es bedurfte einiger interner Sitzungen des Gemeinderates in Hubenstein, und nur durch das Gewicht und die Durchsetzungskraft von Bürgermeister Johannes Freudlmeier konnte er den Gemeinderat zur

---

[120] Haus der Bayerischen Geschichte (HDBG) Magazin, 2020, Bayern in den 1920ern, Stromzeit, S.19

Zustimmung des Ausbaus bewegen. In seiner Backstube war er bereits voll und ganz von den Vorzügen der Elektrizität überzeugt und sah darin die Zukunft liegen. Noch würde er den Strom nur zur Beleuchtung benutzen, aber bald schon würde er, wie der Müller in Siebmühle, mit dem eigenen Generator mechanische Geräte mit Strombetrieb daran anschließen können. „Und der Strom werd mit der Zeit, wenn es einmal viele Abnehmer gibt, auf jeden Fall viel günstiger werd'n und des für alle", war seine Meinung.

Im Moment aber trieb die beiden Bürgermeister die Sorge um, dass der Baufortschritt erheblich hinter dem Zeitplan lag. Im Frühjahr war Regen immer willkommen, weil ihn die Natur in der Wachstumsphase auch braucht. Jedoch, was da die letzten zwei bis drei Wochen mal mehr, mal weniger vom Himmel kam, war fern von altbekanntem Frühlingswetter. Die Bauarbeiter mussten ihre Gewerke ruhen lassen und selbst die Bauern konnten noch kein bisschen an die intensive Bewirtschaftung ihrer Felder denken. Jede Bearbeitung der Ackerflächen hätte im tiefen Schlamm geendet. Die beiden konnten tatsächlich auch nicht mehr tun, als die missliche Lage so hinzunehmen. Dass dies für Johannes und Sepp das kleinere Übel sein würde, ahnten sie zu diesem Zeitpunkt noch nicht.

Die Erde war vom Regen so satt, dass der Boden das Wasser nicht mehr halten konnte. Die kleinen Zuläufe zur Vils waren mittlerweile ungemein angeschwollen und beförderten immer mehr an Wassermassen, Schlamm und Sonstigem, was hinfort gerissen wurde, in die Vils. Und an manchen Stellen hatte sie die obere Flusskante bereits erreicht. In der Nacht von Sonntag auf den Montag prasselte erneut ein heftiger Wolkenbruch auf das Vilstal hernieder. Sepp Netter war zu einer für ihn ungewöhnlich späten Zeit in die Schlafkammer gegangen. Alle halbe Stunde war er davor mit der Öllampe und einem dichten Überwurfmantel in den Stallungen und rund um den Hof unterwegs gewesen. Seine Viecher im Stall waren außerordentlich unruhig und seine Nachbarn augenscheinlich angespannt wie er, denn auch ihre Petroleumlampen bahnten sich zu später Stunde ihren Weg durch die verregnete Dunkelheit. Argwöhnisch hatte sein letzter Blick, so gut es in der Dunkelheit ging, der nahen Vils gegolten, die sich in ihrem tiefen Flussbett äußerst breit gemacht hatte. Die Situation aber ließ ihm in der Schlafkammer keine Ruhe. Beunruhigt von den Umständen und von einer inneren Macht angetrieben, sprang er aus seinem Bett, weckte seine Frau, stürzte in jedes Zimmer im Haus, schlug lauthals Alarm und ordnete an, dass alle das Haus verlassen müssten. Als hätte er die katastrophalen Fluten der Vils im Traum bereits gesehen, schrie er alle zusammen, sie sollten das Allernötigste mitnehmen, auf das Fuhrwerk legen, eins der Pferde einspannen, die restlichen Viecher aus dem Stall holen und möglichst geordnet zur Wiese oberhalb des Bahndammes treiben. Die Kühe müssten unbedingt losgebunden werden, damit sie zur Not selbst losrennen können. Aber, wenn möglich sollte eine nach der andern geordnet aus dem Stall raus, um Panik unter den Tieren zu vermeiden. Dem Quirin hatte er angeschafft, er solle den Mesner aus dem Bett holen und die Kirchturmglocken läuten lassen. Es sollten alle gewarnt werden, die das Hochwasser noch nicht bemerkt hatten. Inzwischen hatten alle Bediensteten zumindest das Fuhrwerk mit dem Wichtigsten darauf und alle Rösser und die Kühe samt der Kälber weggebracht, als sich zwar im Morgengrauen der Regen normalisierte, *aber die Flutkatastrophe sich mit voller Wucht im oberen Vilstal von Taufkirchen*[121] bis weit über Moosen hinaus radikal und unerbittlich ihren Weg bahnte.

Nach einem stundenlangen Kampf gegen die Gewalten waren die rastlosen und couragierten Einwohner, die Helfer benachbarter Orte und der Feuerwehr der Erschöpfung nahe. Nach einem stundenlangen Kampf war es der erste Moment, in dem alle wie abgesprochen das erste Mal aus sicherer Entfernung inne hielten und auf das Chaos unterhalb ihres Standortes blickten. Und es war trostlos groß. Die Gebäude und Anwesen der ersten Reihe an der Vils waren bis zum oberen Türrahmen mit gelb-braunem Wasser geflutet. Neben allerlei Unrat, wie Holztrögen, mitgerissenen Baumstämmen samt Geäst, einer Kinderwiege, Teile eines Scheunendaches kam ein Reklameschild vom Fotogeschäft Mayer aus Taufkirchen daher. Die reißende Flut und alles, was mit ihr hinweg geschwemmt wurde, nahm gefühlt kein Ende. Mittlerweile hatte der Regen aufgehört und ebenso das Glockengeläut. Von irgendwoher klag das elendige Gebrüll einer Kuh, die man dann sogleich versuchte aus der immer noch gewaltigen Strömung zu befreien. Einige ganz Mutige bauten ein provisorisches Floß und versuchten, von einer Seite an die Kuh heranzukommen. Das Tier hatte sich offensichtlich mit seinem Strick in einer Baumgruppe unterhalb der Vilsbrücke verheddert und kam weder vor noch zurück. Wie die Wagemutigen es geschafft hatten, ein Seil auf die andere, linke Seite der Vils zu spannen, an dem sie sich an die Kuh heranmanövrierten, blieb ein Rätsel. Die Anderen an der steilen Böschung zur Baumgruppe jedenfalls versuchten ihrerseits, die Kuh zu retten. Allen Bemühungen zum Trotz war die Kuh derart entkräftet und vermutlich unter-

---

[121] Historischer Verein Dorfen e.V.: In Anlehnung an das Hochwasser in Dorfen und Taufkirchen (Vils) von 1920.

kühlt, dass sie, bevor sie gerettet werden konnte, in den Fluten unterging. Enttäuschung und Entsetzen standen den jungen Männern ins Gesicht geschrieben, als sie ihre halsbrecherische Aktion abbrechen mussten. Die Schäden an den Häusern waren von einem noch nie dagewesenen bekannten Ausmaß. Mauern und teilweise Dächer waren eingestürzt, auch die Fundamente des Friedhofs waren unterspült und die Kirchenbänke vom Wasser vollgesogen, so dass man erhebliche Reparaturarbeiten zu befürchten hatte. Die Bilanz dieser Überschwemmung war verheerend. Zum Glück waren keine Menschenleben betroffen, aber der Sachschaden für die Hauptbetroffenen war existenzbedrohend. Als eine weitere dramatische Notlage entpuppten sich die gefluteten Brunnen, aus denen die Bevölkerung Trinkwasser für sich selbst und ihre Tiere in den Tagen danach schöpfte. Das einst saubere Wasser der Hälfte der Brunnen am Ort war durch die übergelaufenen und teils weggeschwemmten Jauchegruben ungenießbar, ja sogar lebensbedrohlich verschmutzt. Und noch nach einer Woche, als das Hochwasser verschwunden war, musste die betroffene Bevölkerung größtenteils das Trinkwasser abkochen. Relativ bald hatte man auch erkannt, dass die Vilsbrücke schwer in Mitleidenschaft gezogen worden war. Keinesfalls konnte die Brücke ihrem herkömmlichen Zweck dienen, weiterhin schwere Lasten zu tragen, was all denen Probleme bereitete, die ihre Waren und Güter per Fuhrwerk zur - Gott sei Dank - verschont gebliebenen Bahnhofsanlage bringen wollten. Für Personen wurde eine provisorische Begehbarkeit hergerichtet, die regelmäßig von den Kirchgängern bis zu den Schulkindern genutzt wurde.

Das Schulhaus hatte es ebenso erwischt und Korbinian Rosshaupts Lehrerwohnung war erneut praktisch für Wochen unbewohnbar geworden. Die Gebäudestruktur der Schule selbst hatte zur Überraschung den Fluten standgehalten und war nach wie vor für Schulzwecke nutzbar geblieben. Dank der vielen Helfer und der Schüler selbst, die samt ihren Vätern und Müttern unterstützten, konnte erst ein Notunterricht im Wirtshaus im Saal organisiert werden und nach und nach waren die Klassen wieder in die Räume zurückgekehrt. Korbinian war zunächst im Pfarrhaus in einer Kammer untergekommen und damit ergaben sich ungewohnt viele gemeinsame Abende mit Pfarrer Nepomuk Langkofler. Der erzählte Korbinian von den großen, materiellen Schäden am Friedhof, dem Pfarrstadel und an den Fundamenten des Pfarrhauses, die zu reparieren waren. Was erst den Anschein hatte, es würde einige Wochen dauern, zog sich längst Monate hin, wie er klagte. Ohnedies war die Stimmung in der Bevölkerung sehr bedrückt, teilweise war sie wie bei einem psychisch angeschlagenen Menschen, in sich gekehrt. Aber im nächsten Moment konnte, ähnlich einer Sprengladung mit kurzer Lunte, der aufgestaute Frust explodieren, stellten beide fest. Die politische Großwetterlage war nach wie vor angespannt und undurchsichtig und hinzukam, dass die Preise für ordinäre Lebensmittel stark stiegen, was vor allem den Ärmsten der Bevölkerung enorm zusetzte. Eine Krise jagte die nächste. In diese angespannte Stimmungslage hinein hatte der Altpfarrer Alois Mooslechner in Abwesenheit von Pfarrer Langkofler bei einer gut besuchten Sonntagsmesse eine Predigt gehalten. Nach nur wenigen Minuten des Einwirkens auf die Kirchenbesucher hatte sie ihre ganze Sprengkraft entfaltet, so ließ er sich von Korbinian Rosshaupt berichten, der die Orgel gespielt hatte. Die Flutkatastrophe hing den Menschen immer noch nach vielen Wochen in den Klamotten, aber sie nahmen es hin, denn anders würde es nun auch nicht besser werden. Sie gingen eigentlich in die Kirche, um für ein bisschen Hoffnung, Zuspruch und Besserung zu bitten. Hauptsache so ein Desaster kommt nie mehr wieder und wenn es schon Jahrhunderthochwasser geben müsse, dann bitte nicht mehr im oberen Vilstal. „Aber der Altpfarrer sprach vom eigenen Verschulden, weil man alte und gottgefällige Gewohnheiten und Pflichten vergessen habe", wusste der Chorregent und Lehrer zu erzählen.

„Vor Blitz, Hagel und Ungewitter bewahre uns, Herr Jesus Christus", hatte Alois Mooslechner begonnen, indem er den Wettersegen anstatt am Ende an den Anfang seiner Predigt stellte. Er fuhr sinngemäß fort: „Alle Menschen seien auf gutes Wetter angewiesen, die Bauern, die Gütler, die Handwerker und alle Bürger, aber keiner tue etwas, die alten, guten Bräuche und gottgewollten Traditionen des Wetterläutens wiederzubeleben. Er erinnere sich an kein Unwetter, kein großes Gewitter, seit er ein Bub gewesen sei, das man nicht mit einem demütigen Gebet und dem kräftigen Schallen der Wetterglocken hätte vertreiben können. Wer sei bereit, für Bewährtes einzutreten? Wer sei bereit, etwas zu geben, das Gott gefällt und allen nützt? Holen wir uns unsere Glocken wieder zurück." Tatsächlich klaffte am Glockenturm für jeden sichtbar eine Wunde, die noch von der Demontage der zwei großen von insgesamt drei Glocken zum Ende des Krieges 1918 herrührte.

Die Resonanz auf eine Sonntagspredigt hätte nicht größer sein können, hätte man dies so gewollt. Es dauerte nicht lange und es formierten sich Anhänger, die sich für eine Abgabe je Kirchenmitglied aussprachen und den überrumpelten Pfarrer Langkofler zuvorderst dafür einspannen wollten. Andere hingegen lagen ihm im Ohr, ob es denn nicht andere Probleme gäbe, als für unwiederbringliche Glocken Spenden zu fordern, die einst der unsägliche Krieg „geholt" hätte. Nepomuk wäre kein Kirchenmann gewesen, wenn er die Idee für die Beschaffung mindestens einer Glocke nicht für gut befunden hätte, was auch immer man vom Effekt des Wetterläutens halten wollte. Allein der Gedanke an einen positiven Aufbruch und die Gemeinsinn stiftende Wirkung hätte ihn überzeugt, aber zu welchem Preis? Wer wollte diese große Summe aufbringen, wenn nicht die, die viele waren, aber ebenso kaum genug zum Leben hatten. Korbinian Rosshaupt spürte den Zwiespalt im Herzen seines momentanen Hausherrn und ging schon seit einiger Zeit mit einem Gedanken schwanger.

„Nepomuk, wos wär, wenn du de benötigte Summe ohne große Schwierigkeiten bei'nander hätt'st?", wollte Korbinian wissen.

„Was soll des, Korbinian? Du weißt, welche ökonomischen Umstände wir hab'n", antworte Nepomuk fast schon genervt.

„I mein ja nur. Würdest du eine solche Glocke denn wirklich ham woll'n?"

„Gesetz dem Fall, de Summe würde den Konflikt in der Kirchengemeinde lösen helf'n und de beiden Fraktionen müssten ned aufeinander losgeh'n. Ja, dann würd i des als ein äußerst positives Zeich'n mit bedeutender Strahlkraft nehmen und wär den edlen Spendern aufrichtig dankbar", sagte Nepomuk mit einer ungewohnt farblosen Stimmlage, die lediglich auf illusorische Gedankenspiele hindeutete.

„I denk, i hab da wos im Sinn", stellte Korbinian trocken in den Raum.

Nepomuk Langkofler blickte auf und sah ein Flackern in den Augen seines Mitbewohners auf Zeit. Von da an lauschte der Pfarrer den Worten Korbinians und je mehr es wurden, umso mehr richtete er sich aus seiner zusammengekauerten Sitzposition auf und hörte gespannt zu. Korbinian Rosshaupt begann von einer ledigen Tante, also der Schwester seiner Mutter, zu erzählen, die ihm ein stattliches Erbe hinterlassen habe und dass er nun bereit wäre, einen Teil davon für einen guten Zweck zu stiften. Damit wären vermutlich noch nicht die kompletten Kosten einer tonnenschweren Glocke, wie er verstanden habe, bezahlt, aber die Lage wäre nicht aussichtslos und mit ein bisschen Kreativität müsste man es schaffen können, den Rest aufzutreiben. Nepomuk stand der Mund offen, bis er zur Besinnung kam, welch unglaubliches Angebot ihm hier unterbreitet wurde. Mehrfach wiederholte er seine Frage, ob Korbinian sich tatsächlich sicher sei und diese edle und christliche Tat wahr machen wolle? Aber die Verbindlichkeit in Korbinians Antworten und die ungebremste Euphorie auch bei der restlichen Geldbeschaffung mitmachen zu wollen, beispielsweise durch Spendeneinnahmen per Orgelkonzerten oder mit ein paar Musikanten von Haus zu Haus ziehen zu wollen, um den Herrschaften mit Musik eine Spende zu entlocken, überzeugten Nepomuk Langkofler und entfachten in ihm ein Licht der Hoffnung.

Jetzt war es an ihm gelegen, wie er das unter seinen Schäfchen heikle Thema angehen wollte. „Denn de Kuh is noch ned vom Eis", betonte er, als sich die beiden verabschiedeten.

Die Vergebung der Jagd
Januar 1924

Johannes Freudlmeier wähnte sich umzingelt von feindlich gesinnten Unbekannten, die lauthals schreiend und mit wuchtigen Schlägen versuchten, die schwere Eichenhaustüre zu seinem Wohnhaus zu durchbrechen. Als würden sie nach seinem Leben trachten wollen, kam es ihm vor. Und sie forderten ständig: „Hannes, Hannes, komm raus" als er im Halbschlaf bemerkte, dass er im Traum war und gleichzeitig realisierte, wie tatsächlich Kieselsteine gegen das Schlafzimmerfenster flogen und der Türklopfer gegen die Eichentüre hämmerte. In diesem Moment schreckte auch seine Frau Elisabeth aus dem Federkissen hoch und rüttelte an seiner Schulter.

„Johannes, de werf'n uns noch des Fenster ein. Steh auf und schau nach."

Johannes raunzte ungehalten ein „Wos is denn bloß los? Sind jetzt alle deppert g'worden", in sich hinein und hievte sich aus dem Bett. Er ging um das Bett herum zum besagten Fenster, das von Außen durch die einzige Petroleumstraßenlaterne von Hubenstein erhellt war. Er schob den Riegel zurück und öffnete das Fenster.

„Wos is den los Leut, mitten bei der Nacht?"

Von unten: „Du musst uns einelass'n, Hannes. De ham den Millner Josef und den Mautz Wolfgang g'fotzt, dass blut'n. Mach auf." Vom Millner Josef war eine handgreifliche Auseinandersetzung zu erwarten gewesen, aber der Mautz Wolfgang war eigentlich ein Braver.

„I komm gleich runter", antwortete Johannes leicht angesäuert ob der nächtlichen Störung und nicht ganz klar, was ihn die Rauferei angehen würde.

„Elisabeth, du musst aufsteh'n. Komm bitte, de hab'n wieder einmal g'rauft. Du musst mir helf'n.

„Mein Gott. Werd'n de Männer nie g'scheiter", gab Elisabeth zum Besten, als sie sich in einen Schlafmantel kleidete und schon wusste, wo sie die Hilfsmittel zur Behandlung von Platz- und Schürfwunden finden würde.

Im Nu füllten sechs aufgebrachte, lärmende und mit ihren Stiefeln stampfende Männer die Bauernstube, bis Elisabeth entnervt und resolut sowie laut und deutlich ein Machtwort sprach, wie sie schon da und dort bewiesen hatte:

„Jetz seids halt einmal bitt'schön staad. In Gott's Nam, wir hab'n Kinder im Haus und außerdem, wem soll i denn z'erst helf'n?" Das saß. Tatsächlich reagierten die Männer auf die direkte Ansprache der Bürgermeistersgattin, die sie zu respektieren wussten.

„Der Millner Josef, den hat's am besten erwischt. Der hat eine richtige Platzwunde am Kopf", sagte der Brenninger Kasper, der in Hubenstein der Feuerwehrkommandant, war und deutete dabei auf den blutverschmierten Patienten. Der hielt sich mit seinem Schnäuztuch, das schon blutdurchtränkt war, die Wunde zu.

„Gut, dann fang i bei dir an, Josef", sagte Elisabeth und Johannes Freudlmeier war dankbar dafür, dass seine Frau durch ihre energische Ansprache eine gewisse Ordnung in diesen Tumult hinein gebracht hatte.

„Jetzt erzähl mal, Kasper. Wos war denn los?", wollte er wissen.

„Hannes, du weißt doch, dass die Moosener wegen der Jagdgeschichte einen Mordszirkus bei sich haben."

„Ja, des weiß i. Der Straßhuber Alois aus Moosen is sogar gegen de eigene Gemeinde vor Gericht zog'n, um dem bisherig'n Pächter, dem Wirt von Moosen, dem Angermayr Julius, den neuen Vertrag streitig z'machen.

„So is es. De drunt in Moosen san sich selber ned grün und streit'n wia Hund und Katz. Aber jetz kommt's. Der Straßhuber Alois is gerad heut in Hum'stoa bei unserem Wirt und ein paar seiner Spezis auch."

„Das kann er doch ohne weiteres", warf Johannes ein.

„Ja schon, aber am Wirtshaustisch hat er dann fallen lass'n, dass er, wenn er de Jagd in Moosen ned bekommen sollt, auch gerne de Jagd in Hum'stoa nehmen tät."

„Ja, so is es", stimmten die anderen unisono ein.

„So, davon weiß i bisher nix und auch der Gemeinderat offiziell ned", stellte Johannes fest und auch der Millner Josef, der mittlerweile einen Turban am Kopf trug, stimmte ihm mit einem „Jawohl" zu. Selbst der Mautz Wolfgang stimmte nickenderweise zu, als er gerade auf sein linkes blaues Veilchen, seinem zugeschwollenen Auge, die lindernde Kühle eines nassen Tuches von Elisabeth verabreicht bekam.

„Aber jetzt zum eigentlichen Ärgernis", sagte der Brenninger Kasper, als würd es sich um ein dramaturgisches Theaterstück handeln. „Des ham de meisten Hum'stoaner Wirtshausgäst noch als Frotzelei abgetan. Aber als der Wirt, unser Fischer Perigrin hinter der Schänke mitbekommen hat, wos der Alois Straßhuber dann g'sagt hat, is es richtig los'gangen."

„Ja, wos hat denn der Straßhuber dann g'sagt, wos so schlimm war?", wollte der immer ungeduldiger werdende Johannes Freudlmeier wissen.

„Der Straßhuber Alois hat g'sagt", so berichtete der Kasper Brenninger, „...hat geprahlt, dass er auf jeden Fall den Fischer Peregrin überbieten werd, wenn es zu einer neuen ‚Vergebung der Jagd' kommen würd."

Plötzlich meldete sich auch der bisher verletzungsbedingt benommene Millner Josef zu Wort und meinte: „Dann is der Peri, der Wirt, richtig narrisch g'worden und hat in seiner Wirtstub'm getobt. Er hat g'schrien: Habt's des g'hört, wos der Straßhuber g'sagt hat? Der will mir die Jagd in Hum'stoa abspenstig mach'n, der Gratler, der elendige. Gerad der, der in seiner eig'nen Gemeinde in Moosen soviel Unruh stift."

„Danach is dann alles ziemlich schnell gangen", meinte der Brenninger Kasper trocken. „Auf einmal san ganz böse Worte g'fallen, dann ein paar Halbe Bier hin und her ins Gesicht von dem einen und dem anderen und dann auch gleich de Fäust und ein paar Gläser."

„Und des Ergebnis sitzt jetzt da", fasste Johannes kurz zusammen, der die beiden Verletzten nochmals visitierte und auch bei den anderen zerrissene Hemdkragen und Ärmelfetzen feststellte.

„Ned ganz", meinte der Kasper Brenninger sogleich. „De Wirtin hat vom Haustelefon aus de Polizei in Taufkirch'n ang'rufen. Kennst sie ja. De hat doch gleich immer so viel Angst um ihre Wirtshausmöb'l. Bevor de aber da war, san wir abg'hau'n."

„Des is weniger gut. Dann werd des auch noch amtlich", sprach Johannes seine Befürchtung laut heraus und überlegte für ein paar Sekunden. „So, ihr macht's jetz gar nix, sag i euch ins Gebet. Habt's mich verstand'n", machte Johannes seine erste Anordnung klar, denn er hatte absolut keine Lust auf weitere Komplikationen von wegen Rachsucht befriedigen oder so. „Ihr geht's jetz heim und verhalt's euch komplett ruhig. De weiteren Schritte übernehme i, klar."

Elisabeth und Johannes waren froh, als endlich die nächtliche Ruhestörung vorüber war, obwohl Johannes noch im Schlaf verfolgte, wie er dieses dumme Ereignis entschärfen könnte. Kurz entschlossen fuhr er am Vormittag mit dem Fahrrad nach der Arbeit in der Backstube noch nach Moosen zum Netter Sepp, den er tatsächlich im Gemeindehaus antraf.

„Grüß Gott, Sepp. Hast du's schon g'hört, des von gestern beim Wirt in Hum'stoa?", kam der Freudlmeier Johannes bei seinem Amtskollegen aus Moosen gleich ohne lange Vorrede auf den Punkt.

„Wos glaubst du denn, Hannes?", meinte Sepp mit einer Gegenfrage, die nicht wirklich ernst gemeint war.

„Sepp, i weiß ja nur vom Hörensag'n, dass bei euch intern eine *Klage weg'n der Jagdvergebung*[122] am Bezirksamt in Erding anhängig is. Aber gut is des für uns Gemeinden nie, wenn die Obrigkeiten mitmisch'n und jetz auch noch de Polizei mit im Spiel is und sogar

---

[122] Basierend auf einer wahren Begebenheit (Klage) hier dramaturgisch ausgeschmückt. München, den 22. Januar 1922; An das Bezirksamt Erding: Beschwerde zur Vergebung der Jagd Moosen.

Hum'stoa da hineinzog'n werd", gab sich der Hubensteiner Bürgermeister besorgt.

„Du hast ja recht, aber wos soll i mach'n? Der, i
mag den Schimpfnamen ned aussprech'n, der mir auf
der Zunge liegt, der Straßhuber hat des Ganze gegen
Moosen bis zur Regierung von Oberbayern tragen, ge-
nauer g'sagt bis zur Kammer des Inneren und dort
werd des alles noch entschied'n werd'n", sagte Sepp im
Nachsatz. „Wia des Ganze ausgeht, i weiß ned, aber als
Gemeinde Moosen hab'n wir uns nix zu Schulden
kommen lass'n. Wir hab'n alles ganz korrekt ge'macht,
wia sich des immer schon g'hört hat. Viele Freunde hat
sich der Straßhuber Alois damit ned g'macht in Moosen, aber es gibt wia immer einige Anhänger, de ihm
auf dem Schoß sitzen."

„Und jetzt hat er auch noch den Ärger nach
Hum'stoa rein'trag'n. Und de Leut nehmen des mit der
Jagd sehr ernst und persönlich, wia du weißt. De
Hum'stoaner san richtig sauer auf de Moosener und es
is kaum auseinander zum halten, dass eigentlich nur
der Straßhuber den Wurm rein'bracht hat, Sepp." Beide waren für ein paar Augenblicke nachdenklich und da
hinein wollte Johannes wissen:" Wia kam's überhaupt
zu dem Streit in Moosen, Sepp?"

„Des kann i dir schon sag'n. Der Straßhuber Alois
hat sich beim Bezirk Erding beschwert, dass die ‚Vergebung' der Gemeindejagd Moosen von der Gemeinde
weiterhin, wia bisher, beim Wirt, beim Angermayr Julius, blieben is. Wir beziehungsweise des Bezirksamt
hätten versäumt, de Erinnerung zu einer Neuverhand-
lung des Pachtvertrages durchzuführen, wos so ned
stimmt. Und dann auch noch, dass er sowieso mehr
bezahl'n würd als unser Wirt. Spezlwirtschaft hat er
uns unterstellt, verstehst?"

„Und des werd jetzt von der Regierung von Oberbayern g'prüft?"

„So is es, Johannes." Sepp Netter wurde nachdenklich. „I weiß schon, Johannes, jetz, wo der Wandel überall zu spüren is, ungebremst voranschreitet und auch de Kommunen erfasst, können wir eigentlich keine Streitereien zwischen den Gemeind'n brauch'n. Es geht beim Elektrischen voran, beim Telefonwesen, beim Infrastrukturausbau mit Straßen für die Automobile und auch bei der Vilsbrücke. Sogar bei den Kirchenglocken müssen wir alle z'samm'helfen, weil es gemeinsam einfach leichter geht."

„Auf jeden Fall müss'n wir verhindern, dass de Polizei in Taufkirchen ein riesen Tamtam aus der Sache beim Fischer Peregrin, unserem Wirt in Hum'stoa, macht. Meine Leut habe i eing'schworen: Keine Anzeigen, kein Sterbenswort zu einem handgreiflich'n Streit, nur des übliche Wirtshausgeplänkel. Jedes Aufbauschen bei den Behörd'n is nur schlecht für uns alle."

Beide waren sich schnell einig, dass sie persönlich mit dem diensthabenden Polizeiwachtmeister in Taufkirchen reden würden, damit lediglich eine relativ belanglose Meldung an das Bezirksamt Erding gehen würde.

Der Putsch
April 1924

Mein lieber christlicher Bruder im Glauben!
Mein lieber Nepomuk!

Die Tage zogen seit unserer letzten Korrespondenz wie im Fluge dahin. Jetzt im April 1924 gibt es wieder kleine Zeichen der Hoffnung und Zuversicht für die Menschen hinsichtlich ihrer wirtschaftlichen und damit existenziellen Situation. Die Inflation von 1923 warf dramatische Schatten auf uns alle und hatte alle bis dahin erreichten Errungenschaften praktisch im Nu zunichte gemacht. In Lohn und Brot gekommene, junge Soldaten waren plötzlich wieder massenhaft arbeitslos und die Frauen, einst in der Kriegsindustrie tätig, konnten ihre Kinder nicht mehr satt machen. Die staatlichen Leistungen für die Armen hatten bei weitem nicht ausgereicht und die galoppierenden Preise hatten die Situation hier in München und überall immens verschärft. Wir waren alle Millionäre und hatten nichts. Die Einführung der provisorischen Reichsmark im letzten Jahr im November 1923 zeigt nun endlich positive Wirkung und hat die ins Unendliche gestiegenen Preise auf ein fast erträgliches Maß zurückgebracht[123]. Obwohl die Nachwehen immer noch vorhanden sind, aber Gott sei Dank hat sich die Lage nun wieder einigermaßen verbessert und es scheint, als würde die Verzweiflung der Hoffnung und der Zuversicht weichen. Mitunter würde ich aber meinen, dass wir nach wie vor nicht von soliden gesellschaftlichen und wirtschaftlichen Verhältnissen sprechen können und die gegenwärti-

---

[123] Verschiedene Quellen zum Hitler Putsch: www.wikipedia.org;
Haus der Bayerischen Geschichte (HDBG) Magazin 2020:
Bayern in den 1920ern

gen, verbesserten Lebensbedingungen auf einem fragilen Fundament der Politik fußen.

Leider haben die kleinen Fortschritte seit dem Kriegsende einen schweren Stand, denke ich, denn es gibt einige unredliche Kräfte in der Gesellschaft, die dieses Fundament ins Wanken bringen wollen. Der passive Widerstand gegen die Besetzung im Ruhrgebiet und Streiks scheinen noch halbwegs nachvollziehbar, aber die Gefährdung von Menschenleben durch geplante Sabotagen, bewaffnete Auseinandersetzungen und militärisch geplante Putschversuche übersteigen das Maß der politischen Vernunft komplett. Tote und wieder Tote. Kapitalverbrechen da, Hinrichtungen dort. Wir nehmen das gewaltsame Sterben der Menschen hin, als wäre es tatsächlich von Gott gegeben, derweilen sind wir Menschen es, die den Menschen schaden. Ist es nicht tragisch genug oder stumpfen wir alle ab angesichts der immer wiederkehrenden Gewalt überall? Wo sind all die christlichen Werte der Nächstenliebe? Wo sind die zivilisatorischen Errungenschaften?

Du erinnerst Dich sicherlich an den Putschversuch im letzten Jahr, am 9. November 1923, rund um die Feldherrnhalle in München. Etwa 2000 bewaffnete Anhänger, allen voran der einstige kaiserliche General von Ludendorff und ein Putschist namens Adolf Hitler, wollten von hier aus ihren umstürzlerischen Marsch nach Berlin beginnen[124]. Bei einem Schusswechsel mit der Landespolizei starben vierzehn junge Menschen: Söhne, Brüder, Väter, um die ihre Mütter und Ehefrauen nach wie vor trauern. Neben dieser menschlichen Tragik bestürzt mich insbesondere der Hergang der am 26. Februar 1924 begonnenen Gerichtsverhandlung ge-

---

[124] Dito

gen die Rädelsführer Ludendorff und Hitler[125]. Laut einem befreundeten Journalisten, Curt Crotius vom Münchener Tagblatt, verunglimpfte der Feldmarschall bei seiner Verteidigungsrede vor allem Kardinal Faulhaber. Dieser sei in seiner weiß-blauen Romhörigkeit neben dem internationalen Judentum ein Grundübel in Bayern, das jegliche deutschnationale Gesinnung im süddeutschen Raum ersticken wolle. Zwar habe der bayerische Kronprinz Rupprecht den Schießbefehl angewiesen, aber letztlich sei es die Geisteshaltung dieses Kardinals, die tatsächlich dazu geführt habe. Man stelle sich diese Dreistigkeit vor, die der vorsitzende Richter Georg Neithardt durchgehen ließ und nicht nur ihm. Auch der Angeklagte Adolf Hitler konnte offensichtlich stundenlange Reden halten, die zum eigentlichen Tathergang nichts beizutragen hatten. Wollten die Richter seine ehrenhaften Motive ergründen, die sich über die Themen des November Verbrechens 1918, des Versailler Schandvertrages, den bolschewistischen Kräften von Links und das internationale Judentum erstreckten[126]? Lässt man als Richter Derartiges zu, wenn man selbst nicht an diese wahnwitzigen Verschwörungstheorien glaubt?

Ich bin mir sicher, lieber Nepomuk, Du hast Selbiges schon gelesen, aber Du siehst, wie mich diese Entwicklungen immer noch jetzt im April aufwühlen. Ich wollte, dass sich meine Befürchtungen in Wohlgefallen auflösen würden. Jedoch mein Gefühl sagt mir, dass dieser Herr Adolf Hitler eine breite und kämpferische Bewegung losgetreten hat, die ihn vermutlich noch weit tragen wird. Selbst die Inhaftierung in Landsberg macht ihn eher zum Helden für seine wachsende Anhängerschaft und es wird keine Reue, Rückbesinnung oder Wende in seinem Tun bewirken, denke ich.

---

[125] Hitler Prozess 1924. Ludwig Stenglein, Ankläger im Hitler Prozess
[126] Dito

Umso mehr ist es unsere Aufgabe, dass wir als Kirchenmänner den Glauben Christi über die Nächstenliebe, wie in der Bergpredigt verkündet, verbreiten, denn seine Motive sind die des Friedens und der Liebe. Aber auch wir in der Kirche mussten dies schmerzhaft lernen angesichts unserer Rolle im letzten Krieg. Krieg ist weder ein Lösungsansatz noch eine heilige Tat.

Mein lieber Nepomuk, jüngst hatte ich einen mir schleierhaften Traum. Der liebe Ignatz Gutsmoser war unter uns. Orgelklänge spielten in einer mir unbekannten Kirche im Hintergrund. Seltsamerweise trug er das Gewand eines Rabbiners, einen Gebetsmantel, den Tallit und einen Tefillin, den Lederriemen um den linken Arm. Er war umringt von uns beiden, die wir priesterliche Alben trugen. Gemeinsam beteten wir zum Gott Israels als auch zu Gott Jesu Christi für Frieden und Gerechtigkeit unter uns Menschen. Mächtige Kirchenglocken hoben an zu göttlichem Geläut und verkündeten allseits frohe Kunde. Es war nur ein Traum und mag keine Bedeutung haben, zumindest für die Gegenwart, die fern von jeglicher Annäherung der Religionen ist. Aber vielleicht ist der Traum eine Andeutung hinsichtlich der zunehmenden Spaltung der Weltreligionen, wie man an den lauter werdenden national gesinnten, judenfeindlichen Wortmeldungen dieser Tage sieht. Ich werde jedenfalls weiter über unseren Freund Ignatz Gutsmoser nachdenken, was er mir damit sagen wollte?

Hochachtungsvoll und in verbundener christlicher Bruderschaft

Zeno Fischbacher

Nepomuk schaukelte den Brief gedankenverloren zwischen seinen Fingern. Wie Zeno Fischbacher besorgte sich Nepomuk um den Zustand der Gesellschaft und der einzelnen Menschen. Erneut waren extreme politische Kräfte am Werk, die an den Rändern einer fragilen Republik versuchten, jeglicher demokratischen Stabilisierung das Wasser abzugraben. In der Tat, es war nicht leicht, in der Situation großer Not und Leiden Geduld und das Vertrauen zu bewahren, wenn es geistige Brandstifter gab, die mit ihren einfachen Parolen das Gute versprachen und dabei auf das vermeintlich Unheilbringende, die Republik deuteten. Aus dieser allgemeinen Stimmungslage ragte auf jeden Fall der Traum von Zeno Fischbacher hervor, der in Nepomuk sofort Assoziationen zu seinem Thema der Kirchenglocken hervorrief, wenngleich ihm die Geschichte zu Ignatz als Rabbiner eher irreführend und wenig plausibel vorkam. Aber was sind schon Träume? Als ungewöhnlich empfand er trotzdem, was gerade einige Tage vor der öffentlichen Gemeindeversammlung Zeno Fischbacher in seinem Brief über mächtige Kirchen Glocken niedergeschrieben hatte.

Versammlung der Gemeinden
Ende April 1924

Über viele Wochen hinweg loteten Korbinian Rosshaupt und Sepp Netter aus, wie ein gemeinsames Vorgehen in Sachen „Kirchenglocke" zu einem für alle gangbaren Weg führen könnte. Hochwürden Langkofler hatte Sepp Netter von dem großzügigen Angebot seitens Korbinian Rosshaupt erzählt. Der wollte von Selbigem persönlich wissen, wie es dazu kam und hauptsächlich, ob die Angelegenheit wirklich hundert Prozent wasserdicht wäre. Erst dann würde er sich als Bürgermeister dafür verwenden. Für ihn war es eben keine reine Obliegenheit der Kirche und der Pfarrgemeinde, auch wenn es auf den ersten Blick den Anschein hatte. Letztlich würde der Restbetrag zur Finanzierung der Glocke von den Einwohnern der beiden Gemeinden getragen werden müssen. Die Kommunen Hubenstein und Moosen konnten aus ihren schmalen Einnahmenhaushalten keine Zuschüsse zuschießen. Eine Finanzierung stand nach wie vor auf wackeligen Beinen und außerdem: Immer noch standen sich zwei ideologisch getriebene Meinungslager gegenüber. Im Ergebnis wollte das eine Lager die Glocke, das andere nicht. Noch war nicht klar, wie es ausgehen würde, stellten die beiden Korbinian Rosshaupt und Sepp Netter fest.

Was den Netter Sepp jedoch in den letzten Tagen wirklich umtrieb, war eine schriftliche Ankündigung des Bezirksamtes Erding, die ihn in den Grundfesten erschütterte. Seinem Gefühl nach hatte es die Wirkung einer Artilleriegranate, die in einer ganzen Region ihr Beben hinterlässt. Der Bezirk wollte alsbald mit der staatlich verordneten Zusammenlegung der beiden Gemeinden Moosen und Hubenstein beginnen. Johannes Freudlmeier hatte den Besuch seines Kollegen aus

Moosen schon erwartet, da auch ihn kürzlich diese Depesche erreicht hatte. Ihr Gespräch schwang wie ein
Pendel zwischen hitzigen Wortsalven und lauthals
schreiender Stille hin und her. Außenstehende hätten
sicherlich den Verdacht geäußert, dass sich hier zwei
Rivalen gehörig stritten. Nein, sie schimpften und zürn-
ten der Willkür der Obrigkeit mit allen nur erdenklichen
Schimpfnamen. In den schweigsamen Minuten stellten
sie sich die Frage: „Wie sollen wir dieser Machtpolitik
und Rücksichtslosigkeit des Staats nur begegnen?" Aus
einer krassen Leere in seinem Kopf heraus schwappte
dem Freudlmeier Johannes ein sarkastisches: „Irgendwia müss'n wir doch wos macha, irgendwos ganz anderes."

„Des klingt ja schon fast nach einer Lösung", entgegnete der Netter Sepp spöttisch, weil ihn die Nachricht vom Bezirksamt nach wie vor blockierte, einen
eigenen vernünftigen Gedanken zu finden.

„Nein im Ernst, Sepp. Diesen Sprengstoff vom Bezirksamt zu entschärfen, wird ned allein den Bürgermeistern, also uns und auch nicht zusammen mit den
Gemeinderät'n gelingen. Wir müss'n die Bevölkerung
hinter uns bringa und zwar offiziell, verstehst?", erklärte der Hubensteiner Bürgermeister mit den Worten an
seinen Kollegen auch sich selbst, wie es gehen könnte.

„Und an wos hast du dabei dacht?", griff der Netter
Sepp den Gedanken nun ernsthaft auf.

„Sepp, unsere beid'n Gemeind'n mögen sich zwar
hakeln, aber ab jetzt geht's nur gemeinsam mit einem
Ziel, dass wir ned vereinigt werd'n."

„Ja möch'st vielleicht eine gemeinsame Versammlung für alle Bürger von Hum'stoa und Moosen abhalt'n", fügte sein Kollegen nun hellwach an.

„Genau so. Wir müssen uns einig werden und speziell bei dem Punkt. Aber es gibt noch soviele andere
Themen, wo mir des gemeinsam anpack'n sollten, o-
der?"

In einer nie dagewesenen, öffentlichen nachbar-
schaftlichen Sitzung, so die Vorstellung der beiden,
sollten die Themen nacheinander angesprochen werden. Denn letztlich würden all die Themen einer drohenden Zusammenlegung tangiert, egal wie es ausgehen würde. Die Elektrizität, die Wasserversorgung, die
Vilsbrücke und auch die „Wetterglocke", wie sie seit
der aufflammenden Diskussionen im Volksmund genannt wurde. Alles Themen, deren Ausgang vom Ob
und Wie der nächsten Monate abhängen würden. Das
barg natürlich auch erhebliche Risiken, insbesondere
zu den reichlich vielen Konfliktthemen, gab der Netter
Sepp trotz seiner Unterstützung für die gemeinsame
Versammlung zu bedenken. Aber er erkannte auch die
enorme Tragweite der Anordnung des Bezirkes und am
Ende könne es nur mit der Bevölkerung zusammen
erfolgreich bewältigt werden. Beide einigten sich darauf, zunächst die beiden Ratsgremien zu einer gemeinsamen Sitzung einzuberufen, da die Entscheidung
für eine übergreifende Bürgerversammlung nur auf
dieser breiten Basis einen Sinn ergeben würde. Dies
war bereits ein fast unmögliches Unterfangen und dennoch hatten die meisten Gemeindevertreter unter Zäh-
neknirschen zugesagt. Man mochte einander einfach
nicht und trotzdem erschienen die vorgebrachten Argumente der Bürgermeister für diese gemeinsame Sitzung plausibel. Beide Ratsgremien trafen sich beim
Fischer Wirt in Hubenstein. Am Ende einer emotional
geführten Streitsitzung, die bei den meisten zwischenzeitlich dem körperlichen Zustand während einer Ma-
gen-Darm-Grippe glich, konnten sich die gereizten
Herrschaften der beiden Gemeinden gerade so einigen.

Die Anwesenden hatten sich mehrheitlich für eine allgemeine Versammlung der beiden Gemeinden sobald als möglich ausgesprochen. Den Ausschlag gab das als unheilvoll empfundene Bestreben der Regierung von Bayern zur Zusammenlegung. Aus dem Schreiben, dass der Netter Sepp laut vorgelesen hatte, ging hervor: „Aus Gründen eines *‚dringend öffentlichen Bedürfnisses‘*, ist die Zusammenlegung der Gemeinden Hubenstein und Moosen zu erwirken.“ Die anwesenden Gemeinderäte waren sich bewusst, man sei zwar im Herzen getrennt, aber im Kopf müsse man gemeinsam agieren. Alles andere würde die Chance auf einen erfolgreichen Widerstand deutlich schmälern, auch wenn es noch so schwer fallen würde, mit dem ungeliebten Nachbarn jenseits der Vils gemeinsam zusammenzutreffen.

Ein letztes Problem musste noch gelöst werden, nämlich welcher Gastwirt den Zuschlag für die Gemeindeversammlung, bei der sehr viele Gäste erwartet wurden, bekommen würde. Die beiden Gastwirte ließen sich auf das Losglück ein, aber nur mit dem Hinweis, dass bei einer Folgeveranstaltung der zweite Sieger anstandslos die nächste Veranstaltung bekommen würde. Der Modus wurde beidseitig akzeptiert und die erste derartige Versammlung war für in drei Tagen im Saal beim Wirt in Moosen geplant. Die Bevölkerung war sogleich per Aushang von der Tagesordnung informiert worden und wie zu erwarten war, füllte sich der Saal in kurzer Zeit bis auf den letzten Platz und selbst Stehplätze an der Wand entlang waren begehrt.

Das erste Thema zum Leitungsausbau für die Stromversorgung konnten die beiden Bürgermeister und Versammlungsleiter schnell mit dem Hinweis abräumen, dass in Zukunft alle davon profitieren würden und zunächst ja nur derjenige an den laufenden Kosten beteiligt wäre, der tatsächlich den Strom anzapfen würde.

Zu einem Zankapfel geriet die Vilsbrücke. Der Mautz Wolfgang aus Hubenstein, der eine kleine Landwirtschaft nebenher betrieb, schimpfte lauthals: „I möcht mal wiss'n, wann de Vilsbruck endlich wieder mit einem Fuhrwerk befahr'n werd'n kann? Weil i muss, wia andere auch, mein Zeug zum Bahnhof bring'n können. Nur für Fußgänger is auf Dauer z'weng."

„Ja, genau", „Des stimmt, des is langsam eine Frechheit. Wir müss'n immer bis nach Velden oder Taufkirchen zum Bahnhof fahr'n", hallte es unisono von mehreren Tischen, an denen offenkundig einige Hubensteiner ihren Platz gefunden hatten.

„Ihr wisst ja selber, wos des Hochwasser für einen immensen Schaden ang'richt hat", antwortete Sepp Netter. „Viele von uns hab'n über Woch'n kein rechtes Trinkwasser für sich und de Viecher g'habt, weil de Brunnen verseucht war'n."

„Aber um des geht's ned", meinte eine Stimme weiter hinten.

„Des is richtig", meinte Sepp Netter, „Aber ihr wissts, wos des alles kostet und so eine Brücke is, knapp g'sagt, sakrisch teuer. Des kann sich de Gemeinde Moosen im Moment ned leisten, trotz der leider zu knappen Zuschüsse vom Bezirk. Und wir wollt'n, dass sich de Gemeinde Hum'stoa bei den Reparaturkost'n beteiligt, dann wäre es vielleicht eher möglich", und orientierte seinen Blick zu Johannes Freudlmeier, „aber der Gemeinderat in Hum'stoa hat entschied'n, dass es bei ihnen auch ned geht."

„Wiaso soll'n wir eure Brücke zahl'n", schrie eine gereizte Stimme den Ausführungen hinterher.

„Seit des mit der Jagdvergebung im Januar war, trau i den Moos'nern nimmer über'n Weg", rief offensichtlich eine Hubensteiner Stimme anonym in den Saal, was unter den Seinigen Händeklatschen hervorrief. Kein Moosener wollte auf die Provokation einsteigen, selbst der anwesende Straßhuber Alois nicht. Der wusste schon warum, obwohl seine Gesichtsausdruck und ein fades Lächeln fast überheblich wirkte. Mittlerweile hatte die oberbayerische Regierung entschieden, dass alles, was die Gemeinde Moosen unternommen hatte, rechtens war. Dementsprechend wurde die Klage von Alois Straßhuber abgelehnt. Für Moosen war dieses Jagd-Tamtam kein Ruhmesblatt gewesen. Das mussten sich die Moosener anheften lassen.

„Leut, bleib'n wir sachlich, alle wiss'n, wia der Stand dazu is. Des is Schnee von gestern", lies sich auch Sepp Netter nicht provozieren. „Aber zurück zur Vilsbrücke. Wenn's so weiter geht, kann man de Vils auch ohne Brücke überquer'n. Wos letztes Jahr z'viel g'regnet hat, regnets heuer z'wenig, aber bleib'n wir ernst. De Brücke benutzt halt ein jeder, ob er diesseits oder jenseits von der Vils wohnt", lautete die nüchtern vorgetragene Antwort von Sepp Netter, der trotz seines hochroten Kopfes nach außen ruhig blieb.

Plötzlich ging alles durcheinander. Die Stimmungslage an den einzelnen Tischen schaukelte sich hoch und alles zusammen ergab ein Durcheinander an hitzigen Wortgefechten, aus denen noch lautere Spitzen an Derbheiten und Flüchen herausragten. Mehrfach versuchten Johannes Freudlmeier und Sepp Netter, auf die im Saal befindlichen Besucher einzuwirken, was mit kultivierten Mitteln scheinbar nicht möglich war.

Ein ohrenbetäubender Pfiff von Johannes Freudlmeier riss die erhitzte Gesellschaft aus ihren Schimpftiraden und unterbrach tatsächlich die aufgeheizte Stimmung. Die beiden Bürgermeister trugen vor, dass man den Punkt nochmals aufgreifen müsse und sich mit beiden Gemeindegremien an einen Tisch setzen würde. Außerdem werde man das Bezirksbauamt dazu herholen, um die Herren von der Behörde auf die allseitige Misere hinzuweisen, damit mehr Geldmittel locker gemacht würden. Als es dann nur noch einzelne vergleichbar unspezifische Zwischenrufe gab, wurde der Punkt nicht mehr weiter behandelt.

Pfarrer Nepomuk Langkofler war zusammen mit Korbinian Rosshaupt später gekommen, als die Wogen zu den ersten Punkten schon abgeebbt waren und trotzdem das Ausmaß der Diskussionsbeiträge anhand der dämpfigen Luft zu erkennen war. Zwei Stühle waren freigemacht worden, indem andere noch näher auf den Bänken zusammengerückt waren. Nach einer anständigen Begrüßung des Herrn Hochwürden hatten die beiden Bürgermeister die Versammlung fortgesetzt. Sepp Netter und Johannes Freudlmeier erklärten abwechselnd, wie der Punkt der Tagesordnung „Kirchenglocke" zustande kam und dass aufgrund des allgemeinen Interesses zunächst der Zweck der Versammlung wäre, ein Meinungsbild abzufragen. Von Interesse sei zunächst, wie sich die Bevölkerung zum Erwerb der einst verloren gegangenen Glocken stellen würde und welche Argumente die Befürworter als auch Gegner anführen würden. Der Saal nahm diese ersten Erklärungen zunächst verhältnismäßig tonlos zur Kenntnis und das eröffnete für den Langkofler Nepomuk die Möglichkeit, als Pfarrer einige Worte an die Versammlung zu richten. Seine Haltung war im Kern klar, denn er wollte keine Überforderung der Bevölkerung durch zusätzliche finanzielle Opfer in diesen schon schwierigen Zeiten. Aber sollte sich ein Weg eröffnen, der sowohl eine bevölkerungsschonende Finanzierung sichern als auch dieses positive und sinnstiftende Zeichen ermöglichen würde, wäre er ein glühender Anhänger dieser Idee.

Die wohlgewählten Worte von Pfarrer Nepomuk Langkofler wirkten nach, als dass nur ein unterdrücktes Brummeln im Saal zu hören war. Die beiden Bürgermeister erachteten diesen Moment als günstig, einen Schritt weiter zu gehen und die Gesellschaft von einer möglichen Finanzierung zu unterrichten.

„Wia bekannt, is des Thema Kirchenglocke ned erst seit gestern auf'n Tisch. Allerlei Gespräche hat es unter Euch, aber auch in den Gemeindegremien geben. Also, um's klar zum sag'n, es würde einen Stifter geb'n, der für etwa zwei Drittel der gefordert'n Summe aufkommen würde, des heißt für de gläubige Bevölkerung wär der Weg nur noch ein Drittel so weit", eröffnete der Netter Sepp dem Saal in Abstimmung mit dem Freudlmeier Johannes.

Bevor sich Wortmeldungen ergaben, kam etwas Unruhe in der Mitte der Tischreihen auf, wo sich Paul Zenker erhoben hatte und bei voller Statur an die Stirnseite des Tisches schritt, um offensichtlich ein besseres Gehör finden zu können.

„Es sei mir erlaubt, lieber Sepp, dass i hier wos dazu sag'n darf", setzte der ringsum bekannte Ökonomierat an, dessen Einfluss man kannte und auch seine Leidenschaft, für seinen Standpunkt einzustehen.

„Also, lieber Sepp, wenn i recht informiert bin und i auch glaub, wär des eine Drittel für uns alle vermutlich schon machbar, aber wos mir überhaupt ned g'fällt is, woher de ander'n zwei Drittel kommen."

Kaum war es ausgesprochen, wanderten die Blicke der Bürgermeister zu Nepomuk Langkofler und Korbinian Rosshaupt und zurück. In diesem Moment war keiner der beiden Ortsvorsteher einer spontanen Reaktion mächtig.

„Und liebe Leut, passt's auf, wos i euch sag", sprach Paul Zenker wie ein Oberlehrer mit erhobenem Finger. „Des Geld soll von dem Korbinian Rosshaupt kommen. Und des is ein Jud."

Eine Bombe war geplatzt. Alle blickten sich an, begannen zu tuscheln und starrten auf Korbinian, der all die Blicke auf einmal spürte, als würden Aasgeier über seinem vermeintlichen Kadaver kreisen. Mit Genuss führte Paul Zenker aus, dass er mittels seiner guten Kontakte nach München zu den obersten Staatsrepräsentanten per reinen Zufall zugetragen bekommen hätte, dass die Mutter des Schullehrers und Organisten eine Jüdin gewesen sei. Mit nur wenigen Sätzen hatte Paul Zenker ein Feuer gelegt, dass lichterloh brannte. Aus seiner Sekundenlethargie erwacht, schnitt der Rosshaupt Korbinian in aller Entschlossenheit und Vehemenz Paul Zenker das Wort ab, was dieser einfach gewähren ließ, weil seine Rede seinen Zweck bereits erfüllt hatte. Laut vernehmbar verschaffte Korbinian sich in dem brodelnden Saal Gehör und erhob sich von seinem Stuhl, der nahe der Mitte des kleinen Tanzbodens stand.

„Es is höchst unehrenhaft und eines Ökonomierates unwürdig, derartig hinterlistig und ohne Courage von Mann zu Mann seine Vorbehalte vorz'trag'n. Es kennt mich hier jeder. I bin der Rosshaupt Korbinian, Lehrer in Moosen und Organist. I bin in München g'boren, katholisch getauft und aufg'wachsen in München. Wegen meiner fast Blindheit auf einem Auge, wie jeder von euch von meinem Blinzeln weiß, bin i 1914 vom Militärdienst freigestellt word'n. Meine Großväter väterlicher- als auch mütterlicherseits san 1870/71 in den Krieg gegen Frankreich zog'n und hab'n mitg'holfen, des Deutsche Kaiserreich mit zu begründ'n. Meine Mutter is noch vor meiner Geburt zum katholischen Glauben über'treten und mein Vater arbeitet als hoher Beamter in der Landesregierung. Welches Recht besitzt dieser Mann", und richtete dabei seinen ausgestreckten Zeigefinger auf den Zenker Paul, „mich zu verleumd'n und als verachtenswert'n Menschen darzustell'n?", äußerte sich Korbinian kämpferisch und selbstbewusst. Während er gesprochen hatte, war es mucksmäuschenstill gewesen und erst jetzt, nachdem er sich auf seinen Stuhl zurück bewegte, schwoll der Lärmpegel wieder an.

Der Freudlmeier Johannes ergriff noch rechtzeitig das Wort, bevor das Getöse im Saal richtig anheben konnte: „Wir wollt'n eigentlich mit euch über de Beschaffung der Kirchenglock'n red'n und ned über einzelne Personen", unternahm er den Versuch, Korbinian aus der Schusslinie zu nehmen.

„Von einem Jud de Glocken unserer Kirche zahl'n lass'n", schallte es hämisch aus einer Ecke anonym heraus.

„Des is der Rosshaupt Korbinian und kein anderer. Einer von uns", quittierte eine andere Stimme laut diesen Kommentar.

Als hätten zwei Schneebälle eine Lawine in Gang gebracht, fand sich jetzt nahezu jeder dazu animiert, seine Kommentare laut und voller Inbrunst in die Runde zu schreien. Es war ein Tohuwabohu über gefühlt Minuten hinweg. Das Für und Wider der Glockenanschaffung und das völlig uneigennützige und großzügige Spendenangebot von Korbinian Rosshaupt versank gänzlich in einem emotional geführten Schlagabtausch der verschiedenen Lager. Sepp Netter, Johannes Freudlmeier, aber auch Nepomuk Langkofler und Korbinian Rosshaupt waren völlig überrascht von der Wendung zu diesem Tagesordnungspunkt. Einerseits war mit der „Wetter-Glocke", wie sie genannt wurde, die Hoffnung verbunden, die beiden Gemeinden im konstruktiven und offenen Austausch für eine Entscheidung zu gewinnen und andererseits, wenn möglich, dieses hoffnungsstiftende Ansinnen dank der großzügigen Spendenbereitschaft einer Einzelperson umzusetzen. Vorausgesetzt, die Mehrheit der Kirchgänger würde überhaupt eine neue Kirchenglocke wollen. Die Gemeindevorsteher und auch alle anderen Funktionsträger inklusive Pfarrer Langkofler schienen wie ein angezählter Boxer in einer Boxecke zu schwanken, wie sie auf ihren Sitzplätzen saßen. Ohne groß zu überlegen erhob sich der geistliche Lenker Nepomuk Langkofler von seinem Stuhl. Er versuchte sich Aufmerksamkeit zu verschaffen, indem er energisch seinen Gehstock auf den Tanzboden des Saales knallen ließ. Augenblicklich wurde es leiser und der Geräuschpegel ebbte in Sekundenschnelle ab.

„Jeder von euch weiß es noch. Der Krieg hat uns den schallend'n Klang Gottes g'nommen. Der, der uns tagtäglich aufforderte, an ihn zu denk'n und zu preis'n. Zu danken, dass wir diese unsägliche Zeit überstehen konnten und hier sein dürfen...in Frieden", fügte er ruhig und eindringlich an seine drei Finger in die Höhe gestreckt, als würde er die heilige Trinität herbeirufen wollen. „Der Mensch selbst is es, der den Fried'n schaff'n kann, ned Gott per Befehl. Er gibt uns de Empfehlung, den Ratschlag, auf dass wir ein gedeihliches Leben miteinander führten. Wir sollten de Botschaft unseres Herr'n in der Glocke hör'n. Kommt zusammen, seid im Glauben eins, liebet einander und gebt Frieden. Für de Völker, für de Religionen, für alle Mensch'n. De Glocke is mehr als das Geläut im Glockenturm. Es is ein Symbol des friedlichen Miteinanders." Für einen Moment war es still geworden. „Wir werd'n des heute ned zur Entscheidung bring'n, so denke i. Nur wir sollt'n uns selbst wahrhaftig prüf'n, jeder unter uns: Was wollen wir?" Und er sagte es nochmals eindringlicher: „Was wollen wir? Lasst uns zu gegebener Zeit d'rüber entscheid'n", appellierte Pfarrer Langkofler an die Versammlung und setzte sich wieder.

„So werd'n wir des mach'n", bestätigte der Freud-lmeier Johannes das Vorgehen, dem sich für den Moment niemand zu widersetzen traute. Der Netter Sepp erhob sich von seinem Platz und nutzte die Ruhe im Saal, nun auf den vermutlich schwierigsten Tagesordnungspunkt der Versammlung zu kommen. Mit leiser Stimme lenkte er geschickt alle Aufmerksamkeit auf sich in der Hoffnung, dass es so bleiben würde. „Jetz geht's um einen ganz wichtig'n Punkt. Und i hätt de dringende Bitte, dass wir des Thema in gesitteter Art und Weise besprech'n", formulierte er seine Erwartungshaltung in den Saal hinein. Sein Blick schweifte dabei über die Tischreihen hinweg, die sich fast wie ein Naturgesetz zu Blöcken aus Hubensteiner und Moosener Bürgern formiert hatten. Er setzte fort: „De beid'n Gemeinden Hum'stoa und Moosen hab'n vor etwa einer Woche eine Aufforderung des Bezirksamtes Erding erhalt'n. Darin wird aufgeführt, der Bayerische Staat würde ein sogenanntes *,dringendes öffentliches Bedürfnis'* erkennen, Zwerggemeinden wie Hum'stoa und Moosen z'sammen zuleg'n. Der Vollzug durch des Bezirksamt Erding soll alsbald erfolg'n, steht da", und legte das Schriftstück aus den Händen zurück an seinen Sitzplatz. Ein grollendes Raunen einer Gewitterfront gleich, ging durch den Saal, der wie ein dröhnender Resonanzkörper wirkte.

Der Bürgermeister sprach weiter. „Wia ihr wissts, wurde des Gesetz der gemeindlich'n Selbstverwaltung von 1919 auch in der Bayerisch'n Verfassung verankert. Seither gibt's des entsprechende Wahlrecht und de Ratsverfassung, die de kommunalen Zuständigkeit'n in de Hände der Bürgermeister und Gemeinderäte g'legt hat." Sepp Netter hatte kaum ausgesprochen, ging der Müllner Josef aus Hubenstein unaufgefordert dazwischen und ereiferte sich: „Soweit ungut. De hoh'n Herrn Politiker hab'n kein Geld mehr, weil de jetz unverschämte hohe Reparationszahlungen leist'n müss'n und wir, des Volk, soll'n jetz blut'n. Und de meinen, so könnt man wos spar'n, de Depp'n." Für seinen Zwischenruf erntete er Beifallsbekundungen von allen Seiten, die der Netter Sepp per Handzeichen wieder beruhigen konnte.

„Wos meint denn des Bezirksamt zu dem Punkt Einsparungen, Sepp?", wollte der Bandl Franz-Josef wissen, der in Moosen das Lagerhaus an der Bahnstation leitete und grundsätzlich Sachargumenten zugeneigt war. „Is es zwecks den Amtsblättern oder der Leitung der Gemeinden verteilt auf zwei? Hum'stoa nutz doch eh bereits de Gemeindekanzlei in Moosen mit und des Postamt und sogar der Gemeindeprotokollant is der Selbige", führte er seine Frage weiter aus, um die Beweggründe des Bezirksamtes zu verstehen.

„Des kann man so sag'n", bestätigte anstatt dem Netter Sepp der Freundlmeier Johannes die Punkte. „Aber dass wir des von Hum'stoa aus nutz'n, bedeutet ja eigentlich schon eine Einsparung, de wir längst umgesetzt hab'n. Und außerdem, eine große Gemeinde kommt vermutlich sogar teurer", ergänzte der Bürgermeister.

„Genau so is", riefen einige Stimmen unisono dazwischen.

„Und weil wir bei den Kost'n san. Andere Gemeind'n san deutlich größer, hab'n mehr Einwohner und mehr finanzielle Möglichkeit'n, als wenn man uns g'trennt anschaut. Außerdem g'fällt ihnen ned, dass Moosen de Enklaven Bogenstorf und Überkam hat. Des stört's auch", ergänzte der Netter Sepp die Argumentation aus Erding.

„Des is doch ein Schmarrn", verkündete der Mautz Wolfgang aus Hubenstein empört. „Hum'stoa hat keine Schulden ned und des mit Bogenstorf und Überkam, weil die zu Moosen g'hör'n, war noch nia ned ein Problem."

„Aber stimmen tut's schon. De Hum'stoaner san ihnen lauter Häuslleut, de dann nur mehrer bei uns in Moosen werd'n. Aber de keine Einnahmen für de Gemeinde bring'n", meinte eine anonyme Stimme vom Moosener Tisch, die im sofortigen aufbrausenden Getöse aus dem Huben-steiner Block unerkannt blieb.

„Schau, so san d'Moos'ner. Wia 1891, als uns auch schon damals bis auf d'Haut gedemütigt hab'n", fauchte der von dieser Provokation hochgradig angewiderte Mautz Wolfgang. „Wir san noch immer wirtschaftlich z'rechtkommen und hab'n trotz der Hyperinflation noch einen positiven Armenfonds." Erneut brauste auf beiden Seiten der aggressive Wind eines Gemütstiefdruckgebietes durch den Saal. Schimpftiraden und Flüche wechselten sich zwischen den Blöcken ab. Pfarrer Langkofler sah seinen vielbeschworenen Friedensappell unter den Menschen mehr als bedroht, als die Situation zu eskalieren drohte.

Ein schriller Pfiff von Freudlmeier Johannes konnte die weitere Flut an brachialen Verbalattacken unterbrechen. Der Netter Sepp unterstützte im gleichen Moment und forderte lauthals zu Ruhe und Ordnung auf, was ihm nur mit aller Mühe gelang. Als Dritter erhob sich nun der Zenker Paul, der zunächst von den beiden um Ruhe kämpfenden Bürgermeistern unbemerkt blieb. „Darf i auch wos beitrag'n?", richtete er laut und deutlich, aber vernehmbar bescheiden seine Anfrage an die Bürgermeister und letztlich an den Saal. Die positiv formulierte Frage konnte nur ironisch gemeint sein, waren sich die beiden Bürgermeister sofort einig. Trotzdem nickten beide und waren einerseits froh, dass dadurch der Pulverdampf der Wortgefechte verrauchen konnte, doch andererseits waren sie skeptisch, was nun kommen würde. Der Zenker Paul war nicht nur dafür bekannt, zu gegebenem Anlass und Zeitpunkt den weiten Bogen aufzuspannen und seine Zuhörer ideologisch einfangen zu wollen, sondern auch, sein Ego als Meinungsmacher zufrieden stellen zu müssen. „I sag euch folgendes: Zum einen hab'n uns des de Roten und de Kommunisten in Berlin mit ihrem Reichsreformgesetz von dem Matthias Erzberger seinerzeit ein'brockt. Und zum andern, der Ziereis Hermann hat des Bezirksamt Erding auf des Ganze bracht, der Hornochs. Der mit seiner ewiglichen Hetz auf mich wegen dem Grund hinter seinem Hof. Der Grund is meinem Vater rechtmäßig schon 1891 vom G'richt zu'sprochen word'n", produzierte sich der Zenker Paul als Opfer. „Der Hufnagel Ludwig hat ihn am Bezirksamt g'seh'n. Der hat den Juriska Kurt Karl, den Inspektor, ganz rebellisch g'macht, sag i euch", klagte er ins Blaue hinein, ohne Genaueres zu wissen, mit dem Talent, immer anderen die Schuld geben zu wollen.

„So is", rief der Hufnagel Ludwig aus, der bekannter Weise ein Spezl und Parteifreund von dem Zenker Paul war und den Ziereis Hermann zwar am Bezirksamt gesehen hatte, aber dazu nur Mutmaßungen anstellen konnte.

„Recht is dem Erzberger g'scheh'n, dass ihn erschossen hab'n", rief ein anderer aus der Ecke der Nationalen und Monarchisten: „Und den Ziereis Hermann hat eh der Teufel g'holt", schob derjenige hinterher, alle Widerwärtigkeiten und Böswilligkeiten aufzählend, die als Gerüchte und Erzählungen in der Bevölkerung kursierten. Aber der Netter Sepp konnte und wollte solche Geschmacklosigkeiten nicht durchgehen lassen. „Jetz halt's euch zurück mit dem Schmarrn. Seid's denn alle deppert word'n. Sowas sagt man nicht über einen toten Politiker, auch wenn er zu einer anderen Partei g'hört. Und über den Ziereis Hermann schon gleich gar nicht. Der is einer von uns. Wos hat der ned schon alles g'leist mit seinem Handwerk. Wo is euer Respekt voreinander und gegenüber einem Vermisst'n?", keinesfalls bereit, jegliche weitere Entgleisung von Anstand und Kultur zuzulassen. „Und dir, Paul, sag i nur: Des bringt uns hier und jetzt kein bisserl weiter, wos du da von dir gibst", maßregelte er seinen Landwirtskollegen. Was zu viel war, war zu viel. Da konnte der Zenker Paul noch so sehr seinen Ökonomierat vor sich hertragen. Sepps Halsschlagadern waren angeschwollen wie Krampfadern und sein Kopf hochrot angelaufen, als wäre er von kochend heißem Wasser verbrüht. Dem nächsten Quertreiber wäre er vermutlich an die Gurgel gegangen.

„I würd vorschlag'n, dass wir drüber red'n, wia's weitergeh'n soll", brachte der Bandl Franz-Josef dankenswerterweise die Versammlung wieder in eine andere nach vorne gerichtete Richtung.

„Du hast recht, Franz-Josef", unterstützte der Freudlmeier Johannes den weiteren Fortgang der Versammlung und verschaffte damit allen Anwesenden die Luft für moderate Töne. „Wir müss'n uns einig werd'n, wia wir dem Bezirksamt begegnen. Wir dürf'n, indem wos wir alle ned wollen, ned getrennt auftret'n. Auf wenigstens des müssen wir uns verständig'n", meinte der Bürgermeister aus Hubenstein weiter an die Versammlung gerichtet.

„So is es", schaltete sich der Netter Sepp wieder ein. „Des, wos wir getrennt halt'n woll'n, darf uns jetz ned getrennt marschier'n lasse'n", griff er den Gedanken auf. „Des Bezirksamt muss versteh'n, dass wir nie und nimmer zam'g'legt werd'n woll'n. Wir, de Bevölkerung, keiner is dafür. Wir können auch ohne Zusammenlegung gut existieren."

„Jawohl, genau, so is", waren verschiedene Kommentare aus dem Versammlungsrund.

„Drum schlag i vor, dass wir als Gemeindevertretung'n im Namen der Bevölkerung gemeinsam ein Schreiben aufsetz'n und unsere Ablehnung klar und deutlich an des Bezirksamt zurückgeb'n. Wir sehen dieses Argument für uns ned, dass ein dringlich staatliches Bedürfnis auf uns anz'wenden is", sagte er mit dem Brustton der Überzeugung.

Die Versammlung der beiden Gemeinden konnte sich letztendlich nach ein paar weiteren, bestätigenden Wortmeldungen auf diesen Vorschlag einigen. Per Handzeichen wurde über das Vorgehen mit Mehrheit Einigkeit erzielt. Nur wenige Hände blieben unten, zu denen der Zenker Paul und ein paar wenige seiner gleichgesinnten Anhänger gehörten. Dank der Einmütigkeit im Vorgehen gegenüber dem Bezirksamt Erding blieb es im Verlaufe des Abends verhältnismäßig ruhig im Wirtssaal. Sich gemeinsam der Zwangsverehelichung zu widersetzen, schien die Menschen zumindest für den Augenblick zu einen. Die beiden Würdenträger verstanden diesen Umstand als einen Lichtblick, obwohl sie gleichzeitig befürchteten, dass die kleinsten Provokationen der einen gegenüber der anderen Seite wieder zu handgreiflichen Auseinandersetzungen führen könnten, wie bereits mehrfach geschehen. Die beiden Bürgermeister standen noch eine ganze Weile in dem sich nach und nach leerenden Saal zusammen. Als würde sie ein leichter Windhauch bewegen, tänzelten sie hin und her, mal der eine einen Fußbreit nach vorne, mal der andere einen Fußbreit zurück. Mit den Armen und Händen verhielt es sich ähnlich. Sie beschäftigten sich bereits damit, wie es wohl weitergehen würde. Was, wenn das Bezirksamt den Widerspruch ablehnen würde? Und davon war auszugehen, denn alleine der geschlossene Widerstand würde vermutlich alleine nicht genügend überzeugen, war ihre Einschätzung. Welche Geschütze würden die beiden Gemeinden als nächstes auffahren müssen, um dem vorherzusehenden Druck aus Erding zu widerstehen? Würde vielleicht die Drohung mit dem kompletten Rücktritt der Gemeindevertretungen Wirkung zeigen um aufzuzeigen, wie ernst es um den Frieden in Hubenstein und Moosen bestellt war? Zumindest wäre man es den Einwohnern schuldig, damit zu demonstrieren, weder ein Doppelspiel zu betreiben noch sich den Vorwurf gefallen lassen zu müssen, man hätte nicht alles getan. Ihre Gedanken und Abwägungen kreisten um mögliche nächste Schritte. Es würde wohl ein Fall für die Berufungsgerichte werden, kamen sie zum Schluss. Deshalb wäre es sicherlich von Nutzen, mit Notar Bartholomäus Eisen Kontakt aufzunehmen, um ihn als ausgewiesenen Fachmann in Rechtsfragen zu konsultieren.

Der Bandl Franz-Josef schlenderte in Richtung Ausgang und stoppte kurz bei den beiden. „Mal schau'n wia, des noch weitergeht. Aber irgendwia muss es ja für alle weitergeh'n", meinte er ganz unaufgeregt und ging weiter, als stünde er mit seiner inneren Haltung über allem und die allgemeine Aufregung wäre nur eine Episode in einem vorhersehbaren Schauspiel. So nahmen es zumindest die beiden Angesprochen auf. Dass er ein praktisch denkender Mensch war, der als Lagerhausleiter die Dinge annahm, wie sie kamen und anzupacken wusste, war ihnen durchaus an verschiedenen praktischen Erfahrungen mit ihm geläufig. So schnell brachte den Bandl Franz-Josef nichts aus der Ruhe.

Die Entdeckung
Anfang Mai 1924

Korbinian Rosshaupt war nach seiner unfreiwilligen Quartiernahme im Pfarrhaus längst in seine zwei Kammern im Lehrerhaus zurückgekehrt. Das Gebäude hatte zum Glück keine grundlegenden Schäden während des Hochwassers im Frühjahr 1923 abbekommen, wenngleich er in den darauffolgenden kalten Wintermonaten zu spüren bekam, wie sehr die Feuchtigkeit im Mauerwerk eine ungemütliche Kälte im Raum verbreitete. Und der Schimmel erblühte wie nie zuvor. Regelmäßig musste er mit gelöschtem Kalk weißeln und versaute sich dabei die neu verlegten Holzbohlen, die er dann wieder, mühsam am Boden kniend, schrubben musste. Was aber ungemein half, war der Umstand, dass es praktisch seit dem Jahreswechsel ins neue Jahr über Monate nicht wirklich viel geregnet hatte und die äußerst geringen Niederschläge die Fundamente und Grundmauern trocknete, was die Schimmelbildung schon im Frühjahr 1924 massiv reduziert hatte.

Der Monat Mai hatte gerade erst begonnen, als er abends über der Vorbereitung für den nächsten Schultag saß. Es war noch keine ganze Woche her, dass diese desaströse Gemeindeversammlung stattgefunden hatte. Kaum hatte er ein paar Zeilen korrigiert, schweiften seine Gedanken wieder an den Ort des Geschehens zurück, was nur bedeuten konnte, dass ihm die Sache doch heftiger an die Nieren ging, als er zunächst glauben wollte. Während des Studiums hatte er sehr viel über die jüdische Geschichte, Kultur und Religion gelernt, was ihn natürlich aufgrund der Verbundenheit zu seinen Großeltern mütterlicherseits sehr interessiert hatte. Es gab sehr viel, was anders war als in ihrem katholischen Haus, aber er empfand es nicht als widersprüchlich oder gegensätzlich, sondern für ihn persönlich war es immer eine Bereicherung gewesen. Ob es ums Essen ging oder die Fragen, wer Gott für Juden und Christen sei, war stets ein Anlass für interessante Gespräche und Erkenntnisse. Er kannte natürlich aufgrund seines Studiums die Geschichte der Juden deutlich umfassender als der gebildete Durchschnitt. Sie war durchwegs von Hass, Vertreibung und Verfolgung über viele Jahrhunderte geprägt, aber auch von einem ausgeprägten Sinn für die eigene Identität und den Umgang mit Wissen und Bildung als Gewinn für die jüdische Gesellschaft. Das theoretische Wissen aus Büchern blieb für ihn nicht nur an der Oberfläche, denn natürlich hatte er als Kind so manche Diskussion miterlebt, als es um seine Mutter und seinen Vater ging. Insbesondere als ihre „Mischkonfession" immer mal wieder zur Sprache kam, wie Onkel Isaak Rosenholz, der jüngere Bruder seiner Mutter, es nannte. Mag sein, dass es zwischen den Erwachsenen zu heftigen Debatten gekommen sein mag, jedoch als Kind war es seiner Wahrnehmung nach zu keinerlei Ärgernis oder gar Zerwürfnis zwischen den Verwandten gekommen. Nun aber spürte er, wie sich manche Blicke der letzten Tage an ihm festsetzten und sich wie eine imaginäre aggressive Substanz förmlich auf seiner Haut verteilten, als hätte er einen Ausschlag, an dem man nicht vorbeischauen konnte. Auch die Kinder in den Klassen zeigten ihm gegenüber Unsicherheit und Abstand, was sich nur allmählich, aber erfreulicherweise wieder gelegt hatte. Auch ein Gespräch mit Nepomuk Langkofler, verbesserte diesen Umstand des Unwohlseins nicht, obwohl dieser ihm seine ehrliche Anteilnahme unter kompletter Missbilligung der Vorkommnisse bescheinigte. Der Pfarrer war beschämt von den infamen Andeutungen Paul Zenkers, der damit ganz persönlich auf Korbinian abgezielt hatte und so

Zwiespalt und Ärger unter den Mitmenschen heraufbeschworen hatte. Nun war dies kein einzigartiges Phänomen. In der politischen Auseinandersetzung zwischen den Parteien waren die Juden schon länger ein beliebtes Feindbild und wurden, ihrer beider Meinung nach, zu Unrecht für alle möglichen Missstände verantwortlich gemacht. Korbinian und Nepomuk redeten lange über die möglichen Hintergründe der falschen Anschuldigungen und wie und warum diese in der Gesellschaft verfangen würden. Was Korbinian nicht wusste: Im Hinterstübchen erinnerte sich Nepomuk während ihres Gesprächs immer wieder an den Brief seines Freundes Zeno Fischbacher und seinen Schilderungen zu seinem Traum. Ihr gemeinsamer Freund, Ignatz Gutsmoser, katholischer Feldprediger wie sie selbst, einst Gegner eines unheilvollen Krieges und doch in christlicher Sorge um jeden einzelnen Soldaten an der Front, im Gewande eines Rabbis, umrahmt von zwei katholischen Priestern und mächtigem Glockengeläut. „War es eine Fügung Gottes, eine Art Hinweis? Wie anders kann ich es verstehen, wenn es kurze Zeit nach dem Brief diesen Eklat in der Gemeindeversammlung gibt?", wunderte sich Nepomuk im Stillen.

Korbinian und Nepomuk waren sich an diesem Abend einig darüber, welch schmerzliche Erfahrung es gewesen war, dass populistische Hetze tatsächlich die Menschen gegeneinander aufbringen konnte. Sie wollten alles dafür tun, dass die Haltung zumindest in ihrem kleinen Einflussbereich nicht von Stimmungen abhing, sondern von aufgeklärtem Wissen. Der Pfarrer Langkofler meinte zum Schluss: „In schwierig'n Zeit'n müss'n alle Menschen, die an eine göttliche Heiligkeit glaub'n, zusammenstehen und dürf'n sich ned gegenseitig ausgrenz'n oder gar bekämpf'n." Der Satz war Korbinian in Erinnerung geblieben und er hoffte insgeheim, dass die meisten Menschen so denken würden.

Wieder widmete er sich seiner Unterrichtsnotizen und unternahm den Versuch, die Deutsch-Grammatikbeispiele so zu formulieren, dass sie zum Alltag der Kinder passen würden.

Vergangenheitsformen:

1.Vergangenheit (Präteritum):

Ich *arbeitete* mit meiner Schwester auf dem Bauernhof.
Du *arbeitetest* mit deiner Schwester auf dem Bauernhof.
Er/Sie *arbeitete* mit seiner/ihrer Schwester auf dem Bauernhof.
Was passiert bei unregelmäßigen Verben, wie denken oder beginnen?

2. Vergangenheit (Perfekt):

Ich *bin* über die Brücke *gegangen*.
Du *bist* über die Brücke *gegangen*.
Er/Sie *ist/sind* über die Brücke *gegangen*.
Was passiert bei unregelmäßigen Verben, wie backen oder befehlen? Welche Hilfsverben kennen wir?

Bei der dreimaligen Wiederholung des Wortes Brücke drängten sich abermals Bilder vom Nachmittag auf, als er zufällig den beiden Bürgermeistern praktisch genau dort an der Vilsbrücke in die Arme gelaufen war. Sie begutachteten das behelfsmäßig reparierte Bauwerk und schienen sich äußerlich von nichts ablenken zu lassen, bis Korbinian sie offensichtlich in ihrem Tun gestört hatte. Äußerlich ließ sich keiner der beiden etwas anmerken, aber doch lag ein Hauch von Seltsamkeit in der Luft, der die Willkommensbegrüßung ein wenig steif hatte wirken lassen. Aber nach einigen bekannten Floskeln war man in den gewohnt offenen Gesprächsbahnen und bald ging es um die Gemeindeversammlung, die auch ihrer Anschauung nach äußerst unglücklich, wenn nicht gar in Teilen katastrophal ver-laufen war. Beide erzählten, dass gleich am nächsten Tag außerordentliche Gemeinderatssitzungen abgehalten und die Aufgeregtheit des Vorabends in nahezu gleicher Art und Weise von den Ratsmitgliedern in die Sitzungen hineingetragen worden waren. Es wäre sogar so gewesen, berichtete Johannes Freudlmeier, dass ihm von einigen aus dem eigenen Gremium vorgeworfen wurde, warum er denn mit dem Bürgermeister aus Moosen gefühlt mehr besprechen würde als mit den eigenen Gemeinderäten. Ob da nicht schon ein abgekartetes Spiel zugange wäre, wurde ihm sogar untergeschoben. Das war natürlich völliger Unsinn und er habe leise zu sich selbst gesprochen: „Johannes, reiß dich z'sammen. Lass Dich ned provozier'n." Er konterte: „Wir hab'n doch erst in der Versammlung der Gemeind'n entschied'n, gemeinsam Widerstand zu leisten, wos wollt ihr denn mehr?" Dass es sich dabei um lediglich emotionale Vorwürfe handelte, war ihm bewusst gewesen. Er konnte persönlich nichts für die schlichtweg allgemein schwierigen Lebensbedingungen und dass es diese schwer zu verkraftenden Themen, u.a. der Gemeindezusammenlegung überhaupt gab. Sie waren nicht auf seinem Mist gewachsen, aber vom Gemeindevorsteher erwartete man halt, das Beste für alle herauszuholen, was aber fast unmöglich war. Jedem kann man es in dieser Situation nie recht machen, wusste er. Aber er versuchte zumindest, für die meisten eine vernünftige Perspektive zu schaffen, sofern es in seinen Händen liegen würde. Er hatte ein gewisses Maß an Verständnis, dass jeder gereizt sein konnte, sich mit den „Seinigen" zusammenrottete und sogar ausgekeilt wurde, aber persönliche Angriffe auf ihn wollte und hatte er nie wirklich zugelassen. Ähnlich sei es Sepp Netter ergangen, so seinen Worten nach, „und im Moment waren es wahrscheinlich nur der Johannes und ich", meinte der Netter Sepp, die erkennen würden, dass es ohne Zusammenarbeit der beiden Nachbargemeinden noch nie gegangen war und sicherlich in Zukunft noch weniger gehen würde. Gleichzeitig war man sich einig, dass es dazu keiner Zusammenlegung bedurfte. Nachbarschaftliches Konkurrenzdenken wäre fehl am Platz, denn dafür gäbe es zu viele Berührungspunkte, wo man nur miteinander einigermaßen gut vorankommen würde. „Schau nur auf de Themen wia de Elektrifizierung, den Ausbau und Erhalt des Bahnbetriebs, de Straßenbaupläne für zukünftige Automobil- und Lastwagenverkehre. Wir hab'n ja überall noch Schotterwege und jetzt mit der Vilsbruck hab'n wir unmittelbar de Probe auf des Exemp'l vor der Nas'n, ob wir des gemeinsam schaff'n", zählte der Netter Sepp auf.

Korbinian Rosshaupt erkannte in Sepp Netter mehr und mehr einen umsichtigen und vorausschauenden Charakter, der trotzdem, dass er noch nie sonderlich weit über das Vilstal hinausgekommen war, unheimlich viel von den Menschen und der Welt wusste. Seine Lebenserfahrung und -weisheit hatten ihn gelehrt, dass man „seine Leut", wie er oft sagte, bei der gänzlichen Unsicherheit in dem steten Wandel Zeit geben müsse. Sie müssen mitkommen können. Und mit diesem Bewusstsein gelang ihm in beeindruckender Weise, je nach Situation die richtige Ansprache an die Menschen zu finden. Aber trotzdem mussten auch vorausschauende Entscheidungen gefällt werden, die aus gegenwärtiger Sicht vielleicht unangemessen und überzogen erschienen, jedoch nachhaltig die Lebensbedingungen im Sinne des Gemeinwohles verbessern würden. Und in dem Freudlmeier Johannes hatte er einen gleichgesinnten Bürgermeister-Partner gefunden. Es waren eben die heiklen Missionen, die viel Erklärung und Zeit brauchten und wofür sich die beiden Bürgermeister Zeit nahmen. Und Sepp Netter berücksichtigte nicht nur die großen Themen der Gemeinde. Beispielgebend war für Korbinian, dass Sepp Netter sich auch an Korbinians Anliegen für einen historischen Verein erinnerte, als sie sich praktisch fast schon verabschiedet hatten. Trotz aller, alles überlagernden Streitereien, von den Kirchenglocken bis zur verordneten Gemeindezusammenlegung, brachte Sepp Netter zum Abschied sein Bedauern zum Ausdruck, dass er im Augenblick wenig Hoffnung sehe, dass dieses Vorhaben im Gemeinderat als auch in der Bevölkerung Anklang finden würde. Niemand hat gegenwärtig den Kopf frei für dergleichen Thema. Natürlich schwang bei Korbinian Rosshaupt Enttäuschung mit, als Sepp Netter seine Befürchtungen diesbezüglich so offen aussprach, aber letztlich sorgte es für Klarheit und ließ die Hoffnung offen, dass es im Moment nicht passen würde, aber vielleicht in der Zukunft andere Gelegenheiten geben und dann die Zeit dafür reif sein könne.

Sepp Netter, war ein Glücksfall für die Gemeinde Moosen und auch für Johannes Freudlmeier, der in ihm einen verlässlichen und vertrauenswürdigen Amtskollegen hatte, resümierte Korbinian in Gedanken, der nun wieder geistig zu seinen Grammatikbeispielen zurückkehren wollte, als es plötzlich an seiner Tür klopfte.

„Grüß Gott, Herr Lehrer Rosshaupt, dürf'n wir sie stör'n?", fragte Georg Ziereis, der junge Brunnenbauer, hinter dem Quirin Netter hervorspitzte und ebenso ein Grüß Gott zum Gruße kundtat.

„Georg, Quirin, ihr beide... servus miteinander. Wos kann i für euch tun?", wollte Korbinian von dem überraschenden Besuch wissen.

„I denke, wir würd'n gern wos mit ihnen besprech'n woll'n, wenn es möglich is, aber", da blickten sich beide leicht verstohlen um, „aber vielleicht am besten drin", meinte Georg und Quirin nickte.

„Na dann, kommt rein und ihr nehmt am besten de beid'n Stühle, mehr hab i ned zum anbiet'n, i setze mich auf de Holztruhe. So, wos gibt's denn so *Geheimnisvolles*?", hinterfragte Korbinian ihr etwas sonderbares Verhalten.

„Wiss'ns vielleicht schon wos von dem Geheimnis?", fragte Quirin erschrocken naiv. Korbinian Rosshaupt winkte ab: „War nur so ein Gedanke, Quirin."

„Herr Lehrer Rosshaupt, i glaub wir hab'n da tatsächlich wos Geheimnisvolles g'funden, wos wir ihnen unbedingt zeig'n müss'n", formulierte es Georg erneut rätselhaft.

„Na sag schon, um wos geht's genau? Wos soll i anschau'n?"

Im Folgenden schilderte Georg Ziereis, dass er vor ein paar Tagen bei dem Oberloher Vinzenz nach dem Brunnen geschaut hatte. Korbinian kannte die Oberlohers, die am Ortsrand von Moosen ihr Anwesen haben. Vermutlich gäbe es wegen des letztjährigen Hochwassers ein Problem, meinte Georg erstmals. Obwohl der Brunnen sehr tief sei, war dem Vinzenz Oberloher zu wenig Wasser drin, was allerdings auch Hermann Ziereis, sein verschwundener Adoptivvater, früher schon festgestellt haben soll. Georg war also in den Brunnen hinabgestiegen. Und per Zufall, weil er mit dem Ellenbogen auf halber Tiefe gegen die Innenwand gestoßen war, hatte er einen der Brunnensteine gelockert. Weitere Steine konnte er leicht hin und her bewegen und diese drohten in den Brunnen zu fallen. Offensichtlich war an dieser Stelle das Mauerwerk sehr schlecht, der Zement bröselig und die Brunnenwand nicht mehr hinterfüllt. Ohne sonderliche Mühe konnte er ein größeres Loch in der rund geformten Wand öffnen. Das erschien ihm doch ziemlich befremdlich, andererseits würde es eventuell den niedrigen Wasserstand erklären können. Um der Sache weiter auf den Grund zu gehen, beschloss er, mit einer Öllampe so gut es ging, Licht ins Dunkel der Öffnung im Brunnen zu bringen. Georg war ziemlich erstaunt über das Ausmaß und die Leere des ansonsten stockdunklen Raumes hinter dem Hohlraum.

Da er zurück an der Oberfläche niemand antraf, begann er selbst nachzuforschen, ob es sichtbare Spuren und Anzeichen von ungewöhnlichen Veränderungen an der Grasnarbe rund um den oberen Brunnenabschluss gegenüber gab. Unmittelbar am Brunnenrand war nichts zu sehen und auch das Gelände, wo im Untergrund das immense Loch sein musste, zeigten für Georg keine Auffälligkeiten. Warum er aber auf die zwanzig bis dreißig Meter weit entfernte, in einer Senke liegende Baumgruppe mit allerlei Gestrüpp herum zuhielt, konnte er im Nachhinein nicht mehr sagen. Was er aber fand, war ein uralter Zugang zu einem Erdkeller, wie er von den Altvorderen einst als Vorratslager genutzt worden war. Das Schloss an der schäbigen Tür war so verrostet, dass es leicht zu öffnen war. Eilig holte er seine Öllampe und tastete sich allmählich vor. Tatsächlich stieß er weit ins Innere vor, denn der Vorratsraum war dem Anschein nach weiter nach hinten ausgebaut worden, soviel stand fest. Die Decke war hier provisorisch abgestützt, wie auch die Wände. Der Boden war feucht, aber es gab keine Wasserlachen oder ähnliches, wahrscheinlich aufgrund des gefühlt abschüssigen Gangverlaufes und der Trockenheit der letzten Monate. Mit jedem kleinen und vorsichtigen Schritt wurde der Keller zu einem unterirdischen Gang, der sich im Querschnitt stark verjüngte und nur noch in leicht gebückter Haltung bewältigt werden konnte.

Georg wurde es nun doch arg flau im Magen, denn sein Öllicht hätte immer noch mehr finsteren Raum preisgegeben, bloß: Wo war das Ende? Zurück inmitten der Baumgruppe und das Schloss durch ein Neues ausgetauscht, das er in der Arbeitshose trug, vermutete er, dass der Tunnel, der ihm nun fast wie ein Vortriebsstollen im Bergbau vorkam, der Grund für das Wasserproblem des Oberloher Brunnes sein könnte.

„Und wos war dann?", fragte der Lehrer Rosshaupt gespannt nach.

„Ja, dann bin i nochmals in den Brunnen eing'stiegen und je näher i dem Loch kam, umso sicherer war i mir, dass es da eine Verbindung gibt. Und wos mir auch durch den Kopf g'schossen is, als i de Brunnensteine wieder behelfsmäßig aufg'schichtet hab: Der Quirin hat mir bei einem Vereinstreffen der „Trachtler" erzählt, Herr Lehrer, der alte Bäckergeselle von den Freudlmeiers, der Anderl hätt vor einiger Zeit über de Geschichte von einem unterirdischen Fluchtweg von Hum'stoa nach Kalling gered't. Und weil des doch da unten ausschaut, wia in einem Stollen", erklärte Georg mit trockener Stimme.

Überrascht von dieser Schlussfolgerung, stutzte der Rosshaupt Korbinian. Damit hatte der Netter Quirin weder gelogen noch ihre Abmachung zum Stillschweigen über den Geheimgang Hubenstein-Kalling gebrochen. Trotzdem quittierte er Georgs Entdeckungsgeschichte zunächst mit einem ernsthaften Blick Richtung Quirin. Das hätte aber auch nur bedeuten können, dass der Ziereis Georg tatsächlich auf den Nachweis für das bisherige Gerede um den Tunnel gekommen war. Nur: „Man soll den Morg'n ned vor dem Abend lob'n", war für Korbinian auch ein Leitspruch, der ihn vor so manch übersteigerter Erwartungshaltung bewahrte und nun aus ihm heraussprudelte. „De Geschicht gibt's, Georg, aber des is eine Legende, de bisher niemand hat nur ansatzweise beleg'n können", blieb der ins Vertrauen gezogene Lehrer nüchtern.

„Aber, Herr Lehrer, des müss'n Sie sich anschau'n. Vielleicht is es ja der fehlende Beweis?", insistierte Quirin, als er die Zurückhaltung von Korbinian Rosshaupt bemerkte und dabei an die Erzählung seines Bruders Lukas dachte.

„Des is wohl wahr", meinte Korbinian Rosshaupt, der die Begeisterung in Quirins Augen sehen konnte. „Wenn wir aber den Ort aufsuch'n und herausfind'n woll'n, wos er wirklich is, dann geht des nur mit dem Bürgermeister und sicherlich dem Vinzenz Oberloher, um dessen Brunnen und Grundstück es sich ja handelt, mein i", kombinierte und erklärte der Rosshaupt Korbinian seinen Standpunkt.

Quirin und Georg wurde bewusst, dass diese Angelegenheit nicht still und heimlich vonstattengehen konnte, wie sie ursprünglich ersonnen hatten. Trotzdem, sie konnten auch mit dem Vorschlag des Lehrers leben, der schließlich genauso bewirkte, dass man der Sache auf den Grund gehen wollte.

„Wos hast du eigentlich dem Vinzenz Oberloher zu seinem Brunnen g'sagt?", wollte Korbinian von Georg wissen.

„Er war zwar ein bisschen knurrig, aber am End kann er ja auch nix ändern. Also, i hab ihm g'sagt, dass entweder der Brunnen an irgendeiner Stelle des Wasser nimmermehr hält, des zum herausfind'n würd aber noch mehr Zeit erfordern oder des Grundwasser an der Stelle versiegt langsam. Des kann durchaus schon vorkommen und mit der schlimmen Trockenheit in dem Jahr noch deutlich schneller."

„Dann werd der Vinzenz sich wohl wundern, wenn wir de nächsten Tag in Mannschaftsstärke anrück'n werd'n", scherzte der Lehrer zum Abschluss.

Dass Sepp Netter ein Mann der Tat war, konnte Korbinian Rosshaupt daran ablesen, wie zielstrebig er die Angelegenheit anpackte und gleich am nächsten Tag selbst die kuriose Entdeckung in Augenschein nahm. Der Oberloher Vinzenz staunte nicht schlecht, als der Netter Sepp samt Feuerwehr bei ihm aufkreuzte und ihn an den Ort des angeblichen Tunnels führte. Er musste allerdings gestehen, dass er den Erdkeller quasi seit seiner Jugendzeit nicht mehr betreten hatte. Am übernächsten Tag, einem Samstagvormittag, waren neben dem eingeweihten Personenkreis die Stammmannschaft der Freiwilligen Feuerwehr Moosen komplett vorstellig, die Sepp Netter organisierte hatte, da sie über ausreichend Seillängen und Öllampen verfügten, um die unterirdische Entdeckung zu erkunden. Der Bürgermeister hatte es jedem freigestellt, der den geheimnisvollen Gang nicht betreten wollte, denn natürlich würde ein gewisses unkalkulierbares Risiko bestehen, in die dunkle Ungewissheit vorzudringen. Keiner wollte sich mittels Abwesenheit die Blöße geben, nicht dabei zu sein. Der Netter Sepp stellte sich an die Spitze des Erkundungstrupps und gleich hinter ihm im Abstand von circa vier bis fünf Meter Korbinian Rosshaupt, der im Nebenfach im Studium ein paar Semester Geologie studiert hatte, wie er Sepp Netter bei der Gelegenheit wissen ließ. „Wir geh'n keine unnötig'n Risiken ein", bläute der Truppführer Sepp Netter seinen Leuten ein, „Wenn i des Zeich'n gebe, ziehen wir uns zurück, alles klar?"

Die ersten Meter waren, wie es Georg Ziereis beschrieben hatte. Er ging als dritter hinter Korbinian Rosshaupt, wie die anderen an einem Seil, das an der Hüfte mittels eines Gurtes befestigt war. Flackerndes Licht der Petroleumlampen bemächtigte sich der Dunkelheit und offenbarte einen röhrenförmigen Gang, der teilweise mit schwarzgefärbten Holzstämmen gesichert war. An den Wänden waren modrige Bretter in den Boden eingeschlagen. Nicht jeder der Abschnitte des Ausbaus erschien wirklich vertrauenswürdig und es zeigte sich an einigen Stellen ein fortgeschrittener Alterungsprozess, in dessen Folge Deckenbalken geknickt oder morsch und Bretter mächtig ausbeult waren. Das würde auf Erdbewegungen dahinter hinweisen, wie Korbinian Rosshaupt fachmännisch meinte. Keiner der kühnen Eroberer wagte nur ein wenig an irgendeinem Gebälk zu rütteln, jedoch erkannten sie, dass mehrere relativ frisch eingebrachte, helle Holzstützen alte Konstruktionen unterstützten. Die Frage stand im Raum zum Greifen nah, wer hier die frischen hellen Balken eingezogen haben könnte, aber keiner stellte sie. Der Ziereis Georg meinte flüsternd, dass sie schon weiter gekommen seien, als er sich alleine vorgewagt hatte, und der Netter Sepp nahm es mit einem Nicken zur Kenntnis. Keiner wollte der eigenen regen Phantasie ob der möglichen Gefahren Vorschub leisten, sondern stärkte sich an der Präsenz des anderen. Ein paar Meter weiter meinte der Anführer, einen angenehmen Luftzug zu verspüren, der ihm um die Nase wehte und die Flamme der Öllampe freudig züngeln ließ. Unter der Lampe hindurch den Blick nach vorne gerichtet, entdeckte er warum. An der Stollensohle waren einige Stützbretter ausgebrochen und lagen kreuz und quer im Gang. Teils unter einer Schlammschicht aus Tonerde ragten sie willkürlich aus einem aufgestauten Dreckhaufen. Georg Ziereis rückte näher an Sepp und Korbinian heran und glaubte darin, die Stelle zu erkennen, die dem Brunnen von dem Oberloher Vinzenz sehr nahe sein könnte. Was tatsächlich wahrscheinlich war, da die scheinbare Unordnung an Brettern und angeschwemmten Erdreich durchaus von einem Wasserdurchbruch zwischen Brunnen und Gang hätte kommen können oder größeren Quellaktivitäten oder beidem. Mit den schwachen Öllampen konnten sie allerdings den Wandeinbruch nicht ausleuchten. Auch der Vorsicht geschuldet, nicht weiteres Material auszubrechen, unterließen sie es, dorthin in irgendeiner Weise vorzudringen. Vorsichtig räumten die Drei ein paar oben aufliegende Bretter zur Seite und schlüpften äußerst gebückt weiter in den Gang hinein, als plötzlich der Rosshaupt Korbinian auf dem nassen Stollengrund ausrutschte und lauthals die Welt verdammte. Den anderen fuhr bei dem plötzlichen Aufschrei der Schrecken durch die Glieder, als gleichzeitig die Seilverbindung durch den Sturz an ihnen zerrte. Nach einer Schrecksekunde waren sie froh, dass er sich nicht verletzt hatte, nachdem er wieder auf den Beinen war. Von dem Schrecken erholt, blafften sie von hinten: „Is halt ein Lehrer", was der Gescholtene lediglich mit einem „Haha" kommentieren konnte. Das überschießende Adrenalin in den Blutbahnen hemmte ihn, die passenden Worte zu finden. Stattdessen widmete er sich seiner Petroleumlampe, die zu Bruch gegangen war. „Reich dem Korbinian deine Lamp'n, Georg", wies der Netter Sepp an, damit an der Spitze des Trupps mehr Licht ankam. Der Verlauf des unterirdischen Ganges machte einen leichten Linksschwenk, den er einsehen wollte. Überraschenderweise war der Gangquerschnitt wieder etwas großzügiger und leichter begehbar. Die Sohle des Gangs war nun wesentlich nässer. Ausgeschwemmter Boden unter ihren Stiefeln und unterspülte Holzdielen verrieten, dass hier ein Wassereinbruch entsprechende Spuren hinterlassen hatte. Das musste allerdings schon einige Zeit her gewesen sein, da es das ganze Jahr über kaum geregnet hatte. Mit unverminderter Aufmerksamkeit ging es kleine Schritte zwar, aber immer weiter in den Gang hinein, nachdem erneut eine Seillänge hinter ihnen am Tunneleingang angeknüpft worden war.

Dann stoppte der Netter Sepp plötzlich und sagte: „Moment, da is wos. Kommt mal her." Langsam schlossen Korbinian und Georg zu Sepp auf und leuchteten mit ihren intakten Öllampen möglichst weit in die vor ihnen liegende Dunkelheit hinein. Der restliche Trupp verharrte an der nachgerückten Position. Die Drei versuchten, Sepps Entdeckung zu enträtseln. Ein dunkles Etwas versperrte den Weg auf den Holzbrettern an einer Holzstütze vor ihnen. Einig, sich dem seltsamen Fund etwas zu nähern, blieben die Drei nahe beieinander. Das Licht der Öllampen zeichnete erste helle Umrisse um ein dunkles Schattenbild in einigen Metern Entfernung. Georg Ziereis, der sich als Brunnenbauer am besten an die Dunkelheit gewöhnt hatte, japste erschrocken hervor: „Da liegt ein Hut. Des is doch ein Mensch. Den Hut kenn i doch, oder?" Der Ausruf setzte sie spontan in Bewegung. Dort angekommen, hielten sie den Atem an. Im Lichte der Petroleumlampen brachten sie keine Silbe hervor. Schockiert bedeckten sie ihre Münder mit Tüchern, die sie aus den Hosentaschen holten, um den modrigen Gestank und den Anblick besser ertragen zu können. Korbinian Rosshaupt wendete sich ab und war dem Würgen nah. Die Verwesung war ersichtlich weit fortgeschritten, wenngleich der Leichnam eines Menschen eindeutig und nicht nur am Skelett erkennbar war. „Des müss'n de Jacken und der Hut vom Hermann sein. I kenn de Jacken von früher", seufzte Georg. „Dann wiss'n wir jetz, wo er ab'blieben is", entgegnete der Netter Sepp demütig und nahm seinen Hut vom Kopf zum Andenken an den lange Vermissten. Die Anderen taten es ihm gleich. Minuten des Schweigens erfüllten den Tunnel, als wäre er für sich alleine und immer noch im Verborgenen. Regungslos standen sie da, doch im Kopf eines jeden spukten Fantasien umher, die versuchten, sich den Hergang seines Ablebens zu erklären. Die früheren Vorkommnisse wurden zu imaginären, laufenden Bildern. Die ewigen und handfesten Streitigkeiten zwischen den Unterstützern und Gegnern von Hermann Ziereis drängten sich auf. War es des Rätsels Lösung, nach der lange Zeit gesucht wurde? Würde sich nun aufklären lassen, wer ihn auf dem Gewissen hatte? Wurde er Opfer eines Kapitalverbrechens oder war doch der Teufel im Spiel? „Wir brechen hier ab", meinte der Netter Sepp und niemand widersprach ihm, da sich jeder bewusst war, dass es nun ein Fall für die Polizei sein würde. Die Entdeckung verbreitete sich wie ein Lauffeuer in der Bevölkerung. Zum einen war alleine schon die Tatsache, einen unterirdischen Gang gefunden zu haben, eine Attraktion für sich genommen. Zum anderen, der grausige Leichenfund von dem vor langer Zeit verschwundenen Hermann Ziereis kam einem Schockerlebnis gleich. Nach einem kurzen Moment des Innehaltens schossen die Spekulationen ins Kraut. Die wildesten Gedankenspiele nahmen ihren freien Lauf. Der Hermann Ziereis, der Teufel, der Netter Lukas, die Preysinger, die Kallinger und alle miteinander vermengt, kamen in den sich überschlagenden Geschichten vor. Und zwangsläufig kamen die Menschen auf den Zenker Paul als einstigen Erzfeind von Hermann Ziereis. Als wäre er höchstpersönlich von den Toten wiedererstanden, so präsent war nunmehr der frühere Widersacher für den Zenker Paul. Die gewohnt herrschaftliche Distanz zum normalen Volk fand ihr schreiendes Echo in einer stillen Anklage, die ihm nun entgegenschlug. Niemand traute sich nur andeutungsweise, ein falsches Wort zu sagen, aber in den Gesichtern und Augen widerspiegelte sich bereits

seine Verurteilung und die totale Ablehnung und tief-
gründiger Ekel.

Das Watt-Turnier
Anfang Juni 1924

Die Geschöpfe der Erde, alle Tiere, die Pflanzen und die Menschen ächzten unter der drückend heißen Junisonne. Niemand hätte nur ein ärgerliches Wort ausgesprochen, wenn der Juni untypisch regnerisch, nasskalt und windig gewesen wäre. Jegliche Abkühlung hätte so gut getan. Peregrins frommer Wunsch, der nicht in Erfüllung ging. Pfarrer Nepomuk Langkofler hatte noch am Vormittag zur Sonntagsmesse die ganze Gemeinde nach Hubenstein zum Watt-Turnier beim Fischer Peregrin eingeladen. Ein guter Grund, nicht draußen auf dem Feld zu stehen, was ohnehin am Sonntag verpönt war, aber aufgrund der Trockenheit notwendig. Die Bauern wollten eben retten, was noch zu retten war. Der Kartenwettbewerb fand alljährlich am Sonntag gleich nach dem Pfingstsonntag statt und war dem „hab-ihn-selig" Prälaten Müller gewidmet. Er war ein Mann Gottes aus der Pfarrgemeinde und zudem begeisterter Kartenspieler gewesen, der einige Zeit vor dem Krieg viele Verdienste für die Pfarrei und das Dekanat Moosen erworben hatte. Ein leutseliger Mann, ein Geistlicher zum Anfassen, den auch Pfarrer Langkofler noch hatte kennenlernen dürfen. Dessen Vermächtnis führte er gerne weiter, sammelte Preisgelder bei Gewerbetreibenden ein, und er selbst nahm leidenschaftlich gerne am Turnier teil.

Das Kartenglück in den Pfarrers Händen wogte hin und her, mal konnte er dem Spiel seinen Stempel aufdrücken, mal war er nur „Zufütterer". Mit den „Griechen", gemeint waren „Maxi, Belle, Spitze" und ein paar guten „Schlägen" ist leicht spielen, meinten die Kontrahenten Sepp Netter und Ludwig Hufnagel, und lief es gerade nicht so, dann frotzelten sie ebenso und fragten süffisant, „ob denn des schon alles war?"

„Jetzt könnt's auf jeden Fall einmal ‚gehen'", offerierte Johannes Freudlmeier, Mitspieler von Langkofler Nepomuk, den Gegnern. Die schmissen ärgerlich ihre Karten auf den Tisch und spülten ihren Frust mit einem Schluck Bier hinunter.

An den verschiedenen Spieltischen ging es heiß her. Die Karten flogen und die Striche wurden gezogen und wehe, der Mitspieler hatte bei der letzten Runde vergessen, die Punkte zu notieren. Es wurden Grimassen geschnitten, sprich „gedeutet", was das Zeug hielt und genauso geschimpft und gewettert, wenn mal wieder ein Spiel verloren ging oder der Mitspieler falsch auslegte. Eine Stunde war wohl schon vergangen. Die Wirtsstube qualmte vom Rauch der Glimmstummel der Kartenspieler. Das Bier schmeckte wie gewohnt und der Lärmpegel war bei den Wettkämpfen dementsprechend. Trotzdem tat sich etwas am Stammtisch, der jedes Jahr mit denjenigen besetzt war, die dem Kartenspiel nichts abzugewinnen wussten oder beim letzten Mal so schlecht ausgesehen hatten, dass die nachfolgende Schmach es ihnen verleidet hatte. Die Kartenspieler spielten ihre Runden, indes ein gelegentliches, verbales Donnergrollen vom Stammtisch ausgehend sie immer wieder mal aufschauen ließ. Laut und heftig hörte sich das für Außenstehende an, was zwischen erregt gestikulierenden Stammtischlern hin- und herging. Plötzlich sprang einer auf und packte seinen schräg gegenübersitzenden Sitznachbarn beim Kragen und schrie irgendetwas Unverständliches in ihn hinein.

„Heh, heh, jetzt aber mal langsam, meine Herrn", ging der Fischer Peregrin dazwischen, der offensichtlich die aufkeimende Stimmungslage bereits länger kritisch beäugt hatte. „Lass den Xaver in Ruh", packte er den Aggressor verbal an und schob sich sichtbar zwischen die beiden, sodass der Angreifer die Hände vom Hemdkragen des andern lassen musste. Ein anderer sprang plötzlich auf und zerrte an der Schulter des Wirts und schrie: „ Lass den Wasti aus." Der Peregrin wiederum: „Ja, wos erlaubst du dir denn, Bürscherl? I bin der Wirt hier. Lass mich aus."

Im Nu war die Gemütslage am Stammtisch, als hätte jemand mit einem hölzernen Stock in ein Glutnest eingeschlagen. Worte spritzten wie Funken umher und entfachten eine sengende Stimmungslage. Geistesgegenwärtig und hellwach schnellten die beiden Bürgermeister von ihrem Spieltisch hoch und mischten sich schlagartig in die drohende Eskalation ein. Sie wussten von anderen tumultartigen Begebenheiten in den Wirtshäusern der letzten Wochen, wo Handgreiflichkeiten als Problemlösungen verstanden worden waren. Andere taten es ihnen gleich und trennten die Streithähne voneinander.

„Wos is denn los, Leut? Jetzt beruhigt's euch wieder", appellierte der Netter Sepp in ruhigem, aber eindringlichem Tonfall. „Um wos geht's denn?", fragte er direkt an den Fischer Peregrin gerichtet, der sich noch seine Schürze an der Schulter zurechtzupfte.

„Ach, g'stritten ham's wieder über die Zusammenlegung", meinte der ganz nüchtern.

„Wir hab'n mit euch Moos'nern nix am Hut. Ihr schaut's uns Hum'stoaner sowieso nur als armselig's Gschwerl an, ihr auf'putzt'n Gockl. Des hat mir schon mein Großvater erzählt, als ihr uns Hum'stoaner 1891 schon ned haben habt's woll'n", rief es der Xaver heraus, der dabei auf den Wasti deutete, der ihn am Kragen gepackt hatte.

„Du musst mich ned als auf'blasen Pfau be-
schimpf'n und beleidig'n", versuchte sich der schon
merkbar angetrunkene Wasti zu verteidigen.

„Da hat der Xaver schon recht. Ihr meint's immer,
ihr seid's bessere Leut wia wir in Hum'stoa, aber dass
de Vilsbrücke g'richt werd, habt's bisher ned fertig'bracht. Wahrscheinlich uns zum Tratz? Wia 1891,
als uns schon damals gedemütigt habt's", schallte es
von einem Spieltisch, an dem nun alle ihr Kartenspiel
eingestellt haben.

„Loisl, des stimmt doch nicht", schritt jetzt der Johannes gegenüber dem Zwischenrufer ein. „Der Einga-
beplan für de Brücke is von der Gemeinde Moosen ans
Bezirksamt Erding weiter'geb'n word'n, is von uns unterstützt word'n und werd hoffentlich bald umg'setzt.
Und zu dir, Wasti und auch zu den anderen", sagte er
im strengen Ton und mit ausgestrecktem Zeigefinger,
„des von 1891 und der damaligen Schmach für de
Hum'stoaner, weil de Moos'ner erst wollt'n und dann
plötzlich nicht mehr, is ewiglich her. Wir ham jetz ganz
andere Zeit'n. Wir san doch auch ganz andere Leut."

„Ja, schon Johannes. Aber des mit derer Jagd, dem
neuen Vertragsangebot für Hum'stoa, des is schon Un-
rechtens", meinte nun sogar der Wirt, der Fischer
Peregrin selbst. „Dass der Straßhuber aus Moosen mir
de Jagd in der Gemeinde Hum'stoa streitig macht, des
war und is eine Frechheit. Jetz, wo er vor Gericht ab-
blitzt is", ergänzte er zornig.

„Da geb i dir schon recht, Peregrin", schaltete sich
der Netter Sepp beschwichtigend ein. „Aber du kennst
doch den Straßhuber Alois. Der versucht halt alles,
aber i trau mich zu behaupten, dass er wia vor Gericht
auch bei eurem Gemeinderat scheitern werd, denk i.
Aber i geb zu, er hat damit schon einen ziemlichen

Wirbel bei allen aufbracht. Aber des hat grundsätzlich nix mit der Gemeinde Moosen zum schaff'n. Des liegt am Straßhuber."

Deutlich gesitteter gingen noch einige Reizthemen zwischen den sich gegenüberstehenden politischen und gemeindlichen Lagern hin und her. Die beiden Bürgermeister Sepp Netter und Johannes Freudlmeier versuchten, so gut wie möglich zu vermitteln und klärende Worte zu finden, um so weit wie möglich versöhnlich zu wirken.

Pfarrer Nepomuk Langkofler fühlte die Betroffenheit und den Ärger der aufgebrachten Gesellschaft. Er sah den tiefen emotionalen Riss, der sich zwischen ihnen auftat. Eine gravierende, alte Wunde trat nun erneut zu Tage. Die Schmach anno 1891 nährte über Generationen die gegenseitigen Vorbehalte, die nun erneut durch die staatliche Zwangsvereinigung offen zu Tage traten. Nepomuk Langkofler wusste von diesem Ereignis, das zwar lange her war, aber offenkundig im kollektiven Gedächtnis der Hubensteiner verankert geblieben war. Damals verweigerte die Mehrzahl der wahlberechtigten Bürger von Moosen die von den Hubensteinern offiziell und amtlich initiierte Gemeindezusammenlegung mit Moosen. Es war eine „Watschn", eine Schmach und Demütigung für die Hubensteiner Bürger, die sich getäuscht sahen, da man ja mit den Moos'nern im Vorfeld übereingekommen war und sich dann getraute, den Antrag zu stellen. „Vor den Augen des entsandten Regierungsrates des königlichen Bezirksamtes von Erding war man bis aufs Mark blamiert worden. Wutentbrannt verließen die Hubensteiner das Wirtshaus in Moosen", erinnerte sich Pfarrer Langkofler an die Erzählungen der Altvorderen und seines Vorbilds, Prälat Müller.

Bei diesem Gedanken, weil er ein Vorbild und eine Leitfigur für alle der Pfarrgemeinde darstellte, wollte und musste Pfarrer Langkofler zum Besseren an den unermüdlichen Prediger der christlichen Nächstenliebe, Prälat Müller erinnern. Um sich Gehör zu verschaffen, klopfte er mit seinem Gehstock mehrmals energisch gegen den Dielenboden der Wirtsstube, räusperte sich vernehmlich laut und stellte sich in die Mitte des Raumes. „Als euer Pfarrer möcht i euch an den ehrenwert'n Prälat Müller erinnern, den ihr noch heute in bester Erinnerung habt. Manchen von euch hat er de Sakramente der Taufe, der Kommunion, der Firmung und Ehe g'spendet. Andere hingegen san zu jung und kennen nur seine Grabstätte und seine Geschicht'n. Von klein auf hat er uns ermahnt, im Angesicht Gottes z'sammen zuhalt'n und wia Brüder und Schwestern füreinander da zum sein. In weltlich'n Dingen den Geist Gottes und de Botschaft Jesu zu leben. Im Korintherbrief 1:10 steht geschrieb'n: ‚Ich ermahne Euch aber, Brüder und Schwestern, im Namen unseres Herrn Jesus Christus, dass Ihr alle mit einer Stimme redet; und lasst keine Spaltungen unter Euch sein, sondern haltet aneinander fest in einem Sinn und in einer Meinung'. Dazu bitte ich euch. Denkt an eure Zukunft und de von euren Kindern. Große Herausforderungen stehen uns allen bevor. De Welt is im Wandel und nur gemeinsam können wir des besteh'n. Und nun lasst uns denn weiter friedfertig miteinander umgeh'n und des Prälat-Müller-Watt-Turnier zum End führ'n."

Nach der Gemeindeversammlung im April dieses Jahres hatte Nepomuk Langkofler nun zum zweiten Mal ein eher unerfreuliches Stimmungsbild seiner Gemeinde höchst lebendig miterlebt. „Kein Wunder", dachte er sich. „Nichts scheint mehr Halt zu geben. Was noch Bestand hat, will man erhalten, obwohl Veränderungen an allen Fronten des Lebens stattfinden und sich die

Welt praktisch täglich verändert. Und insgeheim wissen die Menschen vermutlich, dass der allgemeine Fortschritt nicht aufzuhalten ist. Aber um die Sorgen darum, wo sie bei alledem bleiben, gehen der Mut und der Wille zur Einflussnahme und Mitgestaltung verloren."

Seine Worte zum hochgeschätzten Prälat Müller hatten ihre Wirkung nicht verfehlt und nach und nach kehrten die versammelten Gäste an ihre Spieltische zurück. Der Seelsorger war froh und dankte insgeheim dem Herrn, dass er ihm die rechten Worte in den Mund gelegt hatte. So wurde schnell aus einem zunächst allgemeinem Gebrummel wieder eine Atmosphäre, die von Belle, Max und Spitze beherrscht war. Der Stammtisch hingegen war auf die Hälfte der Leute zusammengeschrumpft, aber es blieb zumindest friedlich. Was draußen vor dem Wirtshaus passierte, wollte keiner der Anwesenden mehr wissen.

Als die Veranstaltung zu Ende gegangen war, bedankten sich der Netter Sepp und der Freudlmeier Johannes bei ihrem Pfarrer. Sie würdigten sein Eintreten für die Sache der Vernunft und Eintracht. Pfarrer Nepomuk Langkofler wusste um die Einstellung der beiden Bürgermeister und gab ihnen noch mit auf ihrem Weg: „Haltet Stand und nehmt die Menschen mit auf diesem schwierigen Weg. Eines Tages werd'n sie's euch dank'n und sich eurer erinnern. Gott erhöre euch."

Das Bezirksamt Erding
Juni 1924

Kurt Karl Juriska schlürfte laut hörbar an seinem Kaffeehaferl ohne Henkel und setzte es mit beiden Händen vor sich am Essenstisch ab. Würzige Geruchsschwaden dampften von dem heißen Brühgetränk empor. An diesen morgendlichen Junitagen brauchte er sich absolut nicht die Finger wärmen, denn die Nächte waren fast tropisch warm. Eigentlich war die Keramiktasse zu heiß, aber lauwarmen Bohnenkaffee mochte er nicht. Mit einer weißen Serviette tupfte und wischte er die Reste vom Kaffee und den Brotkrümeln aus seinem Schnauz- und Backenbart. Und beinahe wäre ihm danach gewesen, die Stirn von Schweißperlen zu befreien. Er wollte diesem Gefühl nicht nachgegeben und ließ es einfach, obwohl einige Poren an den Schläfen überquollen. Davon unberührt schmatze er nochmals ein paarmal hinterdrein und blickte dabei auf einen Wurstzipfel, der seiner Erinnerung nach noch am Vorabend ganze Wurststange ausgemacht hatte.

Er ließ alles stehen und liegen und stand vom Tisch auf. Seine Haushälterin würde schon alles aufräumen, wie gewohnt. Dafür war sie ja unter anderem angestellt. Als lediger Herr mittleren Alters nur gerecht. Seiner Lebensweise nach hätte man ursprünglich keinen Sozialdemokraten in ihm vermutet. Für Außenstehende lebte er fast wie ein Hochwohlgeborener. Sein Vater wollte vor allem, dass er Kurt heißen soll, also nach ihm benannt. Jedoch als zweiten Vornamen sogleich Karl, denn sein Vater war einst ein glühender Verehrer von Karl Marx, in den jungen Tagen des Vaters *der* Kopf und Geist der sozialistischen antikapitalistischen Bewegung. Seine Forschungen und Theorien zu Gesellschaft und Kapital legten den Grundstein für eine ganz neue Denkweise der Gesellschaftspolitik im

19. Jahrhundert. Als sich der Vater über einen lukrativen Buchhandel und Verlag ein kleines Vermögen aufgebaut hatte, relativierte dies seine Ansichten. So kam Kurt Karl Juriska, sein Sohn, dem Idealbild von Chancengleichheit und gerechter Wohlstandsverteilung nur bedingt nahe. Er hatte die Vorzüge einer juristischen Ausbildung genutzt und als stellvertretender Leiter des Bezirksamts in Erding eine exponierte Stellung in der Region eingenommen. Kurt Karl störte das hinsichtlich seiner eigentlich sozialdemokratischen Gesinnung nicht im Geringsten. Seine Sicht auf „Sozialpolitik" und „Standeshierarchie" ergaben keinen Widerspruch. Er hatte es geschafft, nahezu sein eigener Herr zu sein und genoss, dass die lokalen Funktionsträger und Eliten sich wechselseitig hofierten. Dabei versicherten sie sich selbstbewusst ihrer Positionen als Entscheidungs- und Machteliten immer wieder gegenseitig. Die einen eben aus einer höchst konservativen und andere wiederum aus einer eher sozialen Warte ihrer gesellschaftlichen Stellung heraus. Als Individuum darf man sich natürlich nicht vergessen. Wem würde es nützen, sich selbst komplett in Frage zu stellen. Außerdem war „KK", wie ihn die Behördenmitarbeiter gelegentlich hinter vorgehaltener Hand nannten, ein Freund der Paragrafen. Denn eines hatte er von seinem sehr belesenen Vater auch gelernt: Ordnung muss trotz aller sozialen Bestrebungen sein. Und genau das wurde im Studium der Rechtswissenschaften bei KK geradezu fantastisch verstärkt. Und ging ihm etwas gegen den Strich, war sein unbedingtes Motto: "Salus publica suprema lex" („Das öffentliche Wohl ist das höchste Gesetz"). Der Einzelne hätte sich gefälligst unterzuordnen.

Vom Frühstück gestärkt war er wohlgemut. Selbiges war ihm wichtig. Er wusste nämlich nicht, wie es ihm in den kommenden Tagen in der Provinz in Moosen und Hubenstein ergehen würde. Er hatte dienstliche

Order, nicht nur die Interessen des Staates, sondern dessen Gesetze genau dort durchzusetzen. Die Wirtshäuser auf dem Land hatten an sich keinen schlechten Ruf vor allem, was das Essen anging – mal abgesehen von einigen gerichtlich bekannten Verfehlungen zu falschen Maßeinheiten, Gewichten und Volumen, die es immer wieder mal bei Metzgereien, Wirten oder Brauereien gab. Da wurde geschummelt, was das Zeug hielt. Nur seine Befürchtung war, dass er nichts oder zu wenig zu essen bekommen würde und sein durchaus beleibter Körper Hungerqualen aushalten müsse. Schon einmal hatte es Ärger wegen berechtigter Anschuldigungen gegenüber einer Brauerei wegen widerrechtlicher Bierpanscherei gegeben. Daraufhin bekam er im Bräustüberl ums Eck nichts zu essen, was fast einer Tragödie für ihn gleichkam. Dass er zu dick war, wusste er, aber Hungerleiden wollte er auch nicht. Kam er nämlich in Unterzucker, konnte er unausstehlich werden. Und wurde seine innere Balance zudem durch allzu widerspenstige und aufmüpfige Artgenossen herausgefordert, konnte er schier aus der Haut fahren. Diese aufbrausenden und cholerischen Wesenszüge hatte er von seinem Vater geerbt. Persönlich - und als Amtsperson sowieso - wollte und konnte er wenig Widerspruch vertragen. Kam es tatsächlich zu Unstimmigkeiten, forderte sein adrenalingefluteter Körper im Nachgang Kompensation. Mit einer üppigen Mahlzeit konnte er sein Gemüt so halbwegs befrieden. Entsprechend der vielen Auseinandersetzungen hat er über die Jahre als stellvertretender Bezirksinspektor deutlich an Gewicht zugelegt. Einst ein drahtiger Kerl, schob er die körperliche Verformung seiner Figur tatsächlich auf seine oftmals ungehörigen Artgenossen, die ihn seines Erachtens ständig herausforderten.

Die kommende Aufgabe könnte also eine echte Bewährungsprobe werden, denn Essen war seine Geduldsmedizin. Nur die Gesellschaft, mit der er es zu tun haben würde, konnte äußerst unbarmherzig sein. Fühlten sie sich, die Moosener und Hubensteiner, als Gemeinschaft angegriffen, waren es die Wirte, die als erstes seine Schwäche erkannten – oder davon gehört hatten – und ihn kurz hielten. Dann wären überraschenderweise das Wammerl und das Sauerkraut schlecht geworden oder der Fuchs hätte den Hühnerstall heimgesucht. Alle möglichen Zufälle fielen ihnen plötzlich ein. In Kurt Karl Juriskas Augen eine Respektlosigkeit, gegen die er allerdings wenig machen konnte.

Kurt Karl Juriska suchte seine sieben Sachen zusammen, die er für seine Dienstreise nach Moosen und Hubenstein brauchen würde. In einer Viertelstunde würde sein Chauffeur mit dem Automobil vorfahren, das er als Transportmittel vom Bezirk angefordert hatte. Nebenbei dachte er an die Aktenberge, die sich mittlerweile auf seinem Schreibtisch angehäuft hatten und spontan im Kopf ihr Unwesen trieben. Über Wochen hatte es gefühlt ganze Papierstöße an Korrespondenz zwischen den Gemeindevertretern von Moosen und Hubenstein und dem Erdinger Bezirksamt gegeben. Dabei blieb es jedoch nicht, denn auch private Personen schlossen sich der Briefflut an und beschwerten sich bitterlich. Im Januar 1924 waren dies gehäuft Briefwechsel zur Jagdvergebung in Moosen gewesen, die anschließend Wellen bis nach Hubenstein geschlagen hatten. Ungerecht sei es zugegangen, dass der alte und neue Jagdpächter in Moosen der Wirt, der Angermayr Julius, sein sollte. Von Spezlwirtschaft war die Rede gewesen und unlauterem Verhalten der Gemeindevertreter, die die Pachtvergabe entschieden. Das Ganze ging sogar bis zur Regierung von Oberbayern für Inneres, die sich daraufhin bei ihm, Kurt Karl Juriska, kritisch äußerte, ob dies nicht eigentlich Angelegenheit der hiesigen Bezirksbehörde sei. Aber was sollte er machen? Der Kläger, dieser Straßhuber Alois hatte sich direkt an ihm vorbei an die Behörde in München gewandt. Nur dieser vermeintliche Schachzug hatte für den Straßhuber keinen Erfolg bedeutet. Er ging leer aus. Geärgert hat es Kurt Karl aber trotzdem. Allerdings habe der Straßhuber Alois, es nicht dabei bewenden lassen, berichteten Quellen aus Polizeikreisen in Taufkirchen. Denn angeblich hatte es Handgreiflichkeiten beim Wirt in Hubenstein gegeben. Allerdings war nicht er selbst beteiligt, sondern vermeintliche Unterstützer, wie Informanten wussten. Trotzdem, er war der Auslöser der unsäglichen Unruhen aufgrund eigennütziger Pachtbestrebungen. Und nicht nur das. Der Gemeinderat in Moosen sah sich wüsten Beschimpfungen der Straßhuber-Anhänger ausgesetzt, und auch die Gemeinde in Hubenstein drehte auf, welch moralisch verwerfliche Absichten hinter dem Ganzen stecken würde, was da die Moosener vollbrachten. Ellenlange Briefe dokumentierten dieses Hauen und Stechen der verschiedensten Parteien in dieser Auseinandersetzung. Kurt Karl erinnerte sich an den Versuch von klärenden Darstellungen, Gesprächen am Fernsprecher und Sitzungen in Erding am Bezirksamt und in Moosen beim Wirt. Die Befriedung der Gemüter im März dieses Jahres 1924 war letztlich misslungen. Am Ende hatte nur eine gerichtliche Entscheidung zum formalen Abschluss des Falles beigetragen, was nicht unbedingt heißen musste, dass es unter den Bürgern nicht noch offene Rechnung gab.

Das nervöse Geläut der Türglocke kündigte Kurt Karls Chauffeur an. Der Bezirk hatte dieses Automobil erst kürzlich zur besseren Mobilität im Verwaltungsgebiet angeschafft. Der Wagen, ein Benz LUEG, gehörte zum Modernsten, was die Technik in diesen Tagen hervorbrachte. Entsprechend stolz gerierte sich sein Fahrer, ein junger schlaksiger Kerl, der sich in Knickerbocker, einer Jacke mit zweireihiger Knopfleiste und einer Schirmledermütze samt Brille als Werner Schnell vorstellte. Die Sitze hinter der ersten Sitzreihe waren offenkundig sehr klein geraten, aber zumindest ihr Gepäck und Kurt Karls Aktentasche fanden Platz. Argwöhnisch beäugte er den für ihn bestimmten Beifahrersitz. Ungelenk ließ er sich hineinplumpsen und musste dabei erkennen, dass seine Statur, ausdrücklich seine Breite, nicht so recht zu dieser technischen Neuheit passen wollte. Eingezwängt rückte er sich nochmals zurecht. Nun schien es etwas besser zu sein. Trotzdem war es ihm unangenehm, aber vor allem Werner Schnell, der mit dem Schalthebel gegen sein Knie schrammte, als er den ersten Gang einlegte. „Verzeihen Sie, Herr Inspektor", entschuldigte sich der junge Chauffeur ad hoc, wohlwissend, dass er diesbezüglich bei jedem ersten Gang gefordert wäre. Der Angesprochene nahm es zwar wortlos zur Kenntnis, aber innerlich schwang gerade sein Stimmungspendel in Richtung Anspannung.

Die kurvenreiche Fahrt bereits außerhalb der Stadt tat ihresgleichen. Die Straße wäre eigentlich durchaus geradlinig gewesen, aber den mit jedem Kilometer zunehmenden Schlaglöchern auszuweichen, bereitete nur Werner Schnell Fahrspaß. Auf Kurt Karl Juriskas Anraten, ob er den nicht geradeaus fahren könnte, argumentierte der durchaus selbstbewusste Fahrer mit Sicherheitsbedenken dem Fahrzeug gegenüber. „Es könnte die Achse brechen. Dann ist es aus", meinte er trocken, behielt also die Schlangenlinien bei, fuhr von da an jedoch etwas langsamer und sanfter.

Trotzdem, je länger sie unterwegs waren, umso mehr stand für Kurt Karl Juriska die holprige Fahrt als Sinnbild für das, was ihm in Moosen und Hubenstein bevorstehen würde. Erst dieses Wirrwarr und die Aufgeregtheit um die Jagdpacht und seit April 1924 das nächste Ärgernis. Das Bezirksamt Erding sollte auf Geheiß der Regierung von Oberbayern die Zusammenführung der beiden Gemeinden Moosen und Hubenstein herbeiführen. Dementsprechend waren Korrespondenzen an die Gemeindevertretungen gegangen, die sich zunächst noch still verhielten, aber dann geballt in Erscheinung traten. Über einen Bekannten, den Notar Bartholomäus Eisen aus Taufkirchen, hatte er erfahren, dass es bei einer Gemeindeversammlung Ende April zum Eklat gekommen sein sollte. Wörtlich hatte seine Quelle gesagt: „Die Bürger waren alle dagegen. Aber Leute wie der Zenker Paul stocherten halt immer wieder in den alten Wunden herum. Er hat die alte Geschichte von 1891 mit dem Ziereis Hermann wieder aufgewärmt, der im April noch vermisst und jetzt doch in dem unterirdischen Tunnel gefunden wurde. Seither ist in Moosen und Hubenstein der Teufel los." KK Juriska kannte den Ökonomierat und wusste von dem Kaliber Politiker, der er war, der stets im Hintergrund seine Fäden zog und im Vordergrund polemisch agierte. Eine Flut an Beschwerde- und Missbilligungsbriefen von besorgten und verärgerten Bürgern erreichte daraufhin das Bezirksamt Erding. Letztlich landete alles auf seinem Amtstisch, auch die noch gewichtigere offizielle Ablehnung der Gemeindezusammenlegung durch die beiden betroffenen Bürgermeister samt Gemeinderäten. KK Juriska würde auf dem Weg nach Moosen alsbald die tatsächliche Stimmungslage hautnah erleben können.

Ihm voraus war Pfarrer Langkofler. Seit Wochen konnte er das Rumoren und Knistern in seiner Herde beim sonntäglichen Gottesdienst spüren. Auch der Rosshaupt Korbinian sah den Riss, der durch seinen Kirchenchor aus Moosenern und Hubensteinern ging.

Die Leute waren überempfindlich. Jede Kleinigkeit wurde als persönliche Beleidigung ausgelegt und eskalierte soweit, dass einzelne untereinander nicht mehr mit dem anderen singen wollten. Es brauchte Beschwichtigungen und Engelszungen, um einen halbwegs vernünftige Chorbetrieb zustande zu bringen. Am Allermeisten aber bekamen die Bürgermeister und jeweiligen Gemeinderäte von den erbosten Bürgern ab. Gerade einmal für den Zeitraum einer kalbenden Kuh konnte der Netter Sepp die verächtlichen Anfeindungen und Grobheiten ausblenden, die ihm und seiner Familie in den letzten Wochen entgegen geschlagen waren. Er wischte sich seine blutverschmierten Geburtshelferhände am Stroh ab, mit dem er zuvor ein neugeborenes Kälbchen trocken gerieben hatte. Abgestützt auf seinen Unterarmen lehnte er auf den Holzplanken der Stallung, die für die gebärende Kuh vorbereitet worden war. Gerade hat er der Kuhmutter geholfen, ihr Kälbchen zur Welt zu bringen, an der er im Moment so arg zweifelte. Einerseits ein Geschenk des Himmels, ein gesundes Kalb, und andererseits die Erdenbewohner in seiner Gemeinde, die er nicht mehr zu erkennen glaubte. Aber er war ja nicht der Einzige, dem es so erging. Das machte es nicht besser, im Gegenteil.

„Des is ja ein abgekartetes Spiel, wos ihr da treibt's", war der Vorwurf, den nicht nur er, sondern auch all seine Gemeinderatskollegen zu hören bekamen. „Schon, dass de gemeinsame Gemeindeversammlung abg'halten word'n is, sagt alles. Ihr habt's des von Anfang an vorg'habt, dass uns zamleng. Ihr Saubazen steckt's alle mit der Obrigkeit unter einer Decke, Saubande elendige", beschimpfte allen voran der Straßhuber Alois jeden Gemeindevertreter, den er zu Gesicht bekam. Und das waren die sachlichen Vorwürfe, von persönlichen Beleidigungen abgesehen. Nach seiner Niederlage zur „Buhlschaft" um die

Jagdpacht löste er jetzt seine offenen Rechnungen ein. Und er war nicht der Einzige, der sich nun aus seinem Versteck traute und offen seinen Ärger zum Ausdruck brachte. Selbst, wenn es nicht im Zusammenhang mit der Gemeindezusammenlegung stand, die Beschimpfungen und Proteste wurden zum Selbstzweck. Luftablassen, weil's gerade so passt. Und in Hubenstein war es nicht anders.

Die Ereignisse der letzten Wochen hatten den Netter Sepp nachdenklich gemacht. Viele schwierige Phasen hatte er in seinem Leben schon durchmachen müssen. Im Moment hatte es den Anschein, als würde er als Bürgermeister von Moosen wieder einer Bewährungsprüfung ausgesetzt sein. Und die Prüfungsfrage lautete: „Ist es das alles wert?" Abgelenkt durch das freudige Blöken des Kalbes nach der ersten Mahlzeit, wischte er den leidigen Gedanken beiseite. Für heute Nachmittag hat sich der stellvertretende Bezirksinspektor Kurt Karl Juriska angekündigt. Die Gemeindevertreter der beiden Gemeinden Hubenstein und Moosen sollten sich im Wirtssaal in Moosen versammeln.

Die Verantwortlichen und Angesprochenen erwarteten den Mann des Bezirkes beim Wirt. Es wurde wenig gesprochen. Nur eine leise Geräuschkulisse umgab die weniger als zwanzig Anwesenden, die sich teils flüsternd, teils raunend an zwei Tischen versammelt hatten: streng getrennt nach Herkunftsgemeinden. So ordneten sich die Versammelten, als wäre es ein Naturgesetz. Der angemeldete Bezirksvertreter Juriska sollte von vornherein erkennen, womit er es zu tun hatte. Zwei Tische, zwei Gemeinden. In einem war man jedoch einig. Keine der anwesenden Tischfronten würde nur einen Quadratzentimeter vom Widerstand zur Zwangsvereinigung abweichen wollen. Der Millner Josef war auf die Idee gekommen, den stellvertretenden Bezirksinspektor bloß nicht zu freundlich zu begegnen, und das würde schon beim Empfang vor dem Wirtshaus beginnen. „Der Sesselpfurzer vom Bezirk soll selbst ins Wirtshaus hereinfind'n" meinte er lautstark an die Runde gerichtet. Andere pflichteten ihm sogleich mit einem „Jawohl" bei, sogar aus dem Moos'ner Lager. „Ach geh jetz Josef, Leut des bringt doch nix", meinte der Freudlmeier Johannes an seinen Hubensteiner Amtskollegen. „Warum ned, soll doch unser Wirt, der Angermayr Julius geh. Er is der Hausherr", stocherte der Eiblmeier Karlheinz, zweiter Bürgermeister von Moosen hinterher. Darauf einigten sich dann auch alle Anwesenden. Während es im Saal etwas lebendiger wurde, rollte der Benz LUEG samt Insassen an und hatte gerade die Vilsbrücke erreicht. Zu allem Ärger war die Brücke immer noch nicht für Fahrzeuge befahrbar.

„Halleluja nochmal..., jetzt das auch noch", schickte KK Juriska einen nicht ausgesprochen Fluch gen Himmel. Die Sonne brannte mittlerweile unerbittlich vom Selbigen, als der immer noch gut aufgelegte Chauffeur auf einer Wiese nahe der provisorischen Fußgängerbrücke stoppte. Mies gelaunt und durchgewalkt von der holprigen Fahrt griff sich Kurt Karl Juriska seine Aktentasche, streifte sich mit einer Hand die zerknitterte Anzughose mehr schlecht als recht glatt und bedeutete dem Schnell Werner, ihm zu folgen. Jegliche Kühle durch den Fahrtwind wich nun der schweißtreibenden Sommersonne, derer beide auf dem Weg zum Wirtshaus ausgesetzt waren. Still zeigte sich der Ort und staubtrocken. Jeder Schritt wirbelte feinste Staubkörner auf, die sich am Beinkleid, aber nicht nur dort, festhielten. Aus der Ferne ein Hundegebell. Hinter einem Fenster glaubte Kurt Karl Juriska die Silhouette einer Person erkannt zu haben, die wahrscheinlich unerkannt bleiben wollte, aber doch neugierig erschien.

Eine Frau, unter einem Kopftuch versteckt, bog um die Ecke auf der anderen Straßenseite. Streng war ihr Blick, der nur kurz auf ihnen verweilte und dann sofort fluchtartig zur nächsten Eingangstüre schwenkte. Aus der Distanz sah er zwei alte Männer auf einer Bank unter einem Schattenbaum nahe dem Dorfweiher sitzen. Insgeheim beneidete KK die beiden, denn gefühlt sammelte sich gerade ein Meer aus Schwitzwasser rings um seinen Hosenbund. Einer von den beiden Alten hob seinen Gehstock an, auf dem er seine Hände gestützt hatte und reckte auf- und abschwingend den knorrigen Stock in die Höhe. Die beiden Fremden zu Fuß wunderten sich ob der Art des Grußes. Es hätte auch eine Drohgeste sein können, kam es KK Juriska in den Sinn, der dadurch keinerlei Anflug auf Erwiderung verspürte. Sicherlich war davon auszugehen, dass die Bevölkerung über den seltenen - gar unerwünschten - Besuch vom Bezirksamt Bescheid wusste. Der ansonsten beschaulich freundliche Ort mit seinen großzügigen Streuobstgärten und Anwesen hatte trotz der strahlend hellen Sonne sein Willkommensantlitz verfinstert.

Der Angermayr Wirt hatte die beiden Ankömmlinge schon von Weitem vom Fenster seiner Gaststube aus sehen können. Die Begrüßung war schmucklos, aber nicht unfreundlich gelungen. Soweit war dies auch in Ordnung, dachte Kurt Karl Juriska, der zusammen mit dem Wirt und seinem Chauffeur den abgedunkelten Wirtssaal betrat. Augenblicklich verstummten die regen Gespräche zu einem dumpfen Stimmengebrummel. Die weitgereiste Amtsperson aus Erding und sein Fahrer im Schlepptau steuerten auf die beiden ersten Bürgermeister zu und begrüßten einander. Die Kühle des Raumes empfand Kurt Karl Juriska als angenehm, der Empfang allerdings war frostig. Kein „Herzliches Willkommen", lediglich ein kurzes „Griaß Gott, Herr Inspektor" aus einer übertrieben wirkenden Distanz.

Nach ein paar Sekunden der Verlegenheit suchte der Stellvertretender des Bezirksamtes nach einem passenden Platz, den es nicht gab. „Der Saal ist groß, aber man meint doch hoffentlich nicht ernsthaft, ich setze mich an einen völlig indiskutablen Platz irgendwo weit weg im Saal", ärgerte sich der stellvertretende Bezirksinspektor Juriska insgeheim. Frostig ernst traf sich sein Blick mit denen der Bürgermeister, die selbst zunächst hilflos dreinblickten. Erst jetzt bemerkten sie, dass tatsächlich keine Sitzgelegenheit vorbereitet war. Eilig wiesen sie den Wirt an, einen Tisch und zwei Stühle quer zu den beiden besetzten Längstischen zu stellen, wodurch eine Art unterbrochene U-Form mit zwei losen Tischflügeln entstand. Nach emsigen Minuten des Aufbaus kamen die beiden geduldig wartenden Reisenden an dem Quertisch zu den links- und rechtsseitigen Tischen endlich zu sitzen.

Der Freudlmeier Johannes stand noch und erkundigte sich bei dem stellvertretenden Bezirksinspektor Juriska, ob er sogleich ein paar einführende Worte finde dürfe, um die Sitzung zu beginnen. Kurt Karl Juriska nickte nur beiläufig. Dem Beginn widmete er nur ein halbes Ohr, denn einerseits war er im Gedanken mit der Einordnung der Situation beschäftigt und andererseits holte er aus seiner Aktentasche eventuell notwendige Unterlagen und Dokumente hervor. Zügig kam man auf den eigentlichen Sachverhalt. Um die Diskussion möglichst strukturiert zu gestalten, ergriff Kurt Karl Juriska das Wort. Chronologisch erläuterte er zu Beginn nüchtern und trocken den Ablauf der bisherigen amtlichen Aktivitäten, ganz im Duktus eines Juristen, aber um eine verständliche Sprache bemüht.

„Laut Anweisung der Regierung von Oberbayern an die Bezirksämter sind diese angewiesen, auf die Verringerung der Anzahl von Zwerggemeinden hinzuwirken. Die entsprechende Korrespondenz wurde den beiden Gemeinden Moosen und Hubenstein zeitnah zugestellt", lass Juriska von einem Dokument.

„Des wiss'n mir schon", unterbrach der Millner Josef von seinem Platz aus zur Überraschung aller „und wir san dageg'n".

„Jawohl, dem ist so", kommentierte Juriska gelassen, der sich nicht aus der Ruhe bringen ließ. „Die beiden Gemeinden haben daraufhin in ihren Gemeinderatsbeschlüssen dem Bezirksamt zur Kenntnis gebracht, dass einer Vereinigung widersprochen wird."

„Genau, so is. Wir hab'n doch g'sunde Verhältnisse in den jeweiligen Gemeind'n. Keinerlei Kostenprobleme zwecks den Armenfonds oder anderem. Im Gegenteil, eine Zusammenlegung verursacht sicherlich noch viel mehr Aufwand." Allgemeines Klopfen begleitete die Anmerkungen vom Eiblmeier Karl-Heinz, dem zweiten Bürgermeister von Moosen.

„Da muss ich widersprechen, meine Herren. Die Kosten der Verwaltung- und Geschäftsführung einer größeren Gemeinde sinken pro Einwohner. Schaut's, die Gemeinde Hubenstein ist vier- bis fünfmal kleiner als andere Gemeinden im Amtsgerichtsbezirk Dorfen oder Erding. Aber gemeinsam mit Moosen steigt die wirtschaftliche Leistungsfähigkeit deutlich", versuchte Kurt Karl Juriska zu überzeugen.

„Ja, für de Hum'stoaner werd'n mir in Moosen aufkomm'n müss'n. So werd's am End eintreff'a", rief eine anonyme Stimme ketzerisch vom Moosener Tisch aus in die Runde. Ein lautes Raunen ging durch die Menge. Ein paar Fäuste vom Hubensteiner Tisch gingen in Richtung der provokanten Äußerung empor samt beißenden Kommentaren: „Unverschämtheit...Saudepp, elendiger...noch nie hab'n mir Almosen von euch braucht. Wir kommen gut ohne euch aus."

„Wos soll denn des?", schaltete sich der Freudlmeier Johannes mit erhobener, aber ruhiger Stimme ein. „Wir hab'n doch auch andere Argumente für den Herrn Amtsinspektor, oder?", versuchte er die Beiträge in eine andere, konstruktive Richtung zu lenken.

„Aber sei doch mal ehrlich, Hannes", schaltete sich erneut der Eiblmeier Karl-Heinz ein. „Auch ihr wollt's doch ned nach Moosen eingemeindet werd'n, sagt's ihr selbst. Ihr könnt's leicht selber besteh'n und habt's unterdessen einen eigenen Stolz und Identität. Stimmt's ned?"

„Ja und woher kommt's?", griff der Mautz Wolfgang aus Hubenstein die Frage auf und hatte Probleme, sich nicht in Rage zu reden. „Des sagt mir mein Vater immer wieder, das man den Moos'nern ned trau'n kann. Schon 1891, als er, wie andere Hubensteiner auch, hätt z'amgehen woll'n, habt's ihr unsere Altvorderen auf offener Bühne vorm damaligen Amtsinspektor Bachmeier bis auf de Knochen blamiert. Und heut: De Vuisbruck'n is immer noch ned für unsere Fuhrwerke befahrbar. Alles Lug und Trug von de Moos'ner, sag i."

Wie auf Kommando waren einige von den beiden Tischen aufgesprungen und wollten mit lautem Getöse aufeinander losgehen. Erste Fäuste folgten bereits, als ein spitzer Pfiff die erregte Meute für ein paar Sekunden zur Besinnung brachte. „Ja Himmel, Arsch und Zwirn", fuhr der Netter Sepp, der der Sitzung bisher nur gelauscht hatte, laut dazwischen. „Reißt's euch z'sammen, Herrschaftszeit'n. Wir san ned am Stammtisch und besoff'n schon gleich gar ned. Wir san de, de von unserer Bevölkerung seit Woch'n ang'feind't werd'n, weil's glaub'n, wir san an allem schuld und würden mit der Obrigkeit einen Kuhhandel treib'n." Weiter sagte er nichts und setzte sich wieder auf seinen Stuhl, was einer Aufforderung für die anderen gleichkam und die Situation befriedete.

Kurt Karl Juriska war erstaunt über die Entwicklung dieser Sitzung. Er hatte erwartet gehabt, dass er selbst im heftigen Streit mit einem Block aus zwei unwilligen Gemeinden liegen würde. Bisher aber lagen sich zwei feindlich gesinnte Lager gegenüber, die sich spinnefeind waren und gegenseitig attackierten. Zumindest bis hierhin war nicht er der Feind, sondern die Gemeindevertreter untereinander. Er nutzte die Beruhigung der Stimmungslage und versuchte es mit Sachargumenten. „Ich war bei der wirtschaftlichen Leistungsfähigkeit einer starken Gemeinde stehen geblieben. So eine Gemeinde hat ganz andere Möglichkeiten, zukünftigen neuen Aufgaben zu begegnen. Denkt an die Entwicklung des Automobils und das wachsende Transportaufkommen auf Lastkraftwagen. Dafür braucht es neue Straßen. Oder man nehme den elektrischen Strom und die Versorgung von privaten als auch gewerblichen Gebäuden mit Licht. In Erding haben wir Betriebe, die viele Maschinen mit Strom betreiben, in der Mühle oder beim Schmied. Und bereits jedes zweite Gebäude ist per Fernsprecher erreichbar. Der technische Fortschritt bringt die Zukunft in unsere Häuser, an der jeder Einwohner teilhaben soll", begeistere sich der stellvertretende Bezirksinspektor an seinen eigenen Worten.

Er blickte in ungläubige und misstrauische Augen, die ihn zwar hörten, aber nicht so recht glauben schenken wollten, was er anzudeuten versuchte, kam es ihm vor. „Wissen's, Herr Inspektor", meinte der Brenninger Kasper, Feuerwehrkommandant aus Hubenstein. „Des is ja schön und recht. Aber wos hab'n denn wir davon? In Taufkirchen hab'n Handwerker aus Erding de neue Wasserversorgung baut und unsere Leut von dort hab'n lediglich ein paar Mal einige Meter Gräben zug'schüttet. Und selbst den Fernsprecher in der Gemeindekanzlei hier in Moosen hab'n welche aus Dorfen installiert. Oiso, so frag ich mich. Wos hab'n denn wir davon, von der Zukunftsmusik, de sie da aufspiel'n?"

„Nix", mischte sich der Latzinger Max, zweiter Bürgermeister aus Hubenstein ad hoc ein. „Meine Schwester hat nach Bogenstorf eing'heiratet, in eine Landwirtschaft. Der is es egal, ob's zur Gemeinde nach Moosen g'hört, wia heut oder nach Hum'stoa, sollt's so sein. Die meisten von unsere Leut san in der Landwirtschaft. Des is des Leben von und mit der Natur. Und der Herr gibt's, und der Herr nimmt's. Gepriesen sei der Herr", und bekreuzigte sich. „Uns is schon sovui von der Obrigkeit versproch'n word'n. Und immer schlechter is g'word'n. Zuerst der Krieg, dann de Arbeitslosigkeit, dann de Unruh'n und Revolutionen im ganz'n Land, dann de Inflation. All des Leiden und der Hunger von unsere Leut. Wem soll man denn da noch glaub'n?"

Mit der einkehrenden Ruhe unterstrichen die Teilnehmer grundsätzlich ihre uneingeschränkte Zustimmung. Denn in den einfachen Worten steckte mehr als ein Funke Wahrheit für viele. Kurt Karl Juriska konnte den Grundgedanken von dem Latzinger Max verstehen und trotzdem wollte er für eine gemeinsame Zukunft der noch separaten Gemeinden werben. „Liebe Leut, der Weg wäre ja gar nicht mehr weit", versuchte er es in ihrer Sprache. „Eure Kinder geh'n in die gleiche Volksschule, die Post- und Gemeindekanzlei werd von euch allen benutzt. Sogar der Gemeindeprotokollant is der gleiche. Und außerdem, ihr habt's einen gemeinsamen Pfarrer und sogar eure Toten, hab sie alle selig, beerdigt ihr auf dem gleichen Friedhof. Ihr seid doch schon eine Gemeinschaft, oder nicht?"

Erneut fühlte sich der Netter Sepp durch das Gesagte angesprochen und erhob sich von seinem Sitzplatz. Er stellte sich auf seine Art in Positur und fasste sich selbstbewusst mit beiden Händen jeweils am linken und rechten Revers seiner Trachtenjoppen. „Herr stellvertretender Bezirksinspektor. Vieles davon mag stimmen und trotzdem san grob g'sagt de einen von der einen Seiten von der Vils und de anderen von der anderen Seiten von der Vils. Unsere Leut wollen halt ned vereinigt werden und schon gar ned auf Erlass von oben. De einen san Hum'stoaner und de anderen Moos'ner. Und warum soll des ned so bleiben können, wo's doch des Volk so möcht und auch funktioniert?". Allgemeines Klopfen mischte sich zu den Worten des ersten Bürgermeisters von Moosen. „Und wenn ihr des vom Bezirk wirklich durchzieh'n wollt und damit Unfried'n in unseren Reih'n schürt und auch des anzurufende Berufungsg'richt letztendlich gegen uns entscheid't, dann bleibt mir nix anderes übrig, als meinen Rücktritt vom Bürgermeisteramt zu erklären", tischte der Netter Sepp seine ernstgemeinte Warnung auf. „Und übrigens werd i des auch allen Ratsmitgliedern empfehlen, de des noch ned wiss'n sollt'n." Niemand im Saal bis auf den Freudlmeier Johannes hatte diese Nachricht erwartet. Entsprechend überrascht zeigten sich die teilnehmenden Räte, steckten spontan die Köpfe zusammen und murmelten sich ihre Überraschung gegenseitig in die Ohren. Keiner hatte vermutlich bisher nur ansatzweise darüber nachgedacht oder derartiges in Erwägung gezogen, ausgenommen die beiden Bürgermeister.

Kurt Karl Juriska hatte mit diesem Schritt nicht gerechnet, die einer Drohung gleichkam. Angespannt blickte er in die Runde. Weder konnte er erkennen, dass sich die Anwesenden in diesem Punkt einig waren, noch dass sie durch irgendeine Art Aufmüpfigkeit das Gegenteil signalisierten. Eher war es ein Gefühl der allgemeinen Hilflosigkeit, einer Lethargie gleich, die sich bei ihm angesichts der phlegmatischen Reaktion aufdrängte. Eine friedhofsgleiche Stille kehrte ein, als würden die Beteiligten einem nahen Verwandten gedenken. Ob die Ankündigung von dem Netter Sepp etwas am Vorgehen der Bezirksbehörde ändern würde oder nicht, der Entschluss zum Rücktritt schien für den Netter Sepp gefallen. „Herr Bürgermeister Netter. Als Amtsträger ist ihnen sicherlich bekannt, dass dies keinerlei Auswirkung auf das Verfahren zum ‚dringend öffentlichen Bedürfnis' zur Zusammenlegung haben wird", erläuterte der rechtsgewandte stellvertretende Bezirksinspektor.

„Des is mir schon bewusst". Eine lange Gedankenpause reklamierte den momentanen Tiefpunkt der Versammlung. Nicht ein einziger Atemzug war zu hören. Nur an der Wand tickte die mächtige Standuhr, die für die allermeisten schon immer dort stand. „Aber es is in mehrfacher Hinsicht ein guter Entschluss", setzte der Netter Sepp fast staatstragend fort. „Zum einen: Es is mein allgemeiner Protest, wia mit uns von Seit'n der Obrigkeit verfahr'n werd. Es werd einfach so entschied'n, wos des ‚dringend öffentliche Bedürfnis' is ohne uns z'fragen, wos unser Bedürfnis is." Applaus brandete hoch. „Zum ander'n: I werd ned nach einem schiedsgerichtlichen Verfahr'n, wo am End vielleicht ein Beschluss gegen uns steht, einfach so weitermacha. Sich wieder als Bürgermeister aufstell'n lass'n, als wär nix g'wesen und des in einer zwangsverehelicht'n Gemeinde, geht ned. I werd mich ned dem Verdacht aussetz'n, ein herausgehobenes Gemeindeamt zu meinem eig'nen persönlichen Nutzen verrat'n zum ham. Und soweit ich weiß, gilt des auch für den Freudlmeier Johannes", der ihm zunickte. Wieder ging ein Raunen durch den Saal. Den Reihen der Gemeinderatsmitglieder erschien erst jetzt bewusst zu werden, welche Art von Konsequenzen die angekündigten Rücktritte der ersten Bürgermeister auch für sie haben könnten.

Kurt Karl Juriska war beeindruckt und gleichzeitig Amtmann genug, um sich keinerlei überschüssige Empathie oder gar Irritation anmerken zu lassen. „Das bedeutet letztlich, wenn ich es richtig verstehe, dass die Gemeinden Moosen und Hubenstein Einspruch gegen die Ablehnung des Widerspruches durch das Bezirksamt erheben. Wir würden uns dann wieder vor dem Berufungsgericht sehen".

„Davon können Sie ausgehen, Herr Bezirksinspektor."

„Dann ist ja eigentlich alles gesagt und der weitere Fortgang des Verfahrens bekannt", fasste Kurt Karl Juriska nüchtern wie ein Jurist als Resümee zusammen.

„Noh langsam, Herr Bezirksinspektor", ergriff der Hufnagel Ludwig aus Moosen das Wort und erhob sich und seinen Zeigerfinger dabei. „Des ganze Schlamass'l kommt doch daher, dass der Bezirk des einfach behaupt, es gäbe ein ‚öffentliches dringendes Bedürfnis' für de Zusammenlegung", und blieb nach dem Gesagten einfach stehen.

„Jetz dreh'n wir uns aber im Kreis", gab Kurt Karl Juriska zurück, konnte es aber nicht weiter ausführen.

„Des kann schon sein, aber ihr von der Obrigkeit bestimmt's des einfach so, wos für uns des Richtige is. Des geht so ned. Wir san des Volk und Gesetze sollt'n für uns da sein und ned gegen uns", sprach der Hufnagel Ludwig verärgert. „Da hat er recht", stimmten ihm einige Mitstreiter beider Tischflügel zu.

Und der nächste erhob sich schon von seinem Platz, so schnell konnte der Bezirksvertreter auf das Gesagte gar nicht reagieren. „Wisst's ihr eigentlich, wos mir zwecks euch durchmach'n? De Leut beschimpfen uns und droh'n mit Gewalt gegen uns und unsere Familien samt Gesinde. Jeden Tag werd'n wir an'pöbelt, wos für Dreckhamm'en wir san. Des is kein Spaß mehr, verstehn's, Herr Bezirksinspektor", gab der Eiblmeier Karl-Heinz lautstark und gestikulierend zum Besten.

„Aber deswegen müssen wir nicht laut werden, meine Herrn", versuchte Kurt Karl Juriska die Menge zu beschwichtigen. Das gelang ihm jedoch nicht mehr. Jede weitere beruhigende Einflussnahme seinerseits verebbte im allgemeinen Getöse. Der letzte Satz, der noch halbwegs verständlich in seinem Ohr hängen geblieben war, lautete: „Es kann doch ned im Sinn des Bezirksamts sein, dass wir den Unfried'n in unserer beider Gemeind'n zum gewalttätigen Konflikt werd'n lass'n." Wer den Satz gebrüllt hatte, konnte er nicht mehr erkennen, denn von da an flogen Bierfilzchen, Taschentücher und Hüte auf ihn zu.

Reflexartig packten er und Werner Schnell ihre wenigen Habseligkeiten vom Tisch zusammen und entfernten sich von ihren Sitzplätzen. Von da aus konnte er nur noch beobachten, wie die beiden Bürgermeister, der Netter Sepp und der Freudlmeier Johannes, in diesem lärmenden Tumult der erregten Gemüter einige angriffstolle Konsorten zurückhielten. Schützend mit ausgebreiteten Armen versperrten sie den Weg für die Menge der wildgewordenen Ratsmitglieder. Andernfalls hätte sie sich auf den Bezirksvertreter Kurt Karl Juriska gestürzt, waren sich die Bürgermeister sicher. Von hinten schlich sich der Wirt, der Angermayr Alois in gebückter Haltung an die Hilfesuchenden heran, als müsste er selbst ebenso vor weiteren Wurfgeschossen Deckung nehmen. Eilig lotste er die verängstigen Besucher aus dem Saal. Keifende Rufe, wie „Haut‘s ab, ihr elendige Bagage" oder „Ihr werd's noch wos erleb‘n, wart's es nur ab", begleiteten sie bis fast ins Freie. Der Wirt drängte sie aufgeregt: „Schaut's, dass schnell zum Automobil kommt‘s", was man den beiden Flüchtenden nicht zweimal sagen musste. Vom Laufen keuchend, als wäre der Teufel hinter ihnen her, kamen sie dort an. Empört mussten sie feststellen, dass der Wagen, die Motorhaube mit weißer Kalkfarbe beschmiert worden war. „Unser Wille, unser Widerstand", stand da geschrieben. Das würde man wieder abwaschen können, meinte der Schnell Werner pragmatisch trocken, aber eine Frechheit sei es trotzdem. Gedemütigt und geschockt traten sie die Rückfahrt an, und bei all dem Trubel hatte der Juriska Kurt Karl sogar das Essen vergessen. Spätestens aber in Taufkirchen musste der Schnell Werner am Bräustüberl anhalten. Während der stellvertretende Bezirksinspektor seinen aufkeimenden Heißhunger mit einen Schweinsbraten und extra Knödel zähmte, musste sein Chauffeur den Wagen von der unsäglichen Schmiererei befreien. Es würde schon reichen, dass sich ohnedies über verschlungene Pfade Gerüchte zu dem Eklat in Moosen ihren Weg bis in die Herzogstadt bahnten. Aber mit so einem verunstalteten Automobil konnten und durften sie nicht in Erding ankommen. Was für einen Autoritätsverlust hätte das zur Schau getragen? Unmöglich.

Der Widerstand
Sommer 1924

Es war nicht mehr zu übersehen. Das Frühjahr und der Sommer von 1924 ergaben das trockenste Halbjahr in der Erinnerung der Alten, die es wissen mussten. Tag um Tag, Woche um Woche wirkte die Sonne mit ihrer ganzen Strahlkraft auf den Planeten ein, als müsste sie ihn zum Leben erwecken. Und doch war es im Übermaß, sodass sie jeden Wolkenhaufen verdorrte, der sich zu einem Regenschauer formieren wollte. Gewitterwolken als Zeichen der Hoffnung auf das lebendig machende Nass blieben aus, und wenn doch, war es sprichwörtlich nur der berühmte Tropfen auf den heißen Stein. Mensch und Tier litten unter den Strapazen und dem Mangel, der von dem heißen und äußerst trockenen Wetter ausging. Die Bevölkerung ächzte und suchte, wann immer möglich, die Schattenplätze der Bäume oder die Kühle in den Gebäuden auf. Mutterkühe und ihre Kälber, die ansonsten die saftigen Wiesen durchstreiften, mussten sich mit dürren Gräsern auf harten Böden begnügen, wenn sie denn aus den schattenspendenden Baumgruppen oder hohen Hecken hervorkamen. Unten an der Vils war die Böschung zum Fluss teilweise durch das Niedrigwasser steil abfallend, sodass die Bauern Wasser mit Eimern schöpften und ihrem Vieh in Trögen darreichten. Seit der Aussaat auf den Feldern überwog der Stillstand der Vegetation. Einzelne Samen blieben im trockenen Erdreich einfach verdorrt liegen und andere wiederum hatten es schwer, zu keimen und ertragreich dazustehen. Ringsum gab es übergroße Flecken an ausgetrockneten Äckern und Wiesen. Die Bodenkrume zeigte erhebliche Risse und stellenweise war der ausgebrachte Rindermist an Ort und Stelle ausgedörrt, ohne seinen wichtigen Dünger wirksam an den Boden weitergegeben zu haben.

War die Gemeinde Moosen dank der Flussnähe und den grundwassertiefen Brunnen noch am besten gegen die Trockenheit gewappnet, so war Hubenstein aufgrund der ungünstigeren Topografie und Grundwassersituation deutlich schlechter dran. Das letztjährige Hochwasser kannte zwar insgesamt über die Maßen Niederschläge, aber die Regenfälle kamen überwiegend wolkenbruchartig vom Himmel, was dann als Oberflächenwasser schnell die Flüsse hinweggelaufen war. Wenig davon konnte durch das Erdreich hindurch allmählich die Grundwasservorräte auffüllen, die schon die Jahre vorher durch mehr Entnahmen als natürliche Zufuhr angegriffen waren. Einige der Schöpfbrunnen in Hubenstein lagen praktisch trocken und bekannte Quellen im naheliegenden Wald waren versiegt. Notdürftig wurden im Dorf Hubenstein selbst aufwendige Versorgungsketten zwischen Nachbarn aufgebaut, indem noch wasserführende Zisternen für mehrere Gehöfte herhalten mussten. Und Anwesen im Außenbereich mussten sich kümmern, per Fuhrwerk lebensnotwendiges Trinkwasser für sich selbst und ihr Nutztiere heranzukarren.

Im Gemeinderat in Hubenstein hatte das Thema zur Wassernotlage inzwischen sogar teilweise die heftigen Debatten zur angewiesenen Gemeindezusammenlegung mit der Gemeinde Moosen abgelöst. Und diese Aussprachen zur gemeinsamen kommunalen Selbstverwaltung hatten es schon in sich und waren von zähneknirschender, aber nüchterner Hinnahme über Frust bis Trotzhaltung und Revolutionsgedanken von allen Gefühlsfacetten begleitet. Der zwischenzeitliche Versuch durch Kurt Karl Juriska im Juni 1924, den beiden Konfliktparteien im Streit zur Zusammenlegung die

Möglichkeit zu eröffnen, ihre Standpunkte klarzumachen und eventuell eine Einigung zu erzielen, hatte im Eklat geendet. Unumgänglich würde der Weg über das Schiedsgericht in Erding gehen, soviel war klar geworden. Das Bezirksamt Erding konnte und wollte die Veranlassung zur Zusammenlegung nicht zurücknehmen, egal was beim Angermayr Wirt geschehen war. Hatte die Diskussion um die kommunale Zwangsehe bereits die Nerven der Ratsmitglieder stark strapaziert, lagen sie nun mit dem Wassernotstand blank obenauf. Der Freudlmeier Johannes musste all seine Autorität einsetzen, dass der innere Zusammenhalt der Hubensteiner Räte und der Gemeindebürger im Allgemeinen keine bleibenden Schäden erlitt. Zunächst blieb er ja Bürgermeister, wie auch der Netter Sepp, und konnte, solange es noch keine negative Entscheidung des Berufungsgerichts zur Zusammenlegung der Gemeinden gab, Einfluss nehmen.

Die Brunnen tiefer auszubauen, wäre ein Lösungsansatz, meinte Georg Ziereis, der als Brunnenbauer den nötigen Sachverstand mitbrachte. Aber so, wie er die Erdschichten in Hubenstein einschätzte, würde dies zwar kurzfristig für den einen eine naheliegende Lösung bedeuten können, für den anderen aber dazu führen, dass selbst ein tieferer Brunnen zu wenig Quellwasser sprudeln ließe. Er wäre sich ziemlich sicher, dass im Dorf die meisten Brunnen an einer Hauptader des Grundwassers hängen würden, was bedeute, dass man sich im schlechtesten Fall gegenseitig das Wasser abgraben würde. Aber am Ende wusste niemand genau Bescheid, wie es ausgeht, vielleicht der Heilige Geist noch am ehesten, meinte Georg Ziereis etwas unbeholfen. Ein nachhaltiger Lösungsansatz, der das Wasserproblem für zumindest lange Zeit beheben würde, war also die reine Tieferlegung der Brunnen auch nicht. Einen anderen Gedanken oder vielmehr eine Idee brachte der Freudlmeier Johannes ein, die er seit dem letztjährigen Vils-Hochwasser bei Gelegenheit immer wieder mal mit Korbinian Rosshaupt, der in Ansätzen geologisches Wissen mitbrachte, besprochen hatte.

„Warum ned eine nachhaltige, sichere Wasserreserve aufbau'n, wia des de Nachbargemeinde Taufkirchen bereits begonnen hat und de per Leitungssystem zu den einzelnen Haushalten führt?", warf Johannes in den Ring.

„De Taufkirch'ner hab'n von vorherein g'wusst, wo's de Wasserreserve hinbau'n müss'n", entgegnete der Mautz Wolfgang aus Hubenstein.

„Des wüsst'n wir auch, mein ich. Aber sicherlich kann man des noch gutachterlich prüf'n lass'n und sollte man auch. I bin mir aber sicher, dass wir im Moos, dem Feuchtgebiet unterhalb von Hubenstein auf jeden Fall fündig würd'n", stellte Johannes Freudlmeier überzeugt fest.

„Aber de Taufkirchner san doch viel mehr Einwohner. Da verteil'n sich de finanziellen Lasten, de enorm san, auf viel mehr Schultern als bei uns. Wir hab'n zwar keine Schuld'n, aber unsere Kasse, sprich unsere Gemeinde alleine, kann eine derartige Investition ned stemmen", meinte Wolfgang Mautz durchaus berechtigt.

„Des stimmt Wolfgang, aber wir müsst'n uns überleg'n, ob nicht auch die Gemeinde Moosen Interesse an dem Vorhab'n zeig'n würd. Weil, wia ihr wissts, deren Brunnen war'n beim Jahrhunderthochwasser unbrauchbar verseucht und des kann auch wieder passier'n. Und üppig voll san's bei der jetzig'n Trockenheit auch ned", erwiderte der Freudlmeier Johannes.

„Ach so is des. Du siehst uns also schon mit de Moos'ner z'sammen geh'n", meinte der Mautz Wolfgang, der immer in allem misstrauisch war und auf den abgelehnten Zusammenschluss hinaus wollte.

„Des stimmt so ned, Wolfgang. Des kann man auch mach'n ohne Zusammenlegung. Aber wos hätt's für einen Nachteil gegenüber den vielen Vorteil'n?", fragte der Freudlmeier Johannes in die Runde.

„Dann hab'n wir de Hand nimmer mehr drauf auf der Wasserreserv und dem Wasser", meinte ein Dritter.

„Welche Möglichkeit'n hab'n wir denn für eine andauernde Wasserversorgung, Leut? Des Fell waschen, ohne sich nass zum mach'n, geht halt ned. Und außerdem, man könnte eine Genossenschaft gründ'n, wo der Verwaltungsrat paritätisch b'setzt is und damit jede Gemeinde anteilig zu gleich'n Teil mitwirk'n könnt", versuchte der Hubensteiner Bürgermeister das Vertrauen in die Idee einer Genossenschaft zu unterfüttern.

Im weiteren Verlauf der Gemeinderatssitzung wogten die Argumente für und gegen eine gemeinsame Wasserversorgung hin und her und sprangen von dem Wasser Thema wieder über auf den Stand der Gemeindezusammenlegung mit allen Befürchtungen und Zweifeln. Schlussendlich musste man sich eingestehen, dass die Diskussion ohne die Kollegen aus Moosen zu keinem rechten Ende führen konnte. „Wer weiß denn schon, wos de Moos'ner woll'n?" Die Ratsmitglieder einigten sich darauf, dass der Freudlmeier Johannes und der zweite Bürgermeister, der Latzinger Max, mit den Vertretern der Gemeinde Moosen das Gespräch suchen sollten.

Tags zuvor war der Rosshaupt Korbinian zur Gemeinderatssitzung in Moosen zum Punkt „Kirchenglocke" eingeladen gewesen. Sepp Netter hatte die Gelegenheit genutzt und sich nochmals persönlich bei Korbinian entschuldigt: Es sei in der Versammlung im April der Eindruck erweckt worden, seine Spende zur Anschaffung der Kirchenglocke sei nicht willkommen. Mit dem Zenker Paul habe er gesprochen und klar aufgezeigt, dass er sein Vorgehen und seine Haltung nicht billigen könne, aber nicht wisse, ob er damit durchgekommen sei und ihn überzeugen habe können. Dass es offensichtlich nicht gelungen war, glaubte Korbinian anhand der wenigen, aber missbilligenden, zufälligen Begegnungen mit dem Zenker Paul erkannt zu haben. Ob er alleine mit seiner Haltung war, dafür wollte wahrscheinlich auch der Netter Sepp nicht die Hand ins Feuer legen. Im Übrigen, meinte der Moosener Bürgermeister in Übereinkunft mit den Ratsmitgliedern, sei es ja prinzipiell keine Angelegenheit der Gemeinde, sondern der Pfarrei, für die Pfarrer Langkofler die Verantwortung trage. Die Gemeinde als Verwaltungsorgan würde natürlich ihren Beitrag leisten, sofern es zur Beschaffung der Glocke kommen würde, indem man vorschlagsweise einem gemeinnützigen Förderverein im Rahmen einer Kirchenstiftung beitritt. Es wäre ohnedies an der Pfarrei, das Vorhaben anzugehen oder es aufgrund des unbestimmten Ausgangs fallen zu lassen. Man einigte sich also, nochmals auf Hochwürden Langkofler zuzugehen. Dass es auch schon, was Korbinian Rosshaupt aus der Sitzung mitnahm und sie daraufhin mit gemischten Gefühlen, aber besänftigt verließ.

Weiter konnte Sepp Netter die Ratsmitglieder über einen Zwischenbericht der Kriminalpolizei Erding informieren. Die kriminaltechnischen Untersuchungen an dem Todesopfer im Oberloher Stollen, wie er neuerdings genannt wurde, hatten ergeben, dass es sich tatsächlich um Hermann Ziereis handelte. Das schon lange Erwartete war nun bestätigt worden und erschütterte nur noch wenig. Aber zur Todesursache würde noch keine abschließende Begutachtung der Kriminalforensiker vorliegen. Außerdem war das Bezirksbauamt eingeschaltet worden. Begeistert von der Entdeckung würde es sobald als möglich die Ganganlage besichtigen und erkunden. Noch war nicht klar, was es genau sein könnte. Würde es sich tatsächlich herausstellen, dass es sich bei dem Fund um den sagenumwobenen Geheimgang Hubenstein-Kalling handelte, wäre das eine regionale Sensation höchster Güte und würde für Moosen viel bedeuten, so die euphorische Stimmungslage in der Runde. Daneben allerdings warnten einige Mahner, dass beim Wirt in Hubenstein bereits eigene exklusive Ansprüche auf eine solche Eventualität erhoben würden, denn schließlich sei es doch der Fluchtgang des ehemaligen Schlosses von Hubenstein nach Kalling, und Moosen würde hier gar nur eine untergeordnete Rolle spielen.

Aufkeimender Ärger wäre hier, ohne schlau sein zu müssen, ziemlich wahrscheinlich, vermuteten die meisten Ratsmitglieder aus Moosen. Ob zusammengelegt oder nicht, die Hubensteiner würden immer ihren Anspruch reklamieren und sei es eben nur die Namensgebung für den unterirdischen Gang. Extrem skeptisch waren die Moosener Räte bei dem Punkt einer gemeinsamen Wasserversorgung mit Hubenstein. So sinnvoll eine Kostenteilung wäre, so gering seien die Aussichten auf Erfolg. „Des werd krachend scheitern, weil es eben mit den Hum'stoanern ned funktioniert", waren noch die plausibelsten Argumente. „De mög'n uns einfach ned und wenn man ehrlich is, wir de ja auch ned." Es war weniger eine sachliche Diskussion zum Thema als eine einseitige Erklärung von Mutmaßungen und Befürchtungen gegenüber dem Gemeinderat von Hubenstein oder einzelnen Vertretern und den zu erwartenden Schwierigkeiten. Es gab nur wenige, und dazu gehörten Sepp Netter und sein Stellvertreter Eiblmeier, die die positiven Argumente und Vorteile einer solchen Kooperation zur Sprache brachten.

Keiner der Räte war ernsthaft gewillt, die nicht einfachen, aber zukunftsweisenden Themen lösungsorientiert zu diskutieren. Sepp Netter musste sich eingestehen, dass er die Schwere der Antwort des Bezirksamtes unterschätzt hatte. Bleiern lag die Ablehnung durch das Bezirksamt zum übergemeindlichen Widerspruch zur Zusammenlegung auf ihren Gemütern. Der Widerspruch der Gemeinden Hubenstein und Moosen wird „ABGELEHNT", stand in Großbuchstaben im amtlichen Schreiben der Bezirksamtsleitung vom Juni 1924. Die schlimmsten Befürchtungen waren eingetreten und gaben den Miesmachern und rebellischen Schwarzsehern recht.

Seit Wochen war es immer wieder zu einzelnen Scharmützeln zwischen den Bewohnern diesseits und jenseits der Vils gekommen. Und auch unverhohlen vorgetragene Verbalattacken, gar handfeste Drohungen gegenüber Ratsmitgliedern hatten wieder zugenommen. Selbst eigentlich besonnene Gemeindevertreter feuerten Wortsalven und Beschimpfungskanonaden aufeinander ab und leisteten für andere Querulanten Vorschub. Es herrschte ein Kleinkrieg, der mehr oder weniger die ganze Bevölkerung in Mitleidenschaft zog. Das Motto: „Die Trennung erhalten, indem wir vereint in der Sache Widerstand leisten", hatte sich vor den Augen der beiden Bürgermeister so ziemlich verflüchtigt. Für den gemeinsamen Widerstand zu kooperieren, einheitlich aufzutreten, wäre ein positives Zeichen gewesen, in der Not miteinander handlungsfähig zu sein. Zusammenlegung nein, Kooperation ja. Die Vorstellung der beiden Bürgermeister, in dieser Form erforderliche Schritte in eine vom technischen Fortschritt geprägte Zeit gehen zu können, drohte bis ins Unkenntliche zu verblassen. Welche Bevölkerung könnte noch irgendwie sinnvoll zusammenarbeiten, wenn sie sich völlig zerstritten hat?

Sepp Netter und Johannes Freudlmeier war die innere Anspannung anzumerken. Auch sie waren dünnhäutiger geworden, stellten sie bei ihren regelmäßigen privaten Zusammenkünften fest. „Aber am Ende hilft das ganze Streiten nichts", resümierte der Netter Sepp „und wo der Bandl Franz-Josef recht hatte: ‚Irgendwie muss es ja weitergehen', zitierte er den jungen, aber wohlgereiften Leiter des Lagerhauses Moosen. So wollten es die beiden noch einmal anders versuchen.

Die beiden Bürgermeister besuchten das jeweils andere Gemeindegremium. Mit vereinten Kräften appellierten sie an die jeweiligen Bürgerrepräsentanten, dass zumindest sie als jeweiliges Gremium am gemeinsamen Widerstand festhalten müssen. Einerseits als geschlossene Einheit gegenüber der Obrigkeit, den Behörden und den Gerichten und andererseits noch wichtiger als Beispiel für die Bevölkerung.

„Wenn wir einen Keil zwisch'n uns treib'n lass'n, san de Erfolgsaussicht'n noch geringer als wia's eh schon san", argumentierte der Freudlmeier Johannes in der Moosener Runde.

„I kann dem Johannes nur beipflichten. Bei den Möglichkeit'n, de wir hab'n und de g'ring g'nug san, geht's nur miteinander." In einen Moment der Ruhe hinein sagte der Eiblmeier Karl Heinz: „Wos soll'n wir denn mach'n, wenn de Leut ned miteinander woll'n."

„Und genau deswegen müss'n wir de Leut zeig'n, dass wir's ernst meinen mit ihren Bedenk'n und den unsrigen", unterbrach in der Netter Sepp. „Es kursiert immer wieder, wir würd'n ein doppeltes Spiel treib'n oder würd'ns am Ende ned durchzieh'n woll'n. Ein ausg'wachsener Schmarrn, aber den Vorwurf gibt's", ärgerte er sich. „Und deshalb hab'n der Johannes und i uns entschloss'n, sollte der Widerstand über alle Instanzen der Gerichte scheitern, dann treten wir von unser'n Ämtern gleich am nächsten Tag nach der Urteilsverkündung zurück. So wia ich und der Johannes Freudlmeier des schon im April zur großen Versammlung ankündigt hab'n." Der Netter Sepp und der Freudlmeier Johannes gaben sich kopfnickend einig. Ein dumpfes Raunen ging durch die Runde. Köpfe wurden zusammengesteckt und getuschelt, als wäre eine Schulklasse gerade unbeaufsichtigt. Und in das anwachsende Wortgetöse hinein fügte der Freudlmeier Johannes hinzu: „Und wir meinen, dass es nur konsequent und g'rad aus is, wenn alle Ratsmitglieder genauso verfahr'n. Anders geht des sowieso ned, weil's ja auch Neuwahl geb'n muss."

Jetzt wurde es noch lauter und ging wild durcheinander, ohne dass sich einer tatsächlich traute, seine Ansicht allen gemeinsam mitzuteilen. Nach der Ankündigung im Juni im Beisein des stellvertretenden Bezirksinspektors war zwar ungeheuer viel über den Vorstoß vom Netter Sepp und Johannes Freudlmeier gesprochen worden, aber das waren nur spekulative Meinungen. Jetzt wäre es jedoch an der Zeit, Entscheidungen zu fällen, waren sich die beiden Bürgermeister einig. Sepp und Johannes ließen den stürmischen Wogen der Worte freien Lauf. Noch immer hatten einige der Ratsmitglieder aus beiden Ratsgremien den Schritt von damals im Juni nicht verdaut. Ihrer Meinung nach hätten sich die Bürgermeister mit ihren Räten abstimmen sollen, beklagten sie sich. Aber jetzt war der Geist aus der Flasche und somit gäbe es kein zurück mehr. Alles andere wäre nun unglaubwürdig. Hinein in dieses Gejammer ergriff der Netter Sepp das Wort. „Es hilft einfach nix. Es gibt keine andere Möglichkeit als dass wir alle geschloss'n hinschmeiß'n. Nur so is es ein eindeutiges Signal. Keiner von uns macht sich innerhalb unserer Gemeinde angreifbar, und gegenüber dem Bezirk is unsere Position damit eindeutig." Der Letzte sollte hoffentlich verstanden haben, dass es der einzige Weg war, noch irgendetwas bewegen zu können. Und war es für den ein oder anderen neben dem Ehrenamt auch ein Ansehensamt, die Würfel waren gefallen. Keiner der gerade noch so redseligen Ratsmitglieder gab einen Ton von sich. Sepp Netter fuhr fort: „Wos wir daher beschließ'n müss'n, is Erstens: dass wir uns noch im August mit den Hum'stoaner Gremium treff'n und gemeinsam des Schreiben zur Berufung an des oberste Verwaltungsgericht in München gegen den Entscheid des Bezirksamtes formulier'n. Und Zweitens, dass wir öffentlich unser'n Rücktritt ankündig'n, sofern unser Widerstand auch vor Gericht erfolglos bleibt." Der Bürgermeister beobachtete die Reaktionen in der Runde. Der Eiblmeier Karl Heinz räusperte sich kurz und sagte dann mit kehliger Stimme: „Des mit dem Rücktritt. Stimmen wir doch ab, wenn wir schon beieinander san, morgen is auch ned anders, oder?" Es kam praktisch keine gegenteilige Reaktion auf.

„Is des de einhellige Meinung?", fragte der Netter Sepp nach, woraufhin ein sonores Brummen laut wurde, aber kein richtiges Ja. „Wenn jetz keiner nein sagt, dann stimmen wir mit Handzeich'n ab und notier'n des Ergebnis im Sitzungsprotokoll." Einige Sekunden stiller Vergegenwärtigung vergingen ohne eine Nein-Stimme. „Der dafür is für den Rücktritt, der hebe seine Hand." Sepp Netters Hand ging wie auf Kommando hoch, andere folgten und wiederum die letzten kamen zögerlich, aber eindeutig. „Dann mach'n wir des so. Und im Protokoll hab'n wir des auch vermerkt, wia g'habt mit Signatur am Ende der Versammlung, bitte unter den Beschluss", fasste der Sitzungsleiter zusammen.

Im Anschluss an die Sitzung in Moosen wiederholte sich das Prozedere in ähnlicher Art und Weise in Hubenstein, wo der Netter Sepp an der dortigen Ratssitzung teilnahm. Sie wollten tunlichst an diesem einen Tag zu einem gemeinsamen Beschluss kommen. Spät in der Nacht hatten dann die beiden Bürgermeister die entscheidenden Formulierungen in dem zweiten Sitzungsprotokoll festgehalten und von allen Gemeinderäten signiert vorliegen. Einvernehmlich und fast wortgleich entschieden die beiden Gemeindevertretungen, den Widerstand über den juristischen Weg, wenn notwendig, bis an das oberste Verwaltungsgericht in Bayern fortzusetzen. Und auch die Ankündigung, dass im Fall des Scheiterns vor den Gerichten alle Amtsträger zurücktreten werden, war Bestandteil des ausformulierten offiziellen Widerstandes

Zunächst erfolgte am 29. August 1924 die erste Berufung durch die Gemeinderatsgremien an das Schiedsgericht Erding. Diese erste Berufung wurde vom selbigen Gericht am 8. September 1924 verworfen. Diese Ablehnung durch die erste Gerichtsinstanz wurde von den Gemeindevertretern in Hubenstein und Moosen nicht hingenommen. Zehn Tage später, am 18.September 1924, wurde durch die Bevollmächtigten der beiden Gemeinden die zweite Berufungsinstanz, der oberste bayerische Verwaltungsgerichtshof in München angerufen.[127]

---

[127] Staatsarchiv München: Aus dem Gerichtsurteil des
Bayerischen Verwaltungsgerichtshofs vom 31. Oktober 1924

Ein Tag in München
Oktober 1924

Der Zug aus Velden kündigte sich bereits von der Ferne an, als Korbinian gerade die Haustüre hinter sich gelassen hatte und schnellen Schrittes in Richtung Moosener Bahnhof laufen musste. Der Morgen war gerade so erwacht, als er noch weitere Fahrgäste vor ihm in die gleiche Richtung rennen sah. Um 6.32 Uhr war die geplante Abfahrt nach Dorfen, um dort rechtzeitig den aus Mühldorf am Inn kommenden Zug nach München zu erreichen. Am Bahnsteig angekommen, waren bereits die ersten Fahrgäste eingestiegen, und nachdem er ungefähr ein Dutzend Weizensäcke umrundet hatte, die eilig in den hinteren Waggon geladen wurden, konnte auch er zusteigen. Mit einem kleinen Koffer voran hielt er auf einen freien Platz zu, der ihm passend erschien.

„Guten Morg'n, de Herr'n. Ach, die Herr'n Latzinger und Eiblmeier. Is der Platz neben euch noch frei?", fragte Korbinian höflich.

„Bitte sehr, so frei, wia er nur sein kann", feixten die beiden fast im Duett. Behände platzierte Korbinian sein Köfferchen auf die Ablage über ihnen und setzte sich.

„Wo geht's denn hin für de Herr'n, wenn i frag'n darf?"

„Nach München", antwortete der Eiblmeier Karl Heinz kurzatmig, dessen Stimmung plötzlich umgeschlagen war.

„Ach so, da fahr i auch hin", und lieferte gleich eine Erklärung nach, wie es sich seiner Meinung nach gehörte. „Mein Onkel hatte gestern am 30. Oktober seinen rund'n Geburtstag, aber gestern konnt i noch ned weg", gab Korbinian zum Besten, wohl überlegt, nicht zu erwähnen, dass Geburtstage nicht zur jüdischen Tradition gehören, aber seit langen in der Familie ihrer Mutter gefeiert wurden.

„Dann vertritt heut de *Frau Lehrer* bei de Schüler?", wie hinlänglich Fräulein Amalie überall bekannt war.

„Ja, des werd sie sicherlich gut schaff'n. Es is heut nur kurzer Unterricht,….letzter Tag vor dem Wochenend. Und selbst? Zwei zweite Bürgermeister auf dem Weg nach Münch'n?", hinterfragte Korbinian die Situation etwas hintersinnig.

Der Latzinger Max und Eiblmeier Karl Heinz tauschten kurzerhand einen etwas verschämten Blick aus, der so viel sagte, als würde man den Weg bis nach München sowieso nicht schweigend verbringen können. Und da ohnedies in der Bevölkerung bekannt war, welches Ereignis heute bevorstand, sagte der Latzinger Max: „Wir beide san an den Bayerischen Verwaltungsgerichtshof als Bevollmächtigte bestellt. De Berufung gegen den Schiedsspruch des Bezirksgerichtes Erding zur Zusammenlegung der Gemeinden is heut."

„Davon hab i g'hört. Is des heut, am 31.Oktober? Is quasi ein Schicksalstag, wenn man so möcht", lieferte Korbinian als Kommentar, wobei die Fragen insgesamt rhetorischer Natur waren, da er gestern noch mit dem Freudlmeier Johannes darüber gesprochen hatte.

Die Karten lagen auf dem Tisch und nun konnte jeder seine Ansichten offenlegen, sofern er wollte. Korbinian Rosshaupt waren die Argumente Für und Wider in den letzten Wochen und Monaten immer wieder begegnet und er kannte sie alle. Und obwohl er sich als

Zugereister in Moosen unparteiisch zurücknahm, fand er trotzdem interessant, wer welche Begründungen anzuführen hatte. Korbinian wäre es bei einem Buch sicherlich nicht langweilig gewesen, aber auch so war die ruckelnde, zuckelnde Fahrt der Dampflok kurzweilig, bis er am Ostbahnhof in München die beiden Herren mit einem „Viel Glück und Erfolg bei eurer Mission" verabschiedete. Das kam ihm auch sehr gelegen, denn wenngleich die beiden Herren angenehme Gesprächspartner waren, konnte er sich die letzten Stationen mit Freude den Gedanken an seinen Onkel, Isaak Rosenholz, widmen. Korbinian schätzte den jüngeren Bruder seiner Mutter sehr, denn er schätzte seine Art ihm gegenüber seit Kindesbeinen an. Und er hatte seiner Schwester Ruth, Korbinians Mutter, nie Vorwürfe gemacht oder den moralischen Zeigefinger erhoben, als sie für seinen Vater zum katholischen Glauben übergetreten war. Isaak war ohne Zweifel ein religiöser Mensch, der dank seiner pragmatischen Haltung über den Religionen zu schweben schien. Für ihn waren Juden die, die den Messias noch erwarten würden, und Christen die, die ihren Messias in Jesus schon gefunden hatten. Nicht mehr und nicht weniger. Dass sollte aber nicht bedeuten, dass er nicht gläubig gewesen wäre. Seine Leidenschaft war die Wissenschaft, mit Hilfe derer er die von Gott gestellten Rätsel zu ergründen versuchte. Als Mathematiker konnte und wollte er sich nicht hinter den abstrakten Formeln und logischen Gleichungen verstecken, im Gegenteil, er war ein weltoffener Mensch, der gerne Menschen um sich hatte, sowohl privat als auch beruflich. Am liebsten arbeitete er in seinem Labor bei *der Firma G. & S. Merz GmbH, die aus dem Optischen Institut München hervorgegangen und davor das Mathematisch-Feinmechanische Institut in München gewesen war. Die Firma war ein*

*europaweit bedeutender Hersteller von präzisen Opti-
ken und Messinstrumenten*[128]. Isaak Rosenholz hatte
Korbinian vor längerer Zeit schon zu erklären versucht,
was er bei G & S genau machte. Was bei ihm im Ohr
rein akustisch hängen geblieben war, war die Erklärung, dass es bei optischen Linsen Abbildungsfehler
gäbe, da das Licht unterschiedlicher Wellenlänge oder
Farben verschieden stark gebrochen würde. Man
sprach von der „chromatischen Aberration". Das war
aber auch schon alles, was Korbinian im Kopf behalten
hatte, wohingegen die Unterhaltung mit Isaak zu gesellschaftspolitischen Themen immer höchst spannend
war und stets in Korbinians Erinnerungen, Gedanken
und Reflexionen zum Weltgeschehen hängen blieb.

Der Empfang bei Isaak Rosenholz, der ledig geblieben war, weil er immer seiner Arbeit den Vorzug gegeben hatte, wie er von jeher bekannte, war äußerst
herzlich und voller Freude auf beiden Seiten. Isaak
hatte sehr viel übrig für seinen Neffen und war sehr
stolz auf ihn, weil er ihn für einen ausgezeichneten
Menschen hielt, dessen größtes Talent in seinem Wesen, mit Menschen umzugehen, lag.

Erst hatte Korbinian an Eintrittskarten zu einem
Bühnenstück namens „Dämmerung" von der Drama-
turgin Elas Bernstein als Geburtstagsgeschenk gedacht, das im Münchener Dramatischen Verein insze-
niert werden sollte. Dann fiel er aber in einer
Buchhandlung über *Bertha von Suttners Buch: „Die
Waffen nieder!*[129]*"*. Das Besondere an diesem Buch war
nicht, dass es in siebenunddreißig Sprachen übersetzt

---

[128] G.&S. Merz Gmbh war zur Jahrhundertwende ein Unternehmen
von Weltrang.

[129] Präsidentin der „Österreichischen Gesellschaft der
Friedensfreunde". Die erste Frau, die 1905 den Friedensnobelpreis
erhielt.

worden und daher weit verbreitet war, sondern als Originalfassung mit persönlicher Widmung an *Alfred Nobel, mit dem sie eine paradoxe Freundschaft pflegte*[130], vorlag. Es war wohl für einen einstigen Unterstützer einer friedlichen Utopie unnütz geworden. Für Korbinian war es ein bedeutendes Zeitzeugnis, welches er gerne verschenkte. Nobel, der Erfinder des Dynamits, und sie, die vielbeachtete Pazifistin. Sie beide mögen das gleiche Ziel vor Augen gehabt haben, nämlich eine friedlichere Welt, allerdings mit gänzlich unterschiedlichen Vorstellungen zu den Wegen dorthin. Alfred Nobel mag an die ultimative Abschreckung durch unsäglich katastrophale Kriegswaffen geglaubt haben, die die Sinnhaftigkeit jedes Krieges vollkommen in Frage stellen würde. Bertha von Suttner hingegen sah die Notwendigkeit, durch ein internationales Schiedsgericht Konfliktparteien durch juristische Mittel von kriegerischen Streitigkeiten abzuhalten, aber vor allem im Vorfeld Fragen der Sicherheit und Abrüstung zu verhandeln. Wer Waffen besäße, würde auch töten, so ihr Fazit.

In der Regel führte Isaak seinen Neffen ins geräumige Arbeitszimmer mit Wänden voller Bücher, fein säuberlich nach verschiedenen Genres unterteilt, von Belletristik über Kultur zu Fachliteratur. Hätte Korbinian nicht ein Geschenk machen wollen, wäre er gerne selbst Leser dieser einmaligen Ausgabe von Bertha von Suttner geworden. Er wusste, dass er jeder Zeit Bücher ausleihen konnte, wie er es früher als Münchener getan hatte.

„Lieber Korbinian, komm setz Dich. Danke für das außerordentliche Buch mit Bertha von Suttners Widmung. Ich kenne sie im Allgemeinen als Nobelpreisträ-

---

[130] Beide kannten sich seit 1875. Bertha arbeitete nur zwei Wochen für A. Nobel, der eine Assistenz gesucht hatte

gerin für den Frieden. Ich werde es aufmerksam lesen", und legte das Geschenk neben sich auf den Beistelltisch. „Aber nun zu Dir. Es ist schon sehr lange her, dass du deinen Onkel besucht hast."

„Das stimmt, aber du weißt, es ist nicht mehr ganz so einfach. Vom Land in die Stadt ist es doch sehr viel aufwendiger als damals, als ich hier um die Ecke wohnte", meinte Korbinian in gepflegtem Deutsch seinem aufmerksamen Onkel gegenüber.

„Wie geht es dir in der Provinz, wo du doch ein Stadtkind warst?", formulierte Isaak, als wäre ihm bewusst, was den Unterschied ausmachte.

„Onkel Isaak, es geht mir hervorragend, wenn du damit meinst, ob ich Sehnsucht nach dem Getümmel der Stadt habe, unterversorgt bin an kulturellen Höhepunkten oder den Anschluss an die großen Weltgeschehnisse verloren habe. Nein, meine Tage sind ausgefüllt, ich habe Freude an den Schülern und meine Freizeit lege ich in die Hände der Musik. Und ich verbringe Tage damit, die regionale Geschichte zu ergründen. Und ehrlich, manchmal bin ich sogar froh, wenn ich beizeiten höre oder lese, welch politische und gesellschaftliche Licht- und Schattenbrüche sich an einem Ort, wie einer Großstadt gleichzeitig zutragen können.

„Es freut mich ungemein, dass es dir gut geht, wenngleich ich unsere Gespräche vermisse. Aber du magst Recht haben mit deinem Stichwort Brüche. Wir leben in Zeiten des Wandels und der Umbrüche wie vielleicht noch nie zuvor für die Menschheit und das in kürzester Zeit ", billigte Isaak seinem Neffen zu, der zustimmend nickte.

„Erst kürzlich, ich denke, es war *der 20. Oktober, hat sich erneut der Reichstag in Berlin aufgelöst[131]* und schon stehen wieder *Neuwahlen am 7. Dezember an[132]*", zitierte Korbinian die Anschläge an den Münchener Litfaßsäulen.

„Der Grund für die Auflösung des Reichstags war wohl die Anerkennung des Londoner Abkommens zu den Reparationszahlungen, was natürlich ein schwieriges Thema für alle radikalen Parteien ist", meinte Isaak.

„Das mag der Auslöser gewesen sein, aber grundsätzlich finde ich, dass es zum einen zu viele Parteien im Reichstag gibt - sind es nicht über dreißig? - und zum anderen, was noch gravierender ist, dass sich diese jeweils absolut kompromisslos gegenüber stehen und sich daher regierungsnotwendige Mehrheiten ständig verflüchtigen und wieder neu bilden müssen", echauffierte sich Korbinian.

„Das mag so sein, aber vielleicht haben wir im Dezember Glück und die Wahlen gehen zugunsten der gemäßigteren Parteien aus? Im Mai noch waren die Arbeitslosenzahlen etwa bei zwölf Prozent gelegen und nun gingen sie kürzlich auf die Hälfte zurück und dies bei steigenden Löhnen. Das macht die Menschen zufriedener, meinst Du nicht Korbinian?".

„Ich hoffe es sehr, denn an den Rändern des übergroßen Parteienspektrums sind mehr denn je extreme Ansichten im Umlauf und treten mit - meines Erachtens - noch drastischeren Parolen und Aktionen auf. Beim Herweg bin ich an einer krakeelenden Meute vorbeigekommen, *dieser neuformierten NSDF (Nationalso-*

---

[131] Historische Ereignis
[132] Historische Ereignis

*zialistische Freiheitsbewegung), der gefühlt die glei-
chen Anhänger angehören wie dieser verbotenen
NSDAP von dem inhaftierten Putschisten, Adolf Hitler[133]*. Mich würde nicht wundern, wenn diese völki-
schen Geisteshaltungen auch alsbald hinein ins ‚Ländliche' schwappten und allerorten sämtliche
konservativen Hirne erreichen", argumentierte Korbinian.

„Wir werden sehen, wie die Wahl ausgeht. Auch ich
hoffe, dass das wählende Volk erkennt, was bisher in
diesem Land geleistet wurde. Über vier Jahre lang waren die Wirtschaft und die Gesellschaft für den Krieg
mobilisiert worden. Es gab praktisch von 1914 bis 1918
nichts anderes. Und jetzt nach wieder vier Jahren der
Demobilmachung für die Friedensverhältnisse und trotz
der Sonderbelastungen durch die Reparationszahlungen, ist für meine Begriffe bereits sehr viel geleistet
worden. Zum ersten Mal gibt's das Arbeitsnachweiswe-
sen, wodurch Arbeiter in Arbeit vermittelt werden können, die Erwerbslosenfürsorge für vor allem die etwa
hunderttausend kriegsgeschädigten Bayern, sogenannte Notstandsarbeiten und Arbeitsbeschaffungen mittels
Straßen- und Brückenbau, Wasser- und Stromversorgung, und so weiter. Aber natürlich, es bleibt ein
Kraftakt und muss bei den Menschen auch ankommen", zählte Isaak themenkundig auf.

„Dieser Versailler Vertrag ist ein einziges Dilemma
und das ohnmächtige Volk bleibt für radikales Gedankengut empfänglich, wenn es sich ungerecht behandelt
fühlt und der Hunger übermächtig über ihre Türschwel-
len ins Innere ihrer Wohnungen kriecht. Was aber für
die ärmeren Volksschichten der Hunger ist, ist für die

---

[133] Nach dem Hitler-Putsch am 9. Nov. 1923 wurde die NSDAP
verboten. Das Parteienverbot wurde am 27. Februar 1925
aufgehoben und die NSDAP neu gegründet.

Eliten die Machtverteilung innerhalb der Gesellschaft. Sie wollen zurück zum alten System der klaren Abgrenzung zwischen oben und unten. Den Arbeitern in den Industriezentren, den kleinbürgerlichen Strukturen, ob in der Stadt oder auf dem Land, wird abgesprochen, an der Gestaltung einer gerechteren Welt zum Wohle aller teilhaben zu können. Wie sehr schmiegen sich namhafte Größen an die Seite dieses Hitlers, wie beispielsweise *Helene Bechstein, Klavierfabrikantin aus Berlin oder die Verlegerfamilie Hugo Bruckmann aus München[134]"*, sprach Korbinian mit verdrossener Stimme, der nicht verstehen konnte, wie derart rüde und hasserfüllte gesellschaftspolitische Inhalte und Redensweisen der nationalistischen Szene hatten salonfähig werden können.

„Korbinian, du zeigst mir im Moment eine Seite von dir, die ich so noch nie erkannt habe. Sei nicht verzagt, meine These ist: am Ende wird alles gut", provozierte Isaak Rosenholz seinen Neffen.

„Mit Verlaub, ich habe die Abneigung und den Hass in den Augen einiger Menschen gesehen, nur weil meine Mutter eine Jüdin war. Und selbst ihr Übertritt zum katholischen Glauben und meine geplante, großzügige Spende für eine *katholische* Kirchenglocke reichten nicht aus, Unbill und Argwohn in den Herzen der Menschen zu besänftigen, wie ich dir vor Wochen geschrieben habe", wollte Korbinian seine Stimmungslage erklären.

„Korbinian, ich kann es mir gut vorstellen. Die Juden waren, wie du aus der Geschichte am besten

---

[134] HDBG Magazin: Bayern in den 1920ern; nach Hitlers Haftstrafe zeigte er sich geläutert und in der politischen Auseinandersetzung bereit zum Gewaltverzicht. Die gehobene Gesellschaft öffnete Hitler ihre Türen.

weißt, über die Jahrhunderte hinweg stets Repressalien und Sanktionen ausgesetzt. Und dennoch war *mein* Vater als junger deutscher Soldat für den Kaiser 1870/71 in den Krieg gezogen und wir haben es als Deutsche zu einem lebenswerten Wohlstand und Bildung bringen können", entgegnete Isaak empathisch.

„Ich weiß, Onkel Isaak, aber meine persönliche, sehr negative Erfahrung hat mir zu denken gegeben", rekapitulierte Korbinian.

„Korbinian, du kennst mich nun auch schon eine ganze Weile und wie du weißt, glaube ich an die Schönheit des Lebens und damit auch an das Gute."

„Ja Onkel Isaak, ich kenne deine gedankenreichen Überlegungen, dass die geschichtlichen Epochen vor unserer Zeit noch schlimmer waren. Und ich gebe dir recht: die Menschen waren ärmer, kränker, starben früher, wurden unterdrückt, waren unfrei, und Willkür und Gewalt beherrschten das Leben. Und trotzdem verläuft die Geschichte der Verbesserungen für die Menschheit nicht wie eine lineare und stetig ansteigende Gleichung. Es gibt Stagnation, bruchartige Wendungen und gar Rückschritte", war Korbinians Einwand auf den Mathematiker-Onkel zugeschnitten.

„Ich gebe zu, es ist noch ein weiter und langer Weg, aber die Bedingungen wurden und werden immer besser. Allein schon der technische Fortschritt verändert mehr und mehr unser tägliches Leben, was wir tun und wie wir es tun. Denk an die fortschreitende Elektrifizierung, das Automobile, das Flugzeug, das ‚Detektor-Radio'[135] und viele weitere noch kleinere Er-

---

[135] Radio, das nur mit den elektro-magnetischen Wellen der Sendeanlage betrieben wurde. Bis 1924 hatte es einen Marktanteil von 50%.
(Quelle: HDBG Magazin; Bayern in den 1920ern)

rungenschaften wie den äußerst praktischen Reißverschluss an der Hose. Das hat Auswirkungen auf unser aller Leben, die Gesellschaft und ihre Bedürfnisse und Anforderungen, aber auch ihre Denkweisen."

„Du sagst, die Bedingungen werden besser. Dann war wohl der Krieg 1914 eine kleine Korrektur, ein Wendepunkt für neue Möglichkeiten in der evolutionären Entwicklung des Menschen zum Besseren?", meinte Korbinian etwas ketzerisch.

Isaak Rosenholz überlegte einen Moment und sprach dann mit Bedacht: „Wenn man es so sehen will. Ganz nüchtern betrachtet, erscheint es paradox, aber der Zusammenbruch ganzer Systeme wie dem Machtgefüge in Europa lässt wieder Neues, Besseres entstehen. Ich denke dabei an dein Buchgeschenk. Leider haben die Bemühungen der Friedensbewegung von Bertha von Suttner um die Jahrhundertwende noch nicht gefruchtet, aber nach den Kriegsverheerungen 1914 bis 1918 wurde beispielsweise der Völkerbund gegründet, um weitere Konflikte abzuwenden, weil Konflikte zwischen Staaten zu keinen weiteren Kriegen führen sollen. Ich denke, der Mensch lernt hinzu, wie es die Natur schon seit Jahrmillionen tut."

„Die Natur ist uns Menschen weit voraus. Sie erzeugt Gleichgewichte, wir Menschen aber erzeugen Ungleichgewichte auf Kosten anderer oder der ganzen Schöpfung."

„Die Natur bringt in der Tat Schönheit hervor, weil Schönheit gut ist, wie bereits der griechische Philosoph Platon meinte. Ein schönes Beispiel ist die Rose, deren Blätter einem Anordnungsprinzip folgen, dass jedes Blütenblatt einen optimalen Anteil an Sonnenstrahlen erhält. Die Ästhetik des Blütenstandes dient also nicht allein der Schönheit, sondern hat sich bewährt, ist also gut. Dieses Prinzip der Verhältnismäßigkeiten und Proportionen zueinander, wie beim Blütenstand, finden wir überall in der Natur, aber nicht nur dort. *Mathematiker früherer Tage haben dieses Muster als Goldenen Schnitt mathematisch und allgemeingültig belegt[136].* Die Natur spricht mit uns in der Sprache der Mathematik, so oder so ähnlich hatte es einst Galileo Galilei gesagt."

„Davon habe ich schon einmal im Zusammenhang mit der Musik gehört. Aber was verbirgt sich dahinter genau?"

„Einfach am menschlichen Körper dargestellt, wie es beispielsweise Leonardo da Vinci erklärt hätte. Er teilte die Größe des Menschen in acht Kopflängen ein. Drei Kopflängen ist der Oberkörper lang bis zum Nabel. Fünf Kopflängen ab dem Nabel bis zur Ferse ist der Unterkörper lang. Also 3:5 im Verhältnis von Oberkörper zu Unterkörper. Und diese Proportionalität wiederholt sich immer wieder. Diese Teilungsverhältnisse zueinander lassen sich interessanterweise auch auf die Länge des Oberschenkelknochens zum Unterschenkelknochen oder der Kopfhöhe zur Kopfbreite nachweisen. Der Goldene Schnitt ist also ein Teilungsprinzip, dass immer den Bezug zum Nächsthöheren und damit zum Ganzen ergibt. Und für Leonardo, wie für uns Menschen der Gegenwart, ist diese Proportionalität optisch ein stimmiges, ideales Bild. Ein Mensch mit diesen Maßen wird als ‚schön' betrachtet, wie dies auch bei Blumen, Häusern und so weiter so gesehen wird."

„Damit entsteht Ordnung und Harmonie, wenn sich die Proportionalität stetig vom Kleinen zum Großen

---

[136] Der Goldene Schnitt ist seit der griechischen Antike in der math. Literatur bei Euklid von Alexandria bekannt.

wiederholt", erklärte Korbinian sich selbst diesen Zusammenhang mit seinen Worten.

„Genauso ist es. Und viele Bauwerke, wie zum Beispiel die Kathedrale Notre-Dame de Paris haben es in
sich verwirklicht oder Bildhauer wie Michelangelo haben diese Proportionalität in ihren Skulpturen bewusst
oder intuitiv eingesetzt. Aber Schönheit ist eben nicht
nur der angenehme Anblick, die Ästhetik durch Harmonie und Symmetrie, sondern auch das Schöne in einer
Tätigkeit, in Ordnung und Regeln zu erkennen, wie
Platon meint. Seiner Meinung nach schafft das Schöne
das Gute und umgekehrt. Sie bedingen sich quasi gegenseitig. Und weil die Dinge, die schön sind, auch
empfundenes Wohlbefinden und Ordnung bedeuten,
sind sie gleichzeitig gut. Ordnung und Strukturen
schaffen eine Art Wohlgefügtheit, obwohl sich die Welt
bei der Fülle der Einzeldinge um uns herum im ständigen Austausch befindet. Strukturen können Zerstreut-
heit, Unsicherheit, ja sogar Chaos eindämmen und Einhalt gebieten. Die Natur mit ihrem Artenreichtum und
den Wechselbeziehungen verschiedenster Organismen
sichert uns die menschliche Existenz, was gut ist, und
bietet uns gleichzeitig Schönheit und Freude ringsum.
In Kultur und Kunst sind es die Bewunderung der Dinge, das Schöne also und der *gute* Sinn für die Idee
dahinter. In der Gesellschaft anhand eines inneren Re-
gelwerks, dessen Tauglichkeit zu innerem und äußerem
Frieden, Freiheit und gleichwertigen Lebensbedingungen für alle beiträgt, also das Gute hervorbringt. Und
gleichzeitig für uns alle zu Harmonie, Kunst und Schaf-
fenswesen, also dem Schönen führt. Vielleicht klingt es
wie eine Utopie, wenn eines Tages die ‚Unproportionali-
tät' des Wohlstands zu einer ‚Goldenen Gleichung' der
Lebensqualität für alle überführt würde, indem Chancengleichheit, gleichwertige Lebensbedingungen und

ein solidarisches Menschen- und Gesellschaftsbild Einzug hielten?"

Korbinian war aufmerksam und konzentriert den Gedanken seines Onkels gefolgt. „Und dennoch leben wir - zumindest heute noch nicht - in einer idealisierten Welt der absoluten *Wohlgefügtheit*. Solange einzelne Individuen die gesellschaftlichen Ordnungsprinzipien anzweifeln, kein Vertrauen und keine Wertschätzung in die parlamentarische Demokratie und deren Institutionen aufbringen mögen und Politiker als volksfremd und korrupt betrachten, wird es radikales Gedankengut geben. Und werden derer Individuen zu viele und rotten sich zusammen, werden aus Gedanken Worte und aus Worten Taten einer unheilvollen Bewegung, Onkel Isaak."

„Es gibt Lehren aus der Geschichte, die der Mensch positiv verwertet hat. Es gibt Lehren aus der Geschichte, derer sich der Mensch in seiner jeweiligen Gegenwart nicht mehr erinnert und dazu neigt, manche Fehler in gleicher oder ähnlicher Art zu wiederholen. Aber insgesamt verbleibe ich als Optimist, der die gesellschaftliche Evolution auf einem positiven Pfad sieht. Am Ende obsiegt das Gute, mein lieber Korbinian. Das solltest du auch annehmen."

„Ich wünschte, Onkel Isaak, ich könnte es wie du. Du verzeihst, wenn ich sage: Der Optimist glaubt an eine sich bessernde Welt, der Realist erhofft sie, weiß aber um die Zerbrechlichkeit der Gegenwart; frei nach mir selbst."

Die Stunden waren gerade so im Fluge vorbeigezogen, als sich Korbinian von seinem Onkel Isaak Rosenholz verabschiedete. Es waren immer besondere Momente mit seinem Onkel gewesen. Schon als Kind konnte er fasziniert seinen Erzählungen lauschen und je älter Korbinian geworden war, umso mehr ließ sein Onkel ihn an seiner Lebenserfahrung und seinem Wissen teilhaben. Am Ende aber zählten immer die Schönheit in der Begegnung mit diesem einzigartigen Menschen und die Zweisamkeit miteinander, die auch dieses Mal für Korbinian ein besonderer Moment war und viel Überlegenswertes nach sich zog.

Die Entscheidung bei Gericht
November 1924

Es war vereinbart, dass sobald die beiden zweiten Bürgermeister aus München zurück wären, sie sofort beim Netter Sepp vorbeischauen würden, egal wie spät in der Nacht. Mit dem vorläufigen Urteil unter dem Arm, einer Kopie des Entscheidungsprotokolls des obersten Bayerischen Verwaltungsgerichtes[137], klopften die beiden an der Haustüre vom Netter Sepp. Der niedrige Türrahmen in die Bauernstube zwang generell jeden, demütig den Kopf zu senken. Für die Rückkehrer aus München schien dies jedoch zu ihrer zwangsläufigen, aber ungewollten Körperhaltung zu gehören. Zögerlich traten sie an den Tisch heran, wo der Netter Sepp und auch der Freudlmeier Johannes geduldig auf ihr Erscheinen gewartet hatten.

„Und?", fragten sie fast unisono und erwartungsvollen Tremolo.

„Schauts selber", antwortete der Latzinger Max wortkarg. Geknickt händigte er das Dokument an die beiden ersten Bürgermeister aus, die emsig damit begannen, das Juristen-Amtsdeutsch für sich zu übersetzen. Nach einer Weile meinte Sepp: „Es is so ähnlich wia i des mir zwar ned erhofft, aber erwartet hab."

„Sepp, es war ned mehr drin", quälte es sich aus Karl Heinz heraus.

---

[137] Abweichend von den historischen Gegebenheiten wird in der Erzählung nur auf ein Gerichtsurteil des obersten Verwaltungsgerichts eingegangen. Tatsächlich gab es zwei Verfahren über jeweils zwei Instanzen:
1. Gültigkeit des dringend öffentlichen Bedürfnisses der Zusammenlegung (1924)
2. Vermögensauseinandersetzung zu den beiden Gemeinden (1925)

„Es is im Grund g'nommen so, wia uns der Notar,
der Eisen Bartholomäus, schon prophezeit hat", kommentierte Johannes.

„Genauso is es. Hier heißt's sinngemäß im Protokoll: es is ein *,dringend öffentliches Bedürfnis, den Bestand der Gemeinde verändern zu dürfen*[138]'. Darum
sind wir nicht herumgekommen", antwortete Max gespielt sarkastisch.

„I hab g'meint, dass, wenn i ihnen vorrechne, wia
gut wir in Hum'stoa finanziell dasteh'n, dass wir auch
gut und gerne in Zukunft im Stande san, alleine für
uns haushalt'n können", versuchte sich der Max zu
rechtfertigen.

„Aber derweil'n", sprang der Karl Heinz bei, „hab'n
de Herr'n Richter des Argument um'dreht und g'sagt,
*Moosen bekäme keine besonderen Lasten durch Hu-
benstein dazu*[139]', weil Hum'stoa ja so gut da steht.
Aber immerhin kommen da, so hab'n sie an anderer
Stelle im Gericht auf'zählt, *,272 Seelen dazu*[140]', de
doch wos ausmach'n", ärgerte sich Karl Heinz.

„Wir können's dreh'n und wend'n, wia wir woll'n.
Wir kommen an der gerichtlich'n Entscheidung der
letzten Berufungsinstanz ned vorbei. Und de hat Recht,
wir in Hum'stoa hab'n halt wirklich keine *,Gemeinde-
kanzlei, Kirche und Schule*[141]' und so weiter", konsta-
tierte Johannes trotz allem deprimiert.

„I denk Johannes, du hast den Nagel auf den Kopf
troff'n und wir sollt'n meines Erachtens nach vorn

---

[138] Aus dem Gerichtsurteil des Bay.Verw.G. vom 31.Oktober 1924

[139] Urteil des Bay. Verw.G. vom 31.Oktober 1924, StAM

[140] Urteil des Bay. Verw.G. vom 31.Oktober 1924, StAM

[141] Urteil des Bay. Verw.G. vom 31.Oktober 1924, StAM

schau'n und versuch'n, des Beste daraus z'mach'n",
ergänzte Sepp. „Jetzt is der Zeitpunkt, wo wir dem
Bezirk, dem Juriska Kurt Karl mitteilen werd'n, dass de
Gemeindevertretungen von Hum'stoa und Moosen
g'schloss'n zurücktret'n. Des scheint uns so auferlegt.
Gott allein weiß warum. Dann muss es Neuwahlen
geb'n und zwar für de neue Gemeinde Moosen-
Hubenstein."

„So is es", schwang Johannes in den Gedanken von
Sepp ein, was zu einer gefühlt ellenlangen Sinnespause
führte. Jeder der Anwesenden war für den Moment
damit beschäftigt, die Hiobsbotschaft der beiden Überbringer zu verdauen. Etwas Schlechtes zu erwarten ist
das eine, wenn es aber dann eintritt, ist der letzte Funken Hoffnung verflogen. Wie aus einem angeborenen
Reflex heraus formulierte er weiter: „Dann ruf'n wir
Morg'n de Kollegen z'amm und setz'n des Schreib'n an
den Bezirk auf. Damit's auch g'spürn, wos ang'richt
hab'n", ließ er die anderen einen Hauch von Trotzhaf-
tigkeit im Tonfall wissen.

„Morgen tret'n wir also konform zu unserer Ankündigung gemeinsam zurück. Des is sicher", schaltete
sich Sepp ein, um sich erneut seiner selbst zu verge-
wissern. Natürlich wusste auch er, dass dieser Schritt
am Vorhaben des Bezirkes, der nun durch das Gericht
bestätigt wurde, nichts ändern würde. „Aber des mit de
Neuwahlen, da sollt'n wir uns Zeit lass'n. Soll doch der
Bezirk sag'n, wia sie's hab'n woll'n", äußerte er seine
Überlegung. Schulterzuckend nahmen alle drei den
Gedanken auf, weil sie es auch nicht besser wussten.

„Wer werd sich denn als neuer Bürgermeister und
Gemeinderat aufstell'n lass'n, wo doch de ganze Situation so verfahren is", zeichnete Max ein düsteres Bild.

„Da geb i dir recht", antwortete der Eiblmeier Karl Heinz, der sich in seinem Pessimismus bestätigt fühlte. „Frag'n wir halt den Zenker Paul. Der hat uns erst recht bei der gemeinsamen Gemeindeversammlung reingeritten. Ned dass i dafür bin, aber de Leut hat er vom ersten Moment an total rebellisch g'macht. Kein vernünftiges Wort hat man mehr mit den Leut'n red'n können. Der hat uns einen echten Bärendienst erwies'n."

„Da mag'st schon recht hab'n, Karl Heinz", meinte Sepp zustimmend. „Aber nur zum Teil. De Hum'stoaner mög'n de Moos'ner ned und um'kehrt und des schon ewiglich. Er war halt wia ein Brandbeschleuniger, wia Petroleum für's Feuer...danach war de verbrannte Stimmung nimmer mehr zu bändig'n."

„I sehe ihn schon herum schwadronier'n und wia er wieder alles in Grund und Boden red't, jetzt nach der Niederlage vor Gericht", warf Karl Heinz schwarzmalerisch ein.

„Einem jeden kannst es nie recht mach'n. Aber dass uns immer wieder ausg'legt werd, wir würden mit der Obrigkeit in einem Boot sitzen, des is schon eine echte Enttäuschung. Werd's seh'n, und morgen werd's heiß'n, wir Gemeinderäte und Bürgermeister verlass'n des sinkende Schiff. Verantwortungsloses Pack. Glaubt's mir des, so werd's sein", bekräftige Max mit erhobenem Zeigefinger seine vermeintliche Vorahnung.

„Aber jetzt lasst uns nochmal überleg'n. De Idee von vorhin, den Zenker Paul z'frag'n, is vielleicht gar ned so schlecht. Er wär halt ein echtes Kaliber als Bürgermeister. Einerseits in Richtung der Obrigkeit, dem Bezirk und andererseits hör'n viel Leut bei uns auf ihn. Probier'n wir's halt. Mehr wia nein sag'n kann er ned. Und danach kann auch keiner meinen, wir hätten ihn ned g'fragt, oder?", erklärte sich Johannes und klang wieder hoffnungsvoller.

„Des is wahrscheinlich wirkle kein schlechter Gedanke, Johannes. Dann könnte er auch keine Revolte anzetteln, de uns eventuell droh'n könnt, wenn er de Leut weiter aufstachelt, jetz nach der negativen Gerichtsentscheidung", überlegte Sepp laut.

„I muss dir recht geb'n, Sepp. Wer g'laubt, dass der Bezirk in diesem Urteil nachgibt, der irrt komplett, auch wenn er meint, man müsse nur aggressiv g'nug protestier'n. Eher geht ein Kamel durch ein Nadelöhr als dass wir an dem Gericht und dem Bezirksamt vorbeikomma...wia's so ähnlich in der Bibel heißt. De würd'n uns alle einsperr'n, wenn ned gar schlimmer", unterstützte der Johannes Sepps Argumente.

So schnell als möglich nach der Sitzung mit den übrigen Gemeinderäten beider Gemeinden vereinbarten die vier ersten und zweiten „Noch-Bürgermeister", wie besprochen dem Zenker Paul ihre Aufwartung zu machen. Sie waren sich bewusst, dass es nur mit vereinten Kräften gehen würde, ihn entweder für die Kandidatur zu überzeugen oder zumindest das „Rebellische" in ihm ruhig zu stellen. Niemand wollte bürgerkriegsartige Zustände wie andernorts. Paul Zenker war kein Mann der langen Vorrede und so war man in weniger als ein paar Augenblicken inmitten einer deftigen verbalen Auseinandersetzung.

„Wos hab ich euch g'sagt? Des linke Pack aus Sozis und Bolschewisten in Berlin hat uns des alles ein'brockt", polterte der Zenker Paul von der ersten Minute an los.

„Wir werd'n ned drum herum kommen, um de Z'sammenlegung. Des Gericht hat entschieden", meinte Karl Heinz, der ein Parteifreund Zenkers innerhalb des Bauernbundes war.

„Des alles is ein abgekartetes Spiel von vorgeschobenen Institutionen, Eiblmeier. De Linken woll'n keinen Nationalstaat mehr und es soll kein Stein mehr auf dem ander'n bleib'n. Arbeiterräte sollen uns regieren, von wegen, dass i ned spinn. Und seit jeher Bewährtes werd einfach über den Haufen g'worfen, bis hin zu unseren Gemeindestrukturen", ereiferte sich der Zenker Paul.

„So is es ja auch nicht, Paul", mahnte Sepp, „immerhin is der *Bauernbund, unsere Partei, mit etwa 7 % an der Bayerischen Regierung um Ministerpräsident Heinrich Held beteiligt*[142] und im Übrigen is des keine linke Regierung."

„Des mag schon sein, aber die *SPD und die Kommunisten haben z'sammengenommen um die 26 %*[143] und du sieh'gst ja, was trotzdem rauskommt, Sepp".

„Wir müss'n nach vorne schau'n, Paul", entgegnete Sepp.

„Wart's ab Sepp, wehret den Anfängen. Wos sag i denn, wos ham's denn schon alles vermasselt? Einen ‚Schandvertrag à la Versailles mit einem einseitigen Kriegsschuldeingeständnis'. De Supp'n werd'n noch unsere Kinder auslöffeln müss'n. Wir dürf'n uns ned alles g'fallen lassen. Wir brauchen Leut an der Regierung, de ned ewiglich red'n, sondern de Schuldigen intern und extern benenn'n, für des gesittete Volk han-

---

[142] Bayernwahl im Mai 1924. Die Regierung wird getragen von: Bayerischen Volkspartei (BVP) 33%, dem Bayerischen Bauernbund (BB) 7% und der Bayerischen Mittelpartei/Deutschnationalen Volkspartei (BMP/DNVP) 9%

[143] Bayernwahl im Mai 1924: SPD 17% und Kommunisten 8%

deln, uns rechtschaff'n anführ'n und de sich getrau'n, sich zur Wehr zu setz'n, Sepp."

„Aber Paul, wir in Moosen und Hum'stoa müss'n doch aus dem was mach'n, wos da is und könn'n ned immer gegen alles sein und vieles is doch auch ned schlecht", versuchte Johannes zu überzeugen, der ungläubiges und ablehnendes Augenrollen erntete.

„Und Paul, es geht jetz um unsere kommunale Selbstverwaltung, de Gemeindearbeit und de is doch der Sache verpflichtet und ned der groß'n Politik. Darum bittschön, es geht um eine gedeihliche Zukunft für uns in Moos'n und Hum'stoa. Und wia du weißt, alle Gemeindevertreter und eben auch de Bürgermeister tret'n g'schlossen zurück. Es braucht einen Neuanfang mit einer starken Figur voran und einträchtig'n Gemeindevertretern, de de Gemeinde rund um de Vils führ'n", versuchte Sepp die Sache für Paul Zenker schmackhaft zu machen. „Du wärst einer, auf den de Leut hör'n, Paul."

Der Zenker Paul sinnierte für einen Bruchteil einer Sekunde, meinten die Anwesenden zu erkennen, und dann sagte er im Brustton der Überzeugung:

„I soll jetzt den Karr'n aus dem Dreck zieh'n. Macht's ihr wos wollt's, aber ned mit mir. I denk, der Fisch stinkt vom Kopf her, egal wos ihr da unten macht's. Des Klein-Klein hat keinen Taug. De Dinge müss'n größer an'dacht werd'n und i kenn auch Leut, de des im Kreuz hab'n. Da gibt's welche, wia den *Gregor Strasser, Apotheker aus Landshut oder den Ernst Röhm, der weg'n seiner Überzeugung schon im Gefängnis war, wia auch der Österreicher, den's beinahe ausg'wiesen hätt'n, aber dann doch nur in Landsberg eing'sperrt hab'n*[144]*, wia heißt der nochmal?"*

„Adolf Hitler meinst du", glaubte Johannes zu wissen.

„Genau der, Adolf Hitler. Der bringt seine Überzeugung'n klar und deutlich auf den Punkt und dafür werst dann ein'sperrt. Der muss gar noch bis Ende Dezember in Landsberg einsitz'n."

„Möchst am Ende mit de ‚Deutsch-Völkischen' sympathisieren, Paul? Du bist doch ein Bauer mit Herz und Seele und katholisch ohnehin", argwöhnte Sepp, der um die Popularität Paul Zenkers im Bauernbund (BB) wusste und der an seine ursprüngliche politische Heimat, den Bauernbund, dachte.

„Du bist doch einer von uns, Paul", umgarnte ihn Karl Heinz. „Und de Region hat dir doch immer schon am Herzen g'legen."

„Da müsst's euch schon an ander'n D... Draufgänger such'n", widersprach der Zenker Paul ohne den Deppen gesagt, aber gemeint zu haben.

Alle Avancen konnten dem Zenker Paul noch so schmeicheln, er war nicht zu überzeugen. „Wer weiß, für was es gut war?", resümierten die Vier, die ihren Heimweg antraten und die Verbitterung und gleichzeitig Radikalisierung in Pauls Worten zu erkennen glaubten. „So is er halt, der Paul", meinte der Sepp abschließend.

---

[144] Historische Persönlichkeiten der NSDAP

Der Beichtstuhl
November 1924

Wie der gute Hirte kannte Pfarrer Nepomuk Langkofler seine Schäfchen und ihr Befinden. Unruhig waren sie gewesen, als würde ein Wolf im Finstern nahe der Herde umherstreifen, nur dass der Wolf ein Sinnbild für die äußeren Umstände war, von denen sich seine Gemeinde bedroht fühlte. Das Gedächtnis-Watt-Turnier im Juni 1924 zu Ehren des Prälaten Müller hatte für ihn erfahrbar gemacht, wie fragil die Stimmung unter seinen Schützlingen war. Ein Auf und Ab der Gefühlslagen war nichts Neues für ihn, seit er im Herbst des Jahres 1916 in seine Heimatgemeinde nach Moosen zurückgekehrt war. Es waren schwierige Zeiten des Wandels Anfang der 1920er Jahre. Allerdings diese unnachgiebige Art der Streitereien untereinander, die seit der Gemeindeversammlung Ende April 1924 offenkundig waren, kannte er in diesem Umfang nicht. Schon vor den Sonntagsmessen teilten sich die Kirchgänger in zwei Lager. Die einen standen links, die anderen rechts vom Aufgang in den Friedhof. Diejenigen, die diese Aufstellung wechselten, hatten eventuell verwandtschaftliche Verhältnisse, Patenschaften, ob zur Taufe oder Firmung, hüben und drüben von der Vils. Es waren jedoch sehr wenige, die sich nicht von den Wirren untereinander beirren ließen, konnte er beobachten. Auch für ihn war es komplizierter geworden, den scheinbar unversöhnlich gegenüberstehenden Lagern mit dem richtigen Maß an Ansprache, Botschaft und Versöhnungsaufforderung zu begegnen. Der Ärger in der Pfarrei störte ihn immens, denn verborgene Zweifel und Ängste versperrten seinen Schäfchen die Botschaft der Hoffnung auf Besserung, die er immer wieder aufs Neue von der Kanzel versuchte zu verkünden.

Er selbst war dabei gewesen, als im April 1924 zur Versammlung der beiden Gemeinden Einzelne verbal und fast handgreiflich aufeinander losgingen. Was hatten sich seither die Bürgermeister und Gemeinderäte nicht alles zur beabsichtigten Zusammenlegung der Gemeinden durch den Bezirk anhören müssen, klagten ihm der ein oder andere der Betroffenen. Von staatlicher Willkür und Spezlwirtschaft war die Rede gewesen. Von Korruption und Machtmissbrauch seien sie befallen, die das zulassen würden, wenn nicht sogar selbst befördert hätten. „Der Teufel soll euch hol'n, ihr Bagage. Des habt's ihr euch verdient", sei er auf dem Weg zum Pfarrhaus beschimpft worden, hatte ihm der Freudlmeier Johannes erzählt, als er ein Amt für seinen verstorbenen Vater aufgeben wollte. Und Paul Zenkers wenige Worte zum Ziereis Hermann und seiner Schuld an den Bestrebungen des Bezirkes zur Zusammenlegung hätten die Sprengkraft schwerer Weltkriegsartillerie, hatte der erfahrene Netter Sepp bei einem Besuch beim Pfarrer verblüfft festgestellt. Das wäre ihm in diesem Ausmaß noch nie untergekommen. Für den ehemaligen Feldseelsorger war es ein krasser Vergleich, angesichts seiner eigenen, lebhaften Erfahrung mit Bomben und Granaten an der Front. Dass der Ärger unter den Einheimischen in erster Linie die Funktionäre treffen würde, war für den Netter Sepp halbwegs nachvollziehbar gewesen. Aber auch seine Familie war dem Groll in der Bevölkerung ausgesetzt. „Dein Vater, dein Mann. De woll'n uns an die Obrigkeit verkauf'n. Der reißt uns des Herz raus" oder „Wir werd'n euch des bis in alle Ewigkeit ned vergess'n, ihr schlechten Lumpen", waren die noch höflicheren Anschuldigungen und Drohungen, die seine Frau Adelheid und sein Sohn Quirin auf der Straße zu hören bekommen hätten. Und sogar ihr Knecht, der Ruppert, und ihre Magd, die Zensl, wurden einmal beim Tanz belästigt, ob sie sich nicht schämen würden, bei einem Verräter zu arbeiten.

Und so erging es in den ersten Tagen nach der Verbreitung der Nachricht durch das Bezirksamt nicht nur der Familie Netter und deren Gesinde. „Des hat alles deutliche Spuren hinterlass'n", sinnierte Pfarrer Langkofler, als er über dem Schreibzeug saß und einen Brief an seinen lieben Bruder im Herrn, den Fischbacher Zeno, verfassen wollte und nach einem rechten Anfangsgedanken suchte. Seine Gehirnwindungen wollten wohl Erinnerungen zum Streit in seiner Christengemeinde loswerden, anstatt die rechten Worte für einen Brief zu finden.Und so ging es weiter.

Nach einiger Zeit der Prüfung und Bewertung des Antrages des Bezirksamts Erding durch die beiden Gemeindevertretungen hatten die beiden Gremien unabhängig voneinander, aber abgestimmt durch ein Treffen dem Ansinnen des Bezirksamtes widersprochen. Mit dem Aushang des Schreibens zum Widerspruch, den auch Nepomuk Langkofler kannte, glaubten die Verantwortlichen, die Gemüter der Bevölkerung beruhigen zu können. Es war wahrlich der bekundete Wille der Bevölkerung, sich zu widersetzen. Für einige Tage im Mai 1924 blieb es tatsächlich ruhig. Allerdings, über Wochen und Monate wurden die Gemeinden mit Anfragen aus Erding beaufschlagt, was letztlich auch bis zur Bevölkerung und dem Pfarrer durchdrang. Die ständigen Fragen signalisierten glasklar, dass die Vollzugsbehörde am Bezirksamt ihr Vorgehen gerichtsfest machen wollte, egal, wie oft der Widerstand zur verordneten Zusammenlegung erklärt würde. Nicht umsonst wollte es zur Situation des Armenfonds, zur Lage der Gemeindevermögen, die Anzahl der Einwohner oder auch geographische Abgrenzungen zu Nachbargemeinden Bescheid wissen. Eine Weigerung, die Informationen zu liefern, war ausgeschlossen. Andernfalls hätte die Polizei eingegriffen, drohte man von Behördenseite. Trotzdem bekundeten die beiden Gemeinden routinemäßig bei jeder der ordnungsgemäß zu liefernden Daten und Informationen ihre strikte Weigerung, wenngleich diese nicht direkt mit den Detailfragen im Zusammenhang stand.

Pfarrer Langkofler indes glaubte damals im Sommer 1924, im Verhalten der Bürger zu spüren, dass jeglicher Widerstand zwecklos sein könnte und am Ende doch die Zwangsverehelichung stünde. Und dieser trostlose Pessimismus machte sich deutlich bemerkbar. „Wirtshaustumulte" überschrieben die hiesigen Gazetten ihre lokalen Zeitungsartikel und resümierten „So hoch, wie es seit Wochen in den Wirtshäusern ringsum her ging, war es seit langem nicht mehr hergegangen", hatte Hochwürden Langkofler lesen müssen. Wo einst vielfach zu kommunalen Themen Meinungslinien an der politischen Ausrichtung, der Partei festzumachen waren, stellte nun praktisch die Vils einen natürlichen Konfliktgraben dar. Sie markierte die emotionale Spaltung zwischen den Menschen links und rechts vom Fluss - nicht nur geografisch. Rauf und runter wurden die Themen diskutiert. Teilweise waren es hitzige Wortgefechte, ganz zu schweigen von den unzähligen bekannt gewordenen Handgreiflichkeiten, ganz zu schweigen von den verborgen gebliebenen.

Nepomuk Langkofler drehte seinen Federkiel zwischen Daumen und Zeigefinger, denn immer noch fand er keinen rechten Zugang zum Beginn des Briefes. Die passenden Worte wollten ihm einfach nicht in den Sinn kommen. Dafür war seinem Handgelenk und seinen Fingern eine Zeichnung entsprungen, eine weiße Taube, die nun das Briefpapier zierte, als würde sie sogleich als Friedenstaube aufsteigen wollen. Im gleichen Moment dachte er an den Netter Sepp, der ihn kürzlich zum Ende des Kirchenjahres vor der Adventszeit besucht hatte. Es herrschte eine Eiseskälte an diesem späten Novembertag. Pfarrer Nepomuk Langkofler hatte schon Stunden im Beichtstuhl in der Kirche verbracht. Es waren – wohl wegen der Kälte – nicht so viele gekommen wie anderntags, um ihr Bedürfnis nach einer Seelenreinigung zu stillen. Er fröstelte bereits, vor allem, als gelegentlich ein eisiger Schauer durch seinen Körper fuhr. Draußen stand noch einer, den er – den Vorhang zur Seite geschoben – trotzdem hereinwinkte. Ungewöhnlich laut nahm derjenige Platz, dessen klobige Stiefel gegen die Holzwand stießen. Dem Ritual entsprechend sprach der Pfarrer seine Begrüßungsformel. Sofort danach begann die Person gegenüber. „Herr Pfarrer Langkofler, i bin ned weg'n einer Beichte da, Hochwürden. I muss wos loswerd'n, des is alles." Es war der Netter Sepp, der Bürgermeister, soviel verriet seine Stimme und der Blick durchs engmaschige Fenstergitter im Beichtstuhl. „Ja, Herr Bürgermeister, wos soll i sag'n. Wenn es ihre Seele erleichtert, dann erzähl", antwortete Pfarrer Langkofler gespannt auf das, was von dem überraschenden Büßer kommen würde. Der Netter Sepp hatte das dringende Bedürfnis, sein Herz zu erleichtern. Bloß, dass es keine Sünden waren, die er loswerden wollte, sondern seine Zweifel, die ihn seit Wochen begleiteten. „Pfarrer Langkofler, i brauch keine Absolution. I such nur ihr Gehör, nix sonst. Und i erhoff mir ehrlicherweise Linderung", so ähnlich offenbarte der Bürgermeister seine um sich greifende Schwere und Trübsal, die ihn sogar in den Beichtstuhl gebracht hatten. Pfarrer Langkofler hielt ein kleines gewebtes Tuch ans Ohr und lauschte. „Alles wäre ned so schlimm, wenn mich nur meine Gedanken an den Lukas, meinen Buam ned so arg quälen würd'n", leitete er ein, sein Füllhorn an Sorgen auszuschütten. Mit der Entdeckung des Oberloher Tunnels im Mai dieses Jahres brach alles wieder auf, was er meinte, zugedeckt zu haben. Als er im unterirdischen Gang zuvorderst bei diffusem Licht die Umrisse einer menschlichen Gestalt vermutete, wollte es ihm fast das Herz zerreißen. „Herr im Himmel, nicht der Lukas", stockte ihm der erste Gedanke auf den Lippen. Und doch hätte er ihm nachhinein gewünscht, er wäre von der Qual der deprimierenden und falschen Hoffnung erlöst worden. Aber statt den Lukas zu finden, fanden sie die Überreste von dem Ziereis Hermann. Nach Jahren war immer noch nicht klar, wohin Lukas verschwunden war und so blieb die Wunde des Verlustes nach wie vor offen. Dem Beichtvater saß eigentlich ein starker Mann gegenüber, der aber auch nur ein Mensch war. Und als solcher neben dem persönlichen Familienschicksal einer Gemeinde in schwierigen Zeiten vorstand. Selbstkritisch zweifelte der Netter Sepp, ob er tatsächlich alles Notwendige und Richtige getan hatte, die Probleme der Bürger zu lösen. Den Mangel der Kriegs- und Nachkriegszeit hatte man irgendwie gemeistert, die Naturkatastrophen der Flut und des Hungers irgendwie gemeinsam gelindert, vielleicht nicht immer zu jedermanns vollen Zufriedenheit, aber zumindest hatte er es versucht. Bloß in der Frage der erzwungenen Zusammenlegung der Gemeinden liefen die Emotionen dermaßen aus dem Ruder, denn die Menschen standen sich unversöhnlich und unerbittlich gegenüber, dass er keinen rechten Ausweg sah, hatte Pfarrer Langkoflers Erinnerung nach der Netter Sepp geklagt.

Der Pfarrer hatte den Worten des Bürgermeisters zugehört, bis sein Fluss aus Worten zu einem Gedankenrinnsal und am Ende ganz zur Ruhe gekommen war. Alleine die Stille und Geborgenheit im Schutz des Beichtstuhls bewirkten die Entwirrung von inneren „Gedankenknoten", war Pfarrer Langkoflers Überzeugung. Es öffnet neue Sichten auf ein scheinbar unlösbares Problem und die Zuordnungen von Einflussgrößen auf dessen Entstehung. Mit: „Schau, mein lieber

Bürgermeister Netter", hatte Pfarrer Nepomuk Langkofler begonnen, seine Vorstellung zu formulieren. „Ich
rede ned irgendeiner Politik das Wort, aber mein Glaube lehrte mich immer wieder ganz persönlich", sagte er
zum Bürgermeister. „Er sagte zu mir. Lieber Nepomuk,
verharr ned bei Vergangenem, sondern richt dein Au-
genmerk auf die Zukunft aus. Und soll's Versäumnisse
geb'n hab'n, de kannst du für de Vergangenheit nimmer mehr ung'schehen mach'n. Aber noch heut is es
möglich für dich, wos Positives für de Zukunft zu verändern."

„I denke, des hab'n wir, des hab i bereits begonnen", antizipierte der Bürgermeister den Gedanken-
gang des Pfarrers, der Veränderung als den Beginn von
etwas Gutem und Neuem zum Ausdruck brachte. „De
Gemeinderäte und Bürgermeister san wia angekündigt
von all ihren Ämtern zurück'treten, als der oberste
Richterspruch unseren Widerspruch zur Vereinigung
zunichte g'macht hat. Wir hab'n den Weg freig'macht",
beschrieb der Netter Sepp als müsste er sich es selbst
erklären.

„Und schön, dass du Vereinigung statt Zusammenlegung gesagt hast. Denn im Gegensatz zu letzterem is
de Vereinigung einem gemeinsamen Zweck dienlich
und vollzieht sich freiwillig. Und des, im Geiste einer
andauernden Gemeinschaft eins zum werd'n und zukünftig eins zum sein", hatte der aufmerksame Beichtvater seine Beobachtung an den Ratsuchenden weitergegeben, dem selbst nicht aufgefallen war, dass er die
Zusammenlegung als Vereinigung bezeichnet hatte.
Dennoch bemerkte er im Nachgang den Unterschied
und war am Grübeln, wieso es wohl zu einer anderen
Wortwahl gekommen war.

Für Pfarrer Langkofler war klar, er würde an diesem Tag nicht mehr zu den rechten Worten an seinen Freund Zeno Fischbacher kommen und legte sein Schreibzeug zur Seite.

Die Edlen von Moosen
Dezember 1924

Für den Vinzenz Oberloher war es eine Überraschung
gewesen, als der Netter Sepp im Mai 1924 samt Feuerwehr und Lehrer im Schlepptau angerückt kam und
nahe seinem Brunnen den Zugang zu einem unterirdischen Gang inspizierte. Am Anfang war er völlig baff,
dann zwischenzeitlich sogar etwas stolz gewesen. Dass
gerade an seinem Hof eine über Generationen weiter-
getragene Erzählung vom Geheimgang einen realen
Nachweis erbringen könnte, war irgendwie gleichzeitig
kurios und fantastisch. Mittlerweile war es jedoch rund
um sein Anwesen und der kleinen Baugruppe mit einigen mächtigen Fichten in einer Senke unheimlich ge-
schäftig geworden. Fremde Menschen von überall her,
ob von Ost nach West oder Nord nach Süd unterwegs,
machten Station, um den sagenumwoben unterirdischen Gang von Hubenstein nach Kalling in Augenschein zu nehmen. Fuhrwerke versperrten seine Zu-
fahrt, Menschen suchten sich ihre Wege über seine
Wiesen und standen in Trauben beieinander, Unrat
blieb liegen und nahezu jeden Tag das gleiche Spiel
von vorne. Wobei es an Wochenenden besonders übel
war trotz der anhaltenden Hitze in diesem Sommer. Es
reichte ihm bis unter die Haut. Alleine schon die einheimischen Gesichter, die neugierig umherstrawanzten
und wahrscheinlich nicht nur Gutes über seine Hof-
schaft weiter trugen, ob aus Neid oder sonstigen Be-
weggründen, waren ihm ein Dorn im Auge. Es war für
ihn ein derartig großes Ärgernis geworden, das er von
den Behörden forderte, entsprechende Zäune zur Verfügung zu stellen, wenn sie denn noch länger und aus-
gedehnter ihren Untersuchungen nachgehen wollten.
Andernfalls würde er vor Gericht klagen.

Tatsächlich hatte das Bezirksbauamt von Anbeginn den Zutritt zum Tunnel per Eisentür und schwerem Schloss sichern lassen und eine größere Absperrung rings um die Baumgruppe auch aus Sicherheitsgründen anbringen lassen. Jederzeit hätte beim Betreten des Geländes über dem Gang der Boden nachgeben können, war die Vermutung. Dem Vorwurf, im Schadensfall nichts getan zu haben, wollte sich niemand an verantwortlicher Stelle ausgesetzt sehen. Und später war der Anforderung von Vinzenz Oberloher genüge geleistet worden, dessen Wohlwollen man für eventuell noch weitergehende Erduntersuchungen auf seinem Grund und Boden keinesfalls auf Spiel setzen wollte. So hellte sich die Stimmungslage bei Vinzenz Oberloher deutlich auf, als eine weitläufige Absperrung erfolgte und bereits an der Hofzufahrt der Zugang durch einen Gendarmen geregelt wurde. Somit war es nur noch berechtigten Personen möglich, an den Ort des Geschehens zu gelangen.

Die Ermittlungen und Untersuchungen waren mittlerweile weit gediehen. Zur schnelleren und eingehenden Bearbeitung hatten das Bezirksamt und die Polizei Hilfe aus München erhalten. Schon alleine wegen der kriminaltechnischen neuesten Methoden, die nur dort verfügbar waren. Der Leichenfund konnte eindeutig dem verschwundenen Hermann Ziereis zugeordnet werden. Der Verlust des linken kleinen Zehs – einst bei Brunnenarbeiten abgetrennt - und eine Goldkrone im rechten oberen Backenzahnbereich hatten den Beweis erbracht. Für die Kriminalbeamten war damit der Fall abgeschlossen und von der Staatsanwaltschaft als beendet erklärt worden. Alle fantastischen Erklärungsversuche und Verschwörungstheorien, die die Unterwelt bemühten oder bis hin zu irdischen Verstrickungen gingen, lösten sich in Schall und Rauch auf.

Wo die polizeilichen Ermittlungsarbeiten zu Ende gingen, wurden im Gegenzug die grubentechnischen Maßnahmen durch das Bezirksbauamt hochgefahren. Der im Sommer 1924 aus München hinzugezogene Archäologe und Geologe Christian Grabmeier wollte kein Risiko für seine Mannschaft und sich selbst eingehen, weder für den ersten Teilbereich des Stollens, der oberflächlich betrachtet halbwegs in Ordnung schien, noch für weitere Abschnitte, in die sie vermutlich vordringen würden. Sie würden Tage, wenn nicht Wochen und Monate dort unten mit akribischer Feinarbeit teils zentimeterweise vorgehen müssen. Wie unverantwortlich der hiesige Bürgermeister und seine Mannschaft gewesen waren, die erste Gangerkundung selbst durchzuführen, hatte er im Gespräch unverblümt und offen angesprochen.

Christian Grabmeier war als einziger des Geologentrupps im Gasthaus Angermayr einquartiert, da die anderen Fremdenzimmer renoviert wurden. Seine Mitarbeiter hingegen mussten in Hubenstein unterkommen, sodass auch der Fischer Wirt in Hubenstein sein Geschäft machte. Eines Morgens liefen sich zwei altbekannte Freunde über den Weg. Christian Grabmeier und Korbinian Rosshaupt waren direkt am Dorfplatz in Moosen aufeinandergetroffen. Das Schicksal wollte es wohl so. Korbinian hatte bereits von seiner Beauftragung gehört, umso größer war die Freude, ihm direkt in die Arme zu laufen. Da beide etwas in Eile gewesen waren, vereinbarten sie für den Abend ein Treffen beim Wirt in Moosen. Neben den üblichen liebgemeinten Floskeln war sofort wieder eine innige Verbindung zwischen beiden dar, als wären nur wenige Tage zwischen dem letzten Zusammentreffen vergangen. In regelmäßigen Abständen trafen sie sich nun beim Angermayr Wirt, weniger oft am Gelände draußen beim Zugang, wo nur autorisierte Personen Zutritt hatten.

„Dann hat es dich also hier her verschlagen, mein Freund", neckte der schon leicht bierige Christian seinen Freund Korbinian. Der Stadtmensch konnte sich einfach nicht vorstellen, wie man in so einem Kaff glücklich werden konnte. „Du kannst mir beim besten Willen nicht weismachen, dass man hier nicht Gehirnsausen bekommt, Korbi?"

Korbinian musste hellauf lachen. Es war wieder einmal diese eine Masche, mit er versuchte, ihn zu foppen. „Du eing'fleischter Münch'ner wirst dir des niemals vorstell'n können. Hier hab i meine Schüler, meine Musik und eine unsagbare Fülle an Historie. Und wia man siehgt, unter ein bisserl Erden, hinter einer dünnen Mauer und hinter den fantastischen Erzählungen mancher Altvorder'n können de tollst'n Geschicht'n steck'n", lächelte Korbinian verschmitzt. „Sieht man doch an unserer Entdeckung hier in Moosen."

„Fürwahr, dass kann man wohl sagen. Wer hätte das gedacht, in dieser einstigen Moos- und Sumpfgegend auf einen solchen Fund zu stoßen", gab sich Christian Grabmeier verwundert. „Aber die einzelnen Jahrhunderte hatten offensichtlich ihre eigenen Regeln, wo und wie etwas sinnvoll wäre zu errichten oder in diesem Fall zu vergraben."

„Ja, nun rück schon raus. Wenn ja, habt ihr denn jetz endlich schon wos verwertbar's g'fund'n? Du, wir san jetz im Dezember", stichelte Korbinian in Christian hinein. Seit Wochen und Monaten hatten erhebliche Ausbesserungs- und Vortriebsarbeiten in dem Stollengang stattgefunden, um die archäologischen Arbeiten sicher zu gestalten. Alte Pfosten mussten erneuert werden, Streben neu angesetzt, Bohlen ausgelegt und Beplankung von Seitenwänden vorgenommen werden. Eine Menge Abraum aus dem Hohlgang war bereits außerhalb auf einer Wiese angehäuft, um einerseits im Gang Platz zu schaffen, andererseits auch zu prüfen, ob es im Erdreich vermutete Fundstücke geben könnte.

„Du weißt, ich darf dir nichts sag'n."

„Ach komm, hör auf. Du weißt, i leb hier und würd einen Teufel tun, alles zu versau'n. I kann dichthalt'n. Bin wia ein Grab, weil ihr ohnedies irgendwann dem Bezirksbauamt und letztlich auch der Öffentlichkeit Ergebnisse liefern müsst. Wenn etwas rauskommt, dann eher über deine Leut in Hum'stoa. De werd'n von den Hiesigen mit Bier und Laberlei g'rade so ertränkt", echauffierte sich Korbinian ein wenig.

„Denen habe ich bei Kenntnislage mit Rauswurf gedroht. Die halten dicht. Da lege ich meine Hand ins Feuer. Also bei deinem Ehrenwort, du hältst die Klappe. Schlag ein!", forderte Christian Grabmeier im Flüsterton auf die Gefahr hin, doch belauscht zu werden. Wie üblich war die Wirtsstube an diesem Freitagabend gut besucht. Der Angermayr Wirt hatte noch einen Beistelltisch organisiert, und aus Platzgründen saßen sie ohnehin etwas abseits nahe dem Eingang. Der dichte Lärmteppich stand der von Tabakrauch geschwängerten Luft in nichts nach. Trotzdem sprach er leise weiter.

„Du weißt ja, dass die Gangkonstruktion aus unterschiedlichen Zeitepochen stammte. Der Punkt, vielleicht ein wenig weiter, zu dem ihr vorgedrungen seid, war wahrscheinlicher aus dem frühen 19. Jahrhundert. Die Art und Weise des Aufbaus sprechen dafür und auch der Zustand des Holzes, wobei die hohe Feuchtigkeit und das Wasser es schwierigen machen, exakt zu sein."

„Das hast du mir ja schon erzählt, Christian. Aus der Epoche stammt'n de Ausbesserung'n am Gangvortrieb. Teilweise waren da ja noch ältere Hölzer dabei, de im 19. Jahrhundert abg'stützt word'n san", nörgelte Korbinian unverhohlen.

„Nun, des stimmt. Da hat schon jemand noch Älteres stabilisieren lassen, aber eben nur bis zu der Stelle, an der ihr ja auch gewesen seid. Weiter hinten im Gang haben wir eine ganz andere Epoche entdeckt. Da wird's noch viel älter. Könnte vermutlich aus dem 12./13. Jahrhundert sein, so wie es aussieht, da unten. Wie wir heute wissen, gab es damals schon sehr bedeutsame Aktivitäten zur Ausbeutung von Erzen in Bayern und eine bestimmte Art des Untertagebaus", erklärte der leicht angeheiterte Geologe seinem drängendem Gegenüber.

„Aber für das sumpfige, moosige Gebiet entlang der beiden Vilstalufer undenkbar. Da kann es kein Erz geb'n", unterbrach Korbinian seinen Redefluss, den dieser für einen kräftigen Schluck aus dem Keramikseidel nutzte.

„Das stimmt schon", und wischte sich mit seinem Handrücken den Schaum von den Lippen. „Aber was wir an gewissen Stellen gefunden haben, war Torf. Scheinbar gab es da und dort Torfeinlagerungen in Schichten, vermutlich sogar mal zunächst oberirdisch und dann in die Tiefe reichend. Das haben meine Leute auch an anderen Stellen im Flusstal festgestellt, Kurbi", flüsterte er Korbinian zu, wie es manchmal Kinder tun, wenn sie ihre Botschaften leise weitergeben wollen.

„Wos is daran so geheimnisvoll, frag i mich, Christian. Torf taugte zur damalig'n Zeit als Brennstoff ganz gut, aber zu mehr schon ned wirklich", gab Korbinian kenntnisreich zurück.

„Da hat er ja nichts vergessen, der Herr Schulleh-rer", veralberte der ehemalige Studienkollege den als Einwand verstandenen Hinweis.

„In Moosen herrschte damals das Geschlecht der freien Herren von Moosen. Da gab's die Brüder Hein-rich, Otto und Bernhard und wiederum deren Nach-kommen, wie Herrant, Dietrich und so fort. Ich bin mir ziemlich sicher, die haben den Torf als Brennmaterial zum Ziegelbrennen für ihre verschiedenen Besitzungen im Umkreis benutzt", erklärte Christian Grabmeier auf-klärerisch.

„Mir is aus alt'n Dokument'n eine ehemalige Burg von den Herren von Moosen in Kloster Moosen, bei Dorfen bekannt", griff Korbinian die historischen Ein-lassungen seines Gegenüber auf.

„Darüber streiten sich die Gelehrten, wo da eine Burg und wann gewesen sein soll, ob in Kloster Moosen oder in Moosen an der Vils[145]. Das ist aber auch nicht entscheidend für uns", entgegnete Christian Grabmeier mit einer wegwerfenden Handbewegung.

„De Hiesig'n besteh'n auf jed'n Fall d'rauf, dass des D'Burg in Moos is, de kleine Einkehr für ein Bier oder einen Schnaps, wo eine echte Burg an der Vils hat steh'n soll'n", warf Korbinian ein, der die alten Legen-den der Einheimischen kannte. „Da war'n wir auch schon mal. Kannst dich erinnern? Egal, de Moos'ner Edelherr'n war'n meines Wissens edelfreie Freiherrn, also ein eigenständiger Adel und keiner anderen Adelsdynastie untergeordnet."

---

[145] Die Wittelsbacher Burg Wartenberg in Oberbayern von Matthias Johannes Bauer, 4/2008 bzw. Ritter, Adelige und schneidige Kerle im Münchner Merkur, Altmoosen in Bildern, aktualisiert 17.04. 2009.

„Und genau das wird das Problem gewesen sein, Kurbi. Das hat den damaligen führenden Wittelsbachern überhaupt nicht gepasst. Konkurrenz und noch dazu eine unabhängige, waren unbeliebt. Ich würde vermuten, die Moos'ner Herren wurden richtig bedrängt und sahen ihre Felle davonschwimm'n. Deshalb ein Trick", schmunzelte Christian Grabmeier verschmitzt, als würde er den Spannungsaufbau an Korbinians Reaktionen auskosten wollen. „Geh lass auf unsere Freundschaft Prost trinken, Korbi", nahm den Krug zur Hand und reckte ihn Korbinian entgegen. Der wusste, das Spiel musste jetzt sein und Geduld war gefragt, was sein Freund zu erzählen hatte, obwohl jeder Muskel in ihm gespannt war.

„Na gut, trink'n wir auf uns, aber sag weiter, welch'n Trick meinst Du, Christian", und unter den Worten hindurch knallten die Krüge aneinander und spritzten das kühle Dunkle empor. Ein genüssliches Schmatzen folgte von beiden, die danach dem Angermayr Wirt signalisierten, dass es noch eine Runde sein dürfe.

„Also, das war so. Die Moos'ner Herren hatten wohl einen guten Draht zum Klosterstift in Berchtesgaden."

„Das Stift war, soweit i weiß ein Lehen außerhalb des Machtbereichs der Wittelsbacher[146]", unterbrach Korbinian, der an den Lippen seines Freundes hing.

„Richtig. Der Geschichtslehrer wieder! Also unantastbar für die Wittelsbacher. Die Edlen von Moos'ner haben ihren ganzen Besitz an das Stift weitergegeben, vermacht würde man heute sagen. Und im Gegenzug

---

[146] Die Wittelsbacher Burg Wartenberg in Oberbayern von Matthias Johannes Bauer, 4/2008; Die Herren von Moosen resignierten gegenüber dem Druck der Wittelsbacher.

haben die Berchtesgadener sie als Vögte, sprich als Verwalter, auf ihren vormals eigenen Besitzungen eingesetzt. Das ist doch ein sagenhafter Wurf, Korbi. Bevor man's einfach weggenommen bekommt und dann mit komplett leeren Händen dasteht, sogar ohne Arbeit und Einkommen, oder?" Korbinian musste überlegen und sinnierte doch länger als erwartet, sodass sein Gesprächspartner nachhackte. „Verstehst, die haben die Wittelsbacher angeschmiert."

„Ja, Christian, des is mir schon bewusst. Heut würde man sag'n, sie waren nicht mehr Eigentümer sondern Besitzer. Aber weiter. Vielleicht liegt's ja am Bier. Hab i irgendwo wos versäumt? Wo is der Clou, der uns zum Oberloher Stollen führt?"

„Ach so, deswegen schaust Du wie der Spatz im Maul der Katz." Der wirre Haarbausch auf dem Kopf von Christian Grabmeier schob sich über den Tisch zu Korbinian rüber. Mit dem Zeigefinger bedeutete er ihm, auch näher zu kommen. „Korbi, das ist etwas Geheimes, was ich dir jetzt sage. Wir haben da unten einige Münzen gefunden. Da ist die Prägung von den Edelfreien von Moosen mit drauf. Daneben noch ein paar andere Sachen, aber des ist weniger von Belang."

„I glaub's ned, Münzen aus dem 12./13. Jahrhundert", war Korbinian überrascht. „Viele, ein ganzer Schatz vielleicht?", schob er mit weit aufgerissenen Augen hinterher.

„Nicht so viele, aber einige sind es schon. Eine große Kiste voll ist es ja nicht, aber wir sind ja auch noch nicht durch mit allem. Wer weiß, ob es noch weitere Fundstücke gibt?".

„Und wos meinst Du, warum da unten diese silbern Pfennigmünz'n lieg'n. San doch aus Silber, oder?"

„Jaja, wer weiß. Vielleicht wollten die Moos'ner Herren einen Teil ihres Vermögens behalten und haben alte Torfgruben überfüllt, also abgedeckt, in einen Stollen verwandelt und für den Notfall versteckt - man wusste ja nie, wie es mit dem Stift laufen würde. Wir bewegen uns ja nicht so tief im Erdreich. Ist aber noch reine Spekulation, mehr nicht, Korbi."

„Statt einen ausgebeuteten Torfflöz komplett zuzuschütt'n, hat man ihn in einen alten Stoll'n verwandelt und einen Notgroschen darin aufbewahrt", folgerte Korbinian mit funkelnden Augen.

„Mag so gewesen sein, muss man aber noch besser erforschen. Wir dürfen nicht ungnädig sein. Ist doch dieser Fund schon eine kleine Sensation. Für eine größere bräuchten wir ein zweites Mal richtig Glück", reklamierte der nun trotz aller Biere nüchtern erscheinende Grabungsverantwortliche.

„Wieso, was meinst Du?"

„Ich würde im Moment davon ausgehen, dass wir nicht die ersten Besucher an dieser Ausgrabungsstätte bzw. diesem Münzfundort waren. Am Anfang des Tunnels haben die Schatzräuber noch die Stollenkonstruktion unterstützt und für ihre eigene Sicherheit gesorgt. Irgendwann war es ihnen vermutlich zu mühsam und wahrscheinlich haben sie das meiste schon abgeräumt, denn nach weiter hinten scheinen sie nicht - gewollt oder ungewollt - vorgedrungen zu sein. Nur schnell das meiste an Schätzen bergen und wieder raus, war wohl das Motto. Deswegen haben sie uns doch noch Einiges übrig gelassen und wer weiß, vielleicht noch Einiges übersehen, eben weiter hinten", grinste Christian Grabmeier über beide Ohren hinaus.

„So Leut. Trinkt's euch zam. Feierabend. Morg'n is auch wieder ein Tag", kam der Angermayr Wirt an mit Schürze um den Bauch und grimmigem Blick in den Augen und drängte sich zwischen das Gespräch der beiden. Sie sahen sich kurz um und tatsächlich hatte sich die Gaststube bereits merklich geleert, ohne dass sie es bemerkt hatten. Einsichtig dem Wirt gegenüber und wohl auch wegen den nun doch offenkundigen Auswirkungen der zahlreichen Biere, bekannte der Grabmeier Christian: „Ist recht, Herr Wirt. Bitte nehmen Sie die Rechnung auf mein Zimmer. Der Lehrer Rosshaupt ist heute von mir eingeladen." Der Angermayer Julius nickte gefällig, ließ aber von seiner verdrießlichen Miene nicht ab.

„Da muss i mich wohl bei dir bedank'n, Christian. Danke für de Einladung. Aber kurz zu dem Fund", tuschelte Korbinian seinem Gegenüber zu, „...des wär ja tatsächlich eine Sensation für Moosen und die Region. So ein Fund aus dem 12./13. Jahrhundert, Wahnsinn."

„Der Wahnsinn wäre, wenn ich dich erschießen muss, weil du geschwätzig warst, Korbi", drohte Christian Grabmeier mit einem Augenzwinkern, um nochmals zu verdeutlichen, wie ernst es ihm eigentlich war mit der Verschwiegenheit seines Freundes, solange es noch keine offiziellen Ankündigungen gab. „I schwör dir bei meiner Mutter selig, i bin verschwiegen wie ein Grab, Christian", beteuerte der Rosshaupt Korbinian, während sie sich vom Tisch erhoben und ihre Jacken unter den Arm klemmten. An der Wirtshausschenke vorbei begleitete sie ein etwas wohlwollender Gesichtsausdruck des Wirts hinaus auf den Vorplatz. Ohne es auszusprechen: Korbinian Rosshaupt konnte sich nun gut vorstellen, dass die Untersuchungen sicherlich noch andauern würden. Andererseits würde wohl bald ein Zwischenstand fällig werden, denn auch das Bezirksbauamt als Auftraggeber brauchte, eine schlüssige Argumentation für die aufwendigen Arbeiten am ‚Oberloher Tunnel‘, wie er im Moment als Arbeitstitel hieß. Dort verabschiedeten sich beide herzlich voneinander. Korbinian Rosshaupt in Richtung seiner Unterkunft und Christian Grabmeier um das Gebäude rum hinauf in sein Pensionszimmer.

So gerne Sepp Netter und Johannes Freudlmeier etwas zum Fortschritt der Grabungen erfahren hätten, die Kontakte nach Erding waren unterkühlt und frostig. Von ihren Ämtern zurückgetreten und zudem im Zuständigkeitsbereich des Bezirksbauamtes Erding, war wohl Korbinian Rosshaupt derjenige in der Gemeinde, der zwar am meisten davon wusste, aber natürlich nicht offiziell. Die Versuche einiger Protagonisten, über ihn Informationen zu erhalten, lehnte er mit dem Hinweis ab, sich an den verantwortlichen Leiter der Aktion, Christian Grabmeier zu wenden: „I bin hier nur Schullehrer und Organist“, gab er als Auskunft. Der Hinweis von dem Netter Quirin, dass sein Bruder Lukas einen Teil des Schatzes der Wittelsbacher im Geheimgang von Hubenstein nach Kalling gefunden hätte, erwies sich als Falschannahme. Jegliche weitere Überlegungen dazu waren nun bedeutungslos geworden, denn es gab keinerlei derartiger Spuren und von ihm ebensowenig.

Und so flammten insgeheim erneut die Gedankenspiele zu einem historischen Verein auf. Neben dem beurkundeten Schloss Hubenstein, den Grabtafeln in der Pfarrkirche gab es nun vermutlich einen neuen geschichtsträchtigen Ort. Aus dem mystischen Geheimgang von Hubenstein nach Kalling war zwar nun der konkrete Fundort für den Nachweis der Edlen von Moosen geworden. Aber wer hätte das gedacht. Allemal eine geschichtsträchtige Stätte und ein historischer

Markstein im beschaulichen oberen Vilstal. Die Umsetzung seines Vereinsgedanken glich nach wie vor dem Griff zu den Sternen, dass wusste er. Es würde von vielerlei Dingen abhängen unter anderem, wie diese historische Attraktion aufgenommen würde. Und die wohl wichtigste Voraussetzung wäre wohl, wie der Fortgang der Gemeindezusammenlegung letztlich ausgehen würde. Es gab viele gegenseitig zugefügten Verletzungen und persönlich erlittenen Wunden. Das würde noch viel an Überwindung und Verzeihen kosten und ein gemeinsames Interesse erfordern, um die Gründung eines neuen bürgerverbindenden Vereins überhaupt möglich zu machen. Aber es könnte ein Schritt zu Heilung sein.

Die Legende
Dezember 1924

Es war Anfang Dezember. Korbinian Rosshaupt hatte sich einen für diese Jahreszeit ungewöhnlich warmen Tag ausgesucht, um im Speicher des Schulhauses aktiv zu werden. Was getan werden musste, musste eben sein. Seine großen Stützen waren der Netter Quirin und der Ziereis Georg, die ihm regelmäßig unter die Arme griffen. Diesmal mussten Taubengitter zwischen den Sparren im Übergang von Aufmauerung und Dach angebracht werden. Genau dort fanden Tauben immer wieder Schlupflöcher für ihre Nester unterm Dach zum Leidwesen von Korbinian Rosshaupt. Bevor es im nächsten Frühjahr wieder dazu kommen sollte, wollte er rechtzeitig dem tierischen Treiben ein Ende bereiten. Das Jahr davor hatte er es übersehen. Er war froh um diese Unterstützung zu den gelegentliche hausmeisterlichen Arbeiten und es war immer eine Gelegenheit, mit der Jugend in Kontakt zu bleiben. Gegenwärtig war natürlich ein Stück weit die große Neugierde dabei, was die Polizei und die Behörden zum vermeintlichen Stollen und der Leiche von Hermann Ziereis herausgefunden haben.

„Herr Lehrer Rosshaupt, weiß de Polizei schon, wia der Hermann ums Leben g'kommen is?", eröffnete Georg sein Interesse, da er, obwohl Adoptivsohn noch keine offiziellen Angaben bekommen hatte.

„Reich mir bitte mal den Hammer und de Nägel rüber, Quirin. Du, Georg, i weiß auch noch nix Offizielles, aber wos i erfahr'n hab, soll es keine nachweisbar'n Fraktur'n, also Brüche am Skelett geb'n. Mei, es kann alles Mögliche passiert sein: Herzinfarkt, Schlaganfall oder…", Korbinian sprach nicht aus, was er sich insgeheim dachte, da immer noch ein Mord in Frage kommen könnte, der in aller Munde war. „De Polizei werd's schon herausfind'n", brabbelte er mit Nägeln im Mundwinkel hervor.

„Der tut mir schon leid", meinte Quirin, der die Drahtgeflechte, die zwischen die Sparren kommen sollten, zurechtschnitt. „Alle red'ns drüber. Jetzt hat er den Geheimgang g'funden, wovon de Alt'n immer schon g'redt hab'n. Und is aber da drin um'kommen."

„De Leut sag'n sogar, dass der unterirdische Gang verflucht sein soll", ereiferte sich der Ziereis Georg, der ansich für derartige Hirngespinste nicht anfällig war.

Korbinian hämmerte und ließ sich mit seinem Einwand Zeit. „Naja, zu vermut'n wär, dass er tatsächlich gedacht hat, er hätt den Gang von Hum'stoa nach Kalling entdeckt. Die alte Geschicht is ja allseits bekannt", antwortete der Lehrer, wohlwissend, dass es sich um eine Ganganlage der Edlen von Moosen handelt. „Aber wia er ums Leben g'kommen is, werd sicherlich aufkommen. Des hat dann mit Flüchen, dem Teufel, der Rache Gottes und was sonst noch so an Zeug erfunden word'n is, nix zu tun. Da bin i mir sicher", antwortete er, den nächsten Schritt zur Befestigung der Taubengitter am Überlegen.

„Und eine weitere Leich hab'ns noch nicht g'funden, Herr Lehrer Rosshaupt", füge der Netter Quirin etwas schüchtern an. Korbinian kannte natürlich den Hintergrund zu dieser Frage, die seinem Bruder Lukas galt, dessen Präsenz bei Quirin mit dem Fund des unterirdischen Ganges wieder zugenommen hatte. „Wissen's, Herr Lehrer Rosshaupt", versuchte der Ziereis Georg die Frage seines Freundes zu untermauern. „Der Lukas hat dem Quirin auch von dem Geheimgang erzählt und sogar von einem Schatz g'sproch'n. Der hat nämlich immer danach g'forscht, bevor er verschwund'n is", gerade unterwegs auf der Leiter nach oben zum Befestigen eines Gitters um eine undichte Stelle am Dachfenster. Korbinian konnte es dem Quirin nicht verdenken, dass er seinen Bruderschmerz verarbeiten musste und dazu gehörte eben auch, einen guten Freund einzuweihen und sein Herz auszuschütten.

„Schau her Georg, hier de Näg'l. So, wos soll i sag'n? Von einem weiteren Leichenfund hab i nix g'hört und i dürfte auch keinem wos sag'n, wenn i etwas wüsst. Dem is aber ned so. Nur eines scheint mir sicher, de archäologischen Untersuchung'n am Gang laufen weiter, aber de Polizei hat ihre Ermittlungen eing'stellt. Ehrlich, i würd mir ned zu viel Hoffnung mach'n, Quirin", wollte Korbinian so aufrichtig als möglich sein. Quirin nahm es mit Fassung und schnitt die nächsten Gitterteile aus, wobei Korbinian ein leichtes Zittern der Hände zu erkennen glaubte.

„Hier oben bin i fertig", vermeldete der Ziereis Georg, der die Leiter wieder herunterkam, aber seinen Gedanken noch nicht zufriedenstellend beantwortet sah. „Wenn des tatsächlich der vielbeschworene Geheimgang is und sogar ein Schatz drin wäre, des wäre eine echte Sensation, oder?", begeisterte er sich mit dem Hintergedanken, dass der Lehrer Rosshaupt seine Überlegung aufgreifen würde.

„Auf jeden Fall is es ungewöhnlich, dass wir hier überhaupt eine Art Stoll'n vorfinden", erkannte Korbinian Rosshaupt die Absicht von dem Ziereis Georg. „Ganz nüchtern betrachtet erscheint mir eigentlich ein Geheimgang für die Zeit der Preysinger Herren in Hubenstein sehr abwegig. Normalerweise wurd'n damals Erze, wia Eisen und Zinn g'schürft, wo's eben lohnenswert war. In Moosen Fehlanzeige, da es wegen der Vils nur Schwemmland gibt. Einen unterirdischen Fluchtweg wegen drohender Religionskriege oder Türkeneinfälle zu bauen, scheint mir unwahrscheinlich. Für diesen Aufwand hätte man eine wehrhafte Burg bauen können oder eine kleine Armee vorhalten", meinte Korbinian Rosshaupt sachlich, ohne eine Gefühlsregung zu zeigen.

„Wia viele Drahtgitter soll i noch ausschneid'n?", wollte der Netter Quirin wissen, der aufmerksam den Ausführungen Korbinians gelauscht hatte.

„Du, i denk, es reicht und ohnehin werd's bald dunkel, Quirin. De eine Lücke da unten mach'n wir noch, Georg" und deutete auf einen letzten Sparren auf der Dachsüdseite. „Und des mit dem Schatz entspringt meiner Meinung nach eher der träumerischen Fantasie durch einen Glücksfall plötzlich unheimlich reich zu sein", versuchte er den schwärmerischen Vorstellungen der beiden keinen weiteren Vorschub zu leisten.

„Aber wos is es dann, wenn's kein Geheimgang is?", wollte der Netter Quirin wissen.

„Des werd'ns schon noch rausfinden", antwortete der Lehrer Rosshaupt wenig euphorisch klingend und knapp. Er hatte die Einstellung, dass weder Spekulationen noch Halbwissen an der Stelle helfen würden, die Gemüter zu beruhigen und auch keine weiteren Fragen hervorgerufen werden sollten. Im Gegenteil, dann wäre das Feuer der Neugierde komplett entfacht. Was an Ergebnissen, Erkenntnissen und Informationen vorgelegt werden würde, würde noch früh genug in der Region für Aufregung sorgen. Aber dafür war eben genau er nicht zuständig.

Der Anfang von etwas Neuem
Januar 1925

Der Winter hatte urplötzlich nicht nur das Vilstal in seinen eisigen Griff genommen. Von Mitte Dezember an fiel ungewöhnlich viel Schnee, der sich bei grimmiger Kälte links und rechts der Vils und hinauf zu den sanften Hügeln in einen weißen Teppich verwandelte. Zu Beginn der Schneefälle begrüßten die Schüler von Korbinian Rosshaupt begeistert die weiße Pracht. Sie tanzten mit den Flocken und warfen spielerisch Schneebälle aufeinander. Mit jedem Tag an weißem Überfluss wurde ihr Schulweg jedoch arg mühsam und beschwerlich. Aufgrund von starken Windböen mussten sie sich teils durch bis an den Bauch reichende Schneeverfrachtungen kämpfen und kamen entsprechend entkräftet, durchnässt und frierend im Schulgebäude an. Gott sei Dank sorgte der Kohlenofen für Wärme, Geborgenheit und Linderung. Nur wer dringend ins Freie musste, ging an diesen Tagen vor die Tür. So waren die Weihnachtsfeiertage irgendwie ein Graus gewesen. Die Kirche glich einem Eisschrank und selbst das ansonsten so liebgewonnene Hirtenspiel musste Pfarrer Langkofler ausfallen lassen. Die Gesundheit der Menschen war ihm wichtiger gewesen. Grippebedingte Lücken in den Bankreihen zeugten von der Heftigkeit dieses Winters, aber auch von der schwächlichen Gesundheit seiner christlichen Herde.

Die Weihnachtszeit war in diesem Jahr in vielerlei Hinsicht nicht der erhoffte Aufbruch. Für die Christenmenschen ist die Geburt Jesus in der Krippe zu Bethlehem die Ankunft des Erlösers. Und damit verbunden ist die Hoffnung nicht nur auf die Auferstehung von den Toten, sondern für viele auch die Verbesserung ihrer irdischen Lebensumstände. Trotz seiner Verbundenheit mit dem Glauben war es in den weltlichen Dingen für

Sepp Netter eine Zeit des Stillstandes für die Gemeinden Moosen und Hubenstein. Selbst vom Bezirk war nichts zu hören und zu sehen, als wären die Informationswege nach Moosen und Hubenstein im tiefen Schnee versunken. Obwohl selbst am Tag die Temperaturen unter Null blieben und jeder Aufenthalt im Freien eine Mühsal war, besuchten sich die beiden ehemaligen Bürgermeister gelegentlich. Es war Februar geworden und auf einer stark gefrorenen Schneedecke marschierte Sepp Netter über das Vilstal hinüber zum Moos und den Hang in Richtung Hubenstein hinauf. Der Weg war ihm vorgegeben, den Fußgänger vor ihm gebahnt hatten. Allerdings war er eisig und rutschig, dort wo er steil aufwärts ging. Weiße Wolken dampfte sein warmer Atem aus, und der Schal um seinen Hals fing Wassertropfen, die schnell zu Eis gefroren waren. Ein beißender „Russenwind", wie es dieser Tage hieß, zerrte an seiner dicken Joppen. Dem Wetter zum Trotz musste und wollte er eine wichtige Nachricht überbringen. Der stellvertretende Bezirksinspektor Karl Kurz Juriska hatte kürzlich in der Gemeindekanzlei über den Fernsprecher angerufen. Ein Lebenszeichen vom Bezirksamt Erding, das sich natürlich auf die übermittelten Rücktritte der Bürgermeister und Ratsmitglieder bezogen hatte. Der Freudlmeier Johannes war Zuhause in der Backstube aktiv, als er ankam. Er musste zusehen, dass ihm die frostigen Temperaturen nicht den Backbetrieb in seiner Bäckerei lahmlegten.

„Johannes, i komm im Auftrag von dem Juriska, dem stellvertretenden Bezirksinspektor", legte der Netter Sepp ohne große Vorrede gleich los, als er sich von seiner schweren Bekleidung befreite.

„Wos will er denn?", fasste sich Johannes kurz, ließ sich jedoch nicht von seiner Arbeit abbringen, die fertig werden musste.

„Er will uns ein Schreib'n schick'n, dass trotz der Amtsniederlegung'n der gemeindliche Verwaltungsbetrieb in Hubensteinen und Moosen weitergeh'n muss. Bis zur Aufstellung, eigentlich bis zur Bestätigung des neuen Gemeinderats samt eines Bürgermeisters san wir als kommissarische Vertreter der Gemeinde eing'setzt - im Nebensatz meinte er, ob wir woll'n oder nicht – weil es Amtsgeschäfte gibt, de keinen Aufschub duld'n. Weißt, den Straßenbau nach Velden und so weiter. Uns werd eine Korrespondenz übermittelt, de uns legitimiert und gleichzeitig verpflichtet", erklärte Sepp ausführlich.

„Naja, des macht mich ned unbedingt glücklich", meinte Johannes nüchtern. „Bei mir is die Luft raus, Sepp. Ehrlich, des is so ein Hickhack", ergänzte er aus seinem innersten Empfinden heraus.

„I weiß, g'laubst wia's mir ergang'n is de letzt'n Woch'n. Du weißt es eh. Aber i hab nochmals überlegt und hab unseren Herrn Hochwürden immer wieder vor mir g'sehen. Er is mir nimmer mehr aus dem Kopf gegang'n, wos er g'sagt hat. Wir müss'n des Ganze als den Beginn von etwas Gutem und Neuem verstehen, hat er g'meint", führte Sepp an.

„I muss dich bewundern, Sepp. Du bist im Herz'n immer noch voll dabei und brennst für de Gemeinde."

„Aber du doch auch, sei ehrlich, Johannes, wir san halt aus dem selbig'n Holz g'schnitzt, mein Lieber", gab der Netter Sepp zurück, der seinen früheren Bürgermeister Kollegen gut kannte. „Und i hab eine Idee. Wir brauch'n für de kommende Gemeinderatswahl im Frühjahr einen gut'n Mann als Bürgermeisterkandidat'n. Verstehst?"

„Und so wia i dich kenn, hast du schon einen im Auge, oder?", zeigte sich der Freudlmeier Johannes neugierig und nebenbei emsig dabei, die letzten leeren Teigschüsseln für den nächsten Tag ineinander zu stellen.

„Es muss einer sein, der in seiner Art bei de Leut ankommt. Kein Quertreiber, aber auch kein Duckmäuser und eine gewisse Bekanntheit sollte er auch hab'n, derjenige", begeisterte sich Sepp an seiner Charakterbeschreibung für einen geeigneten Anwärter.

„Und du meinst de Leut akzeptier'n den Richterspruch zur Zusammenlegung, Sepp? Im Moment is so stad wia in einem finster'n Wald bei Nacht. De Leut san irgendwie wia im Phlegma und wollen eigentlich ihr Ruh hab'n, wenn mich ned alles täuscht", artikulierte Johannes seine Bedenken.

„I geb dir schon recht. Es is ruhig, im Moment. Aber des Gegenteil, eine allgemeine Revolte wär des Schlimmste schlechthin. De würd'n einen nach dem andern einsperr'n, sowia des vom Gericht g'sagt word'n is. Und auch der Notar, der Bartholomäus Eisen, hat de Rechtslage bei Zuwiderhandlung bestätigt. Und dann wär's grad noch schlimmer", orakelte Sepp.

„Des darf bloß ned passier'n. Es muss doch noch ein paar Vernünftige geben, de verstand'n hab'n, dass es einen Neuanfang braucht, oder Sepp?", klang Johannes leicht verzweifelt.

„Du werst lach'n, aber i könnt mir vorstellen, dass sich de Stimmung bei den Hiesigen g'rad dreht. Neulich war i beim Angermayr Wirt in Moosen. Da war der Bürgermeister aus Velden auf der Durchreise am Stammtisch g'sitzt. Wos hab'n de Leut Ohren kriegt, wia der von dem Straßenbau in Velden nach Vilsbiburg erzählt hat und wieviel gutbezahlte Arbeit des für ihre Leut geb'n hat. In Zukunft werd'n de Waren vom Veldener Bahnhof auf de LKW umg'laden und weitertransportiert. Und der Angermayr Wirt hat ihm bei'pflicht, dass man de Zukunft ned versäum'n darf. In Dorfen hat er g'sagt, baun's de Elektrizität aus für Betriebe, de sich vergrößern woll'n oder sogar neue ansiedeln."

„Und du denkst, de Unsrigen merken, dass, wenn wir nur dageg'n san gegen de Zusammenlegung, de Zukunft verschlaf'n?", stellte der Bäcker aus Hubenstein in den Raum, als er sich zum Sepp an einen Tisch setzte.

„Ich denk, dass de meisten erkenna, wia aufwendig und kostspielig solche Projekte für nur eine kleine Gemeinde alleine san. Eigentlich unmöglich, aber eben trotzdem notwendig, weil es sonst keine neuen Arbeitsmöglichkeit'n gibt und uns die ander'n abhänga. Schau, i überleg mir auch, ob i mir ned einen Bulldog zuleg. De Maschin schafft mehr als alle meine Knecht und Magd'n zam und des in kürzerer Zeit. I werd dann nimmer mehr alle brauchen können. Für de gibt's dann andernorts eine Arbeit und trotzdem bring i mehr aus meinem Betrieb heraus. Und des geht dann auch mit dem LKW auf de Straß'n", prophezeite der Netter Sepp eine gewaltige Veränderung für seinen landwirtschaftlichen Betrieb.

„Ja, gut wär es schon, wenn sich de Einstellung ändern könnt, aus einer verordneten Zwangsehe eine gewollte Verbindung entsteh'n könnt", überlegte der Freudlmeier Johannes laut. „Aber jetzt hast mir immer noch ned g'sagt, wer dein Bürgermeisterkandidat is, Sepp", argwöhnte der ehemalige Amtskollege aus Hubenstein.

„Des kann i dir schon sag'n, Johannes. I denk der Bandl Franz-Josef hätt des Zeug dazu", offenbarte Sepp mit leuchtenden Augen seine Vorstellung zu einem würdigen Aspiranten. Johannes war anzumerken, dass seine Gehirnwindungen arbeiteten, aber bevor er etwas sagen konnte, sprach sein Besucher weiter. „Der Bandl Franz-Josef is trotz seiner jung'n fünfunddreißig Jahr bereits ein g'standenes Mannsbild. Er führt des Lagerhaus in Moosen wirtschaftlich erfolgreich und unaufg'regt trotz manch schwieriger Kundschaft. Er is den Menschen zugewandt und wos auch wichtig is, er war bei all den Querelen der letzten Wochen und Monate ned wirkle parteiisch, weder in de eine noch in de andere Richtung. Wos sag'st, Johannes?", wollte Sepp gespannt wissen.

„Ich bin mir ned sicher. Er is schon beliebt. Und er is bald bei jedem hiesig'n Verein, aber is er ned ein wenig zu ruhig?", meinte Johannes.

„Iwo, er is noch jung, aber g'laub mir, des werd besser. Wir müssen ihn halt unterstütz'n und einen neuen Gemeinderat hat er ja dann auch an seiner Seite."

„Hast vielleicht mit ihm schon g'sprochen? Sicherlich, so wia i dich kenn", unterstellte Johannes seinem Freund Sepp, ohne es boshaft zu meinen.

„I denk, er würd's schon mach'n", antwortete Sepp spitzbübisch.

Meinungsumschwung
März 1925

Einige Wochen später war die Zeit gekommen, dass das winterliche Vilstal und die sanften Hügel ringsum aus dem Winterschlaf erwachten. Die Sonne und erste wärmenden Tage hauchten den Menschen und der zur Ruhe gekommenen Natur wieder erwachendes Leben ein. Allerorts begann man emsig den Winter auszutreiben und es kümmerten sich die Menschen um den Start in einen Frühling mit neuer Hoffnung auf bessere Tage. Was das erquickende Tageslicht für die Gemütslage rund um den eigenen Hof vermochte, konnte jedoch die Entscheidung des Gerichts hinsichtlich der Gemeindezusammenlegung wahrlich nicht leisten. Lediglich der empfundene Winterschlaf, bei dem alle Umsetzungsbemühungen erstarrt schienen, hatte den Einwohnern die Möglichkeit gegeben, ihre besorgten Überlegungen zur Ruhe kommen zu lassen. Jetzt nach der Winterzeit zeigte nach wie vor die überwiegende Mehrheit in der Bevölkerung Skepsis gegenüber der staatlich verordneten und von den Gerichten bestätigten Zusammenlegung. Es war auch nicht anders zu erwarten gewesen. Doch mittlerweile gab es teils vorsichtige Stimmen, die auch gewisse Vorteile zu erkennen glaubten. Vor allem die positiven Beispiele, die in den Wirtshäusern durch auswärtige Besucher zur Sprache gekommen waren, hatten etwas in Bewegung gesetzt. Die absoluten Lautschreier gegen alles waren ohnehin überraschend still, als wäre der Winterschlaf für sie noch nicht vorüber.

Zwar nur kommissarisch eingesetzt, aber immer noch den Gemeinden moralisch verpflichtet, überlegten sich die beiden Bürgermeister, wie sie zudem positiv in die Gemeinden hinein wirken könnten. Mit ihren vielen und guten Kontakten zu Verbänden, Gemeinden und

Funktionsträgern aus der Wirtschaft planten sie, die durchaus vereinzelt vorhandenen offenen Ansichten zur Gemeindezusammenlegung zu verstärken und zu verbreitern. Nach und nach fanden sich auf ihre Einladung hin honorige Persönlichkeiten des Bauernverbandes, der Industrie und der Wasserver- und Entsorgung oder des Straßenbaus mal in Moosen, mal in Hubenstein in den Wirtshäusern ein. Sie berichteten von ihren Vorhaben und den Einschätzungen zum technischen Fortschritt in ihren jeweiligen Branchen. Gleichzeitig erklärten sie, welche herausragenden Anforderungen auf die städtische und ländliche Infrastruktur zukommen würden, um die Fortentwicklung der Gesellschaft zum Wohle aller vorantreiben zu können. Eine durch die Technik angetriebene Wirtschaft brauche Energie, Straßen und Arbeitskräfte, was letztlich auch den Wohlstand der Bürger verbessern würde. Dort, wo die Industrie und das Gewerbe zusammen mit den Kommunen gute Voraussetzungen schaffen, würden diese auch dem Einzelnen zugutekommen. Flächendeckende Stromversorgung, fließend Wasser aus dem Wasserhahn, elektrisches Licht für Haushalte, Arztpraxen und Krankenhäuser, Fernsprechanschlüsse in jedem Ort. Die Gesellschaft, die Menschen würden in ein neues Zeitalter eintreten, welches für jeden einen Wandel zum Besseren bedeuten könne. Diese Fürsprecher signalisierten damit einen wirtschaftlichen und gesellschaftlichen Aufbruch, den es seit der Währungskrise und den ständigen Revolten Anfang der 1920er nicht mehr gegeben habe, verkündeten sie voller Überzeugung.

Sepp Netter und sein Kollege aus Hubenstein, der Freudlmeier Johannes, waren zusammen mit anderen Gefolgsleuten aus den ehemaligen Gemeinderäten unentwegt unterwegs, die Vorteile und Nachteile einer Vereinigung sowohl mit den Skeptikern als auch mit den Befürworten in ihren jeweiligen Gemeinden zu diskutieren. Mit der Zeit war erkennbar, wie die Debatten und Streitgespräche sachlicher und informierter abliefen. Die Geschäftsleute unter der Bevölkerung kamen ohnedies deutlich häufiger in der Region herum und berichteten nun selbst von Gesprächen mit Kollegen aus Dorfen oder anderenorts, die große Potentiale in einer gestärkten Gemeindestruktur zu erkennen glaubten. Auch Landwirte, die ihr Vieh und ihre Güter teils auf entfernten Märkten verkauften oder von Viehhändlern Neuestes aus anderen Bezirken berichtet bekamen, engagierten sich erst moderat und dann immer deutlicher für die Vereinigung der Gemeinden Hubenstein-Moosen. Die strikte und unversöhnliche Ablehnung dieser verhassten staatlichen und vom Gericht bestätigten Verordnung nahm allmählich ab. Die wenigen und weiterhin unüberzeugbaren Wortmeldungen verloren mittlerweile ihre Wirkung und wichen besonnenen Stimmen, die ihre Bedenken zur Zusammenlegung in konstruktive Fragen kleideten. Mit der Zeit kehrte ein merklicher Umschwung sogar in der breiten Bevölkerung ein. Beim Ratsch über den Zaun, den zufälligen Zusammentreffen beim Metzger oder nach der Sonntagsmesse am Stammtisch hatte es einen Meinungswandel hin zu einem eher mutigen und zukunftsweisenden Vorgehen gegeben. Das nahm auch der Bandl Franz-Josef zur Kenntnis, der vielen der Versammlungen und Diskussionen beiwohnte und auch eigene Erfahrungen als Verwaltungsleiter des Lagerhauses Moosen beitragen konnte. Auch er spürte, dass der Zeitpunkt gekommen war, bezüglich seiner Person Nägel mit Köpfen zu machen. Bisher war es ratsam gewesen, seine potentielle Kandidatur als Bürgermeister einer neuen Gemeinde lediglich als Idee und damit unausgesprochen hinter den Kulissen zu behandeln. Aufgrund des Stimmungsumschwunges war die Voraussetzung für eine konstruktive öffentliche Diskussion um ein zukünftiges Bürgermeisteramt gestiegen. Außerdem drängte das Bezirksamt Erding per Mitteilung auf ein Verfahren zur Bildung einer gemeinsamen Gemeindevertretung. Dazu würden entsprechende Vertreter des Bezirksamtes, allen voran der stellvertretende Bezirksinspektor Juriska Karl Kurt zu einer Zusammenkunft nach Moosen zum Angermayr Wirt vorladen, wie der Netter Sepp im Zuge seiner kommissarischen Funktion zu berichten wusste.

„Des wos der Juriska will, des is keine so gute Idee", grübelte Sepp im Kreise einer informellen Runde, die sich aus ehemaligen Gemeinderäten, dem Freudlmeier Johannes und anderen engagierten Einwohnern beider Gemeinden zusammensetzte. Sie trafen sich in unregelmäßigen Abständen auf Geheiß der beiden kommissarischen Gemeindevorsteher.

„Da geb i dir recht, Sepp", meinte der Mautz Wolfgang. „Des reißt alte Wund'n wieder auf, de gerade so zum heil'n anfang'n. Des is saug'fährlich."

„Kann des ned anders geh'n? Irgendwia ohne des Bezirksamt. Wir könnten des doch auf unsere Art versuch'n, oder?", stellte Johannes in den Raum.

„Wos meinst du denn damit?", wollte der Latzinger Max wissen, weil er sich so gar nichts darunter vorstellen konnte.

„I weiß schon, wos der Johannes meint. Nach wia vor agier'n de beid'n Gemeind'n ja unter der kommissarisch'n Führung von uns beid'n. Und wenn wir in der Lage wär'n, eine ordentliche Aufstellung und Neuwahl zum organisier'n, de den Statuten genügt, wär vermutlich auch des Bezirksamt damit einverstand'n", zeigte sich Sepp in den Regelwerken bewandert.

„Des wär in Gott's Nam ein Weg", ergänzte der Freudlmeier Johannes und erntete Kopfnicken vom Bandl Franz-Josef und den anderen Mitstreitern. „Aber jetz kommt noch wos, Leut. Des heißt noch lang nix, sollte der Juriska Karl Kurt vom Bezirksamt zustimm'n. Dann braucht's immer noch erst de notwendigen Stimmen und den Zuspruch der Wählerschaft für den Bandl Franz-Josef als Bürgermeisterkandidaten", gab Johannes zu bedenken.

Dass der Bandl Franz-Josef der richtige Kandidat sein würde, waren sich die Anwesenden einig und wie er signalisierte, würde er auch für das Bürgermeisteramt zur Verfügung stehen. Der Punkt war also schnell besprochen und für eine Unterstützung vom Wahlvolk würde man alles tun. Jedoch das Für und Wider sowie die exakte Vorgehensweise mit dem Bezirksamt zum Wahlmodus wurden noch eine ganze Weile diskutiert, bis man sich darauf einigte, dass der Sepp beim Bezirksamt den „Hum'stoaner-Moos'ner Weg" durchsetzen soll. Sicher waren sie sich alle nicht, aber einen Versuch sei es auf jeden Fall wert, denn am Ende ging es um einen halbwegs erfolgreichen Start in eine gemeinsame Zukunft. Die Sache traf nicht sofort auf Unterstützung und Wohlwollen, aber als erfahrener Bürgermeister mit Weitblick hatte er eine Variante ins Spiel gebracht, die für den stellvertretenden Bezirksamtsleiter Juriska einen gangbaren Weg darstellte. Notar Bartholomäus Eisen, als respektierte und anerkannte Persönlichkeit und Würdenträger, konnte als Wahlleiter quasi im Auftrag des Bezirksamtes für die Gemeindewahl gewonnen und eingesetzt werden, sodass allen Seiten genüge geleistet war. Vermutlich half auch der Hinweis, der zukünftigen Großgemeinde einen guten Start zu verschaffen, wo es doch soviel Ärger gegeben hatte.

Als die Formalitäten geklärt und entschieden waren, verlautbarte man das weitere Vorgehen für die breite Öffentlichkeit. In kleinen Gruppen, die den Prozess und den Bürgermeisterkandidaten unterstützten, besuchte man die Wirtshäuser und sonstigen Veranstaltungen und warb um die Zustimmung der Wählerschaft. Nicht jedermann war sofort von der Vorgehensweise noch vom Bandl Franz-Josef als zukünftigen Bürgermeister überzeugt. Dem einen war er zu jung, dem anderen zu wenig laut, aber je mehr davon gesprochen wurde, um so realistischer wurde die Möglichkeit eingeschätzt, dass er die notwendigen Stimmen auf sich vereinigen könnte. Außerdem schienen die übriggebliebenen ewigen Grantler und Kritiker keinen eigenen ernstzunehmenden Aspiranten in den Ring schicken zu können. Die Idee vom Bandl Franz-Josef, neben dem gewählten Gemeinderatsgremium die zusätzliche Funktion eines Ortsvorstehers für Hubenstein einzuführen, brachte ihm zusätzliche Sympathiepunkte vieler Hubensteiner Bürger ein, die sich nicht als reines Anhängsel an Moosen verstanden haben wollten. Als Wahltermin wurde der 1. Juli 1925 festgehalten, bei der der neue Vereinigungsgemeinderat gewählt werden soll. Deren Amtsgeschäfte würden dann ab dem 1.Oktober 1925[147] aufgenommen werden können.

Viel Arbeit würde auf den neuen Bürgermeister und das neue Ratsgremium zukommen, soviel war man sich einig, als die neue Gemeindevertretung ihre Amtsgeschäfte im Herbst des Jahres 1925 aufnahm. Weder konnten sie sich in ein gemachtes Nest setzen noch auf vorhandene Strukturen zurückgreifen. Dort, wo die Menschen ihre Beziehungen abgebrochen hatten,

---

[147] Staatsarchiv München: Staatsanzeiger Nr. 196 v. 27. August 1925; Nr. 762. Gemeindeeinverleibung, Zitat: „...die Gemeinde Hubenstein mit Wirkung vom 1. Oktober 1925 der Gemeinde Moosen einverleibt"

mussten neue Brücken des Miteinanders errichtet werden. Die Vils als Graben der Spaltung der Bürgerschaft musste mit Geduld und neuem Vertrauen überbrückt werden. Die erlittenen Verletzungen und Verwundungen untereinander waren zu heilen und für ein gemeinsam errichtetes Gemeinwohl zu sorgen. Aus Feindschaft musste Freundschaft werden, um künftige Krisen und Herausforderungen besser meistern zu können. Die Rechtschaffenheit, der Fleiß und der gute Wille alleine würden nicht ausreichen, denn auch das Glück und die göttliche Fügung gehörten dazu. Und zu guter Letzt war man selbst als größere Gemeinde doch nur ein kleiner Baustein in einem komplexen deutschen Staatsgebilde, welches von außen und innen stetigen Angriffen ausgesetzt war.

Wir wissen heute, die Zusammenlegung war das Schlimmste nicht. Es kam viel schlimmer!

Hoffen auf Frieden und Freiheit
April 1925

Lieber Zeno, Bruder im Glauben!

Es gibt keine Gerechtigkeit um jeden Preis. Was einzig und alleine zählt, ist, wie einst ein Autor schrieb: „die Liebe zum Haupte dieses [Christi] Leibes und zu allen seinen Gliedern." Aber was in diesen Tagen passiert, ist das pure Gegenteil. Der Krieg ist längst vorüber und trotzdem regieren Argwohn, Missgunst und gar Gewalt gegen Leib und Seele, als wäre es ein Krieg gegen uns Menschen selbst. Unser ehrwürdiger und vielbeachteter Kardinal Michael Faulhaber[148] kann seit Monaten ein trauriges Lied davon singen. Mal vom konservativ-rechten Lager anerkannt, mal verbannt und umgekehrt von Vertretern auf der anderen Seite der Politik. Und meine Worte klingen harmlos, liest man doch von den Parolen auf den Straßen, wie: „Nieder mit den Pfaffen und Juden" oder „1. Kugel für Kahr, die 2. Kugel für Faulhaber." Hieran erkennt man das Ausmaß der gleichzeitig geistigen Verwirrung und blinden Gewaltbereitschaft.

Welch Geistes Kinder bringt unsere Zeit hervor, wenn die Worte unseres Kardinals vermeintliches Befremden, ja sogar Hass erzeugen können? Seine Worte waren meiner Erinnerung nach: ‚Mit blindem Hass gegen Juden und Katholiken, gegen Bauern und Bayern werden keine Wunden geheilt. [...] Wir fragen nicht nach [der] Partei, jedes Menschenleben ist etwas Kostbares'. Ich wünschte, jeder anständige

---

[148] Der Kardinal zeigte lt. heutiger historischer Forschungen kein klares Bekenntnis für oder gegen den Nationalsozialismus. Einige Aussagen brachten die eine Seite gegen ihn auf, andere widerum die gegengesetzte Seite im Gesellschafts- und Parteienspektrum.

Mensch erkenne den wahren Kern der politischen Demago-
gen und lasse sich nicht von dem viel zitierten, aber falschen ‚guten Kern‘ der Ideologien von links und rechts ver-
führen. Noch ist die Flamme der radikalen politischen
Weltanschauung auf dem Land, hier in meiner Pfarrei in
Moosen, klein und könnt‘ auch noch erlöschen. Und meine
Zuversicht ist gewachsen, dass das Gute zumindest in unserer Gemeinde obsiegen wird. Gott hat dem Menschen alle
Werkzeuge in die Hand gegeben, einen gottesfürchtigen und
für alle wohlgefügten Weg zu gehen. Sodann gleicht sich
nun die irdische Gemeindestruktur der Gemeinschaft der
Gläubigen innerhalb meiner Pfarrei an. Mit dem Jahr 1925
wird die Vereinheitlichung der kommunalen Selbstverwaltung Hubenstein–Moosen vollzogen werden. Ich hoffe sehr,
daß der Weg zu einer Einheit auf dem Pfad der Versöhnung
und Integration beschritten wird. Ein vernünftiger Kandidat scheint mit einem jungen hoffnungsvollen Mann gefunden, dem es gelingen möge, die Gemeinden in friedvoller und
fruchtbarer Weise zusammenzuführen. Oder wie ich in einem kleinen Gedicht meiner christlichen Herde entlang des
Vilstales mitzugeben gedenke.

> „Vilstaler samma, zamhoitn damma
> ent und herent vo da Vuis
> Und kimmt a Nout auf
> nochat gemma an „Berg“ nauf (Filialkirche Maria
> Maiselsberg)
> zur Muatta, de allawei huift[149]“

Wir Gotteskinder sind von dem einen Gott als Brüder und
Schwestern auf die Welt gekommen. Stehen wir in Liebe
zueinander, werden wir alle Sorgen und Nöte in dieser
Welt überwinden können. „Liebet einander, wie ich euch

---

[149] Gedicht von Pfarrer Josef Mundigl;
aus der Biografie 90 Jahre Mundigl-Schmied

geliebt habe[150]“, verkündete Jesus Christus seinen Jüngern die Nächstenliebe, die mit Offenheit, Toleranz und Respekt füreinander gelingen möge.

Lieber Zeno, lass uns gemeinsam im Geiste beten, dass aus dem morschen Holz der Ungewissheit nun der neue, junge Trieb der Hoffnung gedeihlich weiter wächst. Im letzten Jahr ward aus dem Spross ein Ast geworden, der die Früchte der Beständigkeit und Sicherheit verspricht. Der Herr lasse daran alle Fäulnis und Schimmel der menschlichen Verachtung, Ausgrenzung und Schuldzuweisung abwaschen, damit aus dem Ast ein starker Baum des Miteinanders und Füreinander wachsen kann.

Hochachtungsvoll und in verbundener christlicher Bruderschaft

Nepomuk Langkofler

---

[150] Bibel: Johannes 15, 12-17

Geschichtliche Nachlese

In der Erzählung der vorangegangenen Seiten wurde auf viele historische Ereignisse der Jahre 1914 bis 1926 Bezug genommen. Dies betrifft einerseits die gesamte historische Geschichtsschreibung der Nachkriegsjahre in Deutschland und Bayern. Andererseits sind damit die speziellen Gegebenheiten der staatlich verordneten und von den Gerichten bestätigten Zusammenlegung der Gemeinden Hubenstein und Moosen gemeint. Beides ergab für die Autorenerzählung einen geschichtlichen „Rahmen" und verschiedene „Ereignis-Marker", die eingebettet sind in fiktive und frei erfundene Handlungen mit ebenso fiktiven Figuren.

An dieser Stelle soll nun stärker auf die historischen Fakten eingegangen werden. Aber zunächst: Aus dramaturgischen Gründen wurde von einer außerordentlichen, weil so noch nie dagewesenen, gemeinsamen Bürgerversammlung zweier sich argwöhnisch gegenüberstehenden Gemeinden ausgegangen. Dort sollte die Bevölkerung von ihren Gemeindevertretern vom Vereinigungsvorhaben der Regierung und der staatlichen Behörden, dem Bezirksamt Erding, erfahren. Wie es tatsächlich gelaufen ist, wer weiß? Inwieweit die Bürger von damals wirklich überrascht waren, wie in der Erzählung dargestellt, können wir nur vermuten. Gemeindereformen waren in den 1920er Jahren keine Seltenheit. Belegt ist die tiefe Abneigung zur zwangsweisen Zusammenlegung. Dies wird immer wieder in den Protokollen der Jahre 1923 bis 1925 durch die verschiedenen Gemeinderatsbeschlüsse[151] von Moosen und Hubenstein zum Ausdruck gebracht.

---

[151] Quelle: Original-Protokolle zu den Gemeinderatsbeschlüssen. Die hervorgehobenen Worte entsprechen Begriffen und Formulierungen aus den Beschlussfassungen.

Für die Gemeinde Hubenstein hatte nachweislich diese klare Haltung nicht immer gegolten. Etwa dreißig Jahre vorher, am 5. April 1891, verfasste die Gemeinde einen offiziellen Beschluss an die übergeordnete Behörde in Erding, nämlich *„es sei der allgemeine Wunsch der Anwesenden, dass eine Vereinigung....erzielt werde"*[152]. Dreißig Gemeindemitglieder aus Hubenstein unterstützten den Beschluss, anhand dessen fünf Gründe aufgeführt wurden, warum diese Vereinigung sinnvoll sein würde. Im Einzelnen wird auf die geografische Lage der Gemeinde Hubenstein zu Moosen eingegangen, die quasi von der Nachbargemeinde *„umschlossen"* würde. Die *„Verwaltung, die amtlichen Blätter"* und weitere Kostenfaktoren werden aufgeführt, die eingespart würden. Auch die *„Geschäftsführung"* würde auf jeden Fall für die *„vorgesetzten Kgl. Behörden"* erleichtert. Und der *„Armenfonds"* der Gemeinde Hubenstein würde komplett zu einer Kasse mit Moosen vereint. Hubenstein würde zudem durch die Vereinigung der Kosten *„keinerlei Vorteile ziehen"* wollen. Insgesamt die gleichen Themen, die später in den Jahren 1923 bis 1925 ganz anders gesehen wurden. Am 24. April 1891 erstellen die Bürgermeister von Hubenstein und Moosen aufgrund der *„amtlichen Weisung...Nr. 1772"* zur Vereinigung einen *„Ladungs-Nachweis"* für alle Bürger (angesprochen waren nur Männer; Frauen hatten damals noch kein Wahlrecht) der jeweiligen Gemeinden. Die Bürger wurden im Schreiben zur Sitzung am 8. Mai 1891 *„nachmittags um 2 Uhr im hiesigen Wirtshaus Moosen zur anberaumten Verhandlung ...gegen Unterschrift vorgeladen"*, heißt es im diesem Zeitdokument. Die Sache erscheint bis dahin als nur noch notwendige Formalie. Regierungsrat Bachmeier, der Verhandlungsführer, stellt in seinem Protokoll am 8. Mai 1891 positiv fest, dass sich die Gemeindebürger *„ordnungsgemäß"* einge-

---

[152] Quelle: StAM, Signatur: Bezirksämter/Landratsämter 196164

funden hätten. Nach all den sicherlich notwendigen Abstimmungen zwischen den beiden Gemeinden und der Antragsbürokratie mag das protokollierte Ergebnis überraschen. Von den *„85 Gemeindebürger(n) der Gemeinde Moosen seien (sind) 6 abwesend gewesen, nur 2 haben sich für die Vereinigung ...ausgesprochen, alle übrigen aber gegen die Vereinigung gestimmt"*. Sicherlich ein Affront für die Hubensteiner Bevölkerung in der öffentlichen Versammlung beim Wirt zu Moosen. *„Von 35 Gemeindebürgern der Gemeinde Hubenstein sind 7 abwesend, und von den Anwesenden haben 19 ihren Antrag zurückgenommen angesichts der ablehnenden Haltung der Gemeinde Moosen, und 9 waren für den Antrag, dass eine Vereinigung der beiden Gemeinden wegen dringenden Bedürfnissen zwangsweise verfügt werden müsste"*[153]. Damit war der Vereinigungsantrag vom Tisch und vermutlich das dazugehörige „Tischtuch zerschnitten". Über dieses einschneidende Erlebnis können wir heute nur spekulieren. Wie aber mag es für die völlig überrumpelten Bürger von Hubenstein gewesen sein? Die Verwunderung über die Ablehnung wich in Sekundenschnelle einem Schockzustand, als wäre die eigene Existenz bedroht. Adrenalin flutete den Körper, Herzrasen setzte ein und der Geist dachte nur noch an Enttäuschung und Wut. Der Empörung der Gedanken folgten Worte des Vorwurfs, des Zorns, der Beleidigung und Drohung. Wurden die Androhungen wahr gemacht? Gab es Handgreiflichkeiten im Nachgang? Wir wissen es nicht. Wie die Wundmale einer gebrandmarkten Sippe werden sich diese Erinnerungen vermutlich über Jahre, wenn nicht über Jahrzehnte in den Köpfen der Altvorderen aus Hubenstein erhalten haben. Diese tiefe Schmähung auf offener Bühne bei weit über hundert Leuten im Wirtshaus von Moosen und unter der Regie der königlichen Bezirksverwaltung erhalten zu haben, lässt erahnen, wie zutiefst verletzt das Ehrgefühl und der Stolz der Huben-

---

[153] StAM, Signatur: Bezirksämter/Landratsämter 196164

steiner Bürgerschaft gewesen sein muss. Das prägt sich in das kollektive Gedächtnis über Jahre ein.

Fest steht auch, dass sich die staatlichen Institutionen an die grundsätzliche Sinnhaftigkeit der Vereinigungsbemühungen der Hubensteiner als erste erinnerten. Die Absicht zur Zusammenlegung wurde in den 1920er Jahren erneut durch die neue bayerische Staatsregierung und das Bezirksamt Erding vorgetragen und kam diesmal nicht durch den Wunsch der Bürger aus Hubenstein zustande. Wen wundert es.

Die Geschichte der Zusammenlegung der beiden Gemeinden Hubenstein und Moosen begann also dem Ursprung nach bereits 1891. Dann war eine Zeitlang Ruhe eingekehrt, ohne wahrscheinlich die Erinnerung an das Fiasko von 1891 komplett vergessen zu haben. Und so wurde erst zu Beginn einer neuen politischen Konstellation, der Zeit der Weimarer Republik, erneut das Vereinigungsbestreben durch die Behörden initiiert. Was in den verschiedenen Niederschriften zu den Gremiensitzungen von Hubenstein und Moosen in den Jahren 1923 bis 1925 zum Ausdruck gebracht wurde, spiegelte höchstwahrscheinlich auch die Stimmung unter den Einwohnern der beiden Gemeinden wider. Das Herz schlug für die jeweilige eigenständige Gemeinde und das artikulierte die Bevölkerung auch dementsprechend offensiv. So wird an einer Stelle angedeutet, die Gemeindevertreter würden vollumfänglich verantwortlich gemacht werden, sollte sich die Obrigkeit mit der als Zwang verstandenen Zusammenlegung durchsetzen können. In Wahrheit wird es wohl für die Ratsmitglieder ziemlich viel Ärger, Stunk und arge Beschimpfungen durch den größten Teil der Bevölkerung gegeben haben. Dass Hubenstein die Zusammenlegung eher als Angliederung ihrer Gemeinde an die größere Gemeinde Moosen verstanden haben könnte, ist in den zugänglichen Dokumenten da und dort herauszulesen. Psychologisch betrachtet vermutlich eine schwierige Situation. Hubenstein sollte nun als bisher selbstständige Gemeinde einverleibt werden und Moosen sollte als erweiterte Gemeinde eine wenig wohlgesonnene Bevölkerung mit weiteren Bedürfnissen und Problemen aufnehmen. Keine besonders gute Ausgangslage für ein gutes Gelingen. Das kollektive Gedächtnis aus dem Schmacherlebnis von Jahr 1891 mag wohl bei den Bürgern von Hubenstein noch funktioniert und in ein reflexartiges Abwehrverhalten gemündet haben.

Die fiktive Erzählung hingegen befördert zumindest für die beiden Bürgermeister ein positives und in die Zukunft gerichtetes Bild, was dem Autor als Rolle für die beiden Funktionsträger sympathisch erschien. Anhand dieser zugedachten Haltung war es möglich, die anderen Aspekte, also die Chancen und Möglichkeiten einer größeren Gemeinde, ansatzweise herauszuarbeiten. Diese Grundeinstellung der Reflektion, von Pros und Cons, Chancen und Risiken, mag vermutlich in der Realität 1923 – 1925 weniger der Fall gewesen sein, zumindest lassen sich die vorliegenden historischen Quellen kaum anders interpretieren. Die Gemeinderäte und Bürgermeister dieser Zeit standen fest in ihrer Haltung gegen die Vereinigung und widersprachen ihr, wie es heißt *„…bis zum letzten Atemzug"*.

Schon damals war der Vorgang des Zusammenschlusses zweier Gemeinden ein komplexer und aufwendiger Bürokratieakt. Angefangen von der Regierung, über verschiedene Behördenebenen bis hin zu den betroffenen Gemeinden, die per Berufung mehrere Gerichtsinstanzen anrufen konnten, waren unheimlich viele verwaltungstechnische und juristische Aktivitäten mit der Zusammenlegung verbunden. Insbesondere die zwangsweise Vereinigung von Gemeinden hatte einige juristische Hürden zu nehmen, die von den Betroffenen zur Prüfung vor Gericht eingeklagt werden konnten. Hierzu liegen in den Archiven, u.a. dem Gemeindearchiv in Taufkirchen (Vils) und allen voran im Staatsarchiv München umfangreiche Dokumentensammlungen vor. Der Nachwelt bleibt damit die Möglichkeit nachzuvollziehen, wie sich die Zusammenlegung der beiden Gemeinden Hubenstein und Moosen von 1923 bis 1925 im Wesentlichen abgespielt haben mag. Neben den auf gesetzlichen Grundlagen basierendem Verfahren ist es vor allem für die betroffenen Gemeinden ein jähes Ringen um ihre Selbständigkeit, um Traditionen und ihr Selbstverständnis, ihre Identität. Beides, Verfahren und Stimmungslagen, greifen ineinander und ergeben ein spannendes Gesamtbild zur damaligen Zeit des schnellen Wandels. Wie wir heute wissen: die Zusammenlegung wurde am 1. Oktober 1925 umgesetzt. Entscheidend für den Beginn, überhaupt den Anlass für diese für alle Beteiligten aufwendige und sicherlich auch nervenaufreibende Angelegenheit, waren die vorherrschenden größeren geschichtlichen Rahmenbedingungen, die im Kontext zu den veränderten politischen Verhältnissen standen.

Nach der Ausrufung der „Republik" am 9. November 1918 und dem Verschwinden der Monarchie wurde die kommunale Selbstverwaltung auf ganz neue Beine gestellt. Aufgrund klammer Staatskassen nach einem alles verzehrenden Krieg und gleichzeitig hoher Schuldenlasten („Reparationszahlungen") wollte die neue Regierung Verwaltungsprozesse und -kosten mit einem neuen Selbstverwaltungsgesetz, einer Verwaltungsreform, optimieren. Letztlich hat dies die Republik über den „Freistaat Bayern" samt einer neuen Bayerischen Regierung im kleineren Maßstab an den beiden Gemeinden Moosen und Hubenstein durchexerziert. Umzusetzen hatten dies die Bezirksämter, in diesem Fall das Bezirksamt (BA) Erding, gleichzusetzen mit der heutigen Landkreisverwaltung. Mit dem Schreiben vom 20. Juni 1923 an die beiden Gemeinden Hubenstein und Moosen begann das über mehr als zwei Jahre andauernde Ringen zwischen einerseits eines staatlichen Regelungs- und Autoritätsverständnisses und andererseits einem kommunalem Identitätsbewusstsein. Sinngemäß erklärt das durchführende Amt in Erding, dass durch den *„Beschluss Nr. i 3426 A I der Regierung vom 15.V.1923 die Bezirksämter neuerlich angewiesen sind, auf die Verringerung der Zwerggemeinden hinzuwirken"*[154]. Besonders wird auf den Sachverhalt verwiesen, dass es rechtlich zulässig sei, auch *ohne* Zustimmung der Gemeinden die vorgebrachte Maßnahme durchzuführen, wenn das *„dringend öffentliche(s) Bedürfnis"*[155] festgestellt würde. Die im Text an die Gemeinden gestellte Frage nach etwaiger Zustimmung wird damit zu einer rein formaljuristischen Abfrage.

Allgemein gesagt: Die Begeisterung für politische Reformen hält sich in der Regel zumeist in bescheidenen Grenzen, zumal man immer zu den Verlierern von Veränderungen gehören könnte. Wie in der Bevölkerung damals das Verhältnis der Unterstützer zu den Gegnern für die Zusammenlegung verteilt gewesen sein mag, kann der Leser seiner eigenen Fantasie überlassen. Wir wissen es nicht. Hinweise dazu gibt es jedoch in den Protokollbüchern zu den Gemeinderatsbeschlüssen der Gemeinde Moosen nachzulesen. Im Sitzungsprotokoll vom 7. Juli 1923 ist unter Punkt 2 festgehalten: *„Die Gesamtstimmung in der Gemeinde Moosen ist*

---

[154] StAM
[155] StAM

gegen die Eingemeindung[156]." Der Gemeinderat geht in diesem Punkt sogar so weit, zu drohen, dass nämlich bei Zusammenlegung der gesamte Gemeinderat zurücktreten würde. Gleichzeitig fürchten sie den Groll der Bevölkerung, weil letztlich der Gemeinderat dafür verantwortlich gemacht würde, wie es schon bei der *„unleidlichen Jagdgeschichte"* geschehen war. Hintergrund zu dieser Andeutung ist scheinbar eine ebenso über das Bezirksamt Erding ausgetragene Streitigkeit zur gemeindlichen Jagdpacht. Ein weiterer Protokollpunkt zielt vermutlich auf die vom Bezirksamt adressierten Verwaltungskosten ab, die die Gemeinderäte gegenwärtig als *„lächerlich"* für beide Gemeinden abtun und im Gegenteil eine Verdoppelung und Verdreifachung fürchten, weil die weite Verzweigung einer vereinigten Großgemeinde erheblich zu Buche schlagen würde. Vehement wird darauf hingewiesen, dass *„unter allen Umständen (eine Zusammenlegung) zurückzuweisen"* sei und sowieso Hubenstein keine Zusammenlegung will, so die Moosener Räte. Ähnlich entschlossen argumentieren die Gemeindevertreter der Gemeinde Hubenstein gegenüber den Behörden. Die Fronten waren damit zwischen dem Bezirksamt und den betroffenen Gemeinden klar gesteckt. So einfach würden sich Hubenstein und Moosen nicht geschlagen geben. Das Bezirksamt musste also nächste Schritte einleiten: die Zwangsverehelichung, sprich den Sachverhalt, ob es ein „dringend öffentliches Interesse" gäbe, muss richterlich geprüft werden. In einem Begründungsschreiben legt das Bezirksamt Erding am 24. Juli 1923 gegenüber der Regierung von Oberbayern dar, warum das *„Verschwinden der kleinen Gemeinde Hubenstein"* diesem öffentlichen Bedürfnis nachkommt. Die Punkte der Begründung werden im Einzelnen an späterer Stelle aufgeführt. Das Staatsmi-

---

[156] Beschlussprotokolle Gemeinderatsbeschlüsse, 7. Juli 1923, Gegenstand: Zusammenlegung Moosen - Hubenstein

nisterium des Innern gibt am 12. Dezember 1923 grünes Licht für den Start der Verhandlungen, weist allerdings Regierung und Bezirksamt Erding an, dass weitere klärende Sachverhalte eingefordert werden müssen. So sind *„genauere Angaben über Vermögenslage und finanzielle Leistungsfähigkeit der beiden Gemeinden zu ergänzen"*, sowie eine *„übersichtliche Planskizze"* beizufügen, forderte das Gericht. Die Amtsträger wappnen sich also für ihre juristisch sattelfeste Argumentation und so werden die Gemeinden am 4. April 1924 angewiesen, alle Angaben zu Gemeindegrundstücken, hypothekarisch gesicherten Schuldverschreibungen, Wertpapieren und den derzeitigen Schuldenstand anzugeben. Außerdem sind die Kassenstände der Jahre 1913, 1916 und 1919 hinsichtlich der Gemeinde- und Armenkassen abzuliefern, welche von den Gemeinden tatsächlich handschriftlich am 26. April 1924 aufgelistet an das Bezirksamt nach Erding versendet wurden. Anhand dieser Information billigt das Staatsministerium am 2. Juli 1924 den sogenannten *„I. Rechtszug"* und beauftragt damit letztendlich das Bezirksamt Erding (gleichzeitig Gerichtsstand) mit der Durchführung des schiedsgerichtlichen Verfahrens. Wenig später werden diesbezüglich die Gemeinden Hubenstein und Moosen informiert, die ihrerseits Ende Juli 1924 jeweils beschlussfähig feststellen, dass sie kein dringend öffentliches Bedürfnis zur Zusammenlegung der beiden Gemeinden anerkennen würden. Die strikte Weigerung der betroffenen Gemeinden erzwingt auf dem Berufungswege die rechtliche Auseinandersetzung zwischen dem BA Erding und den beiden Gemeinden Hubenstein und Moosen.

Die gerichtliche Prüfung im I. Rechtszug (Schiedsgericht Erding) fand am 29. August 1924 statt. Im Vordergrund steht die Frage, ob die Rechtmäßigkeit der zwangsweisen Zusammenlegung der beiden Gemeinden, also *ohne* Zustimmung der Gemeinden, durch ein im Verwaltungsrecht festgelegtes „dringend öffentliches Bedürfnis" gewahrt sei. Das Recht bezieht sich dabei auf Voraussetzungen dafür, vor allem auf wirtschaftliche Gründe. Zudem soll wenigstens eine Gemeinde von Verbesserungen zur Selbstverwaltung profitieren, so die Herleitung aus der Gesetzesinterpretation und im Prüfungsprotokoll des Gerichtes festgehalten.

Ausführlich legt das durchführende Schiedsgericht in Erding die Gründe dar, die auf die wirtschaftliche Leistungsfähigkeit der Zwerggemeinde Hubenstein abzielen. So wird aufgeführt: Hubenstein sei eine Zwerggemeinde und gerade mal 248,27 Hektar groß. Andere Gemeinden im Amtsgerichtsbezirk von Dorfen seien mindestens 900 Hektar groß, zumindest aber doppelt so groß. Es gäbe keine Schule, keine Kirche und keinen Friedhof in Hubenstein. Das bürgerliche Leben spiele sich schon heute vor allem in Moosen ab, wo sich auch die Postagentur und die Eisenbahnhaltestelle befänden. Außerdem würden schon heute Standesamt und Gemeindekanzlei von Hubenstein mitbenutzt. Selbst die amtlichen „Blätter" würden gemeinsam besorgt, weil offensichtlich bereits die Vorteile einer *„Zusammenlegung der gemeindlichen Geschäftsführung"* erkannt wurden. Hubenstein sei wirtschaftlich zu schwach. Die Gemeinde habe keinerlei Grundbesitz, hatte in 1913 ein Steuersoll von 620 Mark, aber Ausgaben von 1545 Mark für Armenzwecke. Sonstiges Vermögen in Form eines Armenfonds sei infolge der Geldentwertung bedeutungslos geworden. Die Gemeinde Moosen hingegen argumentierte mit einer Kostenexplosion aufgrund der befürchteten *„weitverzweigten"* Gemeinde nach einer Vereinigung. Das Schiedsgericht am BA Erding resümiert, dass die Zwerggemeinde Hubenstein für zukünftige an sie *„herantretende Aufgaben auf Dauer nicht gewachsen"* sei und Moosen keinerlei Beweise erbracht hätte, eine Kostenverdoppelung oder -verdreifachung anzunehmen. Wie unschwer erkennbar, leitete die Gerichtsbarkeit des Bezirksamtes Erdings daraus ab, dass der Tatbestand des dringend öffentlichen Bedürfnisses erbracht sei.

Trotz aller vorgebrachten Gegenargumente hatten die beiden Gemeinden nicht verhindern können, dass das Bezirksgericht Erding am 29. August 1924 den Schiedsspruch zur Zusammenlegung erließ. Praktisch ungefähr ein Jahr nach dem Beginn ihrer Gegenwehr hielten am 8. September 1924 die Gemeinden Moosen und Hubenstein das Berufungsergebnis in ihren Händen. Die Enttäuschung war sicherlich groß.

Trotzdem wollte sich der Gemeinderat Moosen damit nicht zufriedengeben. *U. a. in der Gemeinderatssitzung vom 18.09.1924*[157] wird nochmals ausführlich darauf eingegangen, warum die Gemeinde ihre Zustimmung nicht geben kann und darf. Per Gemeinderatsbeschluss wird der Bayerische Verwaltungsgerichtshof in München *(II.Rechtszug)* angerufen, inklusive dem Antrag auf Entscheidung, *„dass Hubenstein nach wie vor selbständige Gemeinde für sich bleiben und von einer Vereinigung mit der Nachbargemeinde Moosen abgesehen werden möge"*. Die Formulierung des Gemeinderates erscheint analog später im Erläuterungsteil der *Beschlussfassung des Verwaltungsgerichts*[158] als Gegenstand der mündlichen Verhandlung.

Eindringlich wird im Sitzungsprotokoll vom 18.09.1924 die Gemütslage der eigenen Bevölkerung und der Nachbargemeinde Hubenstein beschrieben. *„Die Hubensteiner…suchen sich ihre Selbständigkeit zu erhalten und wollen von einer Anbindung an Moosen nichts wissen. Wie viel*

---

[157] Beschlussprotokolle Gemeinderatsbeschlüsse, 18. Sept. 1924,
Gegenstand: Zusammenlegung Moosen - Hubenstein
[158] Schiedsrichterliche Entscheidung des Bay.Verwalt.Gerichtshofs
vom 31. Oktober 1924

Zank und Streithaftes ...in letzten Wochen schon in Wirtshäusern abgesetzt, als es von Vereinigung der beiden Gemeinden hieß. Eurem Bezirksamt in Erding ist nur zu gut bekannt, welche Stimmungen in der Gemeinde herrschen. Es (das Bezirksamt) soll doch in erster Linie Frieden in der Gemeinde und nicht Unfrieden stiften[159]", lauten die Erkenntnisse der Ratsmitglieder, die noch hinterherschieben, dass sie das Bezirksamt für *„die schlimmen Folgen"* verantwortlich machen würden. Als Beispiel wird der *„große wunde Punkt, das Kapitel ‚Jagd' "* angesprochen: *„Weiß das Bezirksamt Erding noch, welche Stimmung...der Gemeinderat Moosen bei letzter Vergebung der Gemeindejagd aushalten musste?"* Sinngemäß würden durch die Zusammenlegung weitere Probleme entstehen und der Gemeinderat massiv attackiert werden. Warum die beiden Ratsgremien jeweils ihre zweiten Bürgermeister (Lanzinger aus Hubenstein und Eiglsperger aus Moosen) in die mündliche Verhandlung schickten, bleibt in den Dokumenten unbeantwortet.

Zu all diesen Befindlichkeiten und Gefühlslagen hatte der Bayerische Verwaltungsgerichtshof keinerlei Stellungnahme und Erklärung abgegeben. Worauf er Bezug nahm, war der staatsbürgerliche Beschluss des Schiedsgerichts am Bezirksamtes Erding vom 29.08.1924, dass es nämlich ein „dringend öffentliches Bedürfnis" zur Zusammenlegung der Gemeinde geben würde, dem von den Gemeinden Moosen und Hubenstein deutlich widersprochen wird. Diesem Staatsinteresse wollen die betroffenen Gemeinden nicht folgen. „Denn wir erkennen das dringend öffentliche Bedürfnis nach wie vor nicht an. Dringend öffentlich wäre es doch, wenn Hubenstein sich alleine nicht mehr fortbringen könnte, wenn also wirtschaftliche Gründe ge-

---

[159] Beschlussprotokolle Gemeinderatsbeschlüsse, 18. Sept. 1924,
Gegenstand: Zusammenlegung Moosen - Hubenstein

geben wären[160]", argumentieren die Moosener Gemeinderäte. „Das ist jedoch nicht der Fall, denn Hubenstein ist finanziell so gut gestellt wie Moosen, hat z. Z. fast keine Armenlasten und auch keine besonderen Ausgaben[161]", wird weiterhin erläutert. Die Moosener Räte meinen hingegen, wohl durch die Angliederung von Hubenstein hohe Lasten abzubekommen, indem sie sagen: *„Moosen bekäme…mit Hubenstein …nur bestens lauter kleine Leute, wenig zahlungsfähige und solche haben wir in Moosen genug. Wir erinnern: Hubenstein hat zwei Gütler zum Unterhalt…und wir sind uns selbst genug*[162]".

Diese Argumentation greift das oberste Verwaltungsgericht auf und holt in seiner Begründung aus, warum es die vorgebrachten Gegenargumente der betroffenen Gemeinden in Bezug auf das dringend öffentliche Bedürfnis für *„ganz unstichhaltig"* hält. Mit der Entscheidung bestätigt das Gericht die Möglichkeit des Staates, dass *„Änderungen im Bestand der Gemeinden durch das Staatsministerium des Inneren auch ohne Zustimmung der beteiligten Gemeinden zulässig*[163]*"* sind. Es gibt damit dem Bezirksamt Erding recht und führt dazu aus: *„Die nur 272 (248?) Einwohner zählende Gemeinde Hubenstein…, hat nur den geringen Umfang von 248,27 ha…, …keine Gemeindekanzlei und gehört zur Kirche und Schule Moosen*[164]*"*, könne sinngemäß also nur von einer Zusammenlegung profitieren. Es heißt weiter: *„Die Vereinigung einer solch kleinen, leistungsschwachen Gemeinde mit einer größeren und leistungsfähigeren, wie Moosen, dient sonach nicht nur der unter der gegenwärtigen Notlage gebotenen*

---

[160] Beschlussprotokolle Gemeinderatsbeschlüsse, 18. Sept. 1924, Gegenstand: Zusammenlegung Moosen - Hubenstein

[161] Dito

[162] Dito

[163] Schiedsrichterliche Entscheidung des Bay.Verwalt.Gerichtshofs vom 31. Oktober 1924

[164] Schiedsrichterliche Entscheidung des Bay.Verwalt.Gerichtshofs vom 31. Oktober 1924

Vereinfachung und Verbilligung der Staatsverwaltung, sondern liegt auch im wohlverstandenen eigenen Vorteil der Gemeinde, da hie(r) durch die kostspieligen Ausgaben der Gemeinde für selbständige Geschäftsführung entfallen. Durch die Vereinigung beider Gemeinden entsteht ferner ein entsprechend abgerundeter Gemeindebezirk, während bis jetzt ein kleines Teilstück der Gemeinde Moosen von der Hauptgemeinde abgeschnitten ist (gemeint sind Bogenstorf und Überkam, die als Enklaven von Moosen betrachtet werden); auch die Entfernung der beiden Hauptortschaften Hubenstein und Moosen voneinander ist unbedeutend, etwa 10 Minuten. Die von beiden Gemeinderäten (Lanzinger, Eiglsperger) gegen die Bejahung des dringend öffentlichen Bedürfnisses vorgebrachten Einwände sind ganz unstichhaltig. Wenn der Gemeinderat Moosen zugibt, dass Hubenstein finanziell so gut gestellt ist wie Moosen und z. Zt. fast keine Armenlasten und keine besonderen Ausgaben hat, so stehe hie(r)mit seine Behauptung, daß Moosen durch Angliederung von Hubenstein zur Last bekäme, im Widerspruch[165]."

Wer glaubt, dass damit das letzte Wort gesprochen war, täuscht sich in den widerspenstigen Gemütern der Moosener und Hubensteiner Offiziellen komplett. *In einer gemeinsamen Gemeinderatssitzung Moosen-Hubenstein vom 3. Januar 1925[166]* erklären offensichtlich die neu gewählten Gemeinderäte samt neuer Bürgermeister weiterhin ihre ablehnende Haltung. Tatsächlich waren die bisherigen Gemeindevertreter, wie angekündigt, zurückgetreten, wie an den Unterschriften im Protokoll zu erkennen. Aber auch die neuen Bürgervertreter dokumentierten ihre uneingeschränkte Solidarität mit den alten Volksgremien beiderseits der Vils. Wie die alten Gemeindevertreter sehen sie es als *„heiligste Pflicht...Protest"* gegen eine vermutlich amtsseitig geforderte *„Vereiniungsauseinandersetzung"* einzulegen, die letztlich durch das *„drin-*

---

[165] Dito

[166] Beschlussprotokolle Gemeinderatsbeschlüsse, 18. Sept. 1924,
Gegenstand: Zusammenlegung Moosen - Hubenstein

gend öffentliche Bedürfnis" umzusetzen sei. Man bräuchte auch in diese Vereinigungsauseinandersetzung nicht eintreten, weil *„Vermögen, Stiftungen lange entwertet"* sind, und zwar in beiden Gemeinden. Im Einklang mit den Gemeinderatsbeschlüssen in Moosen vom *„7.7.23, v. 26.7.24 v.18.9.24, ebenso jene der Gmd. Hubenstein v. 18.6.23, 27.7.24, 18.9.24"* pochen auch die neuen Gemeinderäte und Bürgermeister auf ihr *„Selbstbestimmungsrecht"* dem Bezirksamt Erding gegenüber.

Hintergrund zu dieser andauernden Weigerungshaltung der beiden Gemeinden war das Thema der Vermögensauseinandersetzung. Mit den juristischen Verfahren und Beschlüssen vom 29.08.1924 und 31.10.1924 war das dringende öffentliche Bedürfnis zur Vereinigung auch *ohne* Zustimmung der Gemeinde festgestellt worden. Die damaligen Urteile haben sich jedoch wegen Geringfügigkeit nicht mit dem Thema der Vermögensvereinigung aus beiden Gemeinden befasst. Trotz Aufforderung durch das Bezirksamt Erding, zu diesem Thema Stellung zu beziehen, verweigerten sich die Gemeinden. Angewiesen durch das Staatsministerium des Inneren und der Regierung von Oberbayern wurde erneut das Bezirksamt Erding aktiv. *„Obwohl es kein bedeutungsvolles Vermögen in beiden Gemeinden gäbe, sind trotzdem die Grundbücher richtigzustellen, da die Gemeinde Hubenstein Wege- und Ödgründe einbrächte. Dabei sind insbesondere Vermögenswerte zu berücksichtigen, die eventuell aus der Vereinigungsmasse auszuschließen sind, z. B. bei Vermögensbestandteilen von Privatpersonen (also Gemeindeangehörigen) oder gesonderten Verwaltungen wie Schulvermögen"*[167].

Der Druck der Behörden scheint noch zuzunehmen, obwohl in der nächsten *Sitzung in Moosen vom 25.März*

---

[167] StAM

1925[168] nach wie vor erklärt wird, sich den *„Beschlüssen von Hubenstein"* zur Ablehnung anzuschließen, die ohnedies *„absolut nicht zu uns"* wollen. Die Gemeinderäte Moosen wollen in die Vereinigungsauseinandersetzung nicht eintreten mit dem Hinweis: *„wenn (ver-)wirklicht, kann es schiedsrichtlich (erfolgen), aber ohne unsere Kosten geschehen."*

Das Kostenthema muss die Verantwortlichen in den Gemeinden aufgeschreckt haben, denn am *10. April 1925 fand erneut eine gemeinsame Gemeinderatssitzung beider Gemeindegremien*[169] statt. Noch einmal wird von allen bekräftigt, nicht in die Vereinigungsauseinandersetzung einzutreten. *„Wir haben noch nie Antrag auf Vereinigung der Gemeinden gestellt u. ....können die Antragsteller auch die Kosten selbst tragen. Unsererseits wird jede Kostentragung verweigert."*

Diese Ablehnung zur Zusammenarbeit führt erneut zu einer Verhandlung im I. Rechtszug durch das Bezirksschiedsgericht Erding am 30. April 1925, diesmal zum Thema Vermögensauseinandersetzung. Da es keine besonders zu berücksichtigende Vermögensbestandteile gab, wurde die Zusammenlegung der Vermögen entschieden. Und da auch diesmal das Urteil durch die Gemeindegremien von Hubenstein und Moosen abgelehnt wurde, kam es erneut zur Berufung am Bayerischen Verwaltungsgerichtshof in München.

Dies dokumentiert das *Gemeinderatsprotokoll aus Moosen vom 6. Juni 1925.* Es nennt den Termin zur mündlichen Verhandlung vor dem Bayerischen Verwaltungsgerichtshof in München am 12. Juni 1925, zu der der 1. Bürgermeister der Gemeinde Moosen (Georg Sailsdor-

---

[168] Beschlussprotokolle Gemeinderatsbeschlüsse, 25. März 1925,
Gegenstand: Zusammenlegung Moosen - Hubenstein

[169] Beschlussprotokolle Gemeinderatsbeschlüsse, 10. April 1925,
Gegenstand: Zusammenlegung Moosen - Hubenstein

fer) vom Gemeinderat Moosen abgeordnet wird. Gleiches gilt für den 1. Bürgermeister aus Hubenstein (Bgm. Johann Windstoßer), der seinerseits bevollmächtigt wurde. Wie vor Gericht üblich, werden alle zum Verfahren gehörenden Teilschritte aufgeführt und nochmals die Argumentationslinien der betroffenen Gemeinden beschrieben. Da es sich hier um den II. Rechtszug handelte, ging es für das Gericht darum festzustellen, ob das Urteil des Schiedsgerichtes am Bezirksamt Erding vom 30. April 1925 zur Vermögenszusammenlegung gerechtfertigt sei.

Die beiden Gemeinden Hubenstein und Moosen hingegen folgten weiterhin der Strategie, die ungewollte Vereinigung abzulehnen. Da dies aber für das Gericht nicht mehr von Belang war – das Urteil des Bayerischen Verwaltungsgerichtshofes vom 31. Oktober 1924 hatte bereits damals das dringend öffentliche Bedürfnis zur Zusammenlegung bestätigt - blieb diese erneute Ablehnungsbekundung ohne juristische Konsequenz. Vielmehr ging es dem Gerichtshof um die Vereinigungsauseinandersetzung, und dazu bekundeten die beiden Bürgermeister, sie *„hätten gegen die Vereinigungsauseinandersetzung nichts einzuwenden"*. Gegen die Entscheidung des Erdinger Bezirksamtsschiedsspruches vom 30. April 1925 hätten sie von sich aus *„so wenig(e)….Erinnerung(en)… vorgebracht"*, lautet die Formulierung im gerichtlichen Beschlusspapier. Der Gerichtshof konnte also diesbezüglich keinen echten Zweck für diese Berufung durch die Gemeinden erkennen, da durch die mündliche Verhandlung keine neuen Fakten auf den Tisch kamen. Und da die *„beiden Gemeinden in der Hauptsache nur ertraglose Wegeflächen und entwertete Armenfonds, dagegen keine mit Nutzungsrechten belastete Grundstücke besitzen"*, wird die Berufung gegen das Urteil vom 30. April 1925 abgelehnt.

Die Entscheidung des Gerichtshofes war eigentlich gebührenfrei, aber die verhandelnden Richter hatten den Eindruck, dass das Verfahren *„…nach freier Überzeugung des Gerichtshofes …im 2. Rechtszug mutwillig veranlasst worden"* sei. Daraufhin wurden den Gemeinden zu gleichen Teilen 50 RM (Reichsmark) Gebühren auferlegt, die mit der Entscheidung vom 19. Juni 1925 durch den Bayerischen Verwaltungsgerichtshof fällig wurden.

Nach diesem finalen juristischen Akt wurden die Verwaltungen aktiv und unternahmen ihrerseits alle notwendigen verwaltungstechnischen Schritte zur Vereinigung. Beispielhaft sei hier die genannte Neuberechnung der Verhältniszahl zur Einkommens- und Körperschaftssteuerverteilung auf Staat, Kreis und Gemeinde genannt. Mit der Veröffentlichung im Staatsanzeiger Nr. 196 vom 27. August 1925 ist *„die Gemeinde Hubenstein mit Wirkung vom 1. Oktober 1925 in Moosen einverleibt"*.

In den nachfolgenden Gemeinderatsbeschlussbüchern tauchen keine Hinweise auf eine weitere Gegenwehr auf. Die formale Zusammenlegung scheint erfolgt. Lediglich von der *Sitzung am 2. Januar 1926 ist bekannt, dass ein sogenannter Ortsführer für die Ortschaft Hubenstein*[170] neu bestimmt wurde, da der Vorgänger zurückgetreten war. Interessant erscheint jedoch, dass im Betreff der Protokollniederschrift nicht mehr von der Gemeinde, sondern von der Ortschaft Hubenstein gesprochen wird.

Somit scheint das Kapitel der Zusammenlegung der Gemeinden Hubenstein Moosen nach einem zähen Ringen über circa zwei Jahre abgeschlossen zu sein. In den Beschlussbüchern tauchen keine weiteren wider-

---

[170] Beschlussprotokolle Gemeinderatsbeschlüsse, 2. Januar 1926, Gegenstand: Ortsführer für die Ortschaft Hubenstein.

strebenden Äußerungen zur neuen Verwaltungseinheit Gemeinde Moosen auf. Es gibt allerdings auch keinerlei Aufzeichnungen, dass nun ein neuer repräsentativer Gemeinderat samt Bürgermeister die Arbeit für die Bürger in der neuen Gemeinde aufnahm. Stillschweigend und in aller Bescheidenheit widmete man sich neuen Themen und Herausforderungen, die sicherlich zu Beginn auch mit der Heilung der sich gegenseitig beigebrachten Wunden einhergingen. Wie wir aus der heutigen Perspektive wissen: die Zeiten wurden nach 1925/26 nicht leichter.

Nachspann

Dem aufmerksamen Leser ist sicherlich nicht verborgen geblieben, dass es an einigen Stellen des Buches ein offenes Ende gibt. Weder wissen wir, was aus Lukas Netter geworden ist noch wie die Geschichte mit dem Oberloher Tunnel, dem vermeintlichen Geheimgang von Hubenstein nach Kalling, ausgeht. Wir wissen auch nicht, was die neue Bürgermeister-Hoffnung Franz-Josef Bandl aus seiner Berufung gemacht hat. Gerne darf sich hier die eigene Fantasie ausleben. Aus historischer Sicht wissen wir: Lukas Netter hat es so nicht gegeben: eine fiktive Figur. Der Geheimgang von Hubenstein nach Kalling ist bis heute ein Mythos und der Vereinigungsbürgermeister war nicht Franz-Josef Bandl sondern Georg Sailstorfer aus Moosen, der in der Tat eine schwierige Aufgabe zu meistern hatte.

Als Leser wissen wir auch, dass die Figur Korbinian Rosshaupt zum Erhalt der Heimatgeschichte einen historischen Verein gründen wollte, jedoch in den Wirren um die Gemeindezusammenlegung nicht erfolgreich war. Mit der Namensgebung von 1950, bei der 56 Mitglieder des Schützenvereins von Hubenstein entschieden, den 1928 gegründeten Verein zukünftig „Schloß-schützen Hubenstein" zu nennen, mag es einen ähnlichen Grundgedanken gegeben haben. Der Verein erhält somit die Erinnerung an das einstige Schloss in Hubenstein wach, welches ansonsten aus dem öffentlichen Leben nach und nach ganz verschwunden wäre.

Schloss Hubenstein mag es nicht mehr geben, doch die Adelsfamilie „von Preysing" hat über die Jahrhunderte mal mehr, mal weniger bekannt ihre Spuren in den Geschichtsbüchern hinterlassen. Dazu gibt es mehr im Internet zu lesen mit Verweisen auf mehrere Familienlinien, deren Nachkommen bis in die Gegenwart anzutreffen sind. Ebenso gibt es Hinweise und Fakten zu ehemaligen oder nach wie vor erhaltenen Besitztümern, die einst ihre Heimat waren oder noch sind.

Der Krieger- und Soldatenverein Moosen (Vils) erinnert an die gefallenen Soldaten der Heimat während des Ersten und Zweiten Weltkrieges. Heimat ist immer auch Geschichte und was uns damit verbindet.

Heimat ist etwas sehr Vielschichtiges. Aus meinen Kinder- und Jugendtagen erinnere ich mich an Äußerungen der Altvorderen und insbesondere Großeltern, die speziell die Bevölkerung in „ent und herent von da Vuis", sprich diesseits und jenseits der Vils, einteilte. Es kann gut möglich sein, dass diese Zuschreibung noch aus den Tagen der getrennt voneinander existierenden Gemeinden Hubenstein und Moosen herrührte und grob die Trennlinie der beiden Gemeinden darstellte. Dabei wird oft unterschlagen, dass einst Bogenstorf und Überkam zur Altgemeinde Moosen zählten, aber das nur am Rande. Es war meiner Erinnerung nach nie eine wirklich ernsthaft „teilende" Rivalität gemeint. Aber es mag sein, dass es dereinst durchaus mehr als kritische Worte, ja sogar handfeste Auseinandersetzungen zwischen einzelnen Individuen diesseits und jenseits der Vils gegeben haben kann. Wahrscheinlich liege ich nicht falsch, wenn ich behaupte, dass die Vils wirklich eine Art Territorialgrenze für so Manchen markiert haben mag und die jeweils andere Seite vermeintlich von Bösewichten bewohnt wurde. Somit gab der kleinste Anlass quasi die Rechtfertigung, eine ohnedies offene Rechnung zu begleichen. Dabei ging es vermutlich weniger um die Übertretung der geografischen Gebietsgrenze, der Vils, als um die Verletzbarkeit von Identität, Herkunft und Wertschätzung füreinander. Wo kommst Du denn her? Ah, dann kannst Du ja nur ein hinterfotziger..., ein aufg'setzter..., ein „was-auch-immer" sein! Vorurteile und schuldhafte Zuweisungen mögen Verständnis und Toleranz überwogen haben. Diese Art der Wahrnehmung und Bewertung mag es möglicherweise nicht pauschal gegeben haben und wenn, dann nur unterschwellig. Vermutlich betraf es nur Einzelne, die ihren Disput offen zur Schau stellten, dann aber statt mit Worten mit Fäusten und sonstigem austrugen. So ein handfester Streit Einzelner mag trotzdem auch das Ehrgefühl der jeweiligen Gruppierung links oder rechts der Vils betroffen haben. Und schon gab es die Rechtfertigung für eine weiterreichende Auseinandersetzung, die eigene „Seite des Flusses" im Zweifelsfall zu verteidigen. In solchen Momenten stand sicherlich das Trennende über dem Gemeinsamen und man empfand sich eher als Konkurrenz denn als eine Gemeinde - von gemeinsamen Interessen und Werten geleitet: eben „ent und herent von der Vuis".

Meiner Erinnerung nach dokumentierten die Sprüche der älteren Generationen zu meiner Kinderzeit lediglich nie ernstgemeinte Rivalitäten. Als „früher" beispielsweise die Sprache auf zwei konkurrierende Fußballmannschaften kam, eine vom linken und eine vom rechten Vilsufer, war dies zu meiner Zeit von einem Schmunzeln begleitet. Längst war im Jahr 1949 der Sport Club SC Moosen (Vils) durch begeisterte Fußballer auf beiden Seiten der Vils gegründet worden. Und dies wird sicherlich nicht das einzige gemeinsame Projekt gewesen sein, das es seit 1925 gegeben hat. Dazu gehörte auch eine weitere Eingemeindung in den späteren Jahrzehnten. Für meine Generation war es als Bürger ziemlich selbstverständlich, zur Gemeinde Taufkirchen (Vils) zu gehören, in die im Jahr 1972 die Gemeinde Moosen (Vils) aufgegangen war. Obwohl es auch damals große Sorgen seitens der Moosener und

Taufkirchener Bevölkerung gegeben hatte, ist man im Laufe der Jahre trotz aller Vorbehalte zusammengewachsen. Einst Separates kann also letztendlich zu etwas Vereintem werden. So geht es uns Menschen in der Gesellschaft und Politik über Generationen hinweg immer wieder. Was einmal Teil von etwas anderem war, kann morgen ein Teil eines neuen Ganzen werden. Insofern könnte man die Vereinigung der Gemeinden Hubenstein und Moosen (Vils) im Jahr 1925 als Erfolgsgeschichte betrachten, wie auch die spätere Vereinigung mit Taufkirchen (Vils) im Jahr 1972.

Anders und dramatisch verliefen allerdings die großen nationalen und globalen Geschichtslinien über die Jahre von 1925 hinaus. Die Kapitel in den Geschichtsbüchern sind mit anderen Fakten beschrieben, als sich die friedliebenden Protagonisten der obigen fiktiven Erzählung wohl gerne für uns erhofft hätten. *Mit dem bedauerlichen Tod des Reichspräsidenten Friedrich Ebert, der an einem Blinddarmdurchbruch während der Operation am 28. Februar 1925 verstorben war*[171], hat es das Schicksal mit der jungen Demokratie nicht allzu gut gemeint. In dessen Folge konnten sich die gemäßigten Parteien auf keinen ihrer Kandidaten verständigen, was der generellen Armut an Kompromissfähigkeit während dieser politischen Epoche entsprach. Durch das geschickte Agieren der politischen Rechten wurde am Ende der vermeintliche Kriegsheld Paul Hindenburg trotz seiner offen vorgetragenen Ablehnung gegenüber der parlamentarischen Demokratie zum Reichstagspräsidenten gewählt.

Aus heutiger Sicht mag es einfach erscheinen, dieses Ereignis als schlechtes Omen oder ersten Schritt in die Arme des Nationalismus und eines starken Anführers zu bezeichnen. Die Weimarer Republik war von

---

[171] Aus historischer Quelle

Anfang an ständigen republikfeindlichen Angriffen ausgesetzt und dennoch hätte vermutlich ihre Widerstandskraft ausgereicht, wenn es ausreichend proaktive Kräfte der Eliten, Institutionen, moderaten politischen Parteien, der Zivilgesellschaft, der Kirchen und anderer gegeben hätte. Damals war die Demokratie sicherlich nicht frei von ganz grundsätzlichen Mängeln, Unzulänglichkeiten und Schwachstellen, aber sie hätte sich aus ihren Kinderschuhen heraus weiterentwickeln können. Es kam anders. Heute scheint die Demokratie, so wie wir sie kennen, „gereifter" und sie konnte sich trotz aller Krisen, global oder national, die es seit dem Wiederaufbau nach dem 2.Weltkrieg gegeben hat, weiterentwickeln. Aber die Demokratie erscheint mir wie ein Haus, das über die Jahrzehnte vielen Prozessen ausgesetzt ist, die an seiner Substanz zerren. Mit der Zeit braucht es Veränderungen, Anpassungen und Verbesserungen von diesem und jenem. Verschleiß macht sich breit und Reparaturen und Erneuerungen sind notwendig. Ganz zu schweigen von der Veränderung hin zu beispielsweise „Passivhäusern" und „SMART-Homes", die das Wesen eines Hauses komplett verändern. Diese Themen kennt jeder Hausbesitzer. Analog dazu unsere Gesellschaft und Demokratie-Idee. Die Demokratie ist auf Dauer kein sich selbst erhaltendes Gebäude, wenn nicht immer wieder jeder Einzelne seinen Teil zum Erhalt und Fortbestand des „Demokratie-Hauses" beiträgt.

Denn stete innere und äußere Kräfte hören nicht auf zu wirken und deren Wirkmechanismen verändern sich evolutionär immer wieder und suchen mit Ausdauer die Schwachpunkte der Demokratie. So hat einst Adolf Hitler nach seiner Inhaftierung in Landsberg und der Verbotsaufhebung der NSDAP 1925 verkündet: *„So wird uns schließlich ihre eigene Verfassung den Erfolg garantieren. Denn jeder legale Vorgang ist ja unendlich langsam und langweilig.*

Aber früher oder später werden wir die Mehrheit haben – und damit Deutschland![172]" Bis zur Machtergreifung 1933 waren es noch ganze acht Jahre. Bis zum zweiten Weltkrieg weitere sechs Jahre.

An welche Machthaber denken wir in unseren Tagen, wenn wir solche Sätze lesen? Eigentlich wollte ich dieser Frage ein offenes Ende folgen lassen. Aber am 24. Februar 2022 hat Wladimir Putin, Präsident Russlands, mit seinen Armeen die Ukraine überfallen. Ein Schritt, den viele Menschen nicht für möglich hielten. Zu katastrophal wären die Auswirkungen und daher würde man sich schon einigen in den unzähligen diplomatischen Verhandlungen im Vorfeld. Im Nachhinein muss man erkennen, dass sich die machtpolitischen Vorzeichen schon lange gedreht hatten und manche Einschätzung von wenigen Kennern der russlandpolitischen Szene, und waren deren Einlassungen noch so dramatisch, kein Gehör fanden.

Im Grunde genommen laufen die Agenden der modernen Machthaber fast immer nach dem gleichen Muster. Diskreditierung von unabhängigen Medien und Institutionen bis hin zum Verbot unabhängiger Berichterstattung und Meinungsbildung. Stattdessen verbreiten staatlich kontrollierte Medien die Narrative der Machthabenden. Aushöhlung des juristischen Apparates und in der Folge Vereinnahmung zum politischen Missbrauch per pseudo-juristischer Rechtsprechung. Einschränkung und gar Verbot von freier Meinungsäußerung der Medien, aber insbesondere der politischen oder zivilen Opposition. Vereinnahmung von Militär und der exekutiven Gewalt, der Polizei und Ausbau von Geheimdienstaktivitäten, die sich auch gegen die eigenen Bürger richten usw.. Ihr Staatsverständnis ruht

---

[172] Der Satz stammt aus einer Rede von Adolf Hitler vom 30. Januar 1933 zur Ernennung als Reichskanzler.

nicht auf den Säulen der Gewaltenteilung. Und allen, die dagegen sind, droht man oder man steckt sie ins Gefängnis. Angst und Schrecken zu verbreiten, sind unheilvolle Geschwister einer autokratischen und diktatorischen Elite. Wehret den Anfängen.

Darum,
wie es J.F. Kennedy,
Präsident der Vereinigten Staaten
einst sagte:

„Frage nicht was dein Land
(oder die Demokratie)
für Dich tun kann,

frage, was Du für dein Land
(oder die Demokratie)
tun kannst."

Danksagung

In Dankbarkeit widme ich dieses Buch all jenen, die dessen Veröffentlichung ermöglicht haben. Von der zündenden Idee über die Hilfe bei der Recherche in Archiven und historischen Quellen, den zahlreichen Rückmeldungen meiner Erstleser, dem Cover-Design und Buchdruck bis hin zur eigentlichen Publikation, ist es weit, und so braucht es viele unterstützende Gedanken, eine Menge ausgedehnte Gespräche und vieler fleißiger Hände Arbeit. Herzlichen Dank dafür!

Besonders möchte ich die Unterstützung durch das heimatkundliche Gemeindearchiv Taufkirchen (Vils), insbesondere durch Konrad Karbaumer, hervorheben. Seine Recherchehinweise und die Zurverfügungstellung historischer Quellen haben die literarische Annäherung an die Ereignisse rund um die Zusammenlegung der Gemeinden Hubenstein und Moosen in den 1920er Jahren erst möglich gemacht.

Autor

Thomas Reger, Jahrgang 1964, hat in München Wirtschaftsingenieurwesen studiert. Danach führte Ihn sein Weg zu einem Spezialchemiehersteller im oberbayerischen Raum. Von Berufswegen den Blick auf die weite Welt gerichtet, verstärkte sich gleichzeitig das Interesse an seiner Heimat und deren Geschichte. Einer Zeitreise gleich und 100 Jahre zurück, greift er im Buch „Wandelzeiten" ein einschneidendes Ereignis in seiner Heimat auf. Was Ihn dabei interessiert: Lebensumstände damals wie heute entstehen nicht einfach aus sich selbst heraus. Sie sind die Folge von Begebenheiten in Politik, Gesellschaft und den Handlungen einzelner Individuen. Welche gesellschaftlichen Mechanismen von Ursache und Wirkung gab es zu jener Zeit? Wie mag die Bevölkerung gefühlt, gedacht und gehandelt haben? Mit ‚Wandelzeiten' macht er sich auf die Suche nach Antworten in der heimatlichen Provinz der 1920er Jahre, frei nach dem Motto: „So könnte es gewesen sein!" und für den Leser entlang der geschichtlichen Ereignisse in Szene gesetzt.